KB268548

최고수를 위한

# 통변술 실증 사례집

프로방스

최고수를 위한

# 통변술 실증 사례집

**한길수** 작명 · 철학원장 _ 편저

───

어떤 이론에 대하여 그이론에 맞는 사주풀이 사례 1,000개를 넣어

증명해 보임으로써 독자들에게

이론과 실제 사주에 대하여 확신을 갖도록 수록.

필자는 역학에 입문한지가 20년이 훌쩍 넘었다.
그동안 9권의 책을 집필했지만 무엇인가 채워주지 못한 부분이 있어서 이
번에야 말로 필자의 혼을 한껏 담은 책을 집필해 독자 분들에게 길잡이가
되어 주고, 필자 자신은 이 내용을 후학들에게 전수를 해야겠다는 일념으
로 심혈을 기울여 집필하였다.

독자 여러분들께서는 어떤 방식으로 통변을 하십니까?
물론, 각자의 방식대로 통변을 하시겠지만, 필자가 갖고 있는 방식은 이
책에서 밝힌 바대로 일정한 순서를 정해서 몸에 익혀야 한다고 생각하여
그 내용과 순서를 정하여 편집하였다.
고객이 철학원에 방문했다고 가정하고 순서대로 설명하겠다.

첫번째, 방문한 고객이 어떤 사주를 가진 사람인가를 알기 위해서 어느 계
절에 태어났으며, 무슨 日主인가부터 살펴야 하는데, 그 이유는 그 고객 그
릇의 크기라든가 기본적인 성향을 알아야 하기 때문이다.

두 번째, 고객의 성향에 맞는 통변을 해야 하므로 성격을 파악해야 한다.

세 번째, 格을 알아야 용신을 잡을 수 있기 때문에 格을 파악해야 한다.
그 이유는, 內格사주냐 外格사주냐에 따라서 용신법이 달라지는데, 내격사

주는 일반적인 용신 법을 적용해서 잡지만, 외격사주는 体가 달라짐과 동시에 그 体 자체가 용신이 될 수 있기 때문이다.

네 번째, 格이 파악되었으면 그 고객이 살아 온 과정이라든가 앞으로 진행될 길흉여부를 파악하기 위해서 用神을 잡아야 한다.

다섯 번째, 용신을 잡았으면 방문한 고객의 눈높이, 즉 수준에 맞는 통변을 해야 하기 때문에 職業을 알아야 한다.

여섯 번째, 직업이 파악되었으면, 그 고객은 어떠한 궁금증을 가지고 왔을 것이기 때문에 그 궁금증을 풀어주기 위해서 來情法을 알아야 한다.

일곱 번째, 고객의 방문목적이 파악되었으면, 이제부터는 순서에 상관없이 六神論, 六親論, 부부관계를 중심으로 한 가족관계, 사주 內에 있는 殺과 合, 沖, 刑 그리고, 大運과 歲運에서 오는 殺과 合, 沖, 刑 등을 대입하여 어떤 변화가 일어나는지를 살펴야 한다.

여덟 번째, 위의 모든 사항을 종합한 통변술 실증 사례다.

이와 같은 순서와 항목을 놓치지 않는다면 분명 당신은 최고의 고수 반열에 오를 것임을 확신한다.

특히, 필자가 중요하게 여긴 것은 어떤 이론에 대하여 그 이론에 맞는 사주풀이 사례 1,000개를 넣어 증명해 보임으로써 독자들께 이론과 실제 사주에 대하여 확신을 갖게 함으로써 실력향상에 도움을 주기 위해서 정성을

다하여 집필하였으므로 필자와 인연이 닿는 분들께서는 반드시 이 책을 선
택하리라고 확신한다.

그리고 英材사주 편에서 아이큐를 논했는데, 이 IQ를 논할 수 있는 것은
필자가 임상에 의해 얻은 결과이다.
또한, 필자가 접해보지 못한 극히 일부분은 앞선 고수님들의 이론을 따르
기로 했음을 밝혀둔다.

독자 여러분들의 건승을 기원한다.


2016년 가을


한길수 철학원장 씀

10

# 제1장 : 日主論

## 1. 甲

子 일주

日支 浴地. 金의 死地. 火의 胎地. 水의 旺地. 木의 浴地.

甲子일주는 자존심이 강하고, 日支가 浴地라 한량으로 바람둥이다.

## 2. 乙

丑 일주

木의 冠帶. 火와 土의 養地. 金의 墓地. 水의 衰地. 湯火殺.

財官同臨이라 남자는 결혼 전에 아내가 임신을 하거나 아이를 낳는다.

## 3. 丙

寅 일주

木의 綠地. 火와 土의 生地. 金의 絕地. 水의 病地.

## 4. 丁

卯 일주

木의 旺地. 火와 土의 浴地. 金의 胎宮. 水의 死宮. 桃花殺.

官星인 水의 死宮이라 벼슬을 크게 하지 못한다.

여자는 官星인 水의 死宮이라 사별하기 쉽다.

財의 胎宮이라 약하다.

## 5. 戊

辰 일주

木의 衰地. 火와 土의 冠帶. 金의 養地. 水의 墓地. 白虎殺. 天羅地網.

華蓋殺.

財官同臨이라 남자는 결혼 전에 아내가 임신을 하거나 아이를 낳는다.

戊辰일주는 干與支同인데, 옆에 亥水가 있어서 怨嗔殺, 鬼門殺이 되면 동성연애기질이 있다.

戊辰일주는, 辰중 癸水 財가 辰중 戊土와 戊癸合하고, 比肩 속에 들어 있으므로 친구가 돈을 갖고 튀거나, 남자는 癸水 妻가 戊土 다른 남자와 바람을 피운다.

日支에 白虎殺을 가지면 배우자 덕이 없다.


## 6. 己

己 일주

木의 病地. 火와 土의 綠地. 金의 長生. 水의 絕地. 天門星. 驛馬殺.

正印으로 효신살이다.


## 7. 庚

午 일주

木의 死地. 火와 土의 旺地. 金의 浴地. 水의 胎地. 湯火殺. 驛馬殺.

본인의 浴地라 사교적이며 주색을 즐기는 경향이 있다.


## 8. 辛

未 일주

木의 墓地. 火와 土의 衰地. 金의 冠帶. 水의 養地. 華蓋殺.

財庫를 깔고 있어 돈 욕심이 많다.

財官同臨이라 남자는 결혼 전에 아내가 임신을 하거나 아이를 낳는다.


## 9. 壬

申 일주

木의 絕地. 火와 土의 病地. 金의 綠地. 水의 生地. 驛馬殺. 懸針殺.

10. 癸

酉 일주

木의 胎地. 火와 土의 死地. 金의 旺地. 水의 浴地. 獎星. 桃花殺.


11. 甲

戌 일주

木의 養地. 火와 土의 墓地. 金의 衰地. 水의 冠帶. 日德格. 華蓋殺.
財官同臨이라 남자는 결혼 전에 아내가 임신을 하거나 아이를 낳는다.
甲戌일주는 戌중에 辛金과 丁火가 있어 천주교나 불교와 인연이다.
남자 甲戌일주는 戌중 辛金이 戌중 丁火에 다치므로 자식이 안 풀린다.
戌은 華蓋라 종교나 철학에 인연이고, 食傷 庫가 있으면 남을 깔본다.


12. 乙

亥 일주

木의 長生. 火와 土의 綠地. 金의 病地. 水의 綠地. 天門星. 役馬殺.
辛巳年을 만나면 乙辛沖, 巳亥沖하므로 이혼한다.


13. 丙

子 일주

木의 浴地. 火와 土의 胎地. 金의 死地. 水의 旺地.
여자 丙子일주는 子중에 癸水가 들어있어 구름에 가릴까봐 결혼을 기
피하는 경향이 있다.


14. 丁

丑 일주

木의 冠帶. 火와 土의 養地. 金의 墓地. 水의 衰地. 白虎殺. 華蓋殺.
湯火殺. 財庫.
財官同臨이라 남자는 결혼 전에 아내가 임신을 하거나 아이를 낳는다.
丁丑일주 男命은 財庫를 갖고 있어 妻와 이별하기 쉽고, 돈을 많이 벌
면 부인과 사별할 수 있다.

丁丑일주 女命은 남편 복과 자식 복이 약하다.

## 15. 戊

寅 일주

木의 綠地. 火와 土의 長生. 金의 絶地. 水의 病地. 役馬殺, 地殺, 湯火殺.
戊寅일주는 甲申년을 만나면 天沖地沖하므로 이혼한다.

## 16. 己

卯 일주

木의 旺地. 火와 土의 浴地. 金의 胎地. 水의 死地. 獎星. 桃花殺.
총명하고 영리하다.
乙酉를 만나면 天沖地沖이고, 甲子를 만나면 隔脚殺이라 다리가 아프 다.

## 17. 庚

辰 일주

木의 衰地. 火와 土의 冠帶. 金의 墓地. 水의 墓地. 天羅地網. 魁罡殺.
水의 庫라서 물과 관련이 있다.

## 18. 辛

巳 일주

木의 病地. 火와 土의 綠地. 金의 生地. 水의 絶地. 天門星. 驛馬殺.

## 19. 壬

午 일주

木의 死地. 火와 土의 旺地. 金의 浴地. 水의 胎地. 獎星. 桃花殺.
午火가 말이라 役馬로도 본다.
正財와 正官이 함께 있어 財官雙美格이다.

## 20. 癸

未 일주

木의 庫. 火와 土의 衰地. 金의 冠帶. 水의 養地. 白虎殺. 華蓋.
財官同臨이라 남자는 결혼 전에 아내가 임신을 하거나 아이를 낳는다.


## 21. 甲

### 申 일주

木의 絶地. 火와 土의 病地. 金의 綠地. 水의 生地. 日支 役馬.
甲申일주는 절처봉생이라 공부를 열심히 한다.
女命이 甲申일주이면 남편자리에 偏官인 남의 남자가 들어와 있어 이
혼할 가능성이 높다.


## 22. 乙

### 酉 일주

木의 胎地. 火와 土의 死地. 金의 旺地. 水의 浴地. 酉가 獎星.
酉金은 목탁으로 스님이 되거나, 酉는 닭이라 시간개념이 정확하고,
의심이 나면 파헤치려하며, 몸에 수술을 한다.


## 23. 丙

### 戌 일주

木의 養. 火, 土의 墓. 金의 衰. 水의 帶. 白虎殺, 華蓋殺. 天門星.
華蓋殺이라 고독성이고, 白虎大殺이라 女命은 남편이 흉사하거나 자
기가 살기 위해서 妾을 얻어 나간다.
日支 華蓋라 종교와 인연인데, 불교신자가 많고, 日支 自庫라 고집이 세다.


## 24. 丁

### 亥 일주

木의 長生. 火의 絶地. 金의 病地. 水의 綠地. 天乙貴人. 天門星. 役馬殺.
亥중 壬水와 음란지합으로 섹스를 좋아한다.
丁亥일주 男命은 亥중 壬水와 暗合하므로 음란지합이라 바람기가 있고,
亥水 役馬라 많이 돌아다닌다.
丁亥일주 女命은 亥중 壬水와 暗合하므로 음란지합이라 바람기가 있고,

亥水 役馬라 많이 돌아다니며, 官星이 나타나 있으면 거의 이혼한다.
丁亥일주는 바다 위의 등불이라 아름답고, 여자는 남자를 유혹한다.


## 25. 戊

子 일주

木의 浴地. 火와 土의 胎地. 金의 死地. 水의 旺地. 獎星殺.
여자는 戊癸暗合하므로 남몰래 연애하며, 남편 덕이 없다.


## 26. 己

丑 일주

木의 冠帶. 火와 土의 養地. 金의 墓地. 水의 衰地. 湯火殺. 華蓋殺.
자존심과 고집이 세다.


## 27. 庚

寅 일주

木의 綠地. 火와 土의 生地. 金의 絕地. 水의 病地. 湯火殺. 驛馬殺.
財官同臨이라 남자는 결혼 전에 아내가 임신을 하거나 아이를 낳는다.


## 28. 辛

卯 일주

木의 旺地. 火와 土의 浴地. 金의 胎地. 水의 死地. 天羅地網. 獎星. 桃花.


## 29. 壬

辰 일주

木의 衰地. 火와 土의 冠帶. 金의 養地. 水의 墓地. 魁罡殺. 自庫.
天羅地網. 華蓋.
官食同臨이라 여자는 결혼 전에 임신을 하거나 아이를 낳고 결혼한다.
여자는 과부지상으로 남편 덕이 없다.

30. 癸
已 일주
木의 病地. 火와 土의 祿地. 金의 生地. 水의 絶地. 天門星. 驛馬殺.
天乙貴人.
財官同臨이라 남자는 결혼 전에 아니가 임신을 하거나 아이를 낳는다.
已중에 財와 官이 있어 財官雙美格으로, 火가 용신이면 좋다.

31. 甲
午 일주
木의 死地. 火와 土의 旺地. 金의 浴地. 水의 胎地. 日支 紅艶殺.
孤鸞殺과 같이 작용을 한다.
여자 甲午일주는 日支 傷官이라서 부부관계가 나쁘다.

32. 乙
未 일주
木의 庫. 火와 土의 病, 死地. 金의 冠帶. 水의 養地. 白虎殺.

33. 丙
申 일주
木의 絶地. 火와 土의 病地. 金의 祿地. 水의 生地. 役馬殺, 地殺. 懸針殺.

34. 丁
酉 일주
木의 胎地. 火와 土의 死地, 金의 旺地, 水의 浴地. 酉가 奬星. 天乙貴人.
丁酉일주는 酉가 天乙貴人이지만 酉金이 길신이라야 부부관계가 좋다.

35. 戊
戌 일주
木의 養地. 火와 土의 墓地. 金의 衰地. 水의 冠帶. 魁罡殺. 天門星.
華蓋殺. 고집불통.

戊戌일주는 日支에 華蓋殺이 있고, 戊土가 산이라 불교와 인연이다.


## 36. 己

亥 일주

木의 長生. 火와 土의 絕地. 金의 病地. 水의 綠地. 天門星. 驛馬殺.
財官同臨이라 남자는 결혼 전에 아내가 임신을 하거나 아이를 낳는다.
己 일주가 신약하면 신기가 있고, 己 일주는 螣蛇라 변덕스럽다.
甲己暗合하므로 자신이 바람둥이거나 배우자가 바람둥이다.


## 37. 庚

子 일주

木의 浴地. 火와 土의 胎地. 金의 死地. 水의 旺地.


## 38. 辛

丑 일주

木의 冠帶. 火와 土의 養地. 金의 墓地. 水의 衰地. 懸針殺.


## 39. 壬

寅 일주

木의 綠地. 火와 土의 生地. 金의 絕地. 水의 病地. 驛馬殺. 湯火殺.
여자는 官食同臨이라 부정포태다.
여자는 日支 食神이라 남편 덕이 없다.


## 40. 癸

卯 일주

木의 旺地. 火와 土의 浴地. 金의 胎地. 水의 死地. 奬星. 天乙貴人.


## 41. 甲

辰 일주

辰이 華蓋. 白虎殺. 水의 庫.

42. 乙

巳 일주

木의 病地. 火와 土의 綠地. 金의 生地. 水의 絕地. 孤鸞殺. 驛馬殺.

여자는 官食同臨이고, 남자는 財官同臨이라 각기 결혼하기 전에 임신
을 하거나 아이를 낳고 결혼한다.

女命은 日支 傷官이라 부부관계가 나쁘다.


43. 丙

午 일주

木의 死地. 火와 土의 旺地. 金의 浴地. 水의 胎地. 桃花殺.

日支 羊刃으로 품속에 칼을 품고 있는데, 羊刃을 沖하면 칼이나 송곳
같은 도구이므로 기술자가 많다.


44. 丁

未 일주

木의 墓地. 火와 土의 衰地. 金의 冠帶. 水의 養地. 天驛星. 華蓋殺.

丁未 日主 男命은 日支가 天驛이라서 평생 분주하다.

남자 丁未일주는 바람둥이로 未중 乙木을 기르려면 水가 필요한데 金
이 와야 水를 생해주므로 여자를 찾는다.

丁未 日主 女命은 日支에 食神을 깔아 官을 거부하므로 한이 많다.


45. 戊

申 일주

木의 絕地. 火와 土의 病地. 金의 綠地. 水의 長生. 驛馬殺. 孤鸞殺.

女命 戊申일주는 孤鸞殺로 남편한테 해가 되고, 주로 애정문제가 있다.


46. 己

酉 일주

木의 胎地. 火와 土의 死地. 金의 旺地. 水의 浴地. 獎星.

女命은 日支가 食神이라 남편 복이 없다.

47. 庚
戌 일주
木의 養地. 火와 土의 墓地. 金의 衰地. 水의 冠帶. 魁罡殺. 天羅地網.
여자는 官庫를 갖고 있어 과부가 많다.

48. 辛
亥 일주
木의 長生. 火와 土의 絶地. 金의 病地. 水의 綠地. 孤鸞殺.
日支 傷官. 驛馬殺. 天門星.

49. 壬
子 일주
木의 浴地. 火와 土의 胎地. 金의 死地. 水의 旺地. 干與之同.
日支가 羊刃이라 살아서도 이별하기 쉽다.

50. 癸
丑 일주
木의 冠帶. 火와 土의 養地. 金의 墓地. 水의 衰地. 白虎殺. 華蓋殺. 湯火殺.
남자는 백호라 괜찮으나, 여자는 백호라 남편과 사별하거나 남편 덕이 없다.

51. 甲
寅 일주
여자 甲寅일주는 孤鸞殺. 寅이 湯火殺, 驛馬殺.

52. 乙
卯 일주
木의 旺地. 火와 土의 浴地. 金의 胎地. 水의 死地. 干與之同. 桃花殺.

53. 丙
辰 일주

木의 衰地. 火와 土의 冠帶. 金의 養地. 水의 墓地. 華蓋殺.
官食同臨이라 여자는 결혼하기 전에 임신을 하거나 아이를 낳고 결혼한다.
日支에 華蓋殺을 가지면 고독하여 책을 가까이 한다.
丙火는 태양이고, 辰土는 龍인데, 龍은 태양이 뜨면 승천할 수 없으므
로 대기 만성형이다.


## 54. 丁

巳 일주

木의 病地. 火와 土의 綠地. 金의 長生. 水의 絕地. 役馬殺. 孤鸞殺. 天門星.
女命 丁巳일주는 孤鸞殺인데, 正官인 壬水에서 보면 巳火가 絕地라서
남편이 무능하고, 과부가 많다.
男命 丁巳일주는 比劫인 巳火 속의 庚金이 여자라 유부녀인 남의 여자
를 좋아한다.
또, 金이 火에 녹으므로 부인한테 질병이 있다.


## 55. 戊

午 일주

木의 死地. 火와 土의 旺地. 金의 浴地. 水의 胎地. 湯火殺. 羊刃.
황소고집.


## 56. 己

未 일주

木의 墓地. 火와 土의 衰地. 金의 冠帶. 水의 養地. 華蓋殺.
木의 墓地라서 男命은 자식 무덤을 깔고 있다.
干與之同이라 고집이 세다.


## 57. 庚

申 일주

木의 絕地, 火와 土의 病地. 金의 綠地. 水의 長生. 건록. 驛馬殺. 懸針
殺. 白虎殺. 血光殺.

군인, 경찰, 정치계에 많다.

## 58. 辛

酉 일주

木의 胎地. 火와 土의 死地. 金의 旺地. 水의 浴地. 奬星. 紅艶殺. 桃花
殺. 懸針殺.

여자이면 干與之同으로 남편이 바람을 피우고, 干與之同은 이중성격이다.

## 59. 壬

戌 일주

木의 養地. 火와 土의 墓地. 金의 衰地. 水의 冠帶. 魁罡殺. 白虎殺.
天門星. 財庫.

財官同臨이라 남자는 결혼하기 전에 아내가 임신을 하거나 아이를 낳
고 결혼한다.

壬戌 일주는 官庫라서,

1) 남자는 자식이 入墓하므로 자식이 비명횡사하거나,
   妻宮이 墓宮이라 妻가 비명횡사하거나, 妾을 두고,
2) 여자는 남편이 庫에 들어가므로 남편이 비명횡사한다.

## 60. 癸

亥 일주

木의 生地. 火와 土의 絶地. 金의 病地. 水의 綠地. 天門星. 驛馬殺.

(1) 乙 일주가 丙戌 時면 자식을 잃는다.
(2) 水 일주가 金이나 水가 旺하면 성욕이 대단하다.
(3) 土 일주가 火와 土가 많으면, 여자가 많이 따르나 오래못가서 떨
    어진다.
(4) 남자가 火土重濁이면 성욕이 강하고, 여자가 火土重濁이면 스님과
    인연이다.
(5) 財星이 局을 이루고 있거나 食神과 財星이 슴을 하고 있으면 음식
    솜씨가 좋다.

# 제2장 : 性格論

1. 五行에 따라서 기본적인 性格이 나온다.
   1) 木은 인정.
   2) 火는 예의.
   3) 土는 신용과 믿음.
   4) 金은 의리.
   5) 水는 지혜.

2. 性格은 五行만 가지고 단순 판단할 수가 없기 때문에 종합적으로 판단
   을 해야 하는데, 기준이 되는 요인은 다음과 같다.
   1) 日干의 五行적인 특성을 본다. : 선천적인 특성이다.
   2) 日干이 陽이냐 陰이냐를 본다.
      陽은 남성적인 성향이고, 陰은 여성적인 성향을 가진다.
   3) 日主의 强弱을 본다.
      日主가 弱하면 나약해 일의 추진력이 弱하고 지구력도 弱하며, 日
      主가 强하면 그 반대다.
   4) 神殺의 有無나 刑, 沖, 怨嗔, 鬼門殺, 桃花殺, 驛馬殺 등이 日干에
      영향을 주므로 이를 참작한다.
      – 沖이 있으며, 남들과 쉽게 충돌을 하므로 성격이 원만치 못하고,
      – 刑이 있으면, 얼굴이 무섭게 보이고, 성격이 나쁘며,
      – 怨嗔이 있으면 남한테 원망을 잘 하고,
      – 鬼門殺이 있으면 정신이 쇠약하여 미친 짓을 할 수도 있으며,
      – 桃花殺이 있으면 육신에 따라서 성적인 면이 발달할 수 있고,
      – 驛馬殺이 있으면, 마음이 산란하고 분주하다.

5) 어떤 六神이 발달해 있고 많으냐에 따라서도 성격이 나타날 수 있다.
   특히 傷官이 발달해 있으면, 반항기질이고, 따지기를 좋아한다.

3. 위의 요소를 종합분석 해 판단을 해야 하고, 어떤 五行을 用神으로 쓰
   느냐에 따라서 위의 요소를 준용해서 판단한다.

格을 봄에 있어 필자는 일반 內格은 格을 중요시 하지 않는데, 그 이유는 格에 따라서 사주 해석이 크게 달라지지 않는다고 여기기 때문이다.

格 보다는 사주가 얼마나 균형과 조화가 잘 맞았느냐가 중요하고, 이왕이면 陰일주 보다는 陽일주가 좋으며, 신약사주보다는 신왕사주가 좋다.

그러나 外格사주는 格과 用神이 같은 것도 있고, 用神이 달라지는 경우가 많기 때문에 대단히 중요하다.

## 1. 丁壬合化木格

| 66 | 56 | 46 | 36 | 26 | 16 | 6 | | 時柱 | 日柱 | 月柱 | 年柱 | |
|----|----|----|----|----|----|----|---|----|----|----|----|---|
| 丁 | 戊 | 己 | 庚 | 辛 | 壬 | 癸 | 大 | 壬 | 丁 | 甲 | 丁 | 乾 |
| 酉 | 戌 | 亥 | 子 | 丑 | 寅 | 卯 | 運 | 寅 | 亥 | 辰 | 亥 | 命 |

- 年上의 丁火와 時上의 壬水가 年支에 亥水가 있고, 日支에도 亥水가 있으나, 時上의 壬水는 丁壬合이 되었고, 年支의 亥水와 日支의 亥水는 각각 寅亥合을 했으므로 化氣格지만 丁火가 두 개라 妬合이므로 格이 떨어진다.

- 木 용신, 水 길신, 火도 길신이고, 金운이 오면 丁壬合을 파괴하므로 매우 나쁘다.
- 化氣格은 성격이 단순하다.
- 木을 기준으로 육친을 통변한다.

## 2. 甲己合化土格

1) 손님은 관재(官災)가 진행 중입니다

(수원 거주)

| 61 | 51 | 41 | 31 | 21 | 11 | 1 | 大 | | 時柱 | 日柱 | 月柱 | 年柱 | |
|----|----|----|----|----|----|----|----|----|----|----|----|----|----|
| 庚 | 辛 | 壬 | 癸 | 甲 | 乙 | 丙 | 運 | | 甲 | 己 | 丁 | 丁 | 乾 |
| 子 | 丑 | 寅 | 卯 | 辰 | 巳 | 午 | | | 戌 | 巳 | 未 | 巳 | 命 |

- 壬辰年 寅月에 온 36세 남자 사주로, 사주의 구조는, 未月에 태어난 己土가 時上에 甲木이 뿌리가 없고, 水도 없는 상태에서 己土와 合을 했고, 月令이 未月이며, 火와 土로만 구성되어 甲己合化土格이다. 사주가 이런 구조가 되면, 학문적으로는 外格에 해당한다.
  따라서, 土가 용신이고, 火가 길신이며, 木이 病神이고, 운에서 水가 오면, 흉신이고, 운에서 오는 金은 약신이다.

- 地支에 巳戌鬼門殺이 두 개가 있어 우울증이 쉽게 올 수 있다.

• • • • •

**필자**: 손님 사주는 특별한 사주네요.

**고객**: 그렇습니까?

**필자**: 이반 사주들은 대게, 오행이 골고루 섞여 있는 경우가 많은데, 고객 사주는 木과 火와 土로만 구성되어 있는 상태에서 己土와 合을 해서 없어졌기 때문에 사실상 火와 土로만 구성되어 있는 사주로, 손님 눈 높이에서는 어려운 말입니다만 이런 사주를 전문용어로 甲己合化土 格사주라고 합니다.
  이런 사주는 운에서 火운과 土운이 좋고 金운은 약신으로 사용할 수 있습니다만, 水운과 木운은 아주 나쁩니다.

**고객**: ...........

필자 : 손님은 작년에 관재가 생겨서 현재 진행형으로 보이는데, 그 일로 오셨지요?
고객 : 관재가 뭡니까?

필자 : 고소 건 같은 것 말입니다.
고객 : 예, 그런 일이 생겼습니다.

필자 : 작년에 고소당했지요?
고객 : 예, 작년(辛卯年)에 제가 고소를 당했는데, 언제 끝이 날지 모르겠습니다.
그 일이 궁금해서 왔는데, 선생님이 알아맞추시네요.

필자 : 그럼요.
알고말고요.
손님 사주에는, 水와 木이 오면 안 되는데, 운에서 07년(丁亥年)부터 09(己丑年)까지가 水운이고, 2010년(庚寅年)부터 2012(壬辰年)까지는 木운인데, 손님과 같은 사주에서는 木운이 오면 나쁜 일이 생기게 되어 있습니다.
고객 : 신기하네요?
그러면, 언제 해결이 되겠습니까?

필자 : 금년에는 어려울 것 같고, 내년에 풀리겠습니다.
손님은 사주를 보신 적이 있습니까?
고객 : 저는 처음이고요, 어머님이 보시고 오셔서 운이 좋다고 했습니다.

필자 : 이런 사주는 잘 못 보면 반대로 볼 수 있는 사주인데, 반대로 봐 버리면, 현실과는 전혀 다르게 운이 좋다고 할 것입니다.
그러나, 아닙니다.
손님은 지금 운의 흐름이 아주 나쁩니다.
손님은 초년 운이 좋았습니다만 고등학교 때의 歲運이 나빠서 본인이 원하는 대학을 갈 수 없었겠네요?
고객 : 예, 그 때 갑자기 가정환경이 나빠져서 공부를 제대로 못해서 재수를
　　　해서 지방대학을 나왔습니다.


필자 : 손님은 火와 관련된 직업군에 인연인데, 그것은 방송, 언론, 광고가
　　　해당됩니다.
　　　무슨 학과를 전공했습니까?
고객 : 광고학을 전공했습니다.


필자 : 그러면, 지금 그 일을 하고 계십니까?
고객 : 아닙니다.
　　　회사원으로 근무하는데, 법인담당 영업을 하고 있습니다.


필자 : 금년(壬辰年)은 어렵습니다만, 내년(癸巳年)부터는 운이 좋아질 것이
　　　니 희망을 가져보세요.
　　　손님사주는 단순하게 구성되어 있어서 마음씨도 순수하시겠습니다.
고객 : 예, 제가 좀 단순한 편입니다.


필자 : 손님사주에는 巳戌鬼門殺이란 것이 두 개나 있는데, 이런 글자가 있
　　　으면, 운이 나빠질 때 비관적인 생각을 쉽게 하기 때문에 우울증이
　　　올 것인데, 작년부터 그런 현상이 생겼겠네요?
고객 : 예, 작년부터 죽고 싶은 생각이 문득 문득 듭니다.


필자 : 내년부터는 일이 잘 풀릴 것이니까 기대를 해보세요?
고객 : 정말입니까?
　　　그리고, 앞으로의 운은 어떻습니까?


필자 : 가급적이면, 창업은 하지마시고, 회사생활을 계속하시도록 하세요.
고객 : 잘 알겠습니다.

## 3. 乙庚合化金格

| 61 | 51 | 41 | 31 | 21 | 11 | 1 | | | 時柱 | 日柱 | 月柱 | 年柱 | |
|---|---|---|---|---|---|---|---|---|---|---|---|---|---|
| 癸 | 甲 | 乙 | 丙 | 丁 | 戊 | 己 | 大 | | 甲 | 乙 | 庚 | 戊 | 坤 |
| 丑 | 寅 | 卯 | 辰 | 巳 | 午 | 未 | 運 | | 申 | 巳 | 申 | 午 | 命 |

- 말띠 申月에 乙木이 뿌리가 없어서 乙庚合이 되었고, 金의 세력이 너
  무 왕해 從할 수밖에 없으므로 乙庚合이 되어 化格으로 되었으므로
  金 용신, 火 병신, 土 길신, 水 약신이다.

- 己未, 戊午, 丁巳 대운은 나쁘고, 印星 土가 길신이라 일본유학을 갔
  다왔으며, 丙辰 대운이 전성기다.
  부부궁도 좋고, 戊子, 己丑 年에 결혼 운이고, 乙木이 申月에 乙庚合
  이 되어 從殺로 가서 부자사주다.
  印綬가 길신이면, 초년대운이 다소 나빠도 무난히 산다.

## 4. 丁壬合化水格

| 61 | 51 | 41 | 31 | 21 | 11 | 1 | | | 時柱 | 日柱 | 月柱 | 年柱 | |
|---|---|---|---|---|---|---|---|---|---|---|---|---|---|
| 丁 | 戊 | 己 | 庚 | 辛 | 壬 | 癸 | 大 | | 丁 | 壬 | 甲 | 壬 | 坤 |
| 酉 | 戌 | 亥 | 子 | 丑 | 寅 | 卯 | 運 | | 未 | 子 | 辰 | 申 | 命 |

- 丁壬合化水格이라 水 용신, 木 길신, 火와 土는 흉신이고, 干上으로
  오는 金은 흉신이며, 地支에 있는 申金은 길신이다.

- 특목고에 다니다가 2학년인 己丑 年에 그만두고, 서울대학교 화공
  과에 들어가 2015년 2월에 졸업했는데, 전공학과가 마음에 안 들어
  2015년에 서울의대를 가려고 했으나 떨어져서 연세의대나 울산의대
  를 가려고 한다.
- 丁壬合을 했으므로 潤下格이라고 하진 않고 丁壬合化水格이라고 한다.

## 5. 丙辛合化水格

| 66 | 56 | 46 | 36 | 26 | 16 | 6 | | | 時柱 | 日柱 | 月柱 | 年柱 | |
|---|---|---|---|---|---|---|---|---|---|---|---|---|---|
| 甲 | 乙 | 丙 | 丁 | 戊 | 己 | 庚 | 大 | | 壬 | 丙 | 辛 | 癸 | 乾 |
| 寅 | 卯 | 辰 | 巳 | 午 | 未 | 申 | 運 | | 辰 | 辰 | 酉 | 亥 | 命 |

- 日干인 丙火와 月上의 辛金이 丙辛合을 하였고, 金과 水가 많으므로
  丙火가 水로 변했으므로 丙辛合化水格이라서 水 용신, 金 길신, 火와
  土는 흉신이고, 木도 흉신이다.
  그래서 모든 化格은 從格과 구분해야 한다.

## 6. 戊癸合火化格

| 68 | 58 | 48 | 38 | 28 | 18 | 8 | | | 時柱 | 日柱 | 月柱 | 年柱 | |
|---|---|---|---|---|---|---|---|---|---|---|---|---|---|
| 壬 | 癸 | 甲 | 乙 | 丙 | 丁 | 戊 | 大 | | 戊 | 癸 | 己 | 丁 | 乾 |
| 寅 | 卯 | 辰 | 巳 | 午 | 未 | 申 | 運 | | 午 | 巳 | 酉 | 巳 | 命 |

- 이 사주는 신약으로 볼 것이냐, 化格으로 볼 것이냐로 헷갈린다.
- 그러나, 자세히 보면, 日干이 癸水가 時上의 戊土와 戊癸合을 하였
  고, 月支에 酉金이 있으나, 火에 둘러 쌓여 있어 金으로서의 기능을
  하지 못하므로 火로 변했으므로 戊癸合火化格이라고 한다.
- 따라서, 土가 용신이고, 火가 길신이며, 金, 水, 木은 흉신이다.

## 7. 從强格

### 1) 比劫이 많아서 從强格이다

(가락동 거주)

| 68 | 58 | 48 | 38 | 28 | 18 | 8 |  |  | 時柱 | 日柱 | 月柱 | 年柱 |  |
|---|---|---|---|---|---|---|---|---|---|---|---|---|---|
| 丙 | 丁 | 戊 | 己 | 庚 | 辛 | 壬 | 大 |  | 乙 | 丙 | 癸 | 乙 | 乾 |
| 子 | 丑 | 寅 | 卯 | 辰 | 巳 | 午 | 運 |  | 未 | 戌 | 未 | 巳 | 命 |

– 이 사주를 언뜻 보면 月上에 癸水가 있어서 일반격으로 볼 수 있으나 이 癸水는 안개와 같아 水로서의 기능을 하지 못하므로 從强格으로 火가 용신, 木과 土가 길신, 水가 病神, 운에서 金이 오면 흉신이다.

– 초년부터 운이 좋아서 잘살아왔으며, 고등학교 시절인 81 辛酉年에 공부를 하지 않았고, 82 壬戌年에 전자공학을 공부하고 싶어서 전학을 했었다고 하며, 83 癸亥年에 공부를 하지 않았다고 하나 대학은 토목공학과를 졸업했으며, 초년에 회사생활을 7~8년 정도 하다가 그만두고 현재까지 건축업을 하고 있다.

### 2) 從强格 사주

(영등포 거주)

| 62 | 52 | 42 | 32 | 22 | 12 | 2 |  |  | 時柱 | 日柱 | 月柱 | 年柱 |  |
|---|---|---|---|---|---|---|---|---|---|---|---|---|---|
| 丙 | 丁 | 戊 | 己 | 庚 | 辛 | 壬 | 大 |  | 乙 | 丁 | 癸 | 丙 | 坤 |
| 戌 | 亥 | 子 | 丑 | 寅 | 卯 | 辰 | 運 |  | 巳 | 巳 | 巳 | 寅 | 命 |

– 乙未年 丑月에 온 여자 사주로 교사다.
– 사주의 구조는, 범띠 해의 초여름에 자신을 나타내는 글자를 인공 불에 비유해 해석하는 丁火로 태어나 癸水가 하나 있으나, 뿌리나 金이 없으므로 없는 癸水나 마찬가지이고, 比劫과 印星으로 뭉쳐져 있어 火로 從을 하는 從强格으로, 火 용신, 木 길신, 운에서 오는 乾土는 길신, 金과 水는 흉신이다.

- 從旺格이나 從强格 사주는 순수하고 두뇌가 좋으나, 융통성이 부족
  하고, 이 사주처럼 없어도 될 癸水가 나타나 있어 흉신인데, 癸水는
  남편이므로 남편 덕이 약하다.

- 따라서, 2014 甲午年에 결혼한 후 계속해서 싸우면서 살아오고 있으
  며, 2015 乙未年에는 남편이 공무원 시험 준비를 한다고 떨어져 살
  고 있어 싸울 기회가 없어졌다고 한다.

- 진로나 직업은 자기의 사주에 어떤 성분이 필요 하느냐에 따라 결정
  되는데, 이 사주는 火가 용신으로, 火와 관련된 직업은 말하는 직업
  이나 교육인데, 이 命主는 교사다.

3) 比劫이 많아서 從强格 사주로 의사다

(마포 거주)

| 64 | 54 | 44 | 34 | 24 | 14 | 4 |  | 時柱 | 日柱 | 月柱 | 年柱 |  |
|----|----|----|----|----|----|----|----|----|----|----|----|----|
| 辛 | 庚 | 己 | 戊 | 丁 | 丙 | 乙 | 大 | 戊 | 戊 | 甲 | 己 | 坤 |
| 巳 | 辰 | 卯 | 寅 | 丑 | 子 | 亥 | 運 | 午 | 午 | 戌 | 巳 | 命 |

- 丙申年 卯月에 엄마가 가지고 온 딸 사주로 의대생이다.

- 사주의 구조는, 개띠 해의 한가을에 자신을 나타내는 글자를 큰 산에
  비유해 해석하는 戊土로 태어나 도와주는 세력이 많고, 甲木이 하나
  있으나 뿌리가 없어 죽어있는 나무이고, 甲己合해서 土로 변했으므
  로 이 사주는 土로 뭉쳐진 사주라서 從强格사주다.

- 從格 사주는 格 자체가 용신이므로 土가 용신이고, 火가 길신이며,
  운에서 오는 金은 木을 제거해줌으로 길신이고, 水가 흉신이고 木이
  病神이다.

- 진로나 직업은 자기의 사주에 어떤 성분이 필요 하느냐에 따라 결정
  되기도 하고 殺로도 보는데, 이 사주는 懸針殺인 甲木을 직업으로 삼

앉으므로 의대생으로 올해 졸업반이다.

4) 從强格 사주

| 68 | 58 | 48 | 38 | 28 | 18 | 8 | | | 時柱 | 日柱 | 月柱 | 年柱 | |
|---|---|---|---|---|---|---|---|---|---|---|---|---|---|
| 己 | 庚 | 辛 | 壬 | 癸 | 甲 | 乙 | 大 | | 甲 | 丙 | 丙 | 乙 | 乾 |
| 卯 | 辰 | 巳 | 午 | 未 | 申 | 酉 | 運 | | 午 | 寅 | 戌 | 未 | 命 |

- 戌月에 丙火가 火가 많아 신왕하므로 從强格으로 火가 용신이기 때
  문에 초년 乙酉, 甲申 대운에 고생을 했으며, 癸未대운부터 평범하게
  살지만 돈은 아파트 외에 별로 없다.
- 戌未刑으로 윗 형제가 3명 죽었다.

## 8. 從旺格

印星이 많으면 從旺格이다

| 70 | 60 | 50 | 40 | 30 | 20 | 10 | | | 時柱 | 日柱 | 月柱 | 年柱 | |
|---|---|---|---|---|---|---|---|---|---|---|---|---|---|
| 戊 | 己 | 庚 | 辛 | 壬 | 癸 | 甲 | 大 | | 癸 | 癸 | 乙 | 己 | 乾 |
| 辰 | 巳 | 午 | 未 | 申 | 酉 | 戌 | 運 | | 亥 | 亥 | 亥 | 亥 | 命 |

- 겨울에 태어난 癸水로, 比劫인 水가 많으므로 겨울 장마가 진 것과
  같아 從旺格이다.
- 從旺格은 水가 주체라 水가 용신이고, 金이 길신이며, 木도 길신이
  고, 火와 土는 흉신이다.

## 9. 從兒格

### 1) 종아격

| 67 | 57 | 47 | 37 | 27 | 17 | 7 |   |   | 時柱 | 日柱 | 月柱 | 年柱 |   |
|---|---|---|---|---|---|---|---|---|---|---|---|---|---|
| 辛 | 壬 | 癸 | 甲 | 乙 | 丙 | 丁 | 大 |   | 乙 | 癸 | 戊 | 乙 | 乾 |
| 未 | 申 | 酉 | 戌 | 亥 | 子 | 丑 | 運 |   | 卯 | 卯 | 寅 | 卯 | 命 |

- 寅月에 癸水가 뿌리도 없고, 金도 없어서 從兒格이다.
- 명문대에서 러시아어를 전공했고, 또 다른 명문대에서 물류학을 전
  공 했으며, 삼성전자와 관계되는 물류회사에 근무를 하고 있다.
- 財星인 戊土가 剋을 심하게 받고 있어서 아버지와 인연이 없어 19세
  에 부모가 이혼했고, 아직 미혼이다.

### 2) 신약이 아니고 종아격이다

(강동 거주)

| 62 | 52 | 42 | 32 | 22 | 12 | 2 |   |   | 時柱 | 日柱 | 月柱 | 年柱 |   |
|---|---|---|---|---|---|---|---|---|---|---|---|---|---|
| 乙 | 丙 | 丁 | 戊 | 己 | 庚 | 辛 | 大 |   | 乙 | 癸 | 壬 | 壬 | 坤 |
| 未 | 申 | 酉 | 戌 | 亥 | 子 | 丑 | 運 |   | 卯 | 亥 | 寅 | 戌 | 命 |

- 이 사주를 신약사주로 보기 쉽다.
  그러나, 자세히 살펴보면, 신약이 아니고 從兒格이다.
  그 이유는, 癸일주가 음간이고, 日支에 亥水 뿌리를 가졌으나 亥水는
  寅亥合, 亥卯合이 되어 木으로 변질되었고, 年 月上에 壬水가 있다하
  나 뿌리가 없어 水 일간으로서의 기능을 할 수 없으므로 木으로 從을
  한것이다.

- 캐나다에 유학을 갔다 와서 己丑 年에 취업했는데, 의류, 디자인 관
  련 번역을 한다.
  乙木으로 從을 했는데, 乙木은 의류, 또는 디자인이므로 인연에 맞는

직업을 선택했다.

- 여자 從兒格 사주는 두뇌는 무척 좋으나 木剋土하므로 남편 궁에 이
  상이 올 수 있다.
  여자 사주에서 食傷인 자식 글자가 발달해 있는 사주들은 거의 남편
  덕이 없거나 남편과 갈등을 안고 살아간다.

3) 신약이 아니고 종아격이다

(강동 거주)

| 69 | 59 | 49 | 39 | 29 | 19 | 9 |  |  | 時柱 | 日柱 | 月柱 | 年柱 |  |
|----|----|----|----|----|----|----|----|----|------|------|------|------|----|
| 丙 | 丁 | 戊 | 己 | 庚 | 辛 | 壬 | 大 |  | 己 | 己 | 癸 | 丁 | 乾 |
| 午 | 未 | 申 | 酉 | 戌 | 亥 | 子 | 運 |  | 巳 | 酉 | 丑 | 酉 | 命 |

- 丑月에 己土가 從兒格으로 두뇌가 좋다.
- 고등학교 때 운이 별로여서 좋은 대학은 못갔으나, 88년 戊辰年에
  IBM에 입사해서 금융담당영업본부장으로 근무하다가, 2010 庚寅年
  에 시스코라는 회사에서 금융영업 총괄담당으로 근무하던 중 회사
  경영진과 뜻이 안맞아 옮기려고 한다.
  從兒格을 卯酉沖으로 体를 파괴하기 때문이다.

- 출생시간이 辰時인지 巳時인지 잘 모른다고 해서, 가족관계를 확인
  하니까 巳時가 맞다.
  祖父가 북에서 월남을 했는데 월남하기 전에 북에서 결혼을 했고, 이
  남에서 다시 했으므로 祖母가 두 분이다.
  따라서, 巳酉丑金局으로 食傷局을 이루었으므로 육친관계가 맞다.
  또, 용신과 대운도 맞다.
  만약, 신약사주라면 이 命主가 거대 글로벌 기업의 고위직에 오를 수
  없다.

4) 여자 종아격은 남편을 멀리 한다 : 주말 부부다

(잠실 거주)

| 69 | 59 | 49 | 39 | 29 | 19 | 9 | | 時柱 | 日柱 | 月柱 | 年柱 | |
|----|----|----|----|----|----|----|----|----|----|----|----|----|
| 己 | 戊 | 丁 | 丙 | 乙 | 甲 | 癸 | 大 | 乙 | 壬 | 壬 | 丁 | 坤 |
| 酉 | 申 | 未 | 午 | 巳 | 辰 | 卯 | 運 | 巳 | 寅 | 寅 | 未 | 命 |

- 寅月에 壬水가 뿌리도 없어서 태약하며, 丁壬合, 丁壬合하므로 從兒格이며, 전업주부다

- 日支 남편 궁이 空亡을 맞았고, 時支와 寅巳刑殺을 맞았으며, 正官인 未중 己土가 年支에 멀리 있어 너무 먼 당신이고, 從兒格은 남편을 멀리 하므로 떨어져 살아야 하는데, 이 부부는 주말부부다.

- 04 甲申 年에 寅申沖이 발동하여 큰 수술(암수술)을 받았다.
- 앞으로 오는 戊申대운에 寅申沖이 되므로 건강에 문제가 올 것이다.
- 丁壬合을 두 번하므로 祖母가 두 분이다.

남편 사주

| 62 | 52 | 42 | 32 | 22 | 12 | 2 | | 時柱 | 日柱 | 月柱 | 年柱 | |
|----|----|----|----|----|----|----|----|----|----|----|----|----|
| 乙 | 丙 | 丁 | 戊 | 己 | 庚 | 辛 | 大 | 丁 | 辛 | 壬 | 丁 | 乾 |
| 巳 | 午 | 未 | 申 | 酉 | 戌 | 亥 | 運 | 酉 | 亥 | 子 | 未 | 命 |

- 子月에 辛金이 金水傷官格으로 신약해도 용신을 火를 쓰므로 불을 다루는 직업이 맞는데, 충북 단양에 있는 석회석회사에서 석회를 불로 구워서 포항제철에 납품하는 일을 하고 있으며, 회사중역이다.
- 2013, 2014년 같은 해에 사장으로 승진할 수 있다.
- 주말부부로 부인은 용인에서 자녀들과 살고 있고, 본인은 단양에서 생활하고 있다.
- 丁壬合을 여러 번 하므로 조모가 두 분이다.

5) 여자 종아격은 남편 덕이 없다

(수원 거주)

| 65 | 55 | 45 | 35 | 25 | 15 | 5 | | | 時柱 | 日柱 | 月柱 | 年柱 | |
|---|---|---|---|---|---|---|---|---|---|---|---|---|---|
| 壬 | 辛 | 庚 | 己 | 戊 | 丁 | 丙 | 大 | | 甲 | 癸 | 乙 | 癸 | 坤 |
| 戌 | 酉 | 申 | 未 | 午 | 巳 | 辰 | 運 | | 寅 | 亥 | 卯 | 卯 | 命 |

- 이 사주는 卯月에 癸水가 年上에 癸水가 있고, 日支에 亥水가 있으나 日支의 亥水는 寅亥合, 亥卯合을 해 木으로 변했으므로 從兒格, 曲直格, 木体格으로 본다.

- 여자 從兒格은 자식을 보고 삶으로 남편한테는 나쁘다.

- 火운은 길신이므로 좋았으나 金운이 오면 어렵게 되는데, 45 庚申대운 庚寅年에 寅申沖하므로 남편이 간암으로 사망했다.
  木의 입장에서는 金이 官인데 金이 病이 된다.

- 木으로 從을 했으면 陽木인 甲寅 木으로 가는데, 甲寅 木은 孤鸞殺이 된다.
- 이 女命은 젊어서 화장품회사의 미용강사로 활동하다가 나중에 을지로에서 인쇄소를 남편과 같이 운영했으므로 직업이 맞다.

남편 사주

| 63 | 53 | 43 | 33 | 23 | 13 | 3 | | | 時柱 | 日柱 | 月柱 | 年柱 | |
|---|---|---|---|---|---|---|---|---|---|---|---|---|---|
| 丁 | 丙 | 乙 | 甲 | 癸 | 壬 | 辛 | 大 | | ○ | 乙 | 庚 | 庚 | 乾 |
| 亥 | 戌 | 酉 | 申 | 未 | 午 | 巳 | 運 | | ○ | 酉 | 辰 | 子 | 命 |

- 庚寅年에 간암으로 사망했다.
  木이 金에 훾을 받았기 때문이다.

## 10. 子遙巳格

```
甲 甲 壬 ○
子 子 子 ○
```

－ 甲子 日에 甲子 時를 보면 巳火를 불러들여 子遙巳格인데, 만약 火가
  나타나면 파격이라서 일반격으로 봐야한다.
－ 조후 火 용신이다.


## 11. 曲直仁壽格

| 69 | 59 | 49 | 39 | 29 | 19 | 9 | | | 時柱 | 日柱 | 月柱 | 年柱 | |
|----|----|----|----|----|----|----|---|---|------|------|------|------|---|
| 壬 | 辛 | 庚 | 己 | 戊 | 丁 | 丙 | 大 | | 丙 | 乙 | 乙 | 戊 | 乾 |
| 戌 | 酉 | 申 | 未 | 午 | 巳 | 辰 | 運 | | 子 | 卯 | 卯 | 寅 | 命 |

－ 남자는 財星을 극하므로 아버지와 부부관계가 나쁘고, 여자가 曲直格이
  면 자신은 좋으나, 食傷을 쓰고 官星을 싫어하므로 혼자 살아야 한다.
－ 火 용신. 정직하다.


## 12. 天行一氣格. 地支一氣格

```
乙 乙 乙 乙
酉 酉 酉 酉
```

－ 金에 從하는 사주라서 火가 오면 깨진다.


## 13. 明暗夫集格 = 官殺混雜格과 같다

| 61 | 51 | 41 | 31 | 21 | 11 | 1 | | | 時柱 | 日柱 | 月柱 | 年柱 | |
|----|----|----|----|----|----|----|---|---|------|------|------|------|---|
| 癸 | 甲 | 乙 | 丙 | 丁 | 戊 | 己 | 大 | | 甲 | 乙 | 庚 | 戊 | 坤 |
| 丑 | 寅 | 卯 | 辰 | 巳 | 午 | 未 | 運 | | 申 | 巳 | 申 | 午 | 命 |

– 여자 사주에 官星이 天干과 地支에 나타나있고, 地藏干인 巳중에도
  들어 있어서 明暗夫集格(명암부집격)이라 한다.
– 傷官과 官이 합을 하여 속도위반이다.
– 官과 食傷이 합刑이라 남편과의 사이에 스트레스가 심하고 남자는 많
  은데 결혼해서 같이 살 수 있는 남편은 없다.

## 14. 六乙鼠貴格

– 乙 日主에 丙子 時를 보고, 金이 없어야 성립한다.
– 이 사주에는 辛金이 있으나, 丙辛合하여 辛金이 없는 것이나 마찬가
  지라 성립한다.
– 金이 없으면 子水가 巳火를 끌어들여 巳중에 庚金을 좋아하니 꿈속의
  남자를 그린다.

## 15. 飛天祿馬格

– 보이지 않는 沖(暗沖)을 해서 보이지 않는 正財와 正官을 끌어들인다.
– 飛天祿馬格은 운이 좋으면 날아가는 새를 떨어뜨린다.
– 자신은 출세하지만 가정은 엉망이다.
– 官星이 있어도 성립이 안 되고, 沖을 해도 안 된다.

1) 庚子일주에 子水가 多 : 壬子가 虛沖으로 午火를 끌어들인다.
   – 子水가 午火를 불러들여 午중 己土가 있어 官印相生으로 金白水淸
     하여 청렴결백하며, 장관격이다.
   – 이 때 丑土가 있으면 子丑合이 되어 파격이므로 일반격으로 봐야
     한다.
2) 辛亥일주에 亥水가 多 : 亥水가 虛沖으로 巳火를 끌어들인다.
3) 癸亥일주에 亥水가 多 : 亥水가 虛沖으로 巳火를 끌어들인다.
4) 壬子일주에 子水가 多 : 壬子가 虛沖으로 午火를 끌어들인다.
5) 丁巳일주가 巳火가 多 : 丁巳가 虛沖으로 亥水를 끌어들인다.

6) 丙午일주가 子水가 多 : 丙午가 虛沖으로 子水를 끌어들인다.

## 16. 倒沖祿馬格

1) 丙午일주에 午火가 多 : 丙午가 虛沖으로 子水를 끌어들인다.
   丙午 일주에 午火가 3개 있는 것을 말하는데, 午火 3개가 힘을 합쳐
   子水를 불러들인다.
2) 丁巳일주에 巳火가 多 : 丁巳가 虛沖으로 亥水를 끌어들인다.
   丁巳 일주에 巳火가 3개 있는 것을 말하는데, 巳火 3개가 힘을 합쳐
   亥水를 불러들인다.

## 17. 丑遙巳格

  - 辛丑, 癸丑일주가 丑이 많고, 官星이나 合과 沖이 없어야 성립하는데,
    丑중 辛金이 丙辛合을 하기 위해 巳중 丙火를 끌어들인다.

## 18. 六陰朝陽格

1) 육음조양격의 파격

(천호동 거주)

| 65 | 55 | 45 | 35 | 25 | 15 | 5 | | 時柱 | 日柱 | 月柱 | 年柱 | |
|----|----|----|----|----|----|----|----|----|----|----|----|----|
| 辛 | 庚 | 己 | 戊 | 丁 | 丙 | 乙 | 大 | 戊 | 辛 | 甲 | 戊 | 남 |
| 酉 | 申 | 未 | 午 | 巳 | 辰 | 卯 | 運 | 子 | 亥 | 寅 | 午 | 자 |

  - 乙未年 늦가을에 모친이 갖고 온 아들 사주로 올해 사법고시를 볼 예
    정이라고 한다.
  - 사주의 구조는, 말띠 해의 초봄에 자신을 나타내는 글자를 보석에 비
    유해서 해석하는 辛金으로 태어나 도와주는 세력이 약하므로 신약한
    사주다.

- 보석은 원래 火를 싫어하기 때문에 겨울을 제외하고는 거의 火를 쓰
  지 않는 것이 원칙이고, 辛亥일주가 戊子 時를 보고 木이나 火가 없
  어야 성립되는 格으로 六陰朝陽格이라고 하는데, 이 格은 金과 水가
  用神이고, 濕土는 쓰고, 木과 火는 쓰지 않는다.

- 이 男命은 고려대 법대를 나왔는데, 고등학교 때의 歲運을 살펴보니
  까 고등학교 때가 甲戌, 乙亥, 丙子 年으로 흘러서 고 1년 때를 제외
  하고는 운이 따라 주었으며, 더군다나, 辛金이 甲木을 바로 옆에 놓
  아서 剋을 받으므로 두뇌가 매우 좋기 때문에 사시를 준비한 것으로
  판단한다.

- 그러나, 나이가 38세가 되도록 시험 준비를 한다는 것 자체만으로도
  그동안 운이 따라주지 않았다는 것을 증명하고 있다.
  따라서, 로스쿨 공부하는 동안인 2013년부터 2015년까지 3년간 火
  운으로 흘러서 운이 따라주지 않았으므로 이번 시험은 어렵다고 판
  단했다.

2) 六陰朝陽格

(반포 거주)

| 70 | 60 | 50 | 40 | 30 | 20 | 10 |  | 時柱 | 日柱 | 月柱 | 年柱 |  |
|----|----|----|----|----|----|----|----|----|----|----|----|----|
| 壬 | 癸 | 甲 | 乙 | 丙 | 丁 | 戊 | 大 | 戊 | 辛 | 己 | 乙 | 乾 |
| 午 | 未 | 申 | 酉 | 戌 | 亥 | 子 | 運 | 子 | 丑 | 丑 | 未 | 命 |

- 乙未年 한 겨울에 온 남자로 자동차 부품관련 사업을 하다가 현재는
  건물 임대업을 하고 있다고 한다.
- 사주의 구조는, ◎양띠 해의 늦겨울에 자신을 나타내는 글자를 보석
  에 비유해 해석하는 辛金으로 태어나 도와주는 세력인 土가 너무 많
  고, 乙木이 있으나, 金克木을 당하고 있으며, 地支가 冲未冲되어 써
  먹을 수 없는 木이므로 六陰朝陽格이다.

- 이 格의 특징은, 辛金일주가 戊子 時를 보고 官이 없으면 성립하는
  데, 火官이나 財星인 木이 旺하면 파격이라 일반격으로 봐야한다.
  金용신 水길신, 濕土 길신, 木과 火는 흉신이다. 辛金일주가 印綬가
  너무 많으면 比劫이 용신으로, 申, 酉대운에 크게 발복했다.

- 이 格은 특수격으로, 財, 官이 없을 때 성립하고, 財, 官이 있어도 財,
  官이 약해 써 먹을 수 없어야 성립한다.
  만약, 財, 官이 건실하면 일반격으로 봐야한다.

- 이 命主는, 천안에서 출생하였으며, 부친이 교사였다고 하며, 초년
  운이 水운이었으므로 유복한 성장과정을 거쳤다고 하며, 戌 대운에
  丑戌未三刑을 일으키므로 日支 妻宮이 깨지고, 財星인 乙木의 뿌리
  가 있는 未土를 沖하므로 本妻와 이혼을 하고 再婚을 하였다고 하며,
  酉, 申 대운이 用神운이므로 대발하였는데, 그 시기에는 금속관련 부
  품 사업을 해 돈을 벌었다고 한다.

- 未 대운에 沖未沖을 하므로 나쁜데, 歲運을 대입해 보면, 2013년부
  터 2015년까지가 사실상 火운인데다가 2015년에 온 未土가 오면 沖
  未沖을 하므로 큰 변화를 맞게 되는데, 丑중에 癸水가 깨져서 신장암
  수술을 받았다고 하며, 수익성이 낮은 일부 건물을 처분했고, 이사도
  했다고 한다.
  향후대운이 火운이라서 格을 깨므로 운이 없다.

### 19. 從革格

| 61 | 51 | 41 | 31 | 21 | 11 | 1 |  | 時柱 | 日柱 | 月柱 | 年柱 |  |
|---|---|---|---|---|---|---|---|---|---|---|---|---|
| 癸 | 甲 | 乙 | 丙 | 丁 | 戊 | 己 | 大 | 庚 | 庚 | 庚 | 戊 | 乾 |
| 丑 | 寅 | 卯 | 辰 | 巳 | 午 | 未 | 運 | 辰 | 申 | 申 | 戌 | 命 |

- 여자 從革格은 官이 들어오지 못하므로 과부이거나 능력이 없고, 여
  자 從格사주는 남편이 바람을 피운다.

## 20. 潤下格

여자 사주가 潤下格이면 자신은 좋으나 혼자 살아야 한다.


1) 潤下格 사주

(분당 거주)

| 62 | 52 | 42 | 32 | 22 | 12 | 2 |  |  | 時柱 | 日柱 | 月柱 | 年柱 |  |
|----|----|----|----|----|----|----|---|---|------|------|------|------|---|
| 庚 | 己 | 戊 | 丁 | 丙 | 乙 | 甲 | 大 |  | 辛 | 壬 | 癸 | 癸 | 여 |
| 午 | 巳 | 辰 | 卯 | 寅 | 丑 | 子 | 運 |  | 丑 | 申 | 亥 | 丑 | 자 |

- 丙申年 寅月에 온 여자 사주로 潤下格이다.
- 사주의 구조는, 소띠 해의 초겨울에 자신을 나타내는 글자를 강물에
  비유해 해석하는 壬水로 태어나 도와주는 세력이 많고 丑土가 2개 있
  으나 丑土는 土로서의 기능을 하지 못하고 水와 같으므로 潤下格이다.

- 潤下格사주는 水가 용신이고, 金과 木이 길신이며, 乾土와 火는 凶神
  이므로 火운이 오면 발전이 없거나 침체된다.
  따라서 이 命主는 고등학교 기간인 89 己巳年, 90 庚午年, 91 辛未年
  으로 地支가 火, 土운이라 학운이 따라주지 않아 대학 진학하는데 애
  로가 많았다고 한다.

- 또한 官星인 丑土가 2개가 있는데, 이런 사주가 일반격이 었다면 재
  혼을 하거나 부부관계가 나쁠 것이나, 이 사주는 潤下格이라 官星인
  丑土가 있어도 나쁘지 않으므로 부부관계가 좋다.

- 진로나 직업은 자기의 사주에 어떤 성분이 필요 하느냐에 따라 결정
  되는데, 이러한 특수격들은 직업을 보기가 더 어려운데, 특수격은 두
  뇌가 좋기 때문에 법관이나 경제인 같은 좋은 직업을 갖는다.
  이 命主는 회계사다.

## 21. 水草사주

1) 여자 사주가 水草이면 자신은 좋으나, 혼자 살아야 한다

(마포 거주)

| 64 | 54 | 44 | 34 | 24 | 14 | 4 | | 時柱 | 日柱 | 月柱 | 年柱 | |
|---|---|---|---|---|---|---|---|---|---|---|---|---|
| 壬 | 辛 | 庚 | 己 | 戊 | 丁 | 丙 | 大 | 壬 | 癸 | 乙 | 甲 | 남 |
| 午 | 巳 | 辰 | 卯 | 寅 | 丑 | 子 | 運 | 子 | 亥 | 亥 | 子 | 자 |

– 사주의 구조는, 쥐띠 해의 초겨울에 자신을 나타내는 글자를 빗물에 비유해 해석하는 癸水로 태어나 도와주는 세력으로 水가 5개나 더 있으므로 매우 신강한 사주다.
초겨울의 물은 얼어있지 않는 물이라 생명을 기를 수 있는데, 年과 月上의 乙木과 甲木이 나타나있으므로 키워야 할 木이다.

– 이런 사주는 일반격으로는 감명이 어렵고 특별격으로 감명을 해야 답이 나온다.
즉, 일반격에서는 오행이 골고루 있어서 조화와 균형을 보는데, 이 사주 는 특별한 사주로, 물속에서 나무를 기르는 구조이기 때문에 물이 마르면 나무가 죽으므로 안 좋고, 나무가 죽어도 안 좋기 때문에 金이 더 이상 필요하지 않고, 火와 土도 필요하지 않다.

– 이런 사주는 두뇌가 좋으므로 공부를 잘 할 수 있고, 대운도 따라주므로 명문대학을 나와 직장생활을 잘 하고 있다.
그러나, 돈복과 처복이 없고, 54 辛巳대운부터 巳亥沖하여 旺神인 亥水를 충돌하면 旺神沖發하여 대란이 일어날 것이므로 결국은 복이 없는 사주다.

– 이 命主는 모친을 의미하는 金이 필요하지 않으므로 어려서부터 어머니와 많은 갈등을 빚었다고 하며, 고등학교 1학년 때가 庚辰年이었는데, 공부를 잘했으나, 2학년 때 辛巳年, 3학년 때가 壬午年이라 2학

년과 3학년 때 오히려 성적이 나쁘게 나왔다고 모친이 증언했다.

- 사주가 水와 木으로만 구성되어 있어 굉장히 단순하므로 성격이 순수
하다.

## 22. 從財格

### 1) 從財格 사주가 운이 나쁘면 실패한다

(분당 거주)

| 62 | 52 | 42 | 32 | 22 | 12 | 2 | | 時柱 | 日柱 | 月柱 | 年柱 | |
|----|----|----|----|----|----|----|----|----|----|----|----|----|
| 辛 | 壬 | 癸 | 甲 | 乙 | 丙 | 丁 | 大 | 丁 | 癸 | 戊 | 癸 | 乾 |
| 亥 | 子 | 丑 | 寅 | 卯 | 辰 | 巳 | 運 | 巳 | 巳 | 午 | 巳 | 命 |

- 午月에 癸水가 年上에 比肩이 있으나 地支에 뿌리가 전혀 없으므로
從財格이다.
- ○○상가 지하 정육점 사장 사주로, 41세 寅 대운까지 순세하므로 좋
았으나, 42세부터 癸丑대운부터 나빠져 갖고 있던 가게도 팔고 어려
워졌다.

### 2) 從財格 사주

(수지 거주)

| 62 | 52 | 42 | 32 | 22 | 12 | 2 | | 時柱 | 日柱 | 月柱 | 年柱 | |
|----|----|----|----|----|----|----|----|----|----|----|----|----|
| 癸 | 壬 | 辛 | 庚 | 己 | 戊 | 丁 | 大 | 癸 | 壬 | 丙 | 庚 | 乾 |
| 巳 | 辰 | 卯 | 寅 | 丑 | 子 | 亥 | 運 | 卯 | 寅 | 戌 | 寅 | 命 |

- 戌月에 壬水가 年上에 印星이 있고, 時上에 劫財가 있어 돕고 있으나
地支에 (根氣)근기가 없어 從財格 사주다.

- 부친은 크게 운수업을 해서 부자였기 때문에 이 命主 형제가 7명이었
는데, 모두 그 당시에도 사립학교를 보냈으며, 부친이 소위 이씨 왕
족의 후손이라는 자부심을 갖고 이 命主가 법학을 공부해 판검사가

되기를 희망했으나 정작 이 命主는 초년이 나빠서 공부를 제대로 못
하여 공고 토목학과를 졸업했고, 처음에는 직장생활을 하다가 나이
가 들어서 토목 관련 사업을 하고 있다.


- 壬辰대운에 사업상 어려움을 크게 겪었다.
- 從財라서 마누라의 내조가 굉장히 좋을 것 같으나, 마누라 사주를 보
  니까 전혀 그렇지 않고, 남편을 깔아뭉개는 구조다.
- 18살 때 당구 광이었는데, 돈을 못 낸다고 당구장 주인 50대 여자가
  화장실로 데려가서 성기를 만진 적이 있었다고 한다.


- 사업을 번창하던 어느 날은 친구들과 호텔술집에 갔다가 여자를 데리
  고 여관방에 들어갔는데, 여관의 이부자리가 더럽다고 창문을 열고
  서 밖을 내려다보면서 종업원한테 이부자리를 바꿔달라고 큰소릴 치
  고 나서 밖을 내려다보니까 그때 마침 자기부인이 서 있어서 겁을 먹
  고 도망을 갔었다고 한다.
  나중에 그렇게 된 연유를 알아보니까 부인이 호텔주방장을 매수해서
  부인이 찾아왔었다고 했다.


부인사주

| 61 | 51 | 41 | 31 | 21 | 11 | 1 | | 時柱 | 日柱 | 月柱 | 年柱 | |
|----|----|----|----|----|----|----|----|----|----|----|----|----|
| 丁 | 丙 | 乙 | 甲 | 癸 | 壬 | 辛 | 大 | 己 | 辛 | 庚 | 癸 | 坤 |
| 卯 | 寅 | 丑 | 子 | 亥 | 戌 | 酉 | 運 | 亥 | 酉 | 申 | 巳 | 命 |

- 申月에 辛金이 태왕하므로 洩氣하는 水가 용신이다.
- 寅 대운부터 남편을 제쳐두고 본인이 직접 사업을 하고 있는데, 庚寅
  年에 상가 건축사업이 잘 안됐다.


- 남편인 官을 食傷이 극하고 있는 구조이므로 남편을 짓누른다.
  따라서, 남편의 사주만 보고서는 부인의 내조가 좋다고 판단할 수 없

는 사례다.

財가 亥중의 甲木인데, 甲木은 실이므로 03 癸未 年부터 의류사업을 하고 있다.

– 이 사주는 食傷이 용신인데, 용신인 食傷 癸水가 官星인 巳火를 누르고, 또, 亥水가 멀리서 巳亥沖하려고 하므로 남편의 입장에서 보면 水剋火하기 때문에 스트레스가 무척 심하다.

그러나, 한편으로는 보석인 辛金은 丙火가 남편이 없으면 빛이 안 나기 때문에 밉지만 필요한 존재이므로 버릴 생각은 전혀 없다.
이런 부부는 이용디용히면서 살아가게 된다.

3) 從財格 여자로 돈 다루는 일을 한다

(용인 거주)

| 66 | 56 | 46 | 36 | 26 | 16 | 6 | | 時柱 | 日柱 | 月柱 | 年柱 | |
|----|----|----|----|----|----|----|----|----|----|----|----|----|
| 己 | 庚 | 辛 | 壬 | 癸 | 甲 | 乙 | 大 | 壬 | 癸 | 丙 | 甲 | 坤 |
| 未 | 申 | 酉 | 戌 | 亥 | 子 | 丑 | 運 | 戌 | 巳 | 寅 | 寅 | 命 |

– 寅月에 癸水가 時上에 劫財가 있으나 地支에 根氣가 전혀 없어서 火로 從 하게 되므로 從財格이다.
– 庚寅年 양력 6월 판교로 이사를 가기 위해서 이삿날을 잡으려고 왔다.
– 從財格으로, 세무사사무실 경리다.

## 23. 稼穡格

女命 사주가 稼穡格이면 자신은 좋으나, 혼자 살아야 한다.


### 1) 메마른 땅을 가진 운명

(하남 거주)

| 66 | 56 | 46 | 36 | 26 | 16 | 6 | | 時柱 | 日柱 | 月柱 | 年柱 | |
|---|---|---|---|---|---|---|---|---|---|---|---|---|
| 辛 | 壬 | 癸 | 甲 | 乙 | 丙 | 丁 | 大 | 己 | 己 | 戊 | 丙 | 坤 |
| 卯 | 辰 | 巳 | 午 | 未 | 申 | 酉 | 運 | 巳 | 未 | 戌 | 午 | 命 |

- 戌月에 己土가 왕한데, 火까지 돕고 있어 온통 火와 土로만 이루어진 從格으로 土体格 또는 稼穡格이라고 할 수 있는데, 稼穡格은 농사짓기에 좋은 땅이라야 하는데, 이 사주는 너무 건조해서 농사짓기에는 쓸모없는 땅이다.


- 인천에 거주하며, 최근까지 슈퍼를 경영하다가 치우고 辛卯年부터 인천 모처의 시장에서 건어물장사를 하려고 상호 작명을 의뢰한 여인의 사주다.
- 사주학은 자연의 이치를 인용하여 만들어진 학문인데, 자연이 조화와 균형이 잘 맞아 돌아가는 것처럼 사주도 조화와 균형이 잘 맞아야 좋은 사주다.


- 土(흙)는 기본적으로 농사를 짓는데 필요한 땅이기 때문에 습기가 많아서 윤습해야 농사짓기가 좋은데, 이 사주는 습기가 전혀 없는 메마른 땅이므로 농사짓기에 부적합한 땅이다.
- 따라서, 사주에 金氣(물을 생해주는 성분)와 습기(물기)를 넣어서 땅을 기름지게 해주는 것이 좋기 때문에 金(물을 생해주는 성분)과 습기를 많이 함유한 土(흙)가 필요하다.
- 사주가 이런 구조로 태어나면 순수하고, 착한 성품을 지녔다.

2) 稼穡格

(가락동 거주)

| 67 | 57 | 47 | 37 | 27 | 17 | 7 | | 時柱 | 日柱 | 月柱 | 年柱 | |
|---|---|---|---|---|---|---|---|---|---|---|---|---|
| 己 | 庚 | 辛 | 壬 | 癸 | 甲 | 乙 | 大 | 己 | 己 | 丙 | 戊 | 坤 |
| 酉 | 戌 | 亥 | 子 | 丑 | 寅 | 卯 | 運 | 巳 | 未 | 辰 | 午 | 命 |

- 辰月에 己土가 왕 한데 火도 돕고 있어서 온통 火와 土로만 이루어진
  사주로 稼穡格이다.
  稼穡格은 운에서 木이 오면 흉한데, 이 사주는 초년대운이 木이 들
  어와 큰 발전은 없었으나 다행히 증권회사에 입사해 근무 중이며,
  2010 庚寅年에 결혼했고, 2011 辛卯年에 득남했다.
- 稼穡格으로, 土 용신이다.


3) 稼穡格은 財, 官이 오면 흉하다

(문정동 거주)

| 66 | 56 | 46 | 36 | 26 | 16 | 6 | | 時柱 | 日柱 | 月柱 | 年柱 | |
|---|---|---|---|---|---|---|---|---|---|---|---|---|
| 乙 | 甲 | 癸 | 壬 | 辛 | 庚 | 己 | 大 | 丙 | 戊 | 戊 | 戊 | 乾 |
| 丑 | 子 | 亥 | 戌 | 酉 | 申 | 未 | 運 | 辰 | 辰 | 午 | 戌 | 命 |

- 乙未年 초겨울에 부인이 가지고 온 남편 사주다.
- 사주의 구조는, 닭 해의 늦봄에 자신을 나타내는 글자를 인공 불에
  비유해 해석하는 丁火로 태어나 도와주는 세력이 전혀 없고 土와 金
  으로만 구성되어 있어 稼穡格 사주다.

- 이런 구조와 비슷한 사주로, 日干이 火나 土가 아니라면 從兒格이라
  고 할 것이나 이 사주는 從兒格이라 하지 않고 稼穡格이라 한다.
  稼穡格의 경우는 특수하게 해석을 해야하는데, 이 格은 官星인 木이나
  財星인 水가 오면 파격이라 성립하지 않을 뿐만 아니라 운에서 木과
  水를 만나면 나쁘고, 土가 주체가 되었으므로 土와 火 그리고 金운이
  좋다.

- 이런 格이 되면 食傷으로 從을 했으므로 기술 직업에 인연이고, 평소
  에는 인정이 많아 남들과 잘 지내지만 자기와 마음에 안 맞거나 하면
  상대방의 약점을 찌르는 소리를 하므로 적을 사게 된다.

- 원래의 財星은 酉金이지만 土로 변했으므로 癸水가 財星으로 부인인
  데, 財가 戊土의 比劫인 辰土 속에 들어있어 자신이 바람을 피울 수
  있겠고, 부인 또한 바람을 피울 수 있으므로 서로가 의심을 하게 되
  고 사랑이 어긋나게 된다.

- 甲子대운이 흉한데다 乙未年에 天干의 乙木이 丁火를 生하려 하고 從
  한 土를 剋하므로 官災數가 오는데, 어떤 여자가 인터넷에 성추행을
  했다고 소문을 내서 고소를 할까한다.

## 24. 食神制殺格

| 68 | 58 | 48 | 38 | 28 | 18 | 8 |  |  | 時柱 | 日柱 | 月柱 | 年柱 |  |
|---|---|---|---|---|---|---|---|---|---|---|---|---|---|
| 丁 | 丙 | 乙 | 甲 | 癸 | 壬 | 辛 | 大 |  | 甲 | 戊 | 庚 | 丙 | 乾 |
| 未 | 午 | 巳 | 辰 | 卯 | 寅 | 丑 | 運 |  | 寅 | 戌 | 子 | 辰 | 命 |

- 이 사주는 언뜻 보면 겨울 생 戊土가 신약하므로 火가 용신으로 보이
  나 木이 病이므로 病을 치유하는 金이 용신이다.
- 火운에 학교에서 제적을 당했고, 火운에 취직시험에도 떨어졌다고 한다.

## 25. 炎上格 사주

1) 女命 사주가 炎上格이면 자신은 좋으나, 혼자 살아야 한다

(성남 가주)

| 66 | 56 | 46 | 36 | 26 | 16 | 6 |  |  | 時柱 | 日柱 | 月柱 | 年柱 |  |
|---|---|---|---|---|---|---|---|---|---|---|---|---|---|
| 辛 | 庚 | 己 | 戊 | 丁 | 丙 | 乙 | 大 |  | 丙 | 壬 | 甲 | 甲 | 乾 |
| 巳 | 辰 | 卯 | 寅 | 丑 | 子 | 亥 | 運 |  | 午 | 寅 | 戌 | 辰 | 命 |

- 日干인 壬水가 辰土에 뿌리를 내릴 것 같으나, 辰戌沖을 해서 辰土가
  깨졌고, 寅午戌火局이 되어 從財로 가서 염상격과 같다.
  從財인 火로 갈 때는 여름에 가야 좋은데, 戌月이라 원국이 나쁘고,
  실시된 從財라서 불꽃이 없어서 운이 없다.
  火 용신, 木 길신, 水 병신, 金 구신, 土 약신이다.

- 甲申, 乙酉年에 火氣를 분산시키면 나쁘고, 巳 대운까지는 괜찮으며,
  戊辰 대운이 오면 나쁘다.

- 여자가 炎上格이 되면, 가정이 안 좋으나 다행히도 배우자궁에 길신
  을 깔고 앉아 부부관계는 좋다.
- 생명을 태워서 아들을 낳아도 죽는데, 이 가정은 딸만 하나를 두었다.
  어떤 사주든지 地支에 불이 없으면 나쁘다.

## 26. 偏官格

| 62 | 52 | 42 | 32 | 22 | 12 | 2 |  |  | 時柱 | 日柱 | 月柱 | 年柱 |  |
|----|----|----|----|----|----|----|----|----|----|----|----|----|----|
| 丁 | 戊 | 己 | 庚 | 辛 | 壬 | 癸 | 大 |  | 壬 | 庚 | 甲 | 辛 | 乾 |
| 亥 | 子 | 丑 | 寅 | 卯 | 辰 | 巳 | 運 |  | 午 | 申 | 午 | 酉 | 命 |

- 月支가 偏官이므로 偏官格 신약사주로, 金 용신, 水 길신, 火 병신,
  木 흉신, 濕土 길신이나, 乾土는 흉신이다.
- 여름에 태어난 金이 아직 덜 컸기 때문에 金과 水가 필요하다.

- 官星인 午火가 흉신이고, 月支와 時支에 두 개가 있어 부부관계가 나
  쁘고, 자식인 壬水를 좋아하므로 남편보다 자식을 더 사랑하는 사람
  이다.

## 27. 從殺格

1) 從殺格으로, 해외 이민관련 사업한다

(영등포 거주)

| 65 | 55 | 45 | 35 | 25 | 15 | 5 | | 時柱 | 日柱 | 月柱 | 年柱 | |
|----|----|----|----|----|----|----|----|----|----|----|----|----|
| 丙 | 丁 | 戊 | 己 | 庚 | 辛 | 壬 | 大 | 壬 | 丙 | 癸 | 壬 | 坤 |
| 午 | 未 | 申 | 酉 | 戌 | 亥 | 子 | 運 | 辰 | 辰 | 丑 | 子 | 命 |

- 丑月에 丙火가 뿌리가 없고, 壬 癸水의 헌이 심하므로 從殺格으로 水
  가 용신이며, 해외 이민관련 사업을 한다.

- 戌 대운에 나빴고, 남편 궁에 辰辰自刑을 하고 있을 뿐만 아니라 水
  의 입장에서는 水 庫를 가지고 있고, 辰辰自刑을 하고 있으므로 남편
  이 못마땅하다.
  또한, 壬辰은 魁罡星으로 왕고집인데다가 水의 에너지가 굉장히 크
  기 때문에 남들과 타협하지 않으려 한다.

- 己丑年에 月令에 있으면서 子丑合으로 水를 붙잡고 있는 丑土가 나
  타나 子水를 붙잡으므로 구설 수 및 재산손실이 나 어려움을 격었고,
  庚寅年에 寅중 丙火가 있어서 從을 거부하므로 어려웠었다.

- 辛卯年에 水의 입장에서 食傷이므로 사업 확장이나 지점설치 등의 문
  제로 페인트 사업을 같이 하자고 제의가 들어와 문의 왔는데, 페인트
  는 화공약품이라 사주와 안 맞다고 대답해줬다.
  특히, 이 사주는 水를 主体로 볼 때 丑土와 辰土가 病이다.
  왜냐하면, 子丑으로 水를 合하고, 辰土는 水를 入庫시키기 때문이라
  남편과 갈등구조를 갖고 있다.

- 從格사주는 운이 반대로 흐를 때 아주 나쁘게 되는데 이 命主는 2012
  년에 업무와 관련해 고위층 자녀 문제에 얽혀서 결국은 2013년,

2014년에 官災가 생겨 큰 곤욕을 치뤘다고 한다.

2) 이 사주는 신약사주가 아니라 從殺格이다

(여의도 거주)

| 69 | 59 | 49 | 39 | 29 | 19 | 9 | | 時柱 | 日柱 | 月柱 | 年柱 | |
|---|---|---|---|---|---|---|---|---|---|---|---|---|
| 辛 | 壬 | 癸 | 甲 | 乙 | 丙 | 丁 | 大 | 丁 | 癸 | 戊 | 庚 | 坤 |
| 未 | 申 | 酉 | 戌 | 亥 | 子 | 丑 | 運 | 巳 | 未 | 寅 | 戌 | 命 |

- 개띠 寅月에 癸水가 庚金의 生을 받고 있는데, 火와 土가 너무 많아 매우 신약한 사주다.

- 이 사주를 대면하는 순간 身弱으로 봐야 하나, 從財로 봐야하나, 그것도 아니면 從殺로 봐야 하나 헷갈린다.
필자는 從殺로 봤는데, 그 이유는 日干인 癸水가 戊土와 합을 했고, 火가 결국은 火生土를 해 土로 종결을 하기 때문이다.

- 따라서 이 命主는 초년은 좋았는지 나빴는지 모르고 지나갔는데, 乙亥 대운 29세에 결혼을 했는데 그 때부터 남편과 사이가 나빴으나, 甲戌대운 들어서부터 좋아졌고 남편을 사랑한다고 했다.

- 이렇게 癸水가 丁火의 沖을 받고 戊土와 합을 하고 있어서 극 신약하므로 아이큐가 좋기 때문에 필자가 말하기를 손님은 아이큐가 140정도 되겠다고 했더니, 손님 하는 말이 자기 아이큐가 148 이라고 답을 했다.
- 그러나, 巳戌鬼門殺과 寅未鬼門殺이 있고, 歲運에서 巳申鬼門殺과 寅巳申 三刑殺이 동시에 작용하므로 극도의 불안 심리를 보여서 심리치료를 받아보라고 권했다.

3) 從殺格, 또는 從財格 사주로 지방법원장이다

(신길동 거주)

| 64 | 54 | 44 | 34 | 24 | 14 | 4 | | 時柱 | 日柱 | 月柱 | 年柱 | |
|----|----|----|----|----|----|----|---|-----|-----|-----|-----|---|
| 甲 | 癸 | 壬 | 辛 | 庚 | 己 | 戊 | 大 | 丙 | 壬 | 丁 | 戊 | 남 |
| 子 | 亥 | 戌 | 酉 | 申 | 未 | 午 | 運 | 午 | 寅 | 巳 | 戌 | 자 |

- 사주의 구조는, 개띠 해의 초여름에 자신을 나타내는 글자를 강물에
  비유해 해석하는 壬水로 태어나 도와주는 세력이 없고, 丁火와 合을
  해서 변했으므로 일반격 사주가 아닌 종격사주다.

- 이 사주에 만약 土가 없었다면 從財格사주라고 할 것인데, 土가 있어
  土에 귀착을 하므로 從財格에서 결국 從殺格으로 변했다.
  이런 사주는 土 용신, 火 길신, 地支의 木은 吉神, 天干으로 오는 木
  은 흉신이며, 운에서 水가 오면 從을 하지 않으려고 하므로 흉신이
  고, 운에서 金이 와도 마찬가지이므로 흉신이며, 乾土는 좋으나, 濕
  土가 오면 흉신이다.

- 이런 사주는 두뇌가 좋고 성격이 순수하고 점잖으며, 운이 좋을 때는
  대발을 하지만 운이 나빠지면 格이 파괴되므로 아주 나빠진다.
  따라서 대운으로 보면, 초년 23세까지가 가장 좋았고, 辛酉 대운이
  좋지 않았으나, 공직자였으므로 평범하며, 戌 대운이 좋았고, 亥 대
  운부터는 기울어진다.

- 亥 대운 2012년 壬辰年에 위기를 맞았으나, 재기하여 2014 甲午年에
  지방법원장으로 승진했으나, 2016년 丙申 年부터는 기우는 운세라
  공직자로서의 운은 다했다.

## 28. 財官雙美格

六十甲子중에서 日支에 正財만 있기 때문에 붙여진格으로, 壬午, 癸

巳 일주만 해당한다.

이 格도 金이 있어 조화와 균형을 이루어야 좋다.

## 29. 雜氣財官格

月支에 있는 辰, 戌, 丑, 未중에서 支藏干에 財와 官이 같이 들어있어야 雜氣財官格이라 하고, 이 格이 있으면 沖을 해야 좋다.

## 30. 金水傷官格

### 1) 金水傷官格에 官星을 용신으로 쓰면 똑똑하다

(종로 거주)

| 68 | 58 | 48 | 38 | 28 | 18 | 8 | | 時柱 | 日柱 | 月柱 | 年柱 | |
|----|----|----|----|----|----|----|----|----|----|----|----|----|
| 庚 | 辛 | 壬 | 癸 | 甲 | 乙 | 丙 | 大 | 丁 | 庚 | 丁 | 乙 | 乾 |
| 辰 | 巳 | 午 | 未 | 申 | 酉 | 戌 | 運 | 丑 | 寅 | 亥 | 巳 | 命 |

- 亥月에 庚金이 年支 巳중 庚金에 長生하고, 丑土의 生을 받고 있지만 신약하나 겨울 金은 냉해지면 쓸모가 없고, 부러지기 쉬움으로 火가 용신이다.
- 庚金이 火를 보면, 똑똑하며 두뇌가 좋다.

- 초년 대운이 金운이라 좋지 않았으나 고등학교 때의 운이 丙午, 丁未, 戊申으로 1학년 때와 2학년 때는 좋았으나 3학년 때가 저조해 고려대를 졸업했는데, 이 命主는 항상 마음속에 고려대 나온 것이 콤플렉스란다.

- 戊寅年에 통신장비업체를 창업할 당시부터 2대주주로 참여하여 05년에는 코스닥에 등록했다.

2) 개성이 너무 강해서 남들과 어울리지 못한다

(분당 거주)

| 65 | 55 | 45 | 35 | 25 | 15 | 5 | | 時柱 | 日柱 | 月柱 | 年柱 | |
|---|---|---|---|---|---|---|---|---|---|---|---|---|
| 癸 | 甲 | 乙 | 丙 | 丁 | 戊 | 己 | 大 | 庚 | 辛 | 庚 | 辛 | 乾 |
| 巳 | 午 | 未 | 申 | 酉 | 戌 | 亥 | 運 | 寅 | 巳 | 子 | 亥 | 命 |

- 金水傷官格으로 개성이 너무 지나친데, 辛金일주라서 더욱 그렇다.
- 辛卯年 41살인데, 아직 미혼이다.
  대운도 나빴고, 寅木 財가 年支 기준하여 空亡이며, 日支와 寅巳刑을
  이루고 있다.

- 그동안 여기저기서 일을 했고, 호프집도 해봤으며, 丁亥年에는 巳亥
  沖하므로 사고가 생겨 官災로 갈 뻔했으나 돈으로 막아서 官災로까
  지는 안갔다.
  庚寅年에는 寅巳刑을 하므로 치킨 집을 계약했다가 없는 돈에 3500
  만원을 날렸다.

- 時柱가 庚寅으로 庚金 劫財가 財인 寅木을 깔고 앉아있으므로 내 돈
  을 항상 다른 사람이 노려보고 있는 형국이다.
- 이런 男命은 배우자를 만나도 과거가 있었던 여자를 만나야 한다.
  劫財가 財 위에 올라타고 있기 때문이다.

3) 傷官見官하여 관재수라 300억대 부도를 냈다

(성남 거주)

| 68 | 58 | 48 | 38 | 28 | 18 | 8 | | 時柱 | 日柱 | 月柱 | 年柱 | |
|---|---|---|---|---|---|---|---|---|---|---|---|---|
| 己 | 戊 | 丁 | 丙 | 乙 | 甲 | 癸 | 大 | 辛 | 戊 | 壬 | 己 | 坤 |
| 卯 | 寅 | 丑 | 子 | 亥 | 戌 | 酉 | 運 | 酉 | 辰 | 申 | 亥 | 命 |

- 申月에 戊土가 年上에 己土가 있는데, 月上에 壬水, 年支에 亥水가
  있고, 月支에 申金, 時柱에 辛酉 金이 있어서 태약하므로 比劫이 용

신이고, 金, 水가 흉신이다.

- 여자사주에 자식을 나타내는 食傷이 왕 하면 왕 할수록 남편을 나타
내는 官星이 힘을 못 쓰게 되는데, 이 사주에는 官星이 나타나있지
않고 지장 간에 숨어있으므로 힘없는 남편이 내 남편이다.

- 손님 기준에서 볼 때는 남편이 있어도 없는 것과 같은 남편으로, 亥
중에 甲木 남자가 年上의 己土와 甲己合을 함으로 처음 만난 남자는
다른 여자를 만나서 갔겠고, 두 번째 남자는 辰중 乙木인데 酉중 庚
金과 乙庚合을 해 힘이 없는 남편이다.

- 財多身弱사주라서 이 命主의 눈에는 온통 돈이 여기저기 보이지만 그
돈이 내 돈이 아니라 결국은 모두 없앤다.
- 사주에서 庚寅年은 寅申沖하고, 辛卯年은 卯酉沖해서 傷官見官 하는
데, 傷官見官하면 갖가지 흉한 일이 생기게 되므로, 특히, 歲運의 寅
木과 卯木은 官星이므로 庚寅年부터 辛卯年에 남편하고 갈등하거나
관재가 생길운이라서 庚寅年에 계가 깨져 부도가 나는 바람에 고소
를 당해 辛卯年까지 경찰서에 조사받으러 다닌다.

- 이 사주는 財多身弱사주라 한마디로 큰돈을 만질 수 없는 사람으로
본인은 노래교실과 돈놀이(사채업)을 해서 월 3천만 원을 벌었다고
하지만 노래교실이 전문이라기보다는 사채업이 전문이었을 것이다.
다만, 土金傷官格으로 수완은 좋은 사람임에 틀림없고, 水가 돈인데,
水는 검은색이므로 검은 돈을 만지는 것이 맞기 때문에 사채업이 맞다.

- 대게, 같은 돈이라도 火에 해당하는 돈이라면 체면을 생각해가면서
돈을 버는 경향이 있고, 반대로 金과 水의 돈은 검은색이므로 사채
업, 오락업 같은 사업을 해서 검은 돈을 취하게 된다.

4) 食傷이 病神이면 거짓이 많고, 가식적인 삶을 산다

(하남 거주)

| 62 | 52 | 42 | 32 | 22 | 12 | 2 | | 時柱 | 日柱 | 月柱 | 年柱 | |
|---|---|---|---|---|---|---|---|---|---|---|---|---|
| 壬 | 辛 | 庚 | 己 | 戊 | 丁 | 丙 | 大 | 庚 | 丁 | 乙 | 戊 | 乾 |
| 戌 | 酉 | 申 | 未 | 午 | 巳 | 辰 | 運 | 戌 | 未 | 卯 | 戌 | 命 |

– 卯月에 丁火가 年柱에 戊戌 土가 있고, 日支에 未土, 時支에 戌土로 食傷이 너무 많아서 신약하기 때문에 木이 용신이다.

– 印星을 용신으로 쓰므로 평소에는 마음씨가 좋은 듯하지만 食傷이 病神이므로 거짓이 많고, 가식적인 삶을 산다.

– 午 대운까지는 좋아서 대형 무역회사에서 의류를 담당했었으나, 己未대운 말에 戌未刑殺이 작용하므로 부인과 날마다 싸워서 경찰서에 가는 일이 잦더니 97 丁丑年에 丑戌未三刑殺이 작용하므로 부인을 폭행해서 별거를 했으며, 戊寅年에 부인의 고소로 결국 구속되었다가 살고 나왔다.

– 이 命主는 食傷이 많아서 거짓이 많은데, 본 처와 별거를 하는 동안 강남에서 대형 피부샵을 운영하는 미모의 여인을 만나 동거하던 중에 구속되는 바람에 그 여인과도 끝났다.
– 구치소에서 풀려나자마자 또 다른 여인을 만나 엄청난 사업을 한다고 떠들고 다녔으나 이미 운은 끝난 후라서 실현 가능성이 전혀 없을 뿐만 아니라 그 여인도 떠났을 것이다.

5) 食神도 흉신이 되면 반항기질이 있다

(천호동 거주)

| 70 | 60 | 50 | 40 | 30 | 20 | 10 | | 時柱 | 日柱 | 月柱 | 年柱 | |
|---|---|---|---|---|---|---|---|---|---|---|---|---|
| 甲 | 乙 | 丙 | 丁 | 戊 | 己 | 庚 | 大 | 己 | 癸 | 辛 | 癸 | 乾 |
| 寅 | 卯 | 辰 | 巳 | 午 | 未 | 申 | 運 | 未 | 未 | 酉 | 卯 | 命 |

- 酉月에 癸水가 신왕한데, 食神인 卯木은 卯酉冲되었고, 나무를 키울
  계절이 아니므로 잘라내야 한다.
  그래서, 土가 용신이므로 土로 제방을 쌓아야 하고, 木은 病이 되며,
  金이 藥神이 된다.

- 辛酉 金은 藥神인데, 부모, 형제궁에 있으므로 조부 대에 잘살지 못
  했으나 부모 대에 잘살았으며, 누나가 부자다.
- 巳 대운 丁亥年에 亥卯未木局이 되어 불필요한 영역확대인데, 그 해에
  직장에서 과도하게 노조활동을 하다가 지적을 받아 파면을 당했다.
- 庚寅年에 대법원 판결을 남겨두고 있다.

## 31. 기타 格

위에서 열거한 이외에도 수많은 特別格이 있는데, 이러한 特別格은
아주 드물기 때문에 한 번도 만날 수 없는 경우가 대부분이다.
그 예로는, 天干이 모두 같은 글자로 만들어진 사주인 天元一氣格,
地支가 모두 같은 글자로 만들어진 사주인 地支一氣格, 天干과 地支
가 모두 같은 글자로 이루어진 것을 干支同体格 등이 있으며 이 외에
도 많다.

# 제 4 장 : 用神論

## 1. 內格사주 용신법

역학과 인연을 맺은 날부터 가장 어려운 것 중에 하나가 용신을 잡는 일이다.

그런데, 어느 정도 공부와 실무를 겸하다 보면 용신을 잡을 줄 알게 되고, 그 다음으로 어려운 것은 사주를 어떻게 설명해야 하는가가 중요하다.

일반 內格사주에서는 가장 많이 쓰이는 방식이 調候용신이고, 그 다음이 억부용신이다.

조후와 억부 용신이 많이 쓰이고 중요한 이유는 세상은 균형과 조화가 가장 중요한 가치이기 때문이다.

## 2. 外格사주 용신법

수 많은 外格 사주가 있는데, 이는 그 格에 따라서 主体가 달라지고, 용신이 결정되기 때문에 굉장히 중요시해야 한다.

## 3. 용신 작용

1) 초년에 용신이 合되면 부모가 죽거나 액운이 따르고, 중년에 용신이 合이 되면 妻가 죽거나 액운이 따르며, 말년에 용신이 合되면 본인이 죽을 수 있다.

2) 男命에 용신이 年에 있으면, 年下의 여자 만난다.

3) 用神이나 길신이 天干에 있으면 사회활동이 강한데 집안은 냉냉하고, 반대로, 用神이나 길신이 地支에 있으면 집안은 화목한데 사회

활동은 약하다.

따라서, 用神이 天干에 있어야 좋다.

4) 用神을 沖하면 病이 오거나 흉한 일이 생겨 손해가 발생하고, 用神이 합되면 답답하고 일이 안 풀린다.

5) 時에 용신이 있으면, 자식이 잘 되고 말년 운이 좋다.

6) 金木相戰은 교통사고이고, 辰戌沖은 위장병이다.

7) 用神이 天干에 투간이 안되면 자수성가할 팔자다.

8) 用神으로는 貴賤을 보고, 調候로는 의식을 보고, 格은 출세 운을 보는 것으로, 이 3박자가 잘 맞아야 성공한다.

9) 극 태왕자는 억제가 불가능하므로 洩氣하는 것이 용신이고, 신왕 자는 억제하는 것이 용신이다.

10) 女命에 용신이 入墓하면 남편이 죽을 수 있다.

11) 地支에 용신이 있으면, 성공하기 힘들고, 걸림돌이 많으므로 용신은 天干에 나타나 있어야 좋다.

12) 남자는 용신이 자식이고, 길신이 아내이고,
여자는 용신이 남편이고, 길신이 자식이다.

13) 용신이 말년에 死宮을 만나면 본인이 죽을 수 있고, 남자 사주에 財星이 死宮에 임하면 부인이 죽거나 돈 손실이 날 수 있고, 比劫이 死宮에 앉으면 형제가, 여자 사주에 食傷이 死宮에 앉으면 자식이나 祖母가 죽을 수 있으므로 육친별로 구분해서 통변해야 한다.

14) 대운은 陽포태로 본다.

15) 歲運을 볼 때는 합이나 沖, 刑을 먼저 봐라.
만약, 합이 있는 상태에서 歲運에서 또 합하는 운, 沖하는 운, 刑하는 운이 오면 합은 풀리고, 沖이나 刑이 있으면 가중된다.

(1) 용신이 직업이고, 명예이며, 재물이다

(분당 거주)

| 73 63 53 43 33 23 13 3 | | 時柱 日柱 月柱 年柱 |
|---|---|---|
| 丙 乙 甲 癸 壬 辛 庚 己 大 | | 丙 乙 戊 庚 남 |
| 申 未 午 巳 辰 卯 寅 丑 運 | | 戌 巳 子 辰 자 |

– 癸巳年 초봄에 부인이 가지고 온 70대 중반의 남자 사주다.

– 사주의 구조는, 용띠 해의 한 겨울에 자신을 나타내는 글자를 꽃나무에 비유해 해석하는 乙木으로 태어나 木의 세력이 약하므로 신약한 사주이나, 꽃나무는 꽃을 피우는 것이 본연의 임무이고, 아름다움인데, 한겨울에 불이 없다면 꽃을 피우지 못할 뿐만 아니라 얼어서 죽을 수도 있으므로 신약하냐, 신강하냐 보다는 얼마나 따뜻하냐가 중요하기 때문에 火가 가장 필요하고, 木도 필요하며, 그 다음에는 습기와 한기를 막아주는 마른 土인 戊土와 戌土가 필요하며, 水는 가장 나쁜 病神이고, 金도 흉신이며, 습기를 간직한 辰土도 흉신이다.

– 이 命主는 정부요직을 거친 인물이라 신상정보라든가 이력에 대하여 책에 구체적으로 쓰지 않겠으나, 필자가 말하고 싶은 주요 멧세지는 사람의 직업과 명예를 官星으로만 보면 안 될 것이며, 재물을 財星의 잣대만으로 보지 말라는 것이다.

– 예를 들어, 이 사주의 官星인 庚金이 흉신인데, 어떻게 정부 고위직에 오를 수 있었으며, 또한, 명예를 얻을 수 있었는가?
그리고, 경제적으로 잘살아왔는데, 이 사주에서 돈을 나타내는 財星은 두 종류로, 습한 土인 辰土는 흉신이고, 마른 土인 戊土와 戌土는 길신이다.

– 따라서, 어떤 사주든 간에 가장 주요한 것이 용신이다.
용신이 튼튼하고, 大運이 좋게 흘러간다면 설령 官星이 흉신이라도 고위직에 오를 수 있다는 것이다.

- 이 命主는 32살부터 큰 발전을 시작해 98년에 그 조직의 수장으로 발탁되었다가 99년 1월에 물러났으며, 2003년 2월에 더 높은 직책에 기용되었다가 2007년 3월에 퇴임을 한 인물이다.

- 이 命主는 火가 용신이므로 주로 木, 火운에 발전을 하였으며, 水운에 어려웠는데, 2011년과 2012년에 큰 고통을 겪었으며, 癸巳年들어 새로운 진로가 생기는 운이라 나이가 많음에도 불구하고, 대학에 강의를 나가기로 했다고 한다.

## 4. 용신 정법

1) 內格사주에서 용신은 조후가 우선이므로 사주에 火가 많으면, 金이나 水가 용신이고, 濕土가 길신이다.

(1) 신약하므로 金과 水가 용신이다

(분당 거주)

| 80 70 60 50 40 30 20 10 | | 時柱 | 日柱 | 月柱 | 年柱 | |
|---|---|---|---|---|---|---|
| 庚 辛 壬 癸 甲 乙 丙 丁 大 | | 甲 | 壬 | 戊 | 甲 | 여 |
| 申 酉 戌 亥 子 丑 寅 卯 運 | | 辰 | 戌 | 辰 | 午 | 자 |

- 사주의 구조는, 말띠 해의 늦봄에 자신을 나타내는 글자를 강물에 비유해 해석하는 壬水로 태어나 도와주는 세력으로 두 개의 辰土 속에 들어있는 癸水이므로 매우 신약사주다.
늦봄 생이고 火도 있어 기온이 많이 낮지 않으므로 水만 더 있으면 木을 잘 키울 수 있는 조건이라서 水가 우선 필요하고 金도 필요하며, 土가 病이라 木이 藥神이고, 火는 필요하지 않으므로 흉신이다.

- 이런 사주가 보기 어려운 사주다.

왜냐하면, 土가 너무 많아서 언뜻 보면, 從殺格으로 보이기 때문이다. 그러나, 분명한 것은 水가 용신이라고 봐도 되고, 식신제살격으로 木이 용신이라고 해도 무방하다.

– 이런 사주로 태어나면, 특이한 면이 아이큐가 대단히 높아 고등학교 때는 150정도 된다고 한다.
만약, 이런 사주가 어려서 火운으로 흘렀다면 공항장애등 정신적인 문제가 올 수도 있었으나, 이 사주의 대운의 흐름이 좋아 정신적인 문제를 겪지 않았었다고 판단했다.
그러나, 남편과는 맞지 않아 남편은 10년째 지방에서 생활하고 있다고 했다.

2) 용신은 조후가 우선이므로 사주에 水가 많아서 추우면, 木이나 火가 용신이거나 乾土가 용신일 수 있다.

(1) 水가 많아서 추우므로 火가 조후용신이다

(수지 거주)

| 64 | 54 | 44 | 34 | 24 | 14 | 4 | | | 時柱 | 日柱 | 月柱 | 年柱 | |
|----|----|----|----|----|----|----|---|---|----|----|----|----|---|
| 乙 | 丙 | 丁 | 戊 | 己 | 庚 | 辛 | 大 | | 己 | 丙 | 壬 | 丁 | 乾 |
| 巳 | 午 | 未 | 申 | 酉 | 戌 | 亥 | 運 | | 亥 | 寅 | 子 | 酉 | 命 |

– 子月에 丙火는 水가 많아 신약하고 추우므로 木이 용신이고 火가 길신이지만 子月이므로 火가 더 좋다.

– 年上의 丁火는 月上의 壬水와 丁壬合을 해서 木을 발생시키고, 日支의 寅木은 時支 亥水와 합을 해서 또 다른 木을 발생시켜 水剋火를 막고 있으니 어려운 일을 해결할 수 있는 해결사와 같은 능력을 가진 사주다.

– 甲 일간과 丙 일간은 리더격이라 길신이나 용신이 되면 지도자급인

데, 이 命主는 부장판사출신으로 己丑 年에 부산에서 변호사 개업을
했다.

- 대운에서 학운기의 대운인 戌 대운이 좋았고, 고등학교 1학년 때는 癸
  丑年으로 歲運이 나빴으나, 2학년엔 甲寅年이므로 좋고, 고 3때는 乙
  卯 年이며, 대학생 때인 巳 午 未 火運이므로 좋아서 사시에 합격했다.

- 己酉, 戊申대운이 저조하여 큰 발전이 없었고, 丁未대운이 좋아서 모
  지방검찰청에서 부장검사 생활을 하다가 己丑 年에 퇴직하고, 변호
  사 사무실을 개업했다.

3) 용신은 조후가 우선이므로 사주가 냉습하면 木이나 火가 용신이거
  나, 乾土가 용신일 수 있다.

(1) 신왕한 庚金이 官星인 火를 용신으로 적용하므로 똑똑하다

(성남 가주)

| 66 | 56 | 46 | 36 | 26 | 16 | 6 |  | 時柱 | 日柱 | 月柱 | 年柱 |  |
|----|----|----|----|----|----|----|----|----|----|----|----|----|
| 壬 | 辛 | 庚 | 己 | 戊 | 丁 | 丙 | 大 | 丙 | 庚 | 乙 | 庚 | 乾 |
| 辰 | 卯 | 寅 | 丑 | 子 | 亥 | 戌 | 運 | 子 | 戌 | 酉 | 子 | 命 |

- 酉月에 庚金이 신약해보이나 庚金이 약하지 않고, 傷官인 子水가 두
  개나 있어서 냉하고, 무쇠는 녹여야 하므로 官星인 火가 용신이다.
- 丙辰, 丁巳, 戊午年 고등학교 때 서울고를 나와서 연세대를 수석으로
  졸업했고, 미국에서 유학을 했으며, 06년에 변리사 시험에 합격했다.

- 妻이며 財星인 乙木은 年上의 庚金과 日干인 庚金을 놓고 이리저리
  合을 하는 구조라 부부관계가 나쁘다.
- 38세 丁丑년에 日支 戌土를 刑하므로 이혼했고, 99년에 지금의 妻와
  재혼해서 행복하게 살고 있다.

- 수 년 동안에 걸쳐 자동차 엔진오일 관련 신소재인 나노다이아몬드를 개발했는데, 庚寅年부터 중동의 아랍에미레트의 부호가 투자를 하겠다는 사람이 나타났으나 팔지 않았으며, 辛卯 年까지는 기술유출을 우려해 특허신청도 보류하고 있다.

- 신왕한 庚金이 官星인 火를 용신으로 쓰면 똑똑한데, 丙火 용신이 죽어 있으므로 힘이 약하다.

(2) 겨울 생이라서 추우므로 조후 火가 용신이다

(수원 거주)

| 68 | 58 | 48 | 38 | 28 | 18 | 8 |  |  | 時柱 | 日柱 | 月柱 | 年柱 |  |
|----|----|----|----|----|----|----|----|----|----|----|----|----|----|
| 庚 | 辛 | 壬 | 癸 | 甲 | 乙 | 丙 | 大 |  | 庚 | 癸 | 丁 | 己 | 乾 |
| 午 | 未 | 申 | 酉 | 戌 | 亥 | 子 | 運 |  | 申 | 卯 | 丑 | 未 | 命 |

- 丑月에 癸水가 신왕하므로 火가 용신이고, 土가 약신이다.
- 日干이 沖이나 剋을 받으면 예민해서 두뇌가 좋은데, 이 命主도 학교 다닐 시기의 대운이 나쁘고, 고등학교 때의 歲運이 고 1 乙亥년, 고 2 丙子년, 고 3 丁丑년으로 나빴는데도 카돌릭의대를 나와 삼성병원의 의사로 근무하고 있다.
따라서, 大運과 歲運만 보고 학운을 속단해서는 맞지 않을 수 있다는 것을 증명해주는 사주다.

(3) 신왕해도 한 겨울 생이라서 추우므로 火가 용신이다

(인천 거주)

| 68 | 58 | 48 | 38 | 28 | 18 | 8 |  |  | 時柱 | 日柱 | 月柱 | 年柱 |  |
|----|----|----|----|----|----|----|----|----|----|----|----|----|----|
| 己 | 庚 | 辛 | 壬 | 癸 | 甲 | 乙 | 大 |  | 戊 | 戊 | 丙 | 甲 | 坤 |
| 巳 | 午 | 未 | 申 | 酉 | 戌 | 亥 | 運 |  | 午 | 戌 | 子 | 子 | 命 |

- 사주의 구조는, 쥐띠 해의 한 겨울에 자신을 나타내는 글자를 큰 산의 土에 비유해 해석하는 戊土로 태어나 자신의 힘이 강하지만 한 겨울생

이라 火가 용신이고, 木이 길신이며, 水가 病神이고, 土가 藥神이다.

- 地支에 子水와 子水가 같이 있으면, 서로에게 상처를 입히는 自刑을 일으키고, 午火와 戌土가 만나면 불덩어리를 만드는 午戌火局이 된 다.

- 이 사주의 구조를 보면, 비록 한겨울에 戊土로 태어났지만, 태어난 시 간의 干上에 戊土가 있고, 地支에 午戌火局이 있고, 丙火도 나타나있어 자신의 힘이 강하기 때문에 용신을 木과 水를 써야한다고 보기 쉬우나, 전혀 그렇지 않고, 이 사주는 반드시 더 많은 火가 필요한 사주다.

- 따라서, 이 여자는 04년부터 운이 나빴다고 했으며, 2010년(庚寅年) 에 寅午戌火局이 되어 좋은 운이라 취업을 했다가, 2012년(壬辰年) 에 水운이 와서 용신인 火를 끄므로 그만두었다고 한다.
- 래정법으로 보면, 壬辰年에 돈 운이 왔으므로 장사를 해서 돈을 벌어 보겠다는 생각으로 상담을 받으려고 왔었다.

4) 용신은 조후가 우선이므로 사주가 건조하면 金이나 水가 용신이거나 濕土가 용신일 수 있다.

(1) 신왕하고 더우므로 金과 水가 용신이다

(용산 거주)

| 62 | 52 | 42 | 32 | 22 | 12 | 2 | | 時柱 | 日柱 | 月柱 | 年柱 | |
|----|----|----|----|----|----|----|----|----|----|----|----|----|
| 庚 | 辛 | 壬 | 癸 | 甲 | 乙 | 丙 | 大 | 庚 | 丁 | 丁 | 戊 | 여 |
| 戌 | 亥 | 子 | 丑 | 寅 | 卯 | 辰 | 運 | 子 | 卯 | 巳 | 辰 | 자 |

- 사주의 구조는, 용띠 해의 초여름에 자신을 나타내는 글자를 인공불 에 비유해 해석하는 丁火로 태어나 도와주는 세력이 강하므로 신강 한 사주다.

- 여름에 태어난 丁火가 신강하므로 무덥고 건조하기 때문에 水가 우선
  더 필요하고, 金도 필요하며, 火와 土가 病神이고 木이 흉신이다.

- 진로나 직업은 자기의 사주에 어떤 성분이 필요하느냐에 따라 결정되
  는데, 이 사주는 水가 우선 필요하므로 水와 관련된 직업은 물이나,
  음식류와 가장 가까운데, 이 命主는 약사라고 한다.
  대게, 약사나 의사 등 의료계에 종사하는 사람들은 오행으로 직업을
  잡지 않고, 懸針殺로 보는데, 이 사주에는 懸針殺인 甲, 辛, 申이 없
  고, 鐵鎖開金殺인 卯木이 있어 약사라고 한다.

- 또한, 22대운에서 懸針殺인 甲木이 등장하였으므로 의약과의 인연을
  높여 준다.
  또한, 고등학교 3학년 때의 운이 戊土운으로 운이 따라주지 않아서
  곧바로 약대를 못가고 다른 공부를 하다가 몇 년 후에 약대를 졸업했
  으므로 2014년에야 취업했다고 한다.

5) 신왕사주의 용신

   (1) 신왕하므로 食傷이 용신일 수 있다
      - 신왕하므로 食傷이 용신이다

(강동 거주)

| 64 | 54 | 44 | 34 | 24 | 14 | 4 |  |  | 時柱 | 日柱 | 月柱 | 年柱 |  |
|----|----|----|----|----|----|----|----|----|----|----|----|----|----|
| 戊 | 丁 | 丙 | 乙 | 甲 | 癸 | 壬 | 大 |  | 乙 | 癸 | 辛 | 戊 | 乾 |
| 辰 | 卯 | 寅 | 丑 | 子 | 亥 | 戌 | 運 |  | 卯 | 未 | 酉 | 辰 | 命 |

- 酉月에 癸水가 月柱에 辛酉 金이 생해주고 있어 신약해 보이나 年支
  의 辰土와 辰酉合金되어 金生水하므로 신왕하기 때문에 木이 용신이
  고, 火가 길신인데, 이 사주에는 火가 木보다 더 좋다.
  따라서, 木이 용신이라 金으로부터 木을 보호하기 위해서 水는 어쩔
  수 없이 쓰게 되는데, 어쩔 수 없이 쓰는 것은 별로 좋지 않다.

- 중학교 때 火運을 만나서 공부를 잘해서 과학고에 입학했는데, 고등
  학교 운이 甲申, 乙酉로 흐르므로 운이 나빠서 2학 때 서울대를 가지
  못하고 카이스트로 갔다.

- 사주에 懸針殺이 많아서 의대를 가려고 했으나 서류미비로 의대를 포
  기했다고 한다.

- 카이스트에서 수학을 공부하다가 庚寅年부터는 갑자기 수학이 적성
  에 안 맞다고 하면서 금융(증권)계 에널리스트가 되겠다고 하면서 경
  영학 공부를 하고 있다고 한다.
  대개, 사주에 있는 것을 직업으로 먼저 선택하는 경우가 많으나 어떤
  사람들은 사주에 없는 직업을 추구하는 경향이 있는데, 이 命主의 경
  우가 그러하다.

- 또한, 이 命主는 초년 운이 나쁘므로 올바른 판단을 하지 않고 있는
  데, 자신이 출생지가 미국이었다는 사실을 근거로 군대에 가기 싫다
  며 미국시민권자기 되었기 때문에 2012(壬辰)년에 대학원 졸업과 동
  시에 취업이 안되면 미국으로 가야한다고 한다.

(2) 신왕하면 財星이 용신일 수 있다
    - 신왕해서 財星이 용신이다

(영등포 거주)

| 63 | 53 | 43 | 33 | 23 | 13 | 3 | | 時柱 | 日柱 | 月柱 | 年柱 |
|----|----|----|----|----|----|----|----|----|----|----|----|
| 癸 | 甲 | 乙 | 丙 | 丁 | 戊 | 己 | 大 | 壬 | 壬 | 庚 | 戊 | 여 |
| 丑 | 寅 | 卯 | 辰 | 巳 | 午 | 未 | 運 | 寅 | 子 | 申 | 午 | 자 |

- 서초구에서 온 여자 사주로 ○○병원 간호사로 일하고 있다.
- 사주의 구조는, 말띠 해의 초가을에 자신을 나타내는 글자를 강물에
  비유해 해석하는 壬水로 태어나 도와주는 세력이 많으므로 신강한
  사주다.

- 태어난 계절이 초가을이라서 기온이 낮아지기 때문에 너무 많은 水
   (물)가 필요하지 않고, 水가 많으면 냉하므로 火가 더 필요하고, 木이
   그 다음으로 필요하며, 水가 病神이고 金이 흉신이며, 土가 약신이다.

- 32세까지는 대운이 未, 午, 巳 火운으로 흘렀으므로 좋으나, 34세 丙
   辰 대운에 습한 土운이 등장해서 화세를 약화시키므로 나쁘기 때문
   에 대기업에 근무해오던 남편이 미국유학을 다녀온 이후인 2013년부
   터 쉬고 있어 고민이라고 했다.

- 직업을 보기 위해서는 자기 사주에 어떤 오행이 필요하느냐와 殺을
   중심으로 살펴보게 되는데, 이 사주는 火가 우선필요하기 때문에 火
   와 관련된 직종인 전기전자, 방송, 광고, 디자인, 금융업 등에 인연이
   나, 懸針殺인 申金이 있어서 의료분야 중 간호사를 선택했는데, 고등
   학교 때의 歲運도 직업선택에 크게 영향을 미친다.

(3) 신왕하면 官星이 용신일 수 있다
     - 신왕해서 官星이 용신이다

(여의도 거주)

| 64 | 54 | 44 | 34 | 24 | 14 | 4 |  |  | 時柱 | 日柱 | 月柱 | 年柱 |  |
|----|----|----|----|----|----|----|----|----|----|----|----|----|----|
| 辛 | 庚 | 己 | 戊 | 丁 | 丙 | 乙 | 大 |  | 甲 | 戊 | 甲 | 己 | 坤 |
| 巳 | 辰 | 卯 | 寅 | 丑 | 子 | 亥 | 運 |  | 寅 | 午 | 戌 | 巳 | 命 |

- 戌月에 戊土가 신왕하므로 木이 용신이고, 水가 길신이며, 火가 病이다.
- 乙酉 年 고1, 丙戌 年에 고2, 丁亥 年 고3으로 약학대에 진학했으며,
   辛卯 年에 대학 4학년으로 졸업반이라서 辛卯 年 己丑 月에 약사시험
   을 볼 예정인데, 大運과 歲運이 좋아서 합격하겠다고 진단했다.

- 이 女命의 사주에 있는 三合에 대하여 검증한 바, 辛卯 年 현재까지
   는 모친은 이복형제가 없고, 모친 한 분 뿐이었다.
- 그러나, 天干에 甲己合土가 있어서 또 다른 土인 比劫이 발생하므로

앞으로 배다른 형제가 생길 수 있고, 地支에 寅午戌火局을 이루고 있어 모친이 두 분이 될 수 있다.

(4) 比劫이 지나치게 많아 태왕하면 從旺格이 될 수도 있고, 印星이 지나치게 많아 태왕하면 從强格이 될 수도 있다.

6) 신약사주의 용신

(1) 食傷이나, 財星, 官星이 많아 신약하면 印綬나 比劫이 용신일 수 있다
 ① 官殺의 剋이 심해 신약하므로 두뇌는 좋지만 육친관계가 나쁘고, 印星이나 比劫이 용신이다

(여의도 거주)

| 68 | 58 | 48 | 38 | 28 | 18 | 8 | | 時柱 | 日柱 | 月柱 | 年柱 | |
|---|---|---|---|---|---|---|---|---|---|---|---|---|
| 乙 | 丙 | 丁 | 戊 | 己 | 庚 | 辛 | 大 | 乙 | 戊 | 壬 | 辛 | 乾 |
| 酉 | 戌 | 亥 | 子 | 丑 | 寅 | 卯 | 運 | 卯 | 戌 | 辰 | 卯 | 命 |

- 辰月에 戊土가 신약한데, 신약하게 된 원인이 木의 세력이 크기 때문에 比劫이 용신이고, 木이 病神이며, 金이 藥神이다.

- 사주에서 두뇌가 좋은 구조는 신왕하고 食傷도 왕해서 용신이 되면 머리가 좋고, 官殺의 剋이 심해도 두뇌가 좋다.
그런데, 官殺의 剋이 심하면서 신약한 사주는 매우 예민한 성격이라서 상대하기 어려운 사람이다.

- 이 命主는 전직 경찰로 순경으로 들어가 근무를 하다가 81(辛酉)年에 간 부후보생 시험에 합격했으며, 현직 경찰서장이다.

- 그러나, 剋이 심해서 두뇌가 좋은 사람들은 육친관계가 나쁠 수 있는데, 예를 들어서 이 男命의 경우도 官星이 病神이므로 아들이 말썽을 피워 늘 신경이 쓰이며 고민이다.

－ 또한, 日支가 辰戌沖을 하고 있어서 아내와 사이가 좋지 않다.

(2) 財星이 많아 신약하면 比劫이 용신일 수 있다
　① 신약하므로 比劫과 印星이 용신이다

(천호동 거주)

| 63 | 53 | 43 | 33 | 23 | 13 | 3 |  |  | 時柱 | 日柱 | 月柱 | 年柱 |  |
|----|----|----|----|----|----|----|----|----|----|----|----|----|----|
| 丁 | 戊 | 己 | 庚 | 辛 | 壬 | 癸 | 大 |  | 壬 | 己 | 甲 | 壬 | 坤 |
| 酉 | 戌 | 亥 | 子 | 丑 | 寅 | 卯 | 運 |  | 申 | 未 | 辰 | 申 | 命 |

－ 辰月에 己土가 신약하므로 火, 土가 용신이고, 木이 病이고, 金이 약
　신이다.
　여기서, 木을 病이라고 한 이유를 본 사주 구조에서 살펴보자.
　원래, 辰月에 己土의 임무는 나무를 키우는 일이므로 甲木이 나타나
　있는 것이 좋아 보이지만, 己土가 큰 나무를 기르기 위해서는 자신의
　힘이 커야 하는데, 月支의 辰土는 年支 辰土와 申辰合水, 時支 辰土
　와도 申辰合水를 해서 변질되었으므로 己土가 未土에 의지하고 있어
　서 너무 약하다.

－ 甲木의 세력을 보면, 辰土에 뿌리가 있고, 未중에도 根氣(근기)가 있
　으며, 두 개의 壬水로부터 生을 받고 있는데다가 申辰合水의 生까지
　받으므로 오히려 己土의 힘보다 官星인 甲木의 힘이 월등하게 크기
　때문에 殺이라 칭한다.

－ 따라서, 본 사주의 구조에서는 甲己合해서 甲木이 土로 변한 것이 아
　니고, 甲木의 성질을 그대로 유지하고 있기 때문에 病으로 본 것이다.
－ 丁亥, 戊子, 己丑年에 학교 성적이 좋지 않았고, 庚寅年에 대학에 진
　학하지 못해서 재수를 했다.

－ 본 사주는 신약하고 습하므로 火가 절실히 필요한데, 없기 때문에 이
　火를 직업에서 찾으려고 하므로 빛과 관련된 사진학과를 가려고 한다.

(3) 官星이 많아서 신약하면 印星, 比劫, 食傷이 용신일 수 있다
　　① 官星이 많아서 신약하면 印星, 比劫이 용신이다

(용인 거주)

| 70 | 60 | 50 | 40 | 30 | 20 | 10 | | | 時柱 | 日柱 | 月柱 | 年柱 | |
|---|---|---|---|---|---|---|---|---|---|---|---|---|---|
| 辛 | 壬 | 癸 | 甲 | 乙 | 丙 | 丁 | 大 | | 庚 | 壬 | 戊 | 丙 | 坤 |
| 卯 | 辰 | 巳 | 午 | 未 | 申 | 酉 | 運 | | 戌 | 戌 | 戌 | 辰 | 命 |

- 戌月에 壬水가 뿌리가 없는데, 時上에 庚金이 있어서 從하지 않으므로 신약한 사주로 印星인 金이 용신이다.

- 女命에 남자인 官星이 病神이 되면 남편 복이 없는데, 이 女命은 29세 부터 엄마의 권유로 선을 수차례 봤으나 마음에 들지 않아 아직 결혼을 못하고 있다.

- 대게, 官星의 극이 심한 사주들은 예민하고, 두뇌가 좋은데, 이 女命도 두뇌가 좋다고 하며, 명문여대를 졸업하고, 모 인터넷 포털 회사에 근무하고 있다.
- 대운의 흐름이 초년은 金운이므로 좋으나, 30대운부터는 巳 午 未로 흐르므로 운이 좋지 않다.

　　② 官星이 많아 신약하면 印星, 比劫이 용신이다

(수지 거주)

| 63 | 53 | 43 | 33 | 23 | 13 | 3 | | | 時柱 | 日柱 | 月柱 | 年柱 | |
|---|---|---|---|---|---|---|---|---|---|---|---|---|---|
| 庚 | 辛 | 壬 | 癸 | 甲 | 乙 | 丙 | 大 | | 庚 | 己 | 丁 | 甲 | 坤 |
| 申 | 酉 | 戌 | 亥 | 子 | 丑 | 寅 | 運 | | 午 | 亥 | 卯 | 戌 | 命 |

- 卯月에 己土가 신약하므로 印星이 용신이다.
- 辛卯年에 우리나라 나이로 고등학교 2학년에 해당하는데, 현재 미국에서 유학중이다.

- 官星이 病이라서 官印相生으로 火가 용신인데, 乙丑대운이 나쁘고, 辛卯 歲
  運도 좋지 않으므로 官災 또는 고민이 발생할 사주이므로 학교 기숙사를 같
  이 쓰는 룸메이트가 냉장고에 술을 사다 보관해 두었다가 학교 측에 발각이
  되어 같은 방을 쓰고 있는 이 命主에게 다른 학교로 전학을 가라고 한다.

## 7) 신왕사주의 용신

### (1) 印星이 많아 신왕하면 食傷이나 財星이 용신일 수 있다
  ① 印星이 많아서 신왕하면 食傷이나 財星이 용신이다

(성남 거주)

| 70 | 60 | 50 | 40 | 30 | 20 | 10 | | 時柱 | 日柱 | 月柱 | 年柱 | |
|---|---|---|---|---|---|---|---|---|---|---|---|---|
| 戊 | 己 | 庚 | 辛 | 壬 | 癸 | 甲 | 大 | 癸 | 癸 | 乙 | 庚 | 坤 |
| 寅 | 卯 | 辰 | 巳 | 午 | 未 | 申 | 運 | 亥 | 丑 | 酉 | 申 | 命 |

- 改名을 하기 위해 어머니가 가지고 온 사주다.
- 酉月에 癸水가 金과 水가 너무 많아 태왕한데, 정용신으로 쓸 火와
  乾土가 없는 사주다.

- 그리고, 食神인 乙木은 있으나 火도 없고, 차거워진 계절인데다가 乙
  庚合을 하고 있어 기르지 못할 木이 분명한데, 여기서, 木은 食神으
  로 자식이 고, 조모에 해당하는데, 조모의 모습이 여러 번 合을 하기
  때문에 확인한 결과 이 女命의 조부와 조모사이에 자식이 없었는데,
  두 번째 조모를 後妻로 맞아들여 자식을 낳았다고 한다.

- 女命에 土가 남편으로, 이 사주에 있는 土는 丑土인데, 丑土의 모습
  을 보면 습토라 제습력이 약한데다가 酉丑金局을 지어 변질되었고,
  亥丑水局을 지어 또 변질되었으므로 믿지 못할 남편인데다가, 年을
  기준해서 日支인 丑土가 空亡이고, 時를 기준해서도 日支가 空亡이
  므로 2중으로 空亡을 지었기 때문에 결혼하기가 무척 어려울 것이고,
  설사 결혼을 한다 하더라도 백년해로하기가 어렵고, 年支 기준 申子

辰에 亥가 亡身殺이므로 자식과의 인연이 멀겠다.

이렇게, 官星인 土가 시원찮기 때문에 남자 사귀기가 많이 어렵다고
해서 어머니가 이름을 바꿔주려고 한 것이다.

– 庚寅年에 寅중에 戊土가 남자인데, 年支 申金과 寅申沖하므로 헤어
졌다고 한다.

– 이 女命은 火와 土가 필요한데 없고, 고등학교 歲運에서 96 丙子, 97
丁丑, 98 戊寅으로 고3 때만 좋았기 때문에 서울에 있는 대학의 지방
분교에 진학해서 신경정신과 의사가 되었다고 한다.

– 여기서, 이 女命이 신경정신과 의사가 된 인연은 申酉가 현침살이라
의료와 인연이고, 火는 정신세계이므로 안과 또는 신경정신과 그렇
지 않으면 土와 관련인 내과가 인연이다.

– 한가을 癸水가 냉하므로 몸이 냉하고, 저혈압이 있다고 하며, 성격은
냉하지 않다고 한다.

(2) 比劫이 많아 신왕하면 食傷이나 官星이 용신일 수 있다
　　① 신왕하므로 官星인 木과 財星인 水를 쓴다

(시흥 거주)

| 66 | 56 | 46 | 36 | 26 | 16 | 6 | | 時柱 | 日柱 | 月柱 | 年柱 | |
|----|----|----|----|----|----|----|----|----|----|----|----|----|
| 癸 | 壬 | 辛 | 庚 | 己 | 戊 | 丁 | 大 | 丁 | 己 | 丙 | 戊 | 乾 |
| 亥 | 戌 | 酉 | 申 | 未 | 午 | 巳 | 運 | 卯 | 酉 | 辰 | 午 | 命 |

– 봄에 己土가 身旺하므로 卯木을 용신으로 쓰고, 水가 길신이다.
　이런 구조에서, 火가 오면 어떨까?
　대부분의 역술인들은 신왕하기 때문에 火가 오면 안좋다고 말할 것이다.
– 그러나, 필자의 이론은 이렇다.

결론적으로 말해서 水도 쓰고, 火도 쓴다고 단언한다.
왜냐하면, 酉金이 病이기 때문이다.
病인 酉金을 다스리기 위해서는 火가 필요하고, 卯木은 火가 있어야
잘 자라기 때문이며, 水가 와서 통관을 시켜줘도 좋기 때문이다.

– 그래서, 이 命主는 身旺하고 대운도 火가 와서 더 신왕하게 만들었는
데도 서울대를 졸업하고, 미국 MIT 대학원을 庚寅年 5월에 졸업했으
며, 미국에 있는 대학교수로 갈 예정이라고 한다.

– 고등학교 때인 고 1, 2, 3학년 때의 운을 보면, 고1 94 甲戌年, 고 2
95 丁亥年, 고 3 96 丙子年으로 水운이었다.
따라서, 水도 쓰고, 火도 쓴다고 볼 수 있다.

② 比劫이 많아 신왕하므로 食傷이 용신이다

(이천 거주)

| 71 61 51 41 31 21 11 1 | | 時柱 | 日柱 | 月柱 | 年柱 | |
|---|---|---|---|---|---|---|
| 庚 辛 壬 癸 甲 乙 丙 丁 大 | | 丁 | 甲 | 戊 | 庚 | 여 |
| 午 未 申 酉 戌 亥 子 丑 運 | | 卯 | 戌 | 寅 | 寅 | 자 |

– 甲午年 한가을에 가수를 해야겠다며 예명을 지어달라고 온 여자사주다.

– 사주의 구조는, 범띠 해의 초봄에 자신을 나타내는 글자를 큰 나무에
비유해 해석하는 甲木으로 태어나 도와주는 세력으로 자신과 같은
木이 3개나 더 있어 신강사주다.
초봄 생이라 기온이 낮고, 초봄에 나무는 火를 가장 필요하고, 土가
그 다음으로 필요하며, 庚金은 흉신이다.

– 신강한 사주는 자신의 힘이 넘치므로 체력과 추진력이 강해 분출하
려는 특성을 갖고 있어 활발하게 움직이며, 여자 사주에 자식과 표현
력을 나타내는 食傷과 남편으로 해석하는 官星이 干上에 나타나있는

상태에서 食傷을 필요로 한 사주는 거의 부부관계가 나쁜데, 이 사주
도 남편이 바람을 많이 피워 마음고생을 많이 하고 살아왔고, 자신도
다른 남자를 찾는 중이다.

그도 그럴 것이 이 사주에 자신의 뿌리인 卯木이 桃花殺이므로 도화에
서 태어났고, 그 桃花殺인 卯木 위에 性을 나타내는 食傷이 나타나있
기 때문에 젊어서는 다른 남자를 찾게 되고, 또 食傷은 즐거움이므로
쾌락을 찾게 되는데, 나이 들어 가수로 활동 해야겠다며 자기 노래 취
입 중이고, 취입이 끝나면 주로 행사장에서 활동을 하겠다고 한다.

③ 신왕하므로 財星이 용신이다

(종로 거주)

| 65 | 55 | 45 | 35 | 25 | 15 | 5 | | 時柱 | 日柱 | 月柱 | 年柱 | |
|---|---|---|---|---|---|---|---|---|---|---|---|---|
| 丙 | 乙 | 甲 | 癸 | 壬 | 辛 | 庚 | 大 | 壬 | 戊 | 己 | 庚 | 乾 |
| 申 | 未 | 午 | 巳 | 辰 | 卯 | 寅 | 運 | 戌 | 辰 | 丑 | 辰 | 命 |

- 사주의 구조는, 용띠 해의 늦겨울에 자신을 나타내는 글자를 큰 산의
  흙에 비유해 해석하는 戊土로 태어나 도와주는 세력이많으므로 매우
  신왕한 사주다.

- 겨울에 태어난 戊土가 比劫이 많아 신강하므로 木이 나타나 있다면 쓸
  수도 있겠지만 없으므로 쓸 수가 없고, 水와 金을 용신으로 써야 한다
  고 생각하기 쉬우나 이 사주를 면밀하게 살펴보면, 丑月에 태어난데다
  가 무른 土인 辰土가 두 개가 있고, 마른 土인 戊土가 하나 있으나 辰戌
  沖을 해서 깨졌기 때문에 水(물)를 막을 수 없으므로 결국 土 용신, 火
  길신이고, 金과 水가 흉신이며, 운에서 木이 오면 흉신이다.

- 만약 이 사주에 金과 水를 용신으로 썼다면 35세 대운부터 오는 巳,
  午, 未 대운에 어떻게 큰 상장기업을 경영할 수가 있었겠는가?
- 또한, 직업을 보면, 이 命主는 반도체 기업과 태양광 에너지 사업을

하고 있는데, 이는 모두 火와 관련된 직업에 속한다.

따라서, 그 사람의 직업을 보면 그 사주의 용신을 알 수 있다는 것이다.

8) 지나치게 태약하거나, 지나치게 태왕하면 外格ㅋㅋㅋ인 曲直格, 炎
上格, 稼穡格, 從革格, 潤下格, 從旺格, 從强格 등이 성립한다.

직업론은 사주를 감명하는데 있어 대단히 중요한 항목이다.
특히, 운세를 판단하는데 있어 그가 갖고 있는 직업을 알아야 그에 부합한 용어나 설명을 할 수 있겠고, 특히, 진로를 상담하는 청소년들의 경우 職業論을 알지 못하면 상담하는데 어려움이 많다.

필자는 역학 공부를 시작할 때부터 직업론에 대한 갈증이 심해서 그 답을 찾기 위해서 노력해 왔으며, 이 책을 출판하면서 직업론을 포함시켰다.
독자 여러분들의 실력향상에 도움이 되길 바랍니다.

직업을 특정 하는데 있어 몇 가지 요소가 중요하다.
첫째는, 五行으로 보는 직업론인데, 주로 자기 사주에서 어떤 五行이 필요하느냐에 따라서 그 오행에 맞는 직업을 선택한다.

둘째는, 殺로 보는 직업론인데, 殺로 보는 직업은 주로 懸針殺과 鐵鎖開金殺이 있으면 의료계통이나, 의약계통이고, 驛馬殺이 있으면 무역이나 해외 또는 운수업과 인연으로 본다.

### 五行에 따른 직업 분류

| 木 | 목재업, 꽃집. 농업경영, 목재가공업, 도서류 취급, 가구류 취급. |
|---|---|
| 火 | 시각적인 것, 열적인 것, 말하는 직업으로, 교육자, 방송 같은 미디어 분야, 광고, 홍보, 디자인, 전기전자, 에너지, 화학. 제련소. 발전소. |
| 土 | 건축업이나 토건업, 부동산중개업. |
| 金 | 철 제품, 제련소, 귀금속류. 자동차 계통. |
| 水 | 먹는 물. 음식류. 쉐프. 해외 관련업무. 생명공학, 환경업무. |

六神에 따른 직업 분류

| 印星 | 직장인, 공무원, 교육자나 교육공무원. 교육사업. |
|------|------------------------------------------------|
| 比劫 | 직장인, 공무원, 사업. |
| 食傷 | 말하는 직업, 기술직, 교육자나 교육사업. 육영사업. |
|      | 서비스 업종. 생산업, 유통업. |
| 財星 | 금융업, 사업, 공무원. 대기업. 회계사. |
| 官星 | 공무원. 대기업. |

殺로 보는 직업 분류

| 懸針殺 | 甲. 辛. 申. 未. | 의사. 약사. 수의사. 한의사. 간호원. 병원. 제약회사. 사회복지사. 보험업계. 호텔업종. |
|--------|-----------------|----------------------------------------------------------------------------|
| 鐵鎖開金殺 | 卯. 酉. 戌. | 의약품을 취급하는 병원. 제약회사. |
| 驛馬殺 | 寅. 申. 巳. 亥. | 운수업. 무역업종. |
| 湯火殺 | 寅. 午. 丑 | 독극물. 농약. 불을 취급하는 업무. |

## 1. 공무원이나 관직

### 1) 고위 공무원이다.

(평창동 거주)

| 67 | 57 | 47 | 37 | 27 | 17 | 7 |  | 時柱 | 日柱 | 月柱 | 年柱 |   |
|----|----|----|----|----|----|----|--|------|------|------|------|---|
| 癸 | 壬 | 辛 | 庚 | 己 | 戊 | 丁 | 大 | 丁 | 己 | 丙 | 甲 | 乾 |
| 酉 | 申 | 未 | 午 | 巳 | 辰 | 卯 | 運 | 卯 | 亥 | 寅 | 午 | 命 |

- 말띠 해 초봄에 야산에 비유해 해석하는 己土가 正官 月에 태어났으므로 正官格이고, 官星이 많아서 신약하고, 초봄이라서 기온이 낮기 때문에 印星인 火가 용신, 土가 길신, 水와 木은 흉신이다.

- 懸針殺이 많고 사주 원국이 좋아서 "당신 직업은 공무원이나 의약업에 인연"이라고 했더니 자기가 공무원이라고 하길래 급수는 辛卯年

현재 2~3급 정도로 보인다고 했더니 "그 정도입니다"라고만 했다.
– 2014년에 정년인데, 향후 진로가 궁금해서 왔다고 했다.


2) 관직에서 옷을 벗었다.

(방배동 거주)

| 64 | 54 | 44 | 34 | 24 | 14 | 4 | | | 時柱 | 日柱 | 月柱 | 年柱 | |
|----|----|----|----|----|----|----|---|---|------|------|------|------|---|
| 壬 | 辛 | 庚 | 己 | 戊 | 丁 | 丙 | 大 | | 壬 | 戊 | 乙 | 庚 | 남 |
| 辰 | 卯 | 寅 | 丑 | 子 | 亥 | 戌 | 運 | | 戌 | 午 | 酉 | 子 | 자 |

– 사주의 구조는, 쥐띠 해의 한가을에 자신을 나타내는 글자를 큰 산에
 비유해 해석하는 戊土로 태어나 도와주는 세력으로 戌土가 있고, 午
 火가 있지만 金과 水의 기운이 더 강하므로 신약한 사주다.


– 한 가을 土는 사주 구조에 따라서 火가 충분하다면 나무를 키울 수
 있겠고, 火가 충분히 않다면, 金을 생산하거나 저수지 둑이 되어 물
 을 막는 역할이 좋은데, 이 사주에는 木이 나타나있고, 火도 있으므
 로 나무를 키워야 할 팔자이나, 이런 구조가 되면, 나무가 안타난 것
 이 더 좋다.
 따라서, 火가 가장 많이 필요하고, 乾土가 필요하며, 신약한 土日干
 이고 가을이므로 木이 필요하지 않으므로 안 나타난 것이 더 좋고,
 金과 水는 흉신이다.


– 이 사주에서 특이한 것은 木의 위치와 金의 위치다.
 다시 말해서 乙木이 이 사주에서 官星으로 직업이기 때문에 이 命主
 는 젊었을 때 공무원으로 근무를 했었는데, 乙木이 흉신인데다가 乙
 木과 庚金이 바로 옆에서 合을 하고 있고, 또 乙木이 酉金을 깔고 앉
 아 있어서 불안하기 짝이 없다.
 그러던 중 1999년 己卯年에 官星인 卯木이 사주의 酉金을 卯酉沖하
 므로 관직에서 옷을 벗었다.

### 3) 국정원 부이사관 출신

| 63 | 53 | 43 | 33 | 23 | 13 | 3 |  |  | 時柱 | 日柱 | 月柱 | 年柱 |  |
|----|----|----|----|----|----|----|----|----|------|------|------|------|----|
| 庚 | 己 | 戊 | 丁 | 丙 | 乙 | 甲 | 大 |  | 己 | 庚 | 癸 | 壬 | 乾 |
| 戌 | 酉 | 申 | 未 | 午 | 巳 | 辰 | 運 |  | 卯 | 辰 | 卯 | 午 | 命 |

- 경기도 광주에 사는 사람으로, 卯月에 庚金이 신약하므로 印綬인 己
  土가 용신이다.
- 국정원 부이사관 출신이다.
- 未 대운에 卯未木局이 되어 돈 문제나 여자 문제가 있었을 것으로 추
  정하나 확인은 하지 못했다.
- 퇴직한 후에 쉬고 있다.

### 4) 국제 태권도 연맹 부회장 출신

| 61 | 51 | 41 | 31 | 21 | 11 | 1 |  |  | 時柱 | 日柱 | 月柱 | 年柱 |  |
|----|----|----|----|----|----|----|----|----|------|------|------|------|----|
| 丁 | 戊 | 己 | 庚 | 辛 | 壬 | 癸 | 大 |  | 乙 | 甲 | 甲 | 己 | 乾 |
| 卯 | 辰 | 巳 | 午 | 未 | 申 | 酉 | 運 |  | 丑 | 戌 | 戌 | 丑 | 命 |

- 경기도 오산 출생으로, 戌月에 甲木이 신약한데, 月令이 戌月이면서
  甲己合되고, 丑戌刑되어 木이 뿌리를 내릴 수 없으므로 死木이라 土
  로 從할 수 밖에 없기 때문에 從財格이다.
- 국제 태권도 연맹 부회장을 지냈다.

### 5) 기적같이 공무원이 됐다고 한다

(잠실 거주)

| 61 | 51 | 41 | 31 | 21 | 11 | 1 |  |  | 時柱 | 日柱 | 月柱 | 年柱 |  |
|----|----|----|----|----|----|----|----|----|------|------|------|------|----|
| 壬 | 辛 | 庚 | 己 | 戊 | 丁 | 丙 | 大 |  | 戊 | 庚 | 乙 | 丁 | 坤 |
| 子 | 亥 | 戌 | 酉 | 申 | 未 | 午 | 運 |  | 寅 | 寅 | 巳 | 巳 | 命 |

- 巳月에 庚金이 신약한데, 印星인 戊土가 있고, 庚金이 巳중에 長生을 하므로 從할 수 없으므로 土가 용신이고, 자신인 金이 길신이다.

- 학운이 나빠서 상고를 졸업하던 해에 학교에서 추천을 해줘 행정직 공무원이 되었는데 그 당시에는 특별한 케이스였다고 한다.
  학교 다닐 때 공부도 잘 못했기 때문에 공무원이 되리라고는 꿈에도 생각을 못했다고 한다.

- 다른 애들은 다 현장실습을 갔는데, 자기는 안가고 있었더니 학교에서 그러면 공무원에 지원을 해보라고 권해서 운 좋게 합격했다.

- 己丑年에 결혼해서 딸을 하나 낳고, 庚寅年에 이혼했는데, 官이 病이기 때문이다.

6) 모 연구원 약물분석과에 근무하고 있다

(하남시 거주)

| 66 | 56 | 46 | 36 | 26 | 16 | 6 | | 時柱 | 日柱 | 月柱 | 年柱 | |
|---|---|---|---|---|---|---|---|---|---|---|---|---|
| 乙 | 甲 | 癸 | 壬 | 辛 | 庚 | 己 | 大 | 丁 | 丙 | 戊 | 己 | 坤 |
| 亥 | 戌 | 酉 | 申 | 未 | 午 | 巳 | 運 | 酉 | 辰 | 辰 | 未 | 命 |

- 辰月에 丙火가 時上에 劫財인 丁火가 도와주고 있으나 印星인 木이 없으며, 食傷인 土가 많아 신약하므로 印星인 木을 우선 써야하나 나타나있지 않으므로 比劫이 용신이고, 土가 病이며, 金도 흉신이다.

- 丙火는 우주공간에서 오직 하나뿐임에도 불구하고 온 세상을 밝혀주는 위대한 힘을 갖고 있기 때문에 丙火일주로 태어난 사람들은 기본적으로 총명하고 똑똑하다.
  여기에다가, 食傷인 土가 많아 개성적인 기질과 자유분방한 성품을 갖고 있다.

– 따라서, 이 女命은 연세대를 졸업하고 모 연구원 약물분석과에 근무하고 있는데, 食傷이 많아 官星인 水를 공격하고 있으므로 자기가 좋아하는 이상형의 남자가 아닌데다가 남자인 水는 辰중에 암장해 있어서 자기 기준에서 결혼할 상대를 찾다보니 모든 남자들이 성에 안차 남자보기를 우습게 여기기 때문에 결혼할 생각을 전혀 안한다고 한다.


### 7) 官星인 火로 무쇠를 녹이므로 공무원이었다

(종로구 거주)

| 65 | 55 | 45 | 35 | 25 | 15 | 5 |   |   | 時柱 | 日柱 | 月柱 | 年柱 |   |
|----|----|----|----|----|----|----|----|----|------|------|------|------|----|
| 乙 | 丙 | 丁 | 戊 | 己 | 庚 | 辛 | 大 |   | 辛 | 庚 | 壬 | 庚 | 坤 |
| 亥 | 子 | 丑 | 寅 | 卯 | 辰 | 巳 | 運 |   | 巳 | 辰 | 午 | 子 | 命 |

– 午月의 庚金이 설기하는 水가 많아서 신약하므로 火가 용신이고, 土가 길신이며, 正官 月에 태어났으며, 여자사주에는 官星을 좋아하고, 또 무쇠 金은 火로 녹여 새로운 용기로 재탄생되는 것을 좋아한다.

– 官星인 火가 용신이므로 공무원이 인연이므로 공무원으로 근무하다가 丁丑대운이 흉신 운인데다가 07 丁亥年에 水운이므로 水剋火되는데다 巳亥沖을 하므로 공무원에서 퇴직하고 주부로 있다.


### 8) 부구청장 출신

| 72 | 62 | 52 | 42 | 32 | 22 | 12 | 2 |   | 時柱 | 日柱 | 月柱 | 年柱 |   |
|----|----|----|----|----|----|----|----|----|------|------|------|------|----|
| 己 | 庚 | 辛 | 壬 | 癸 | 甲 | 乙 | 丙 | 大 | 庚 | 丁 | 丁 | 辛 | 乾 |
| 丑 | 寅 | 卯 | 辰 | 巳 | 午 | 未 | 申 | 運 | 戌 | 巳 | 酉 | 卯 | 命 |

– 대전시에 사는 사람으로, 이 사주는 절기상 한 가을에 자신을 나타내는 글자를 인공 火에 비유해 해석하는 丁火(정화)로 태어났는데, 丁火의 세력이 약하기 때문에 자신의 힘이 약하다.
한 가을에는 날씨가 싸늘해지기 때문에 더 많은 열량이 발산되어야

춥지 않을 것이지만, 이 사주에는 金이 많고, 그 金이 생명체이면서 문서에 해당하는 木을 자르고 있는 구조이므로 木을 기르는 조건이 불리한 신약한 사주다.

– 사주학은 자연의 이치를 인용하여 만들어진 학문인데, 자연이 조화와 균형이 잘 맞아 돌아가는 것처럼 사주도 조화와 균형이 잘 맞아야 좋다. 한 가을에 태어난 인공 火는 우선 자신의 힘이 강해야 건강하고 추위를 이겨낼 수 있으며, 사주에 있는 金을 녹여서 내 돈으로 만들 것이지만, 자신의 힘이 약해지면 그 金(돈) 때문에 오히려 애를 먹게 된다.

– 또한, 한 가을의 인공 火가 庚金이라는 무쇠를 바로 옆에 두면, 그 무쇠를 녹이려 하므로 할 일이 많을 뿐만 아니라 총명하며, 경제적 감각이 발달해서 운이 따라줄 때는 돈을 많이 만지게 되므로 잘살게 된다. 따라서, 무쇠를 녹이기 위해서는 운에서 더 많은 火가 와서 자신의 힘이 커져야하고, 木운이 와서 木生火로 火(불)를 생해줘야 발전하게 되며, 조화와 균형도 잘 맞다.

– 사주가 이런 구조로 태어나면 감성적이며, 총명해서 남들의 인정을 받게 되고, 공직이나 금융 또는 사업과 관련된 직업군에 인연이 많고, 의료와 관련된 인연이 커서 침술이나 뜸 등 대체의학에도 관심이 클 수 있다.

– 운의 흐름을 보면, 유아기 때는 저조했으나 12세 이후부터 火운이 등장해 발전을 거듭했으나, 42세경부터는 저조한 운이라 발전이 둔화되어 52세부터 再도약을 할 수 있는 卯木운이 왔다고 생각할 수 있지만, 이 卯木은 사주에 큰 세력을 형성하고 있는 酉金을 충돌하고 있는 중에 대운에서 다시 卯酉沖을 했으므로 그 흉액이 현실로 나타나게 된다.

– 따라서, 2011 辛卯年에 또 다시 歲運에 와서 3중 충돌을 하고 있기 때

문에 흉한 운인데, 그 결과는 金(돈)과 木 (문서)이 싸우는 현상 즉, 돈
때문에 卯木인 깨진 문서가 나타나게 되므로 본인이 원치 않는 문서를
쥐게 되어 한직으로 이동하거나 그렇지 않으면 사직할 수도 있으며, 그
시기는 금년 여름을 지나서 가을이므로 양력 9월경으로 추정된다.

– 이런 경우 불리한 문서를 회피할 수 있는 수단으로서는 본인이 책임
  을 지고 미리 퇴직을 하는 것이 오히려 득이 될 것으로 본다.


## 9) 사회복지 담당 공무원이다

(강동구 거주)

| 61 | 51 | 41 | 31 | 21 | 11 | 1 | | 時柱 | 日柱 | 月柱 | 年柱 | |
|----|----|----|----|----|----|----|----|------|------|------|------|---|
| 丁 | 戊 | 己 | 庚 | 辛 | 壬 | 癸 | 大 | 丁 | 辛 | 甲 | 戊 | 여 |
| 未 | 申 | 酉 | 戌 | 亥 | 子 | 丑 | 運 | 酉 | 卯 | 寅 | 辰 | 자 |

– 사주의 구조는, 범띠 해의 초봄에 자신을 나타내는 글자를 보석에 비
  유해 해석하는 辛金으로 태어나 도와주는 세력인 酉金도 있고 戊辰
  土도 있으나 辰土는 寅卯辰木局이 변해서 土의 기능을 하지 못하므
  로 신약한 사주다.

– 봄에 태어난 辛金은 생명체인 木(나무)을 자르는 성분이라서 일반 사
  주에서는 나쁘지만 이 사주의 경우는 木이 너무 많아 신약해졌으므
  로 木을 잘라내야 하기 때문에 金이 더 필요하고 濕土도 필요하며,
  火는 흉신이고, 운에서 오는 水는 火를 막아주므로 좋은 점도 있지
  만, 水生木해서 木을 더 크게 하므로 필요에 따라서 쓸 수도 있고, 그
  렇지 않을 수도 있다.

– 이 사주에서 특이점은 火가 官星으로 남편인데, 火가 흉신이고, 日支
  의 卯木과 時支의 酉金이 卯酉沖해서 깨졌으므로 부부 이별 수를 갖
  고 있어서 이성교제를 하기도 힘들고 결혼을 한다고 해도 별거하거
  나 주말부부 생활을 하지 않는 한 이별할 것이다.

– 진로나 직업은 자기의 사주에 어떤 성분이 필요 하느냐에 따라 결정
  되기도하고 殺을 기준해서 보기도 하는데, 대게 比劫이나 印星을 용
  신이나 길신으로 쓰는 사주는 직장생활이 좋으며, 이 사주의 경우는
  甲, 辛, 卯,酉, 戌이 의료인자이므로 의료계와 인연으로, 사회복지담
  당 공무원으로 근무하고 있다고 한다.


10) 소방서에 근무한다

(사당동 거주)

| 64 | 54 | 44 | 34 | 24 | 14 | 4 |  | 時柱 | 日柱 | 月柱 | 年柱 |  |
|----|----|----|----|----|----|----|----|----|----|----|----|----|
| 壬 | 癸 | 甲 | 乙 | 丙 | 丁 | 戊 | 大 | 甲 | 己 | 己 | 丁 | 乾 |
| 寅 | 卯 | 辰 | 巳 | 午 | 未 | 申 | 運 | 子 | 卯 | 酉 | 巳 | 命 |

– 태어난 시간이 밤 12시 경이다.
– 고등학교 때 공부를 잘못했다. 火用신, 土가 길신, 水, 木, 金은 흉신
  이다.
– 火가 필요하므로 현재 소방서에 근무하고 있는데, 庚寅年에 승진시
  험에 떨어졌다.


11) 신왕관왕하면 관직과 인연이다

(신천동 거주)

| 68 | 58 | 48 | 38 | 28 | 18 | 8 |  | 時柱 | 日柱 | 月柱 | 年柱 |  |
|----|----|----|----|----|----|----|----|----|----|----|----|----|
| 辛 | 庚 | 己 | 戊 | 丁 | 丙 | 乙 | 大 | 丁 | 己 | 甲 | 戊 | 乾 |
| 酉 | 申 | 未 | 午 | 巳 | 辰 | 卯 | 運 | 卯 | 未 | 寅 | 戌 | 命 |

– 寅月에 己土가 신왕하고, 官星인 木도 왕 하므로 좋은 사주다.
  이런 구조는 木을 용신으로 쓰므로 水도 쓸 수 있고, 초봄 생이므로
  火도 쓴다.

– 대운이 초년부터 木운에서 火운으로 흘러가므로 좋아서 한 때 카이스
  트에서도 근무를 했고, 지금의 재정경제부 산하 기관에서 연구원으

로도 근무했으며, 장차 연구원장이 되는 것이 꿈이란다.

- 그런데, 대운이 58세부터는 金운이 시작되는데, 金이 오면 木을 극하므로 더 이상 크게 출세하기 어렵게 된다.


12) 재경부 공무원

| 62 | 52 | 42 | 32 | 22 | 12 | 2 | 大 | | 時柱 | 日柱 | 月柱 | 年柱 | |
|----|----|----|----|----|----|----|----|---|------|------|------|------|---|
| 庚 | 己 | 戊 | 丁 | 丙 | 乙 | 甲 | 運 | | 癸 | 戊 | 癸 | 丙 | 乾 |
| 子 | 亥 | 戌 | 酉 | 申 | 未 | 午 | | | 亥 | 戌 | 巳 | 申 | 命 |

- 충남 천안 출생으로, 巳月에 戊土가 신왕 하므로 金이 용신이고, 水가 약신이다.
- 초년 대운은 나빴으나 22세 대운부터 좋아져서 박사학위를 받았다.
- 사주에 官星인 木은 없으나 財星이 발달해서 재경부 산하 기관에서 금융을 다루는 공무원이다.

- 戊戌대운에 친구한테 돈을 빌려줬다가 못 받았고, 투자를 잘못해서 많은 돈을 날렸다.
- 庚寅年에 寅巳申三刑殺이 작용하여 직장에서 사고가 생겨 좌천되어 辛卯年에 사표를 낼까 망설이고 있다.
- 壬辰年에 日支 戌土와 辰戌沖을 하므로 사표를 낼 수도 있겠다고 했다.


13) 주한 미군

| 69 | 59 | 49 | 39 | 29 | 19 | 9 | 大 | | 時柱 | 日柱 | 月柱 | 年柱 | |
|----|----|----|----|----|----|----|----|---|------|------|------|------|---|
| 己 | 庚 | 辛 | 壬 | 癸 | 甲 | 乙 | 運 | | 己 | 丙 | 丙 | 己 | 乾 |
| 未 | 申 | 酉 | 戌 | 亥 | 子 | 丑 | | | 亥 | 子 | 寅 | 酉 | 命 |

- 寅月에 丙火가 신약하므로 印星인 木이 용신이며, 재미교포로 용산

미군기지에 근무하고 있으며, 火 용신, 木 길신, 土, 金, 水는 흉신
이다.
- 辛酉대운에 퇴직하면 문관으로 근무하려고 한다.


부인 사주

| 61 | 51 | 41 | 31 | 21 | 11 | 1 | | 時柱 | 日柱 | 月柱 | 年柱 | |
|---|---|---|---|---|---|---|---|---|---|---|---|---|
| 甲 | 乙 | 丙 | 丁 | 戊 | 己 | 庚 | 大 | 戊 | 己 | 辛 | 甲 | 坤 |
| 子 | 丑 | 寅 | 卯 | 辰 | 巳 | 午 | 運 | 辰 | 未 | 未 | 辰 | 命 |

- 未月에 己土가 태왕하므로 木이 용신, 水 길신, 土와 金이 흉신, 운에
  서 火가 와도 흉신이다.
- 이 사주가 재미있는 것은 比劫인 土중에 乙木이 모두 4개나 암장했고, 甲
  木이 나타나 있어 어려서부터 남자들한테 매우 인기가 있었다고 한다.
- 97 丁丑年에 日支 未土와 丑未冲을 하므로 남편과 헤어지고, 5살 아
  래 남자와 그 해에 재혼하여 아들을 하나 낳았다.


## 2. 교육자 사주

### 1) 고등학교 교사

(중구 거주)

| 64 | 54 | 44 | 34 | 24 | 14 | 4 | | 時柱 | 日柱 | 月柱 | 年柱 | |
|---|---|---|---|---|---|---|---|---|---|---|---|---|
| 壬 | 癸 | 甲 | 乙 | 丙 | 丁 | 戊 | 大 | 癸 | 壬 | 己 | 乙 | 乾 |
| 申 | 酉 | 戌 | 亥 | 子 | 丑 | 寅 | 運 | 卯 | 戌 | 卯 | 卯 | 命 |

- 卯月에 壬水가 태약하고 地支에 뿌리가 없어서 從兒格이라 食傷으로
  변했으므로 말로 먹고 사는 직업이라 고등학교 교사다.
- 대게, 여자 사주가 從兒格은 사람은 똑똑하지만 官星을 거부하므로
  남편과의 관계가 나쁜 경우가 많다.

2) 과외교사

(장지동 거주)

| 61 | 51 | 41 | 31 | 21 | 11 | 1 | | | 時柱 | 日柱 | 月柱 | 年柱 | |
|---|---|---|---|---|---|---|---|---|---|---|---|---|---|
| 己 | 庚 | 辛 | 壬 | 癸 | 甲 | 乙 | 大 | | 丁 | 癸 | 丙 | 甲 | 坤 |
| 巳 | 午 | 未 | 申 | 酉 | 戌 | 亥 | 運 | | 巳 | 未 | 子 | 寅 | 命 |

- 子月에 癸水가 태약하므로 比劫이 용신이고, 印星을 길신으로 써야
  하나 나타나있지 않지만 巳중에 庚金 印星이 들어있기 때문에 교육
  과 인연인데, 태약 하므로 正 교사가 아니고 과외교사다.

- 남편은 사설학원 강사인데, 월급을 타서 외식비로 한 달에 100만원
  씩을 쓴다고 한다.

- 己丑年에 日支에 있는 未土 남편과 丑未沖을 하므로 남편과 다투었는
  데, 남편이 짐을 싸들고 집을 나가버렸다.

3) 교대출신 교사

(송파동 거주)

| 69 | 59 | 49 | 39 | 29 | 19 | 9 | | | 時柱 | 日柱 | 月柱 | 年柱 | |
|---|---|---|---|---|---|---|---|---|---|---|---|---|---|
| 癸 | 壬 | 辛 | 庚 | 己 | 戊 | 丁 | 大 | | 辛 | 丁 | 丙 | 癸 | 坤 |
| 亥 | 戌 | 酉 | 申 | 未 | 午 | 巳 | 運 | | 亥 | 卯 | 辰 | 亥 | 命 |

- 辰月에 丁火가 水가 많아 신약하므로 火가 용신이고 木이 길신, 水가
  病神, 金이 흉신, 濕土도 흉신이다.
- 용신을 印星인 木을 쓰고, 日干이 火인데 火는 朱雀으로 말하는 것과
  인연이라 교직에 잘 맞다.

- 초년 대운이 火運으로 길하므로 좋고, 歲運도 좋아서 교대출신 교사
  이며, 印星을 용신으로 쓰며, 봄 丁火가 나무를 기르므로 마음씨가
  순하고 착하다.

– 辛卯年에 치과의사와 결혼했다.


4) 교사를 하다가 교수가 되었다

(풍납동 거주)

| 68 | 58 | 48 | 38 | 28 | 18 | 8 | | | 時柱 | 日柱 | 月柱 | 年柱 | |
|---|---|---|---|---|---|---|---|---|---|---|---|---|---|
| 庚 | 己 | 戊 | 丁 | 丙 | 乙 | 甲 | 大 | | 丙 | 乙 | 癸 | 丙 | 乾 |
| 子 | 亥 | 戌 | 酉 | 申 | 未 | 午 | 運 | | 戌 | 丑 | 巳 | 辰 | 命 |

– 巳月에 乙木이 신약하므로 印星인 水가 용신으로, 印星을 용신으로
  쓴 사주들은 교육과 인연이다.


– 고 3 때 甲戌年으로 운이 나빠 재수를 해서 ○○대 사범대를 졸업하
  고 교사임용을 받았으나 적성에 맞지 않아 사표를 내고, 더 공부를
  해서 교수가 되었는데, 그래픽디자인 계통의 학과를 맡고 있다.


– 正財인 戌土와 偏財인 丑土가 丑戌刑을 맞았고, 멀리 辰土와 辰戌沖
  을  해서 13살 때 부친이 큰 사고를 당하여 불구자가 되었다.


– 印星을 쓰므로 어머니가 건설업을 운영하므로 넉넉해 도움을 받고 있다.
– 辛卯年 36세 미혼으로 박사학위 준비하고 있다.


5) 국어교사

(서래마을 거주)

| 66 | 56 | 46 | 36 | 26 | 16 | 6 | | | 時柱 | 日柱 | 月柱 | 年柱 | |
|---|---|---|---|---|---|---|---|---|---|---|---|---|---|
| 辛 | 庚 | 己 | 戊 | 丁 | 丙 | 乙 | 大 | | 丙 | 乙 | 甲 | 己 | 坤 |
| 巳 | 辰 | 卯 | 寅 | 丑 | 子 | 亥 | 運 | | 子 | 亥 | 戌 | 亥 | 命 |

– 戌月에 乙木이 신왕하므로 火가 용신으로 食傷은 말로 하는 직업과
  인연이므로 국어교사다.
– 초년대운이 나빴으나 고등학교 때 운이 乙卯, 丙辰, 丁巳운으로 흘러

서 공부를 잘했었다.


- 印星인 子水가 桃花라서 친정 어머니가 미인이었고, 또, 時支 도화
  위에 있는 傷官이라 딸 두 명도 미인인데, 食傷을 용신으로 쓰므로
  딸 두 명 모두 예쁘다.


- 남편은 戌土 庫 속에 들어 있어 자기 눈에는 작아 보이는 남편이다.
  그러나, 戌土가 水를 막아 쓸모가 있어 버릴 수는 없는 남편이다.


6) 남자한테 상처 입은 노처녀 수학교사

(방배동 거주)

| 66 | 56 | 46 | 36 | 26 | 16 | 6 |  | 時柱 | 日柱 | 月柱 | 年柱 |  |
|----|----|----|----|----|----|----|----|----|----|----|----|----|
| 壬 | 辛 | 庚 | 己 | 戊 | 丁 | 丙 | 大 | 辛 | 壬 | 乙 | 丁 | 坤 |
| 子 | 亥 | 戌 | 酉 | 申 | 未 | 午 | 運 | 亥 | 午 | 巳 | 未 | 命 |


- 사주의 구조는 巳月에 壬水가 태약 하므로 比劫이 용신이고, 印星인
  辛金이 길신이며, 火가 病이고, 土는 흉신이다.


- 女命에 남편인 官星이 흉신이고, 日支에 病이 앉아있으며, 月上에 傷官
  이 나타나 있어서 官이 오는 것을 막으므로 남편 복이 없는 사람이다.
  그래서, 45세인 지금까지 쏠로인데, 결혼을 못할 팔자인가를 살펴본
  바, 시집을 못갈 팔자는 아니지만, 혼자 사는 편이 더 좋겠다.


- 戊申 대운중 戊 대운에 官星인 戊土가 나타났으나 傷官見官작용으로
  乙木이 木剋土하므로 남자한테 마음의 상처를 크게 받고 결혼을 안
  했다고 한다.


- 印星을 길신으로 쓰므로 공부에 인연이 있고, 傷官을 가져 두뇌는 좋
  으나 초년 대운이 나빴다.
  대게, 木이 食傷으로 언어이고 두뇌활동인데, 木이 食傷이면 수학전

공자가 많은데, 이 女命은 고려대에서 수학을 전공했으며, 중학교 수
학교사로 재직중이다.

- 戌 대운이 오면, 官星인 未土와 戌未刑하고, 午戌火局하여 火剋水하
고, 土克水도 하므로 나쁘다.


7) 대학교수

(중구 거주)

| 70 | 60 | 50 | 40 | 30 | 20 | 10 | | | 時柱 | 日柱 | 月柱 | 年柱 | |
|----|----|----|----|----|----|----|--|--|------|------|------|------|--|
| 戊 | 己 | 庚 | 辛 | 壬 | 癸 | 甲 | 大 | | 丙 | 癸 | 乙 | 壬 | 坤 |
| 戌 | 亥 | 子 | 丑 | 寅 | 卯 | 辰 | 運 | | 辰 | 酉 | 巳 | 寅 | 命 |

- 巳月에 癸水가 신약하므로 印星을 용신으로 쓰므로 교육과 인연이 있
고, 食傷이 발달해있어 표현력이 풍부하고 운의 흐름이 좋아서 대학
교수다.
- 辛卯年에 寅卯辰木局이 형성되고 卯酉沖하여 변동 운이 오므로 활동
영역을 확대하는 운이라 더 큰 대학으로 옮겨가고 싶어 옮길 수 있겠
는가 묻기에 가도 되겠다고 답했다.


8) 유아교육학과 여교수

(한남동 거주)

| 68 | 58 | 48 | 38 | 28 | 18 | 8 | | | 時柱 | 日柱 | 月柱 | 年柱 | |
|----|----|----|----|----|----|---|--|--|------|------|------|------|--|
| 甲 | 乙 | 丙 | 丁 | 戊 | 己 | 庚 | 大 | | 辛 | 己 | 辛 | 辛 | 乾 |
| 午 | 未 | 申 | 酉 | 戌 | 亥 | 子 | 運 | | 未 | 未 | 丑 | 亥 | 命 |

- 사주구조를 보면, 丑月에 己土가 日支와 時支에 比肩인 未土를 가졌
으나 月令이 丑月이고, 辛金을 많이 가졌으며, 亥水까지 있어 신약하
고 냉하므로 土가 용신이고, 火가 길신인데, 여기서는 土보다 火가
더 필요하다.

- 따라서, 印星인 火를 필요로 하므로 유아교육과를 나와 박사학위를
  받았고, 경기도 소재 모 사립 전문대학 교수다.
- 未중 乙木이 남편인데, 남편은 木의 庫인 未土 속에 들어가 있는데다
  가 丑未沖을 해서 깨졌기 때문에 남편과 별거중인데, 아이들과 직장
  때문에 이혼을 못하고 있다.

9) 장학사

(강동구 거주)

| 67 | 57 | 47 | 37 | 27 | 17 | 7 | | 時柱 | 日柱 | 月柱 | 年柱 | |
|---|---|---|---|---|---|---|---|---|---|---|---|---|
| 辛 | 壬 | 癸 | 甲 | 乙 | 丙 | 丁 | 大 | 辛 | 戊 | 戊 | 戊 | 坤 |
| 亥 | 子 | 丑 | 寅 | 卯 | 辰 | 巳 | 運 | 酉 | 辰 | 午 | 申 | 命 |

- 午月에 戊土가 比劫이 왕하고 午火도 생해주므로 신왕해 金이 용신인
  데, 辰酉合을 하고, 辛金이 나타나 있어 용신이 왕해서 좋은 사주다.

- 이 女命은 傷官을 용신으로 쓰므로 자유분방한 성품을 가졌고, 신왕
  하므로 결단력이 강하기 때문에 어떤 문제를 결정하는데 있어서 신
  속하다.
  또, 傷官은 官을 剋하는 성분이므로 틀에 짜여진 생활보다는 자유로
  운 활동을 원하므로 비조직성 직업에 잘 맞기 때문에 교직생활을 하
  다가 09 己丑年부터 장학사로 근무하고 있어 사주의 인연과도 잘 맞
  는 직업이다.

- 이 사주에서 남편은 辰중 乙木인데, 辰土 속에 들어있고, 辰酉合되어
  있어 보잘 것 없는 남편이기는 하나, 日支 배우자궁에 앉아있어서 버
  릴 수 없는 남편으로 외조를 잘해준다.
  이런 구조를 가지면 남편이 스트레스를 많이 받게 되는데, 食傷인 金
  으로 부터 剋을 많이 받기 때문이다.

10) 정치에 관심이 많은 교수 사주

| 68 | 58 | 48 | 38 | 28 | 18 | 8 |  | | 時柱 | 日柱 | 月柱 | 年柱 |
|----|----|----|----|----|----|----|----|----|----|----|----|----|
| 己 | 戊 | 丁 | 丙 | 乙 | 甲 | 癸 | 大 | | 乙 | 甲 | 壬 | 丙 |
| 亥 | 戌 | 酉 | 申 | 未 | 午 | 巳 | 運 | | 亥 | 午 | 辰 | 辰 | 命 |

- 대구에서 사주를 보기 위해서 KTX를 타고 온 남자로 지방의 유명 사
  립대 교수다.
- 사주의 구조는, 용띠 해의 늦봄에 자신을 나타내는 글자를 큰 나무에
  비유해서 해석하는 甲木으로 태어나 도와주는 세력이 다소 약하므로
  신약한 사주이나, 甲木이 辰土에 뿌리를 내렸고, 辰土 속에도 水가
  들어 있으므로 사실상 신왕한 사주로 봐야한다.

- 봄에 태어난 甲木으로 약간 신약한데다가 水는 충분한데 아직 기온이
  높지 않으므로 火가 우선 필요한 木도 필요하며, 水가 病神이고 土가
  흉신이다.

- 甲木은 리더형으로 성품이 올 곧고 정직하며, 착하고 보수적이며, 火
  를 용신으로 쓰므로 교육직종에 적합하다.
  또한, 정치에 관심이 많다고 하는데, 흠이 있다면, 돈이 많지 않고,
  대운의 흐름이 좋지 않으므로 57세까지는 준비를 하다가 58세 이후
  에 도전하라고 진단했다.

11) 중학교 교사

(성내동 거주)

| 67 | 57 | 47 | 37 | 27 | 17 | 7 |  | | 時柱 | 日柱 | 月柱 | 年柱 |
|----|----|----|----|----|----|----|----|----|----|----|----|----|
| 甲 | 癸 | 壬 | 辛 | 庚 | 己 | 戊 | 大 | | 戊 | 辛 | 丁 | 丙 | 乾 |
| 辰 | 卯 | 寅 | 丑 | 子 | 亥 | 戌 | 運 | | 子 | 巳 | 酉 | 午 | 命 |

- 酉月에 辛金이 신약하므로 比劫이 용신이고, 印星을 길신으로 쓰며,

食傷을 약신으로 쓰고, 火가 病神이다.

- 태약하나 초년 운이 좋아 공부를 할 수 있었고, 印星을 쓰므로 교육
과와 인연이라 중학교 교사다.

- 사주가 이런 구조로 태어나면 官殺의 剋이 너무 심해서 히스테리가
심하고, 정신적인 문제점 때문에 주변사람 또는 가족들과도 융화하
기 어렵다.

- 더군다나 辛金日主에다가 酉金을 가져 정확한 것을 좋아하므로 그런
특성이 더욱 심하다.

12) 중학교 교장출신

(방배동 거주)

| 64 | 54 | 44 | 34 | 24 | 14 | 4 | | | 時柱 | 日柱 | 月柱 | 年柱 | |
|---|---|---|---|---|---|---|---|---|---|---|---|---|---|
| 戊 | 己 | 庚 | 辛 | 壬 | 癸 | 甲 | 大 | | 己 | 丁 | 乙 | 戊 | 坤 |
| 午 | 未 | 申 | 酉 | 戌 | 亥 | 子 | 運 | | 酉 | 未 | 丑 | 子 | 命 |

- 丑月에 丁火 일간이 土가 많아서 신약하므로 印星인 乙木의 生을 받
고 있으므로 木이 용신이고, 火가 길신이며, 水, 金, 土는 흉신이다.

- 남녀 모두 食傷이 많으면 자유분방한 성격을 가지고 있으며, 女命에
食傷은 자식인데, 食傷이 많아 官星으로 남편인 水를 극하므로 남편
덕이 없으며, 더군다나 日支가 丑未沖되어 남편과의 관계가 좋지 않
았는데, 필자가 남편과의 관계가 좋지 않았다고 말을 하자 대뜸 하는
말이 남편이 딴짓을 했다고만 대답을 했다.

- 이 사주는 印星을 용신으로 쓰므로 직장인이나 교육직에 잘 맞는데,
이 女命은 대학에서 가정교육학과 전공했으며, 교장으로 근무하다가
己丑年에 정년퇴직했다.

13) 중학교 여 교사

(문정동 거주)

| 62 | 52 | 42 | 32 | 22 | 12 | 2 |  | 時柱 | 日柱 | 月柱 | 年柱 |  |
|---|---|---|---|---|---|---|---|---|---|---|---|---|
| 己 | 戊 | 丁 | 丙 | 乙 | 甲 | 癸 | 大 | 丙 | 庚 | 壬 | 癸 | 坤 |
| 巳 | 辰 | 卯 | 寅 | 丑 | 子 | 亥 | 運 | 戌 | 戌 | 戌 | 卯 | 命 |

- 戌月에 庚金이 身弱하지만 水가 病神이므로 火가 용신, 木이 길신,
  乾土도 길신이다.
- 중학교 교사인데, 己丑年에 丑戌刑하므로 왕신충발하여 상사와 뜻이
  안 맞아 사표를 내려다가 휴직을 했다.

- 庚寅年에 장학사 시험을 보려고 한다.
- 官星인 火가 용신이므로 남편이 대형 생명보험회사 고위 간부직이다.

14) 초등학교 교사

(가락동 거주)

| 67 | 57 | 47 | 37 | 27 | 17 | 7 |  | 時柱 | 日柱 | 月柱 | 年柱 |  |
|---|---|---|---|---|---|---|---|---|---|---|---|---|
| 戊 | 己 | 庚 | 辛 | 壬 | 癸 | 甲 | 大 | 己 | 乙 | 乙 | 戊 | 坤 |
| 午 | 未 | 申 | 酉 | 戌 | 亥 | 子 | 運 | 卯 | 未 | 丑 | 午 | 命 |

- 사주의 구조는 丑月에 乙木이 신약하지만 조후가 필요하기 때문에 火
  가 용신이고, 木이 길신이며, 土가 病인데, 濕土인 丑土가 가장 나쁘
  다. 地支에는 丑午鬼門殺이 있어 우울증이 쉽게 올 수 있고, 日支 배
  우자궁이 丑未沖되어 깨졌으므로 부부 궁이 나쁘다.

- 이 사주는 겨울 꽃나무인데 火를 봐서 꽃이 피었으므로 귀한 약초에
  비유할 수 있다.
- 꽃나무로 태어나면 일반적으로, 성격이 부드럽고, 착하며, 食傷인 火
  를 쓰므로 인정도 있다.

- 日支 배우자궁이 丑未沖되어 있기 때문에 남편과 떨어져 사는 기간이 많거나, 갈등이 쉽게 올 수 있으며, 심하면 이혼까지 이를 수 있다.
- 초년운이 나빠 재수를 해서 교대에 진학했으며, 庚寅年부터 운이 寅午火 局이 되어 운이 좋아지므로 초등학교 교사에 임용되어 근무 중이다.

15) 토목학과 교수 출신

(보문동 거주)

| 70 | 60 | 50 | 40 | 30 | 20 | 10 | | 時柱 | 日柱 | 月柱 | 年柱 | |
|---|---|---|---|---|---|---|---|---|---|---|---|---|
| 壬 | 癸 | 甲 | 乙 | 丙 | 丁 | 戊 | 大 | 癸 | 丙 | 己 | 辛 | 乾 |
| 辰 | 巳 | 午 | 未 | 申 | 酉 | 戌 | 運 | 巳 | 申 | 亥 | 未 | 命 |

- 사주의 구조는 亥月에 丙火가 신약하므로 比劫이 용신이고, 水가 病이며, 金이 흉신이고, 傷官인 土가 약신이다.

- 그런데, 財星인 年上의 辛金이 日干인 丙火와 丙辛合水하였고, 日支 妻 궁에 있는 申金이 용신의 뿌리인 巳火를 巳申合水하여 나쁘고, 月支의 亥水가 용신의 뿌리인 巳火를 巳亥沖하려 하므로 나쁘다.
그리고, 年支 未土와 月支 亥水가 亥未合木하여 未중 丁火가 힘을 쓰지 못한데다가 濕木이 나타나면 丙火의 힘을 더 소진시키므로 흉하다.

- 財星인 辛金이 흉신이고, 丙辛合시키며, 巳申合水하고, 日支에 앉아 있어서 부인과는 성격이 안 맞다.
- 대게, 甲木이나 丙火 일주는 똑똑하며, 리더격인데, 그 중에서도 丙火가 더 힘이 강하다.

- 이 男命은 丙火일주인데다가 己土 傷官을 약신으로 가져서 아이디어가 풍부하고 두뇌가 좋다.
또한, 丙火는 말(언어)을 해서 먹고사는 경우가 많은데, 이 男命은 土를 쓰므로 토목학과 교수출신으로, 98 戊寅年에는 ○○발전 연구원

장을 지냈고, 99 己卯年에는 경기도 화성 ○○○ 화재 사건과 ○○
호프집 화재사건을 해결하는 사령탑역할을 맡았으나, 2000년 庚辰
년 濕土가 등장해서 火氣를 흡수하므로 여러 가지 구설수에 휘말려
물러나고 말았다.

- 81세인 辛卯年은 日干 丙火를 기준하여 辛金이 돈이고, 부인이므로
  부인의 건강이 염려스럽고, 卯木은 亥卯未木局을 이루므로 印綬문제
  이기 때문에 이사를 해볼까 생각중이라고 한다.

16) 학원 강사

(송파동 거주)

| 63 | 53 | 43 | 33 | 23 | 13 | 3 | | 時柱 | 日柱 | 月柱 | 年柱 | |
|----|----|----|----|----|----|----|----|----|----|----|----|----|
| 丙 | 丁 | 戊 | 己 | 庚 | 辛 | 壬 | 大 | 丁 | 己 | 癸 | 戊 | 坤 |
| 辰 | 巳 | 午 | 未 | 申 | 酉 | 戌 | 運 | 卯 | 丑 | 亥 | 申 | 命 |

- 亥月에 己土가 신약하고, 추우므로 火가 용신이다.
  겨울철에 土는 신왕하고 火가 충분해야 木을 잘 키울 수 있는데, 이
  런 구조에서는 어렵지만 卯木을 키울 수밖에 없다.
- 己土일주 女命에 木은 官星으로 남편인데, 木을 키울 수 없다면 남편
  덕이 없는 팔자다.

- 己未대운에 日支 丑土를 沖하였으므로 남자와 갈등이 있었거나 헤어
  졌을 것으로 보이는데, 이 女命은 끝내 남자관계를 밝히지 않았기 때
  문에 더 이상 확인할 수 없었다.
- 辛卯年 현재 사설학원 강사로 근무하고 있으며, 올해 교육방송 강사
  시험을 보려고 하는데, 합격할 것인지 여부를 물으려고 왔었는데, 대
  운은 최고 점수를 줄 수 있으나, 辛卯年 歲運이 病운으로 좋지 못하
  여 합격확률을 후하게 줘도 70%정도라고 답해줬다.

## 3. 법조인 사주

### 1) 로스쿨 1학년생 사주

(도봉구 거주)

| 66 | 56 | 46 | 36 | 26 | 16 | 6 | | 時柱 | 日柱 | 月柱 | 年柱 | |
|----|----|----|----|----|----|----|----|----|----|----|----|----|
| 庚 | 辛 | 壬 | 癸 | 甲 | 乙 | 丙 | 大 | 己 | 癸 | 丁 | 丙 | 여 |
| 寅 | 卯 | 辰 | 巳 | 午 | 未 | 申 | 運 | 未 | 酉 | 酉 | 寅 | 자 |

- 결혼 운을 보기 위해서 온 여자 사주로, 로스쿨 1학년생이라고 한다.
- 사주의 구조는, 범띠 해의 한 가을에 자신을 나타내는 글자를 가을비에 비유해 해석하는 癸水로 태어나 도와주는 세력이 약하므로 신약한 사주다.

- 가을에는 곡식이 익는 계절이고, 또 수확한 곡식을 말리는 계절이기 때문에 가을 비가 너무 많이 내리면 나쁘다.
  그러나, 중요한 것은 온도와 습도 그리고 힘의 균형인데, 이 사주는 日干인 癸水의 힘이 약한데, 그 원인은 강한 火가 火剋水를 하고, 火와 土가 흉신이며, 木도 凶神이다.

- 진로나 직업은 자기의 사주에 어떤 성분이 필요하느냐에 따라 결정되는데, 이 사주는 水와 金이 필요하므로 水와 관련된 직업은 물이나, 음식류와 가장 가깝고, 일반 직장인과 인연인데, 법조인이 되고자 공부하고 있다.

- 그 이유를 찾기 위해서는 법조인의 사주를 알아야 하는데, 사주의 구조가 좋고, 大運과 歲運이 좋아서 자기의 능력발휘를 잘 할 수 있는 구조라야 하고, 또 한 가지는 身弱한 日干이 財星이나 官星의 剋이 심한 구조이면, 아이큐가 매우 높기 때문에 법조인이 될 가능성이 매우 높으므로 이 사주의 경우는 아이큐가 높은 경우라고 진단했는데, 자신도 자기의 아이큐가 높다고 대답했다.

따라서, 아이큐가 높은 경우는 운 보다는 아이큐 때문에 명문대학을 갈 수도 있으며, 법조인이 되거나, 의사가 될 수도 있다.

## 2) 로펌에 근무하는 여자 변호사 사주

(약수동 거주)

| 69 | 59 | 49 | 39 | 29 | 19 | 9 | | | 時柱 | 日柱 | 月柱 | 年柱 | |
|---|---|---|---|---|---|---|---|---|---|---|---|---|---|
| 辛 | 壬 | 癸 | 甲 | 乙 | 丙 | 丁 | 大 | | 己 | 癸 | 戊 | 戊 | 여 |
| 亥 | 子 | 丑 | 寅 | 卯 | 辰 | 巳 | 運 | | 未 | 酉 | 午 | 申 | 자 |

- 직업운과 결혼 운을 보기 위해서 지방에서 모친이 가지고 온 여자 변호사로 지방에 있는 로펌에서 근무하고 있다.
- 사주의 구조는, 원숭이띠 해의 한여름에 자신을 나타내는 글자를 빗물에 비유해서 해석하는 癸水로 태어나 도와주는 세력이 약하므로 신약한 사주다.

- 한 여름에 태어난 癸水가 신약하므로 건조하고 무덥기 때문에 갈증을 심하게 느끼고 있어 金이 용신이고, 水가 길신이며, 土가 病神이고 火가 흉신이다.

- 이 사주의 구조에서 土가 病神이므로 木이 藥神이라고 말 할 수 있는데, 이 사주에는 木이 없지만 만약 운에서 木이 온다면, 어떻게 봐야 할까?
  卯木이 온다면 日支 배우자궁에 있는 酉金을 卯酉沖해서 나쁘고, 寅木이 오면 年支의 申金을 寅申沖하므로 나쁘다.
  따라서, 木이 온다 해도 나쁜데, 그 이유는 신약한 癸水가 印星인 申金과 酉金에 의지하고 있기 때문이고, 한여름 태생이라서 화기가 강할 때 木이 나타나면 木生火하기 때문이다.

- 이 사주는 癸水일간을 土가 양쪽에서 헨하므로 성격은 예민하고, 두뇌가 매우 좋기 때문에 법조계에 많은데, 이 女命은 비 명문인 일반

여대를 졸업하고 변호사가 되어 로펌에 근무하고 있으며, 土가 病神이므로 아직 미혼인데, 2015 乙未年에 官星이 등장하므로 결혼에 관심을 보이고 있으며, 직업도 변화가 올 수 있는지를 궁금해 했다.
또한 木 대운이 시원찮으므로 돈도 모아놓지 못했다.

- 진로나 직업은 자기의 사주에 어떤 성분이 필요하느냐에 따라 결정되는데, 이 사주는 金과 水가 우선 필요하므로 水와 관련된 직업은 물이나, 음식류를 다루는 직업군에 가장 가까운데, 이런 사주는 아이큐가 높기 때문에 법조인 같은 의외의 직업을 가질 수 있으므로 유의해서 살펴야 한다.


3) 木火通命하여 두뇌가 좋으므로 법조인이다

(중구 거주)

| 64 | 54 | 44 | 34 | 24 | 14 | 4 | | | 時柱 | 日柱 | 月柱 | 年柱 | |
|----|----|----|----|----|----|---|---|---|----|----|----|----|---|
| 乙 | 丙 | 丁 | 戊 | 己 | 庚 | 辛 | 大 | | 壬 | 乙 | 壬 | 丁 | 남 |
| 未 | 申 | 酉 | 戌 | 亥 | 子 | 丑 | 運 | | 午 | 巳 | 寅 | 巳 | 자 |

- 사주의 구조는, 뱀띠 해의 늦겨울에 자신을 나타내는 글자를 꽃나무에 비유해 해석하는 乙木으로 태어나 도와주는 세력이 강하므로 신강한 사주다.

- 초 봄생이라 기온이 낮고, 신왕하나 건조하기 때문에 比劫이나 印星의 도움이 필요하므로 水가 용신이고, 金이 길신이며, 火가 病神이고, 마른 土는 흉신이나, 습한 土는 길신이 된다.

- 乙木은 기본적으로 성격이 유연하고 부드러우며, 日支가 巳申刑을 하고 있어서 부인과 갈등 요인을 안고 있다.

- 이 사주는 목화통명하여 두뇌가 좋아서 현직 법조인으로 일하고 있다.

4) 미국에서 로스쿨 공부를 한다고 한다

| 68 | 58 | 48 | 38 | 28 | 18 | 8 |  | | 時柱 | 日柱 | 月柱 | 年柱 | |
|---|---|---|---|---|---|---|---|---|---|---|---|---|---|
| 癸 | 甲 | 乙 | 丙 | 丁 | 戊 | 己 | 大 | | 庚 | 庚 | 庚 | 丙 | 坤 |
| 巳 | 午 | 未 | 申 | 酉 | 戌 | 亥 | 運 | | 辰 | 戌 | 子 | 寅 | 命 |

- 사주의 구조는, 범띠 해의 한겨울에 자신을 나타내는 글자를 무쇠에 비유해 해석하는 庚金으로 태어나 도와주는 세력이 많으므로 매우 신강한 사주다.
- 겨울에 태어난 庚金이라 金水傷官格인데, 사주가 신왕한데다가 무쇠金은 火를 가장 좋아하므로 火가 용신이고, 木이 길신이며, 水와 金은 흉신이고, 戌土는 火를 품고 있으므로 나쁘지 않으나, 辰土는 水를 품고 있어 흉신이고, 부부 궁이 辰戌沖으로 깨졌으므로 부부관계가 좋지않다.

- 官星이 年에 있고, 官星이 驛馬殺 위에 위치하고 있기 때문에 이 命主는 결혼 대상으로 나이가 많은 남자를 원한다고 했다.
- 진로나 직업은 자기의 사주에 어떤 성분이 필요하느냐에 따라 결정되는데, 이 사주는 火가 우선 필요한데, 火와 관련된 직업은 공직계통이나 권력계통, 법률가에 맞는데, 이 命主는 미국에서 로스쿨 공부를 하고 있다.

5) 변호사 사주

(부산 거주)

| 67 | 57 | 47 | 37 | 27 | 17 | 7 |  | | 時柱 | 日柱 | 月柱 | 年柱 | |
|---|---|---|---|---|---|---|---|---|---|---|---|---|---|
| 乙 | 甲 | 癸 | 壬 | 辛 | 庚 | 己 | 大 | | 乙 | 壬 | 戊 | 丙 | 남 |
| 巳 | 辰 | 卯 | 寅 | 丑 | 子 | 亥 | 運 | | 巳 | 寅 | 戌 | 辰 | 자 |

- 궁합을 보기 위해서 부산에 사는 처녀 쪽 엄마가 가지고 온 남자 사주로, 지방에서 변호사로 활동하고 있다고 한다.

- 사주의 구조는, 용띠 해의 늦가을에 자신을 나타내는 글자를 강물에 비유해서 해석하는 壬水로 태어나 도와주는 세력으로 辰土 속에 들어있는 癸水가 있으나 이 마저도 戌土와 부딪쳐서 손상을 입었으므로 극 신약 사주다.

- 이 사주의 특징은, 늦가을 생이라서 기온이 떨어졌지만, 壬水가 과연 日干으로서의 기능을 할 수 있을 까인데, 壬水는 陽에 해당하나, 癸水가 辰土속에 들어있지만 辰戌沖을 해서 깨졌으므로 土로 從하였으므로 從殺格이다.

- 이 命主는 유명대학을 졸업하고, 지방에서 변호사로 활동하고 있는데 아직 미혼이다.

6) 변호사

(대전 거주)

| 64 | 54 | 44 | 34 | 24 | 14 | 4 | | 時柱 | 日柱 | 月柱 | 年柱 | |
|----|----|----|----|----|----|----|----|----|----|----|----|----|
| 丙 | 丁 | 戊 | 己 | 庚 | 辛 | 壬 | 大 | 乙 | 丁 | 癸 | 丁 | 乾 |
| 午 | 未 | 申 | 酉 | 戌 | 亥 | 子 | 運 | 巳 | 亥 | 丑 | 未 | 命 |

- 충북에서 변호사로 활동하고 있는 남성으로, 丑月에 丁火가 신약한데, 丁癸沖을 당하고 있어 더욱 약한데 地支에 있는 巳火도 巳亥沖을 당했고, 未중 丁火도 丑未沖으로 깨졌다.

- 사주가 이렇게 신약하고 깨지면 두뇌는 좋으나 정신적으로 문제가 있기 때문에 정신분열환자로 정신적인 치료를 받아야 하는데 이 남성은 직업도 좋지만 정신적인 문제로 인해 부인을 학대하고 멸시하는 형이라서 부부생활을 할 수가 없어 辛卯年 현재 부부가 다른 곳에서 각각 살고 있다.

7) 사법연수원생 사주

(방배동 거주)

| 66 | 56 | 46 | 36 | 26 | 16 | 6 | | 時柱 | 日柱 | 月柱 | 年柱 | |
|---|---|---|---|---|---|---|---|---|---|---|---|---|
| 庚 | 辛 | 壬 | 癸 | 甲 | 乙 | 丙 | 大 | 辛 | 壬 | 丁 | 癸 | 乾 |
| 戌 | 亥 | 子 | 丑 | 寅 | 卯 | 辰 | 運 | 亥 | 子 | 巳 | 亥 | 命 |

– 경기도 여주에 사는 모친 자신의 딸과 궁합을 보려고 가지고 온 남성
으로 사법연수원생이라고 한다.
– 사주의 구조는, 돼지띠 해의 초여름에 자신을 나타내는 글자를 강물
에 비유해 해석하는 壬水로 태어나 도와주는 세력이 많으므로 매우
신강한 사주다.

– 초여름에 태어난 壬水가 매우 신강하므로 때아닌 초여름 장마를 만난
것과 다를 바 없기 때문에 水가 病이라서 水를 막아줄 火가 용신, 木
이 길신, 水가 病神, 乾土가 약신, 金이 흉신이다.

– 이런 사주는 흔치 않는 사주로, 水와 火가 서로 싸우고 있는 특이한
사주다.
대게, 이런 사주는 사주가 좋지 않은데도 불구하고 두뇌가 뛰어난 경
우가 있어 명문대학을 갈 가능성이 매우 높고, 좋은 직업을 가질 가
능성이 높으나, 결정적인 단점은 사주가 조화롭지 못하기 때문에 육
체적 건강에 문제가 많을 수 있고, 특히 정신적인 문제가 있을 가능
성이 매우 높다.
그러나, 이 사주를 당사자가 아닌 제 3자가 가지고 온 관계로 정확하
게 파악하지 못했음이 아쉽다.

– 필자는 이 사주에 대해 나쁘게 평가했기 때문에 결혼을 말렸다.
결혼이라는 것은 좋은 직업을 가졌다고 해서 행복한 것만은 아니고
우선 건강과 성격이 서로 맞아서 대화가 통해야 하는데, 이런 사주는
틀림없이 성격에 결함이 많을 수 있다.

또한, 대운이 초년에 木이 와서 水와 火의 상쟁을 막아주면서 火를 돕고 있으므로 좋으나, 한 참 왕성하게 활동할 나이인 36 대운부터 30년간 水운으로 전개되므로 자신의 역량을 발휘하기 어렵다.

8) 日干이 官星의 훼을 크게 받으면 두뇌가 좋아 법조인이 될 수 있다

(평창동 거주)

| 62 | 52 | 42 | 32 | 22 | 12 | 2 | | 時柱 | 日柱 | 月柱 | 年柱 | |
|----|----|----|----|----|----|----|---|------|------|------|------|---|
| 戊 | 己 | 庚 | 辛 | 壬 | 癸 | 甲 | 大 | 辛 | 己 | 乙 | 戊 | 여 |
| 午 | 未 | 申 | 酉 | 戌 | 亥 | 子 | 運 | 未 | 卯 | 丑 | 午 | 자 |

– 경기도 이천 출생으로, 엄마가 가지고 온 딸의 사주로 변호사다.
– 사주의 구조는, 말띠 해의 늦겨울에 자신을 나타내는 글자를 야산의 흙에 비유해 해석하는 己土로 태어나 도와주는 세력으로 다른 土가 3 개나 더 있고, 午火도 있어서 신왕한 사주다.

– 이 사주는 힘의 균형에 있어서는 印星인 火와 比劫인 土를 합해서 5 개라서 신왕하지만, 乙木이 나타나있고, 卯木과 未土가 合하여 木국을 형성하므로 결국 신왕관왕사주다.

– 신왕하냐 신약하냐가 중요한 게 아니고 더 중요한 것은 추운 겨울 생이라 기온이 낮으므로 火가 길신이고, 木이 용신이며, 乾土가 길신, 습토가 흉신이며, 辛金은 흉신이다.

– 겨울 土는 火가 많고, 신왕 해야 木을 키울 수 있는 조건이 맞는데, 이 사주는 그 조건에 맞다.

– 이 命主는 명문여대를 졸업하고 변호사로 활동하고 있다.

9) 어머니한테 둘러 쌓인 전직 법관사주

| 66 | 56 | 46 | 36 | 26 | 16 | 6 | | 時柱 | 日柱 | 月柱 | 年柱 | |
|---|---|---|---|---|---|---|---|---|---|---|---|---|
| 乙 | 丙 | 丁 | 戊 | 己 | 庚 | 辛 | 大 | 癸 | 甲 | 壬 | 丁 | 남 |
| 巳 | 午 | 未 | 申 | 酉 | 戌 | 亥 | 運 | 酉 | 子 | 子 | 未 | 자 |

– 종로구에서 모친이 가지고 온 아들사주로 전직 법관이다.
– 사주의 구조는, 양띠 해의 초가을에 자신을 나타내는 글자를 큰 나무
  에 비유해서 해석하는 甲木으로 태어나 도와주는 세력인 水가 너무
  많으므로 매우 신강한 사주다.

– 이 사주는 木을 중심으로 水가 사방으로 둘러싸고 있는데, 이 水는
  얼어 있는 水라서 나무가 얼기 직전이나 다행히 年柱에 丁未가 있어
  얼지 않았다.
  따라서, 火가 가장 필요하고, 水가 病이며, 金이 흉신이고, 未土가 약
  신이다.

– 年上의 丁壬合은 조부가 바람을 피우거나, 조모가 사망해서 두 번 결
  혼할 임을 나타내고 있는데, 그 확률은 필자의 경험으로 대략 70%의
  확률을 갖고 있는데, 이 사주의 경우 조부가 바람을 피워서 조모가
  두 분이라고  한다.

– 未土가 부인인데, 멀리 年支에 위치해있고, 日干을 水가 싸고 있어서
  未土가 들어갈 틈을 주지 않고 있으며, 日支와 未土가 子未怨嗔殺을
  구성하고 있으며, 子子自刑을 이루고 있어서 부부 궁이 좋지 않다.

– 日干을 이렇게 印星인 水가 둘러싸고 있는 것은 모친이 지나치게 자
  식을 감싸고 있다는 것을 의미하므로 妻의 입장에서 보면 불만이 많
  을 수밖에 없다.
  또한, 모친과 妻와도 子未怨嗔殺을 구성하므로 사이가 좋지 않음을

알 수 있는데, 실제로 며느리와 시어머니 사이가 매우 좋지 않았다고
한다.

- 2008년 歲運에서 子水가 등장하여 子子自刑을 하고 있는 상태에서
또 다시 子水가 와서 子子自刑을 중복해서 구성하므로 부부가 이혼
에 이르렀으며, 새장가를 언제 갈 수 있겠으며, 또 언제 개업을 했으
면 좋겠느냐고 상담차 래방했다.

### 4. 驛馬殺 관련 직업

1) 역마살에 뿌리를 갖고 있어 운전사다

(성내동 거주)

| 63 | 53 | 43 | 33 | 23 | 13 | 3 | | | 時柱 | 日柱 | 月柱 | 年柱 | |
|----|----|----|----|----|----|----|---|---|------|------|------|------|---|
| 庚 | 辛 | 壬 | 癸 | 甲 | 乙 | 丙 | 大 | | 甲 | 庚 | 丁 | 己 | 乾 |
| 申 | 酉 | 戌 | 亥 | 子 | 丑 | 寅 | 運 | | 申 | 寅 | 卯 | 酉 | 命 |

- 卯月에 庚金이 신약하므로 比劫이 용신이고, 印星이 길신이다.
- 상고를 나왔으나 대운이 나빠 일정한 직업이 없이 아르바이트를 하며
생활하다가, 사주와의 인연에 따라서, 辛卯年부터는 役馬星인 관광
버스 운전을 하고 있는데, 이제 자기 직업을 찾았다.

- 08년에 여자와 헤어지고 혼자지내다가 辛卯年에 북한에서 탈북 한
여성을 만났으나 곧 헤어졌다.
이 여자를 만나기 전까지는 홀로 사는 노모의 애간장을 무던히도 썩
히더니 이 여자를 만난 후부터는 목소리도 밝아졌고, 재미있어 하며,
노모한테 용돈도 줄줄도 안다고 노모가 즐거워했으나, 다시 원점으
로 돌아갔다.

2) 驛馬殺에서 탄생했으므로 외항선장이다

(잠실 거주)

| 64 | 54 | 44 | 34 | 24 | 14 | 4 | | 時柱 | 日柱 | 月柱 | 年柱 | |
|----|----|----|----|----|----|----|---|----|----|----|----|---|
| 甲 | 乙 | 丙 | 丁 | 戊 | 己 | 庚 | 大 | 癸 | 丙 | 辛 | 癸 | 남 |
| 寅 | 卯 | 辰 | 巳 | 午 | 未 | 申 | 運 | 巳 | 寅 | 酉 | 卯 | 자 |

- 부인과 함께 운을 보기 위해 온 남성 사주로 컨테이너 외항선을 탄다고 한다.
- 사주의 구조는, 토끼띠 해의 한 가을에 자신을 나타내는 글자를 태양에 비유해 해석하는 丙火로 태어나 도와주는 세력이 약하므로 신약한 사주다.

- 한 가을에 태어난 丙火가 신약하므로 火와 木이 더 필요하고, 水가 病神이고, 金이 흉신이다.
  그리고, 日支 처궁이 月支와 寅酉怨嗔殺을 이루고, 時支 巳火와 寅巳 刑을 이루며, 金이 흉신이므로 妻와의 관계가 좋지 않거나 떨어져 사는 기간이 많아야 하는데, 직업의 특성상 한 번 배를 타면 수개월씩 집에 돌아오지 않기 때문에 갈등을 줄일 수 있어 부부관계를 유지하는데 있어서는 오히려 좋다.

- 官星이 病神이므로 자식에 대한 고민이 있게 되는데, 군대도 아직 가지 않았고 직업도 없는 23살 먹은 큰 아들이 작년에 아이를 낳아서 고민이고, 둘째아들도 직장이 없다고 한다.

- 진로나 직업은 자기의 사주에 어떤 성분이 필요 하느냐에 따라 결정되는데, 이 사주는 火와 木이 필요하므로 일반 직장인이나 교육에 인연인데, 日干인 丙火가 역마살인 寅木 속에 長生을 하고, 또 다른 역마살인 巳火 뿌리를 갖고 있어 역마와 관련된 운수업을 선택했으므로 운명에 맞는 업종을 선택했다.

## 3) 財星인 火가 役馬殺이 있어 타이어 대리점을 운영한다

(의정부 거주)

| 70 | 60 | 50 | 40 | 30 | 20 | 10 | | 時柱 | 日柱 | 月柱 | 年柱 | |
|---|---|---|---|---|---|---|---|---|---|---|---|---|
| 丁 | 戊 | 己 | 庚 | 辛 | 壬 | 癸 | 大 | 壬 | 癸 | 甲 | 己 | 乾 |
| 卯 | 辰 | 巳 | 午 | 未 | 申 | 酉 | 運 | 戌 | 巳 | 戌 | 亥 | 命 |

- 戌月에 癸水가 신약하므로 比劫이 용신이고, 土가 病神이며, 木이 약신이다.
- 대게, 比劫이 용신인 사람들은 성실하고, 巳戌雙鬼門이 있어서 비관적인 사고를 잘 하게 되는데, 이 命主도 결혼 전 젊어서 비관적인 사고를 많이 했었다고 하나 결혼 후 사업이 안정이 되면서 비관적인 생각을 안한다고 한다.
- 比劫이 용신인데, 日支에 巳火를 갖고 있고, 年支의 亥水가 日支를 沖을 하므로 부부간에 갈등의 요소를 안고 있다.

- 年支의 亥水와 日支의 巳火가 役馬殺인데, 沖까지 하고 있으므로 役馬殺이 강하다고 볼 수 있는데, 이 男命은 이 役馬殺을 직업으로 삼았다. 그래서 의정부에서 자동차 타이어 판매업을 하고 있는데, 수입 타이어 대리점도 겸하고 있다.

- 초년 대운은 좋았으며, 未 대운에 리비아에 가서 돈을 벌어다 집을 샀는데, 2002년 壬午年 경 그 집을 형제들이 팔아먹어서 늦은 나이인 36세에 장가를 갔으며, 땀의 댓가로 사업을 일구어 오고 있다고 한다.

## 4) 역마살이 많아서 주차장 정산업무를 한다

(마천동 거주)

| 65 | 55 | 45 | 35 | 25 | 15 | 5 | | 時柱 | 日柱 | 月柱 | 年柱 | |
|---|---|---|---|---|---|---|---|---|---|---|---|---|
| 乙 | 丙 | 丁 | 戊 | 己 | 庚 | 辛 | 大 | 壬 | 壬 | 壬 | 甲 | 여 |
| 丑 | 寅 | 卯 | 辰 | 巳 | 午 | 未 | 運 | 寅 | 寅 | 申 | 辰 | 자 |

- 사주의 구조는, 용띠 해의 초가을에 자신을 나타내는 글자를 강물에 비유해서 해석하는 壬水로 태어나 도와주는 세력이 많으므로 신강한 사주다.

- 초가을에 태어난 壬水가 신강하므로 냉하기 때문에 火가 우선 필요하고, 그 다음에 木도 필요하지만 이 사주에는 木이 너무 많기 때문에 흉신작용도 하며, 또한, 남편 궁에 있는 寅木과 月支의 申金이 寅申沖을 하므로 金이 나쁘게 작용을 하며, 土가 필요하긴 하지만 辰土는 濕土라 제습능력이 없는 土라 오히려 흉신작용을 한다.

- 辰土가 남편인데, 흉신작용을 하고, 남편 궁이 寅申沖으로 깨져있는 중에 대운에서 辰土 운이 오자 辰辰自刑을 이루어 辰土가 흔들리게 되므로 辰 대운인 2006년 남편이 바람이 나 결국 이혼을 했다고 하며, 2015 甲午年에 桃花殺이 오자 다른 남자와 교제를 시작했다고 한다.

- 진로나 직업은 자기의 사주에 어떤 성분이 필요 하느냐에 따라 결정되는데, 이 사주는 火가 우선 필요하므로 火와 관련된 직업은 돈을 다루는 직업이나 사업인데, 나타나있지 않고, 역마살이 많아 운수업과 관련된 일에도 인연이라 주차장 정산업무를 한다.

5) 역마살이 있어 카센타 사업

(문정동 거주)

| 61 | 51 | 41 | 31 | 21 | 11 | 1 | 大 | | 時柱 | 日柱 | 月柱 | 年柱 | |
|---|---|---|---|---|---|---|---|---|---|---|---|---|---|
| 己 | 戊 | 丁 | 丙 | 乙 | 甲 | 癸 | 運 | | 癸 | 戊 | 壬 | 甲 | 乾 |
| 卯 | 寅 | 丑 | 子 | 亥 | 戌 | 酉 | | | 亥 | 申 | 申 | 寅 | 命 |

- 申月에 戊土가 태약한데, 寅木은 寅申沖맞아서 부러졌고, 申金의 도움을 받은 水가 가장 왕하고, 戊癸合을 해 水와 인연이므로 從財格사주다.
- 申金 役馬를 두 개나 가져 강남구 대치동에서 카센타 사업을 하고 있다.

6) 택시 운전사 사주

(장지동 거주)

| 61 | 51 | 41 | 31 | 21 | 11 | 1 |  | | 時柱 | 日柱 | 月柱 | 年柱 | |
|----|----|----|----|----|----|----|----|---|----|----|----|----|---|
| 戊 | 丁 | 丙 | 乙 | 甲 | 癸 | 壬 | 大 | | 乙 | 庚 | 辛 | 庚 | 남 |
| 子 | 亥 | 戌 | 酉 | 申 | 未 | 午 | 運 | | 酉 | 午 | 巳 | 寅 | 자 |

- 부인이 가지고 온 남편 사주로, 택시 운전을 한다고 한다.
- 사주의 구조는, 범띠 해의 초여름에 자신을 나타내는 글자를 무쇠에 비유해 해석하는 庚金으로 태어나 도와주는 세력이 약하므로 신약한 사주다.

- 초 여름에 태어난 庚金이 신약하므로 사주가 건조하고 덥기 때문에 갈증을 느끼고 있어 金이 필요하고, 火가 病이므로 水가 필요하나 없어서 아쉽고, 木이 凶神이다.

- 官星이 病인 사람들은 대부분 조직성 직장에 인연이 없고, 자유업 같은 쪽에 인연인데, 이 사주도 官이 病이고, 官星인 巳火와 財星인 寅木이 역마살이라서 택시 운전을 하고 있어 이 사주는 五行으로 직업을 보지 않고 殺로 봐야한다.
- 또한, 財星이 흉신이고, 妻 궁에 病神이 앉아있으며, 미래궁인 時上에 있는 財星인 乙木과 乙庚合을 하고 있어서 재혼팔자다.

## 5. 의료직종(懸針殺 및 鐵鎖開金殺 직업)

1) 간호학원 경영

(종로구 거주)

| 68 | 58 | 48 | 38 | 28 | 18 | 8 |  | | 時柱 | 日柱 | 月柱 | 年柱 | |
|----|----|----|----|----|----|----|----|---|----|----|----|----|---|
| 辛 | 庚 | 己 | 戊 | 丁 | 丙 | 乙 | 大 | | 乙 | 辛 | 甲 | 癸 | 坤 |
| 未 | 午 | 巳 | 辰 | 卯 | 寅 | 丑 | 運 | | 未 | 卯 | 子 | 卯 | 命 |

- 子月에 辛金이 의지할 곳이 없으므로 木으로 從을 하므로 從財格인
  데, 從格사주는 從된 오행이 하나만 干上에 나타나야 좋으나, 甲木도
  있고 乙木도 있으므로 雜木이고, 태어난 계절이 한 겨울이므로 木이
  자랄 수 있는 조건이 좋지않으므로 格이 낮은 從財格으로 木이 용신
  이고, 火가 길신이며, 金이 병신이고, 水가 흉신, 乾土는 길신, 濕土
  는 흉신이다.

- 사주에 懸針殺이 많아서 의료보험에 근무하고 있으며, 두뇌가 좋아
  서 박사학위 소지자인데, 庚寅年에 부산에 있는 사립대 보험관련 정
  교수직 제의가 들어왔으나 포기했다.

- 31살 93(癸酉)년 日支 卯木을 歲運 酉金이 沖하므로 변호사였던 남편
  이 바다낚시를 갔다가 배가 뒤집혀서 사망하였으나, 부부의 情이 애
  틋해서 15년을 혼자지내다가 99년 己卯 年에 재혼을 했으나 결국 헤
  어졌다.

2) 가정의학과 의사

| 62 | 52 | 42 | 32 | 22 | 12 | 2 | | 時柱 | 日柱 | 月柱 | 年柱 |
|---|---|---|---|---|---|---|---|---|---|---|---|
| 己 | 戊 | 丁 | 丙 | 乙 | 甲 | 癸 | 大 | 丙 | 壬 | 壬 | 壬 | 乾 |
| 未 | 午 | 巳 | 辰 | 卯 | 寅 | 丑 | 運 | 午 | 寅 | 子 | 寅 | 命 |

- 子月에 壬水가 신왕하고, 寅木을 키워야 하므로 財星인 火가 용신이다.
- 사주에 懸針殺은 갖고 있지 않으나 피부과 의사인데, 辛卯 年 현재
  광주에서 개원중이다.
- 이 命은 財星을 용신으로 쓰므로 돈에 대한 감각이 강하므로 理財에
  밝은 사람이라 여기 저기 부동산에 투자를 했다고 한다.

- 財星인 午火와 日干의 뿌리인 子水가 沖하므로 부부관계가 나쁠 수
  있음을 나타내고 있고, 두 번에 걸쳐 寅午合을 해서 또 다른 火인 財

星을 生成하므로 이 命主는 필시 바람을 피울 것이다.


4) 간호사

(풍납동 거주)

| 66 | 56 | 46 | 36 | 26 | 16 | 6 |  |  | 時柱 | 日柱 | 月柱 | 年柱 |  |
|---|---|---|---|---|---|---|---|---|---|---|---|---|---|
| 癸 | 甲 | 乙 | 丙 | 丁 | 戊 | 己 | 大 |  | 辛 | 丁 | 庚 | 甲 | 坤 |
| 亥 | 子 | 丑 | 寅 | 卯 | 辰 | 巳 | 運 |  | 亥 | 亥 | 午 | 子 | 命 |

- 午月에 丁火가 身弱하므로 木이 용신인데, 官星인 亥 子水가 왕하고, 더군다나 子水가 午火를 沖하고 있어 재혼팔자이거나 남편과 많이 떨어져 살 팔자다.


- 丑 대운이 오면 亥子丑水局이 되어 午火와 대전을 치르게 될 것이므로 이 대운이 가장 어렵다.
  이런 대운에 歲運을 대입해서 진단해야 한다.
- 懸針殺이 많아서 간호사다.


5) 군의관 사주

| 64 | 54 | 44 | 34 | 24 | 14 | 4 |  |  | 時柱 | 日柱 | 月柱 | 年柱 |  |
|---|---|---|---|---|---|---|---|---|---|---|---|---|---|
| 庚 | 辛 | 壬 | 癸 | 甲 | 乙 | 丙 | 大 |  | 癸 | 丁 | 丁 | 己 | 남 |
| 午 | 未 | 申 | 酉 | 戌 | 亥 | 子 | 運 |  | 卯 | 酉 | 丑 | 酉 | 자 |

- 성동구에서 온 고객으로, 닭띠 해의 늦겨울에 자신을 나타내는 글자를 인공 불에 비유해 해석하는 丁火로 태어나 도와주는 세력으로 또 다른 丁火가 하나 있고, 卯木이 있으나 신약한 사주다.


따라서, 火가 가장 필요하고, 木도 필요하며, 水가 病이기 때문에 乾土도 필요하나, 습토는 필요하지 않으며, 金도 필요치 않다.

- 늦겨울 丁火는 스스로의 몸을 불태워 세상을 따뜻하게 해주므로 남들로
  부터 환영받는 사람이고, 자신 또한 세상을 위해서 봉사하는 사람이다.

- 日干인 丁火가 신약한데다가 바로 옆에 있는 癸水와 丁癸沖을 하고
  있는 형상으로, 이 丁癸沖 싸움에서 살아남기 위해 신경이 곤두서게
  되므로 성격이 예민하고, 두뇌가 매우 좋다.

- 사주에서 의료계와 인연이 많은 글자는 天干에서 甲木과 辛金이고,
  地支에서는 申金과 酉金인데, 이 命主는 酉金을 두 개나 가지고 있고
  卯木이 어 鐵鎖開金殺로, 이 殺은 의약품과 인연이고, 두뇌가 좋아서
  현직 영관급 군의관으로 재직 중인데, 장성 승진을 앞두고 있다.

6) 내과 의사

(천호동 거주)

| 66 | 56 | 46 | 36 | 26 | 16 | 6 | | 時柱 | 日柱 | 月柱 | 年柱 | |
|---|---|---|---|---|---|---|---|---|---|---|---|---|
| 壬 | 辛 | 庚 | 己 | 戊 | 丁 | 丙 | 大 | 庚 | 丙 | 乙 | 癸 | 坤 |
| 戌 | 酉 | 申 | 未 | 午 | 巳 | 辰 | 運 | 寅 | 午 | 卯 | 亥 | 命 |

- 庚寅년에 28살인데, 여태까지 남자를 한 번도 사귀어보지 않았다고
  한다.
- 이 사주는 木이 많아 태왕하나, 습木이 많아서 오히려 신약사주와 같
  으므로 火가 용신이고, 水, 木이 흉신, 金이 약신이다.

- 寅木이 활인성이고, 鐵鎖開金殺인 卯木을 갖고 있어 연세대 의대를
  나와 내과 의사로, 의대 교수가 꿈이란다.

- 日干이 태왕하고, 대운에서 食傷이 들어와 官을 묶고 있어 힘을 쓰지
  못하므로 자기 마음에 드는 남자가 안 오므로 결혼할 생각을 안 한다.

- 庚金이 剋을 심하게 받고 있어 장이 나빠서 무척 고생을 하고 있다.

- 食傷이 없는데다가 印星이 旺해서 食傷을 剋하므로 나중에 출산할 때
  힘들고, 키우기도 힘들다.


7) 바이오 메디칼 공부중이다

(화곡동 거주)

| 67 | 57 | 47 | 37 | 27 | 17 | 7 | | 時柱 | 日柱 | 月柱 | 年柱 | |
|---|---|---|---|---|---|---|---|---|---|---|---|---|
| 辛 | 壬 | 癸 | 甲 | 乙 | 丙 | 丁 | 大 | 己 | 丙 | 戊 | 癸 | 乾 |
| 亥 | 子 | 丑 | 寅 | 卯 | 辰 | 巳 | 運 | 丑 | 戌 | 午 | 亥 | 命 |

- 午月에 丙火가 신약한 듯 보이지만 건조하므로 신왕한 것과 같아 水
  가 용신이며, 金이 길신이다.


- 연세대에 합격을 했는데, 2001 辛巳年 그 당시에는 합격통지를 전화
  로 했었는데, 歲運이 나빠 합격했다는 전화를 받지 못해서 떨어지고,
  명문대에서 컴퓨터 공학을 공부한 후, 카이스트 대학원에 들어갔다
  가 戊土 鐵鎖開殺과 戌亥天門星이 있어서 의료와도 인연이므로 미국
  으로 가서 바이오메디칼 분야를 공부중이다.


- 박사학위를 받아야 하는데, 辛卯年이 29세로 병역법상 한국으로 돌
  아와야 하기 때문에 고민이라고 하며, 교수가 꿈이란다.


8) 보건복지학과 교수

(목동 거주)

| 66 | 56 | 46 | 36 | 26 | 16 | 6 | | 時柱 | 日柱 | 月柱 | 年柱 | |
|---|---|---|---|---|---|---|---|---|---|---|---|---|
| 辛 | 庚 | 己 | 戊 | 丁 | 丙 | 乙 | 大 | 庚 | 丁 | 甲 | 辛 | 坤 |
| 丑 | 子 | 亥 | 戌 | 酉 | 申 | 未 | 運 | 子 | 丑 | 午 | 亥 | 命 |

- 午月에 丁火가 신약하므로 木이 용신, 火가 길신이며, 사주에 懸針殺
  이 있어 의료계와 인연이므로 보건복지학을 전공하고, 지방대 보건
  복지학과 교수다.

- 초년 대운이 좋아 풍요롭게 살았으며, 戊子年에 月令인 午火와 官星
  인 子水가 충돌하여 이혼하려고 하다가 이혼은 안했다.


- 앞으로 亥 子 丑운으로 흐르는데, 특히 子 대운에 子午沖하므로 이혼
  할 수 있다.
  따라서, 남편한테 의지할 수가 없으므로 지금이라도 공직으로 자리
  를 옮기라고 했다.
- 丑午鬼門殺이 있고, 己丑年에 鬼門殺이 작용하여 비관적인 생각을
  많이 했었다.


9) 산부인과 의사

(신정동 거주)

| 69 | 59 | 49 | 39 | 29 | 19 | 9 | | | 時柱 | 日柱 | 月柱 | 年柱 |
|---|---|---|---|---|---|---|---|---|---|---|---|---|
| 戊 | 己 | 庚 | 辛 | 壬 | 癸 | 甲 | 大 | | 壬 | 癸 | 乙 | 癸 |
| 午 | 未 | 申 | 酉 | 戌 | 亥 | 子 | 運 | | 子 | 酉 | 丑 | 丑 | 命 |

- 수초사주라서 木이 용신, 水가 길신, 金도 길신, 濕土도 길신, 乾土는
  흉신, 火도 흉신이다.
- 己巳, 庚午, 辛未대운 고등학교 학운이 안 좋아 재수해 서울의대 산
  부인과를 전공했다.
- 대학을 장학생으로 다녔다.


10) 서울대 치대출신 의사

(장지동 거주)

| 66 | 56 | 46 | 36 | 26 | 16 | 6 | | | 時柱 | 日柱 | 月柱 | 年柱 |
|---|---|---|---|---|---|---|---|---|---|---|---|---|
| 癸 | 甲 | 乙 | 丙 | 丁 | 戊 | 己 | 大 | | 甲 | 丁 | 庚 | 辛 | 乾 |
| 巳 | 午 | 未 | 申 | 酉 | 戌 | 亥 | 運 | | 辰 | 丑 | 子 | 酉 | 命 |

- 子月에 丁火가 土, 金, 水가 왕해서 태약하므로 木이 용신이고, 火가
  길신, 土, 金, 水가 흉신이다.

- 대게, 태약한 사주들은 마음씨는 착하지만 조심성이 많아 일의 추진력
  이 약하므로 의사결정을 하는데 느리고, 건강도 좋지 않는 경우가 많다.

- 이 命主는 懸針殺이 3개가 있고, 戊戌대운이 좋으며, 고등학교 때의 歲運
  도 괜찮아 서울대 생물학과를 다니다가 중퇴하고, 치과의사가 되었다.

11) 수의사 사주

(문래동 거주)

| 65 | 55 | 45 | 35 | 25 | 15 | 5 |  |  | 時柱 | 日柱 | 月柱 | 年柱 |  |
|----|----|----|----|----|----|----|----|----|------|------|------|------|----|
| 庚 | 辛 | 壬 | 癸 | 甲 | 乙 | 丙 | 大 |  | 辛 | 癸 | 丁 | 辛 | 남 |
| 寅 | 卯 | 辰 | 巳 | 午 | 未 | 申 | 運 |  | 酉 | 卯 | 酉 | 酉 | 자 |

- 아들의 이름을 짓기 위해 온 남성 사주로, 수의사로 일하고 있다고 한다.

- 사주의 구조는, 닭띠 해의 한가을에 자신을 나타내는 글자를 빗물에
  비유해 해석하는 癸水로 태어나 도와주는 세력이 많으므로 신강한
  사주다.
- 가을에 태어난 癸水가 신강하므로 기온이 낮기 때문에 火가 가장 필
  요하고, 木이 그 다음으로 필요하며, 金과 水는 흉신이다.

- 사주에 懸針殺인 辛金이 두 개나 있어서 의료계와 인연인데, 이 男命
  은 수의사로 일하고 있다고 한다.
- 대운이 未午巳 火운으로 흘러가므로 운이 좋은데, 앞으로 卯대운에
  卯酉沖이 되므로 이때가 문제다.

12) 수의학 박사 학위 공부중

| 61 | 51 | 41 | 31 | 21 | 11 | 1 |  |  | 時柱 | 日柱 | 月柱 | 年柱 |  |
|----|----|----|----|----|----|----|----|----|------|------|------|------|----|
| 庚 | 辛 | 壬 | 癸 | 甲 | 乙 | 丙 | 大 |  | 甲 | 壬 | 丁 | 辛 | 乾 |
| 寅 | 卯 | 辰 | 巳 | 午 | 未 | 申 | 運 |  | 辰 | 辰 | 酉 | 酉 | 命 |

- 수의학  박사학위를 따기 위해서 외국에서 공부하고 있다.
- 辛卯年 6월에 결혼하고 다시 유학을 갈 예정이라고 했다.
- 懸針殺이 많아서 의약업과 인연인데, 수의학을 공부하고 있다.


13) 심리학 전공자

| 64 | 54 | 44 | 34 | 24 | 14 | 4 | | 時柱 | 日柱 | 月柱 | 年柱 | |
|----|----|----|----|----|----|----|----|----|----|----|----|----|
| 壬 | 癸 | 甲 | 乙 | 丙 | 丁 | 戊 | 大 | 乙 | 己 | 己 | 丁 | 乾 |
| 寅 | 卯 | 辰 | 巳 | 午 | 未 | 申 | 運 | 亥 | 卯 | 酉 | 巳 | 命 |

- 미국서 심리학을 공부중인데, 결혼에는 전혀 관심이 없다.
  卯酉沖 때문이다.

- 火가 용신이라서 심리학과 인연이고, 卯와 酉가 있어서 의료와 인연
  이라 심리학을 전공중이다.


14) 약사

(송파동 거주)

| 64 | 54 | 44 | 34 | 24 | 14 | 4 | | 時柱 | 日柱 | 月柱 | 年柱 | |
|----|----|----|----|----|----|----|----|----|----|----|----|----|
| 癸 | 壬 | 辛 | 庚 | 己 | 戊 | 丁 | 大 | 癸 | 壬 | 丙 | 庚 | 乾 |
| 巳 | 辰 | 卯 | 寅 | 丑 | 子 | 亥 | 運 | 卯 | 申 | 戌 | 申 | 命 |

- 懸針殺이 많아서 의료업과 인연으로 중앙대 약학과를 졸업하고 처음
  몇년간은 제약회사에 취업했으나 辛卯年에 개업했는데 영업이 호조
  를 보인다.

- 戌月에 壬水가 신왕 하므로 火가 용신이다.
- 초년 대운은 다소 부진하나 丙火일간으로 총명하므로 歲運만 어느 정
  도 나쁘지 않으면 자기의 능력을 발휘한다.

15) 懸針殺을 갖고 있어서 약사다

(가락동 거주)

| 62 | 52 | 42 | 32 | 22 | 12 | 2 |  |  | 時柱 | 日柱 | 月柱 | 年柱 |  |
|----|----|----|----|----|----|----|----|----|------|------|------|------|---|
| 戊 | 丁 | 丙 | 乙 | 甲 | 癸 | 壬 | 大 |  | 壬 | 癸 | 辛 | 丁 | 여 |
| 午 | 巳 | 辰 | 卯 | 寅 | 丑 | 子 | 運 |  | 子 | 巳 | 亥 | 巳 | 자 |

– 미국에서 약사로 활동하고 있는 여성 사주다.

– 사주의 구조는, 뱀띠 해의 초겨울에 자신을 나타내는 글자를 빗물에 비유해 해석하는 癸水로 태어나 도와주는 세력이 많으므로 신강한 사주다.

– 겨울에 癸水는 빗물이라 水가 세력이 강하면 강할수록 찬물이라서 아무도 빗물 그대로는 아무도 반겨하지 않으므로 데워서 써야하기 때문에 火가 가장 필요하고, 그 다음 화기를 가진 마른 土가 필요하며, 木도 필요하고, 水가 가장 나쁜 病이다.

– 이 사주에는 土가 나타나 있지 않았는데, 이렇게 나타나있지 않는 인자는 해당 육친과 인연이 박한 경우가 많으므로 남편과 인연이 박하고, 그 보다는 비록 日支 남편 궁에 좋은 기능을 하는 火가 있으나, 巳亥沖 되어 깨졌으므로 남편과 헤어지는데, 그 해년은 2007 丁亥年이다.

– 이 사주는 火가 가장 필요하므로, 火와 관련된 사업을 하거나, 그렇지 않으면, 사주에 현침살인 辛金을 갖고 있으므로 의료와 관련된 직업을 갖게 되는데, 현재 미국에서 약사로 활동하고 있다고 한다.

16) 여관업도 懸針殺을 가진 사람이 한다

(안산에서 온 손님)

| 67 | 57 | 47 | 37 | 27 | 17 | 7 |  |  | 時柱 | 日柱 | 月柱 | 年柱 |  |
|----|----|----|----|----|----|----|----|----|------|------|------|------|---|
| 壬 | 癸 | 甲 | 乙 | 丙 | 丁 | 戊 | 大 |  | 庚 | 丁 | 己 | 庚 | 여 |
| 午 | 未 | 申 | 酉 | 戌 | 亥 | 子 | 運 |  | 戌 | 卯 | 丑 | 寅 | 자 |

- 사주의 구조는, 범띠 해의 늦겨울에 자신을 나타내는 글자를 꽃나무
에 비유해 해석하는 丁火로 태어나 土와 金이 많아서 자신의 힘이 매
우 약하므로 도와주는 木이 용신이고, 火가 길신이며, 金이 흉신이
고, 화기를 가진 戌土는 길신이나, 陰氣를 가진 土인 己土와 습기를
가진 丑土는 흉신이다.

- 地支에 의료계통이나 숙박업종과 인연인 鐵鎖開金殺인 卯木과 戌土
가 있어 여관업을 하고 있으며, 침술이나, 뜸에도 관심이 많고, 또한,
戌土는 天門星이라 사주학에도 관심이 대단히 많다.

- 이 사주의 주인은 49세부터 안산에서 여관업을 시작해 50대 말부터
돈을 제법 벌었다고 했다.

17) 간호사 사주

(삼전동 거주)

| 61 | 51 | 41 | 31 | 21 | 11 | 1 | | 時柱 | 日柱 | 月柱 | 年柱 | |
|----|----|----|----|----|----|----|----|----|----|----|----|----|
| 戊 | 丁 | 丙 | 乙 | 甲 | 癸 | 壬 | 大 | 甲 | 己 | 辛 | 辛 | 여 |
| 戌 | 酉 | 申 | 未 | 午 | 巳 | 辰 | 運 | 戌 | 未 | 卯 | 亥 | 자 |

- 서울 시내에 있는 유명대학병원의 간호사다.
- 사주의 구조는, 돼지띠 해의 한 봄에 자신을 나타내는 글자를 야산의
흙에 비유해 해석하는 己土로 태어나 도와주는 세력이 약하므로 신
약한 사주다.

- 봄에 태어난 己土를 자연현상으로는 야산이나 작은 산으로 해석하는
데, 봄에 작은 산에는 나무가 있어야 아름답고 값이 나가지만, 그렇
다고 해서 너무 많은 나무가 있다면 불편한데, 이 산에는 너무 많은
나무를 기르고 있는 형국이다.

- 따라서, 土의 힘이 강해져야 하므로 火와 土가 필요하고, 木이 病神

이며, 金이 약신으로 쓰일 수 있으나, 이 사주에 있는 辛金은 甲木을 제어하는 藥神으로 쓰기에는 미약하고, 水가 흉신이며, 특히, 日支가 戌未刑으로 흔들리고 있어 재혼하거나 그렇지 않으면 떨어져 살아야 하는데 이 부부는 남편이 해외지사에서 생활하고 있어 다툴 기회가 없다고 하니 다행이다.

- 진로나 직업은 자기의 사주에 어떤 성분이 필요하느냐에 따라 결정되거나 그렇지 않으면 살로 결정이 되는데, 이 사주의 경우는 의료직종을 의미하는 懸針殺로 직업을 삼으므로 간호사다.

18) 의료기기 판매원

(일원동 거주)

| 68 | 58 | 48 | 38 | 28 | 18 | 8 | | 時柱 | 日柱 | 月柱 | 年柱 | |
|----|----|----|----|----|----|----|----|----|----|----|----|----|
| 甲 | 乙 | 丙 | 丁 | 戊 | 己 | 庚 | 大 | 壬 | 壬 | 辛 | 辛 | 乾 |
| 申 | 酉 | 戌 | 亥 | 子 | 丑 | 寅 | 運 | 寅 | 戌 | 卯 | 丑 | 命 |

- 卯月에 壬水가 신약하지만 아직 기온이 낮고, 卯月은 나무를 길러야 하는 계절이므로 金이 病이고, 火가 용신인데, 地支에 寅木과 卯木이 있어서 水운이 와도 水生 木을 해주기 때문에 괜찮다.

- 壬水는 강물에 비유하는데, 강물 속에 무엇이 들어있는지 알 수 없는 것처럼 壬水일주들은 자기의 내면의 세계를 잘 들어내 놓지 않기 때문에 도 무지 그 사람의 마음을 알 수 없다.

- 壬戌일주는 魁罡星으로 고집이 세며, 財庫를 깔고 앉자있어서 알뜰하면서도 돈 관리를 철저히 하는 형인데, 이 남편도 돈 관리를 배우자한테 맡기지 않는다고 한다.

- 대운은 무난해서 평탄하게 살아왔으며, 丙戌대운 庚寅年부터 더욱 바빠서 일이 너무 많아져 辛卯年에는 쉬고 싶어한다.

- 사주에 현침살인 辛金, 卯木, 戌土가 있어서 의료기기 회사에서 판매
  를 담당하는 사람이다.


19) 의료기기 판매회사

(개포동 거주)

| 62 | 52 | 42 | 32 | 22 | 12 | 2 |  |  | 時柱 | 日柱 | 月柱 | 年柱 |  |
|---|---|---|---|---|---|---|---|---|---|---|---|---|---|
| 乙 | 丙 | 丁 | 戊 | 己 | 庚 | 辛 | 大 |  | 乙 | 丁 | 壬 | 丁 | 乾 |
| 未 | 申 | 酉 | 戌 | 亥 | 子 | 丑 | 運 |  | 巳 | 酉 | 寅 | 巳 | 命 |

- 고등학교 3학년 때엔 甲戌年으로 운이 나빠 재수하여 대학가서 컴퓨
  터 공학을 전공했다.
- 庚寅年에 35세인데, 의료기기 판매회사에 근무 중이며, 庚寅年에 회
  사 재정상태가 어려워 옮길까 계획하고 있다.
- 사주에 酉金이 鐵鎖開金殺이고, 寅巳刑殺이 있어 의료분야에 인연이 있다.


20) 임상병리과 의사

(문정동 거주)

| 69 | 59 | 49 | 39 | 29 | 19 | 9 |  |  | 時柱 | 日柱 | 月柱 | 年柱 |  |
|---|---|---|---|---|---|---|---|---|---|---|---|---|---|
| 壬 | 癸 | 甲 | 乙 | 丙 | 丁 | 戊 | 大 |  | 甲 | 壬 | 己 | 乙 | 乾 |
| 午 | 未 | 申 | 酉 | 戌 | 亥 | 子 | 運 |  | 辰 | 辰 | 丑 | 巳 | 命 |

- 食傷制殺格이고, 懸針殺인 甲木이 있어 의료분야에 인연인데, 임상
  병리과 의사다.


- 丑月에 태어난 壬水가 신약하나 사주가 습하고, 食傷制殺格이므로
  木이 용신이고, 火가 길신이며, 土가 病으로, 官星인 土가 病이라 자
  식이 속을 썩인다고 하는데, 자식을 낳았을 때부터 약하고, 병치례를
  했으며, 庚寅年에도 공부를 전혀 안한다.


- 戊子年에 돈 손실이 많았다.

21) 日干이 懸針殺이므로 의사다

| 68 | 58 | 48 | 38 | 28 | 18 | 8 | | | 時柱 | 日柱 | 月柱 | 年柱 | |
|---|---|---|---|---|---|---|---|---|---|---|---|---|---|
| 庚 | 己 | 戊 | 丁 | 丙 | 乙 | 甲 | 大 | | 辛 | 辛 | 癸 | 壬 | 남 |
| 戌 | 酉 | 申 | 未 | 午 | 巳 | 辰 | 運 | | 卯 | 丑 | 卯 | 子 | 자 |

- 사주의 구조는, 쥐띠 해의 한봄에 자신을 나타내는 글자를 보석에 비유해 해석하는 辛金으로 태어나 도와주는 세력으로 辛金이 1개 더 있고, 丑土가 있으나 신약한 사주다.
한 봄에 태어났으므로 아직은 기온이 낮은데, 더군다나 水가 많아서 기온이 낮으면서 습하므로 열기를 가진 마른 土가 필요하고 火도 필요하며, 水와 木은 더 이상 필요하지 않고, 申金과 丑土는 어쩔 수 없이 쓴다.

- 食傷이 많으므로 두뇌가 좋으며, 초 중년 대운이 火운이라 매우 좋은데다가 고등학교 때도 火운을 만나서 공부를 잘했고, 日干이 辛金으로 懸針殺이라 의료계와 인연이며, 경기도에서 치과의원을 운영 중이다.
- 신약하고, 사주가 습해서 체력이 약하고 건강이 약하다고 한다.

22) 제약회사 경영

(잠실 거주)

| 69 | 59 | 49 | 39 | 29 | 19 | 9 | | | 時柱 | 日柱 | 月柱 | 年柱 | |
|---|---|---|---|---|---|---|---|---|---|---|---|---|---|
| 己 | 庚 | 辛 | 壬 | 癸 | 甲 | 乙 | 大 | | 壬 | 乙 | 丙 | 丁 | 乾 |
| 亥 | 子 | 丑 | 寅 | 卯 | 辰 | 巳 | 運 | | 午 | 亥 | 午 | 酉 | 命 |

- 午月에 乙木이 火가 왕해서 신약하므로 水가 용신이다.
- 懸針殺이 많이 있어 제약회사를 경영하고 있는데, 언제 상장할 것인지가 궁금하다고 문의하므로 壬辰年이 좋겠다고 했다.
- 부동산 구입은 辛卯 年에 하는 것이 좋겠다고 했다.

23) 병원장이다

(종로구 거주)

| 61 | 51 | 41 | 31 | 21 | 11 | 1 | 大 | | 時柱 | 日柱 | 月柱 | 年柱 | |
|----|----|----|----|----|----|----|----|---|----|----|----|----|---|
| 丁 | 丙 | 乙 | 甲 | 癸 | 壬 | 辛 | | | 丁 | 壬 | 庚 | 丙 | |
| 酉 | 申 | 未 | 午 | 巳 | 辰 | 卯 | 運 | | 未 | 戌 | 寅 | 午 | 命 |

- 寅月에 壬水가 태약하고, 丁火와 습을 하므로 정임합화목격 또는 從財格과 같다.
- 고등학교 때 운이 水운임에도 불구하고 공부를 매우 잘해 명문대 출신으로 午, 戌, 未 懸針殺이 있어 내과를 전공한 의사이고, 化格이나 從格은 머리가 대단히 좋다.

- 39살부터 내과와 소아과를 개업해서 번창했으나, 07 丁亥年에 큰 건물을 사서 확장한 후로는 이자 때문에 힘이 들어서 辛卯年에 일부를 팔았다.
- 日支 妻宮에 火庫 즉, 돈 창고를 가지고 있어서 알뜰하고, 財로 從을 했으므로 마누라의 내조가 좋다.

24) 중국에서 한의학을 공부했다

(은평구 거주)

| 69 | 59 | 49 | 39 | 29 | 19 | 9 | 大 | | 時柱 | 日柱 | 月柱 | 年柱 | |
|----|----|----|----|----|----|----|----|---|----|----|----|----|---|
| 丁 | 戊 | 己 | 庚 | 辛 | 壬 | 癸 | | | 癸 | 辛 | 甲 | 甲 | 坤 |
| 卯 | 辰 | 巳 | 午 | 未 | 申 | 酉 | 運 | | 巳 | 丑 | 戌 | 子 | 命 |

- 戌月에 辛金이 신약하므로 土가 용신이고, 金이 길신으로, 고등학교 때 火운을 만나 공부를 안했다.
- 20살 때 중국으로 가서 한의학을 공부했는데, 현침살과 철쇄개금살이 많아 의약과 인연이기 때문이다.
- 앞으로의 운이 나빠 한국에서는 빛을 못 보니, 중국에서 개업하는 것이 좋겠다고 했다.

## 25) 척추병원 외과의사 사주

(신정동 거주)

| 61 | 51 | 41 | 31 | 21 | 11 | 1 | | 時柱 | 日柱 | 月柱 | 年柱 | |
|---|---|---|---|---|---|---|---|---|---|---|---|---|
| 甲 | 癸 | 壬 | 辛 | 庚 | 己 | 戊 | 大 | 丁 | 庚 | 丁 | 丙 | 남 |
| 辰 | 卯 | 寅 | 丑 | 子 | 亥 | 戌 | 運 | 丑 | 子 | 酉 | 午 | 자 |

- 척추를 전문으로 치료하는 외과 의사 사주다.
- 사주의 구조는, 말띠 해의 한가을에 자신을 나타내는 글자를 무쇠에 비유해 해석하는 庚金으로 태어나 도와주는 세력이 약하므로 신약한 사주다.

- 가을에 태어난 庚金이 火가 너무 많아 신약하므로 자신에게 힘을 보태주는 金과 濕土인 辰土와 丑土가 필요하고, 火가 病神이므로 火를 식혀줄 金과 水가 필요하다.

- 이 사주의 모양새를 보면, 庚金 日干을 두고 바로 양 옆에는 丁火가 있고, 年上에는 丙火도 있어 火가 金을 녹이려하고 있는 형상이고, 다른 한편으로 보면, 庚金 日干이 여러 개의 불을 켜놓은 형상으로 보이기 때문에 내 자신인 庚金이 불에 녹여지는 재료가 되기도 하고, 또는 내가 불을 환하게 켜놓고 있는 형상이므로, 사주가 이런 구조가 되면 아이큐가 매우 높아 140 이상일 것이라고 진단했더니, 고객의 대답은 "재 아이큐가 140 이 넘습니다"라고 대답하였다.

- 또한, 초년 학운기 대운이 藥神운으로 좋았고, 고등학교 때인 고등학교 2학년과 3학년 때 운이 좋았기 때문에 명문의대를 졸업한 의사로, 의술 중에서 척추를 다룬다고 하니 인연에 잘 맞는 진료과목이다.

- 이 사주는 직업을 의미하는 火가 病神인데, 2013년부터 巳, 午, 未로 흘러왔으므로 직장에 염증을 느껴 개업을 해보려는 생각으로 방문한 것이다.

26) 懸針殺이 있어서 치과 의사다

(화곡동 거주)

| 64 | 54 | 44 | 34 | 24 | 14 | 4 |  |  | 時柱 | 日柱 | 月柱 | 年柱 |  |
|----|----|----|----|----|----|----|---|---|------|------|------|------|---|
| 丁 | 丙 | 乙 | 甲 | 癸 | 壬 | 辛 | 大 |  | 乙 | 甲 | 庚 | 庚 | 乾 |
| 亥 | 戌 | 酉 | 申 | 未 | 午 | 巳 | 運 |  | 亥 | 戌 | 辰 | 戌 | 命 |

– 치과의사인데, 庚寅 年 현재 개업은 안하고 후원자 밑에서 일하고 있다.
– 대운이 초년은 좋았으나 현재의 대운이 불미하다.
– 木이 용신이고, 金이 病인데, 乙木 劫財로 乙庚合시켜 丙을 막으려고
  하고 있고, 辰戌沖이 있어 부부갈등을 예고하고 있다.

– 이 사주가 의사가 된 이유는 天門星이 있는데, 天門星은 법무, 의료
  계통에 많고, 辰戌沖은 뽑고 심고, 박고 빼고, 붙이고 떼고 하는 작용
  이라 치과의사한테 잘 맞는 직업이고 鐵鎖開金殺도 있다.

27) 치과원장

(보문동 거주)

| 64 | 54 | 44 | 34 | 24 | 14 | 4 |  |  | 時柱 | 日柱 | 月柱 | 年柱 |  |
|----|----|----|----|----|----|----|---|---|------|------|------|------|---|
| 丙 | 乙 | 甲 | 癸 | 壬 | 辛 | 庚 | 大 |  | 丙 | 乙 | 己 | 甲 | 乾 |
| 子 | 亥 | 戌 | 酉 | 申 | 未 | 午 | 運 |  | 戌 | 亥 | 巳 | 辰 | 命 |

– 사주의 구조를 보면, 巳月에 乙木이 亥水 위에 앉아있어 꽃병의 꽃인
  데다가 丙火 꽃을 피었으니 아름다우므로 잘생겼으며, 身弱하고 여
  름 생이라 水가 용신이고, 木이 길신이며, 金도 길신이다.

– 日支 亥水를 月支 巳火가 沖하여 부부 궁이 깨졌으므로 부부사이가
  원만치 않을 것임을 나타내고 있다.
  또한 月上의 己土 財星을 年上의 甲木과 甲己合으로 기반되었으므로
  내 돈을 형제가 빼앗아 가는 형국이고, 地支에 辰巳戌亥 天門星이 모
  두 있는데, 이는 종교나 철학에 인연이 있어 사주보는 것을 무척 좋

아하는 사람이다.

– 이 사주에는 戊土가 鐵鎖開金殺이라 치과의사로 개인 치과의원을 운 영중이다.


28) 치료방사선과 의사

(도봉구 거주)

| 65 | 55 | 45 | 35 | 25 | 15 | 5 | | | 時柱 | 日柱 | 月柱 | 年柱 | |
|----|----|----|----|----|----|----|---|---|----|----|----|----|---|
| 丁 | 戊 | 己 | 庚 | 辛 | 壬 | 癸 | 大 | | 丙 | 辛 | 甲 | 辛 | 乾 |
| 亥 | 子 | 丑 | 寅 | 卯 | 辰 | 巳 | 運 | | 申 | 未 | 午 | 酉 | 命 |

– 午月에 태어난 辛金이 火가 많아서 신약하므로 金이 용신, 운에서 오 는 濕土가 길신, 火가 病神, 木이 흉신, 운에서 오는 水는 약신이다.


– 서울대 의대에서 치료방사선과를 전공하고 서울대 병원에 근무 중이다.
– 머리가 너무 좋아 장학생으로 다녔다고 한다.
– 食傷인 水가 없어 말이 없고, 너무 내성적인 성격이다.


29) 피부과 의사 사주

(쌍문동 거주)

| 70 | 60 | 50 | 40 | 30 | 20 | 10 | | | 時柱 | 日柱 | 月柱 | 年柱 | |
|----|----|----|----|----|----|----|---|---|----|----|----|----|---|
| 壬 | 癸 | 甲 | 乙 | 丙 | 丁 | 戊 | 大 | | 丙 | 己 | 己 | 乙 | 乾 |
| 午 | 未 | 申 | 酉 | 戌 | 亥 | 子 | 運 | | 寅 | 酉 | 丑 | 酉 | 命 |

– 사주의 구조는, 닭띠 해의 늦겨울에 자신을 나타내는 글자를 야산의 흙 에 비유해 해석하는 己土로 태어나 자신의 힘이 약하고 추우므로 火가 용신이고, 土와 木이 길신이며, 金이 흉신이며, 丑土도 흉신이다.


– 地支에는 酉金과 丑土가 만나면 냉기를 내뿜는 성분인 金局을 이루므 로 나쁘게 작용한다.

– 이 名主는 鐵鎖開金殺인 酉金을 두개나 갖고 있어 의료분야와 인연으로, 피부과 의원을 운영하다가 2011년 辛卯年에 卯酉沖해서 의료사고가 발생하자 병원을 그만두고 壬辰年 현재 쉬고 있다고 한다.

30) 한의사 사주

(의정부 거주)

| 67 | 57 | 47 | 37 | 27 | 17 | 7 | | | 時柱 | 日柱 | 月柱 | 年柱 | |
|---|---|---|---|---|---|---|---|---|---|---|---|---|---|
| 壬 | 癸 | 甲 | 乙 | 丙 | 丁 | 戊 | 大 | | 辛 | 壬 | 己 | 乙 | 남 |
| 午 | 未 | 申 | 酉 | 戌 | 亥 | 子 | 運 | | 丑 | 寅 | 丑 | 酉 | 자 |

– 사주의 구조는, 닭띠 해의 늦겨울에 자신을 나타내는 글자를 강물에 비유해 해석하는 壬水로 태어나 도와주는 세력이 약하므로 신약하지만, 丑酉 金局이 있어 신왕한 사주와 같다.

– 겨울에 태어난 壬水가 기온이 낮고 습하기 때문에 그대로 쓰기에 부적절한 물이라 불로 끓여서 써야 하므로 火가 용신이고, 木이 길신이며, 金과 濕土인 丑土는 흉신이다

– 진로나 직업은 자기의 사주에 어떤 성분이 필요하느냐, 또는 殺의 작용력에 따라 결정되는데, 이 사주는 懸針殺과 鐵鎖開金殺인 辛金과 酉金을 가지고 있어 의료분야와 인연이라 한의사로 일하고 있다.

31) 가난한 한의사 사주

(성남시 거주)

| 69 | 59 | 49 | 39 | 29 | 19 | 9 | | | 時柱 | 日柱 | 月柱 | 年柱 | |
|---|---|---|---|---|---|---|---|---|---|---|---|---|---|
| 戊 | 丁 | 丙 | 乙 | 甲 | 癸 | 壬 | 大 | | 乙 | 甲 | 辛 | 壬 | 남 |
| 午 | 巳 | 辰 | 卯 | 寅 | 丑 | 子 | 運 | | 亥 | 辰 | 亥 | 子 | 자 |

– 사주의 구조는, 쥐띠 해의 초겨울에 자신을 나타내는 글자를 큰 나무에 비유해 해석하는 甲木으로 태어나 도와주는 세력이 너무 많으므

로 매우 신강한 사주다.

- 초겨울 생이라 기온이 낮고, 水가 너무 많아서 물에 둥둥 뜰 것 같으나 다행히 辰土가 있어 그나마 나무가 뿌리를 박고 있긴 하지만 辰土는 濕土라 그 능력이 현저하게 떨어진다.
이 사주에는 乾土가 가장 필요로 하지만 없기 때문에 어쩔 수 없이 辰중 戊土를 가장 필요로 하고, 그 다음으로 火를 좋아하며, 水가 病이고, 金이 흉신이며, 木도 더 이상 필요하지 않기 때문에 결국 이 사주에 길신은 약하고 흉신만 가득한 사주다.

- 또한, 辰土가 부인을 나타내는 데, 水의 生을 받은 木이 木剋土를 하므로 土가 견디기 힘들고, 또, 부부 궁이 양쪽으로 辰亥怨嗔殺을 형성하므로 부부 궁이 나쁜데, 이 사주를 가지고 온 부인은 자존심 때문인지는 알 수 없지만 아이 교육 때문에 외국에 가야한다고만 말을 하다가 자신의 사주마져  필자가 "당신은 남편으로부터 도망치려 하는 군요"라고 진단하자 그 때서야 남편과의 관계가 좋지 않다는 것을 실토했다.

- 사주에 懸針殺인 甲木과 辛金이 있어 한의사 직업을 가졌으나, 대운이 나쁘고, 고등학교 때의 학기도 나빠서 지방대학을 나왔으며, 돈도 많이 벌지 못하고 있다.

32) 한의원 상담사다

(하남시 거주)

| 64 | 54 | 44 | 34 | 24 | 14 | 4 | | | 時柱 | 日柱 | 月柱 | 年柱 | |
|----|----|----|----|----|----|----|---|---|----|----|----|----|---|
| 丁 | 丙 | 乙 | 甲 | 癸 | 壬 | 辛 | 大 | | 甲 | 丙 | 庚 | 丁 | 坤 |
| 巳 | 辰 | 卯 | 寅 | 丑 | 子 | 亥 | 運 | | 午 | 辰 | 戌 | 巳 | 命 |

- 戌月에 丙火가 신왕하므로 金이 용신이고, 土가 길신이며, 辛卯年 35세 노처녀다.

- 어렸을 때의 대운이 水운이므로 藥神이라서 귀여움 받고 자랐으며, 지
  방대학 무역학과 출신으로 懸針殺이 있어 졸업 후에 주로 한방병원에
  서 근무를 해왔는데 辰戌沖하여 官이 깨져 있어 직장 변동이 심하다.
- 官星이 辰중 癸水인데, 辰戌沖으로 깨져 올바른 남자가 안 온다.
- 그동안 몇 번 남자를 만났으나 이어지지 않았고, 辛卯年 봄에 남자를
  만났으나 아직 마음의 결정은 안했다.

33) 해부병리과 의사 사주

(성남시 거주)

| 62 | 52 | 42 | 32 | 22 | 12 | 2 | | 時柱 | 日柱 | 月柱 | 年柱 | |
|---|---|---|---|---|---|---|---|---|---|---|---|---|
| 辛 | 壬 | 癸 | 甲 | 乙 | 丙 | 丁 | 大 | 癸 | 乙 | 戊 | 甲 | 여 |
| 酉 | 戌 | 亥 | 子 | 丑 | 寅 | 卯 | 運 | 未 | 亥 | 辰 | 子 | 자 |

- 사주의 구조는, 쥐띠 해의 늦봄에 자신을 나타내는 글자를 꽃나무에
  비유해 해석하는 乙木으로 태어나 도와주는 세력이 약하므로 신약한
  것 같으나 辰子水局을 하므로 신왕 한 사주다.

- 봄에 태어난 乙木은 태어난 목적이 꽃을 피우는 것인데, 습기가 많
  고, 火를 필요로 한 계절이기도 하고, 꽃나무는 꽃을 피워야 하므로
  火가 우선 필요하고, 木도 필요하며, 水는 흉신이고, 乾土는 좋으나
  濕土는 흉신이며, 운에서 金이 와도 흉신이다.

- 진로나 직업은 자기의 사주에 어떤 성분이 필요 하느냐에 따라 결정
  되는데, 이 사주는 火가 우선 필요하므로 火와 관련된 직업은 교육인
  데, 현 칠살인 甲木을 갖고 있어 의사가 되었으나, 의대교수가 되었
  으면 한단다.

34) 懸針殺을 가져서 약사다

(장지동 거주)

| 63 | 53 | 43 | 33 | 23 | 13 | 3 | | | 時柱 | 日柱 | 月柱 | 年柱 | |
|----|----|----|----|----|----|----|----|----|------|------|------|------|----|
| 乙 | 丙 | 丁 | 戊 | 己 | 庚 | 辛 | 大 | | 癸 | 庚 | 壬 | 戊 | 여 |
| 卯 | 辰 | 巳 | 午 | 未 | 申 | 酉 | 運 | | 未 | 申 | 戌 | 申 | 자 |

- 사주의 구조는, 원숭이띠 해의 늦가을에 자신을 나타내는 글자를 무
  쇠에 비유해 해석하는 庚金으로 태어나 도와주는 세력으로 많으므로
  신왕한 사주다.
  늦가을 생이라 기온이 떨어졌고, 火도 없으며, 干上에 壬, 癸水가 떠
  있어 기온이 낮고, 또, 무쇠는 火에 녹여지는 좋아하므로 火가 가장
  필요하고, 木이 그 다음으로 필요하며, 申金은 흉신이고, 未土와 戌
  土는 火를 품고 있어 경우에 따라서 길신의 역할을 하며, 壬水와 癸
  水가 病이다.

- 사주에 懸針殺로 가장 강한 작용을 하는 글자가 天干에서는 甲木과
  辛金이고, 地支에서는 申金金인데, 이 사주에는 申金이 두 개있어서
  의료계와 인연인데, 약사출신으로, 현재는 제약회사에 근무하고 있
  다고 한다.

- 무쇠는 火에 녹여지는 것을 좋아하는데, 火가 남편인데 나타나지 않
  았고, 未土와 戌土 속에 들어있으므로 연애도 별로 해본 경험이 없다
  고 했다.
  또, 壬, 癸水가 자식인데, 病神이므로 자식과 인연이 없는데, 이 命主
  는 결혼을 하지 않았으므로 당연히 자식이 없다.

- 그리고, 이 사주에서 水가 食傷으로 표현력이고, 언행인데, 食傷이
  흉신인 사람들은 매사 다른 사람들한테 따지고 들기 때문에 남들이
  싫어하는데, 본인한테 직접 확인한 바, 그렇다고 시인했다.
- 약국을 경영하다가 97년 丁丑年 IMF때 丑戌未, 丑未沖해서 火가 깨

지므로 경영에 실패하고 제약회사에 근무하고 있다고 했다.

35) 懸針殺을 가지고 있어서 간병인으로 일한다

(성남시 가주)

| 64 | 54 | 44 | 34 | 24 | 14 | 4 | | 時柱 | 日柱 | 月柱 | 年柱 | |
|----|----|----|----|----|----|----|----|----|----|----|----|----|
| 辛 | 庚 | 己 | 戊 | 丁 | 丙 | 乙 | 大 | 乙 | 庚 | 甲 | 己 | 여 |
| 巳 | 辰 | 卯 | 寅 | 丑 | 子 | 亥 | 運 | 酉 | 寅 | 戌 | 丑 | 자 |

- 사주의 구조는, 소띠 해의 늦가을에 자신을 나타내는 글자를 무쇠에 비유해 해석하는 庚金으로 태어나 도와주는 세력으로 酉金이 1개있고, 土가 3개나 있어 신강한 사주다.
늦가을 생 큰 무쇠라서 용광로 불에 녹여야 할 팔자이므로 火가 가장 필요하고, 木이 그 다음으로 필요하며, 戌土는 戌土 속에 丁火가 들어있어 필요하지만, 己土와 丑土는 흉신이다.

- 이 사주의 핵심은 남편을 나타내는 글자가 나타나 있지 않고, 戌土와 寅木의 支藏干에 남편인 火가 들어있는데, 이렇게 支藏干에 들어있는 글자들은 작다는 의미를 하므로 이 命主 입장에서는 남편이 보잘 것이 없다는 뜻을 나타내고 있으므로 남편이 속을 섞이거나 남편 덕이 없는 팔자다.
실제로 이 命主의 남편은 젊어서부터 바람만 피우고 다니는 한량이라서 불만이 많았었다고 한다.

- 54 庚辰대운에 사주에 있는 戌土와 대운에서 온 辰土가 충돌하므로 戌土속에 들어있는 丁火가 깨질 운인데, 실제로 2012 壬辰年에 남편이 술에 취한체 넘어져서 뇌를 다쳐 치매가 심해져서 요양원에서 생활을 하고 있다고 한다.

- 이 사주에 懸針殺인 甲木과 酉金이 있어 의료와 인연이므로 요양보호사자격증을 딴 후, 간병인 일을 하고 있다고 한다.

36) 鐵鎖開金殺이 많아 제약회사인 녹십자에서 근무한다

(평창동 거주)

| 69 | 59 | 49 | 39 | 29 | 19 | 9 |  | 時柱 | 日柱 | 月柱 | 年柱 |  |
|---|---|---|---|---|---|---|---|---|---|---|---|---|
| 壬 | 癸 | 甲 | 乙 | 丙 | 丁 | 戊 | 大 | 乙 | 己 | 己 | 乙 | 乾 |
| 申 | 酉 | 戌 | 亥 | 子 | 丑 | 寅 | 運 | 亥 | 卯 | 卯 | 卯 | 命 |

- 卯月에 己土가 뿌리가 없어서 태약한데, 木이 왕하므로 木으로 從을 하기 때문에 從殺格 사주이므로 똑똑하고, 젊잔하다.

- 사주에 철쇄개금살인 卯木이 3개가 있어 의료업과 인연인데, 이 命主는 庚寅年 당시 서울에 있는 녹십자에 근무하고 있었다.

- 부인도 같은 회사에서 임상병리사다.
- 고 2, 고 3학년 때 운이 나빠서 재수해 대학에 입학했으며, 26세에 현재의 회사에 입사했다.

37) 공무원출신 지방의 병원부원장

(용산구 거주)

| 61 | 51 | 41 | 31 | 21 | 11 | 1 |  | 時柱 | 日柱 | 月柱 | 年柱 |  |
|---|---|---|---|---|---|---|---|---|---|---|---|---|
| 己 | 戊 | 丁 | 丙 | 乙 | 甲 | 癸 | 大 | 庚 | 辛 | 壬 | 甲 | 乾 |
| 卯 | 寅 | 丑 | 子 | 亥 | 戌 | 酉 | 運 | 寅 | 未 | 申 | 申 | 命 |

- 申月에 辛金이 신왕한데, 辛金일간은 조후가 필요한 겨울을 제외하고는 대부분 水를 좋아하는데, 月上 壬水가 씻어주니 금상첨화다.

- 대운이 용신운인 水운으로 흘렀으므로 잘살아온 사주로, ○○구청 총무 국장을 지냈으며, 정년퇴직한 후 시설관리이사장직을 거쳐 己丑年부터 용산구에 있는 ○○병원 부원장이다.
- 사주에 懸針殺이 많으니 공무원에서 퇴직을 했어도 결국 병원에서도 근무를 한다.

38) 호텔경영학 전공

(풍남동 거주)

| 64 | 54 | 44 | 34 | 24 | 14 | 4 | | 時柱 | 日柱 | 月柱 | 年柱 | |
|---|---|---|---|---|---|---|---|---|---|---|---|---|
| 丁 | 戊 | 己 | 庚 | 辛 | 壬 | 癸 | 大 | 戊 | 癸 | 甲 | 庚 | 坤 |
| 丑 | 寅 | 卯 | 辰 | 巳 | 午 | 未 | 運 | 午 | 亥 | 申 | 申 | 命 |

- 申月에 癸水가 신왕하므로 土가 용신이고, 火가 길신이며, 木이 病神, 金이 약신이고, 水가 흉신이다.
- 懸針殺이 많아 의약업에 인연이고, 財가 용신이라서 경영, 경제와 인연인데, ○○대 호텔경영학과를 졸업했고, 05년도에 결혼했다.

- 여자 사주에 官과 食傷이 天干에 동시에 나타나있으면 나쁜데 이 사주가 그렇다.

- 미국에서 CJ에 근무하다가 2010 庚寅年에 寅申沖으로 役馬가 沖하므로 한국으로 돌아와 회사에 취업했으나 마음에 안들어 辛卯年에 다시 미국으로 가고 싶다고 해 亥未合하므로 가도 된다고 했다.
- 남편은 능력이 없는 사람이라 기대할 수 없다고 한다.

- 고1 丙子, 고2 丁丑, 고3 戊寅年인데, 고 1학년과 2학년 때 공부를 안했으나 3학년 때 열심히 해서 한양대를 갔다.

- 辛卯年은 卯申鬼門殺이 작용하므로 진로문제로 고민이 있을 거라고 했더니 그렇지 않아도 직장문제로 고민이 생겨 미국으로 다시 가야 겠다고 했다.

39) 호텔경영학

(잠실 거주)

| 68 | 58 | 48 | 38 | 28 | 18 | 8 |   |   | 時柱 | 日柱 | 月柱 | 年柱 |   |
|---|---|---|---|---|---|---|---|---|---|---|---|---|---|
| 庚 | 己 | 戊 | 丁 | 丙 | 乙 | 甲 | 大 |   | 丙 | 癸 | 癸 | 甲 | 乾 |
| 辰 | 卯 | 寅 | 丑 | 子 | 亥 | 戌 | 運 |   | 辰 | 卯 | 酉 | 戌 | 命 |

- 酉月에 癸水가 신약한 듯하지만 辰酉合하고, 습하며 木을 키워야 하
  므로 火 용신, 木이 길신으로, 丙火 財가 떠 있어서 경영학 또는 경제
  인데, 懸針殺인 甲木과 卯, 酉, 戌이 있어서 호텔경영학을 공부하고
  싶단다.
- 歲運이 나빠서 중학교 때부터 공부를 안 하다가 고등학교 1학년 때부
  터 조금 하려고는 하는데, 기초가 없어 공부에 흥미가 없어한다.

- 또, 財를 용신으로 쓰는 사람들은 흔히 하는 말이 " 세상을 살아가면
  서 공부가 제일 인가요, 나중에 돈만 잘 벌면 되지" 하는 소리를 잘하
  게 되는데, 이 아이도 그렇단다.

40) 의료용 마스크 및 화장품 제조업 사주

(잠실 거주)

| 66 | 56 | 46 | 36 | 26 | 16 | 6 |   |   | 時柱 | 日柱 | 月柱 | 年柱 |   |
|---|---|---|---|---|---|---|---|---|---|---|---|---|---|
| 己 | 戊 | 丁 | 丙 | 乙 | 甲 | 癸 | 大 |   | 甲 | 己 | 壬 | 戊 | 남 |
| 巳 | 辰 | 卯 | 寅 | 丑 | 子 | 亥 | 運 |   | 戌 | 卯 | 戌 | 子 | 자 |

- 부인이 가지고 온 남편의 사주로, 건강용 마스크와 피부치료용 화장
  품류를 생산하고 있다고 한다.

- 사주의 구조는, 쥐띠 해의 늦가을에 자신을 나타내는 글자를 야산의
  흙에 비유해 해석하는 己土로 태어나 도와주는 세력이 많으므로 신
  강한 사주다.
- 가을에 태어난 己土가 신강하고 건조하기 때문에 土를 극해줄 木이

우선 필요하고, 水도 필요하다.

－ 진로나 직업은 자기의 사주에 어떤 성분이 필요 하느냐에 따라 결정
되는데, 이 사주는 木이 우선 필요하므로 공무원이나 대기업 등 조직
성 직장과 인연이지만, 학운기의 운이 좋지 않았으므로 水와 관련하
여 사업을 하게 되는데, 이 男命의 경우는 甲木이 현침살이라 건강과
관련된 사업을 하므로 마스크 등 건강과 관련된 화장품 등을 생산하
는 공장을 운영하고 있다고 한다.

－ 歲運인 乙未年에 月支 戌土를 沖하면 이사나 이동수가 생기므로 거액을
받고 아이템 하나를 처분하고 공장을 옮기려고 운을 보려고 왔었다.

41) 지압치료를 전문으로 하는 이 모씨 사주

| 63 | 53 | 43 | 33 | 23 | 13 | 3 | | 時柱 | 日柱 | 月柱 | 年柱 | |
|----|----|----|----|----|----|----|----|----|----|----|----|----|
| 乙 | 丙 | 丁 | 戊 | 己 | 庚 | 辛 | 大 | 壬 | 乙 | 壬 | 己 | 남 |
| 丑 | 寅 | 卯 | 辰 | 巳 | 午 | 未 | 運 | 午 | 丑 | 申 | 酉 | 자 |

－ 송파구에서 지압치료를 전문으로 하고 있는 김 모씨 사주다.
－ 사주의 구조는, 닭띠 해의 초가을에 자신을 나타내는 글자를 꽃나무
에 비유해 해석하는 乙木으로 태어나 도와주는 세력이 약하므로 신
약한 사주다.

－ 가을에 태어난 乙木이 신약하지만 기온이 낮고 습한데다가 乙木 꽃나
무는 추위에 약해서 따뜻함을 좋아하기 때문에 火가 우선 필요하고,
그 다음에 木이 필요하며, 水가 病神이고, 金이 흉신이며, 己土는 壬
水를 막아주므로 길신에 속하나 丑土는 흉신이다.

－ 진로나 직업은 자기의 사주에 어떤 성분이 필요하느냐, 또는 殺의 작
용력에 따라서 직업이 결정되는데, 이 사주는 의료와 관련이 있는 懸

針殺인 申金과 酉金을 갖고 있어 질병치료와 연관이 있는 지압을 하고 있다.


42) 피부관리(에스테틱) 사업

(성내동 거주)

| 61 | 51 | 41 | 31 | 21 | 11 | 1 |   | 時柱 | 日柱 | 月柱 | 年柱 |   |
|----|----|----|----|----|----|----|---|------|------|------|------|---|
| 壬 | 癸 | 甲 | 乙 | 丙 | 丁 | 戊 | 大 | 壬 | 庚 | 己 | 戊 | 坤 |
| 子 | 丑 | 寅 | 卯 | 辰 | 巳 | 午 | 運 | 午 | 辰 | 未 | 申 | 命 |

- 날씨가 무더운 未月에 庚金 日干이 신왕 하므로 木을 우선해서 용신으로 써야하나 木이 없으므로 洩氣시키는 水가 용신이다.

- 辛卯年 44세인데, 金白水淸하고, 水용신이므로 에스테틱(피부관리) 사업을 한다.
  따라서, 남편보다 자식을 우선시한다.

- 辛卯年에 잠실에 가게를 인수하느냐 마느냐가 궁금해서 왔다.
- 辛卯年에 財가 움직였고, 己丑 日에 와서 문서이므로 가게 계약 건으로 문의를 온 것이다.


(43) 러시아에서 의료기계 사업을 한다

(잠실 거주)

| 61 | 51 | 41 | 31 | 21 | 11 | 1 |   | 時柱 | 日柱 | 月柱 | 年柱 |   |
|----|----|----|----|----|----|----|---|------|------|------|------|---|
| 庚 | 己 | 戊 | 丁 | 丙 | 乙 | 甲 | 大 | 癸 | 辛 | 癸 | 壬 | 남 |
| 戌 | 酉 | 申 | 未 | 午 | 巳 | 辰 | 運 | 巳 | 未 | 卯 | 寅 | 자 |

- 사주의 구조는, 범띠 해의 중 봄에 자신을 나타내는 글자를 보석에 비유해 해석하는 辛金으로 태어나 도와주는 세력이 약하므로 매우 신약한 사주다.

- 겨울을 제외하고 대부부분 辛金은 水를 좋아하고 반대로 火를 싫어하게 되는데, 이 사주에는 水가 너무 많아서 좋지 않고, 너무 木도 많다. 따라서, 운에서 金이 와야 가장 좋고, 습토도 좋으며, 나머지는 흉신이다.

- 이 命主는 巳, 午 , 未 대운에 별 볼일 없이 지내다가 41 申 대운부터 현재까지 러시아로 진출해서 의료기계 사업을 해 돈을 모았다고 한다. 그러나, 2013, 2014. 2015년이 火운이 오므로 사업이 저조해 앞으로의 운이 어떤가 궁금하고, 또한, 乙未年 올해는 돈이 움직이고 문서 운이 왔으므로 "무슨 문서를 잡으려고 하느냐"고 묻자 사실은 강남구 대치동에 재건축을 시작한 국제아파트를 계약하려고 하는데, 계약을 해도 되는지가 궁금합니다"라고 대답함으로써 이미 필자가 써놓은 래정법에 부합하였다.

- 진로나 직업은 자기의 사주에 어떤 성분이 필요하느냐에 따라 결정되는데, 이 사주는 日干인 辛金이 懸針殺로 의료분야이므로 의료기계가 사업이 맞다.


## 6. 五行別 職業論

### 1) 木에 맞는 직업
  (1) 내 직업은 목수다

(홍은동 거주)

| 66 | 56 | 46 | 36 | 26 | 16 | 6 |   | 時柱 | 日柱 | 月柱 | 年柱 |   |
|----|----|----|----|----|----|----|----|----|----|----|----|----|
| 戊 | 丁 | 丙 | 乙 | 甲 | 癸 | 壬 | 大 | 甲 | 甲 | 辛 | 壬 | 乾 |
| 午 | 巳 | 辰 | 卯 | 寅 | 丑 | 子 | 運 | 戌 | 寅 | 亥 | 子 | 命 |

- 亥月에 甲木이 태왕 하므로 寅중 丙火가 용신이다.
- 태왕 한 甲木을 정교한 辛金 대패로 다듬고 있으므로 이 사람의 직업은 목수다.

– 대운이 나빠 고등학교를 어렵게 나와 목수를 일을 배웠다고 한다.


(2) 농장 경영

(하남시 가주)

| 68 | 58 | 48 | 38 | 28 | 18 | 8 | | | 時柱 | 日柱 | 月柱 | 年柱 | |
|---|---|---|---|---|---|---|---|---|---|---|---|---|---|
| 丙 | 丁 | 戊 | 己 | 庚 | 辛 | 壬 | 大 | | 甲 | 癸 | 癸 | 丁 | 乾 |
| 午 | 未 | 申 | 酉 | 戌 | 亥 | 子 | 運 | | 寅 | 亥 | 丑 | 丑 | 命 |

– 丑月에 癸水가 신왕하므로 木이 용신이고, 火가 길신이다.
– 어려서 고생이 많았고, 젊어서 창경원에서 식물을 담당하는 일을 하
  다가,
– 己 대운 42살 때 통일주체국민회의 대의원을 지냈으며,


– 戊申 대운 57세경에 서울 집을 팔아 日支 妻宮에 흉신이므로 부인은
  서울에 남아있고, 해남으로 내려가  땅 5만평을 구입해서 농사를 지
  으면서 생활한다.


– 丁未대운 甲申 年경부터 용신인 甲寅이 沖을 받으므로 3-4년간에 간
  질환이 생겨 죽을 고생을 했으며, 丁亥年에 낳았는데, 己丑年부터 急
  脚殺작용으로 우측다리에 관절염이 생겨 절고 다니고 있으며, 이제
  는 힘에 부쳐 농사를 못 지을 형편이라서 땅을 팔려고 문의해 왔다.


– 용신이 甲寅이라서 똑똑하며, 時에 있어서 자식들은 똑똑하지만 자
  기한테는 큰 도움이 안될 것이다.
– 부인 사주를 보니까 辛巳, 庚子, 戊戌, 癸亥로 食傷이 발달해서 官을
  거부하고 있다.

## (3) 木, 火가 용신이라 속옷 장사한다

(시흥 거주)

| 61 | 51 | 41 | 31 | 21 | 11 | 1 |  | 時柱 | 日柱 | 月柱 | 年柱 |  |
|---|---|---|---|---|---|---|---|---|---|---|---|---|
| 甲 | 乙 | 丙 | 丁 | 戊 | 己 | 庚 | 大 | 辛 | 乙 | 辛 | 壬 | 여 |
| 辰 | 巳 | 午 | 未 | 申 | 酉 | 戌 | 運 | 巳 | 巳 | 亥 | 子 | 자 |

– 사주의 구조는, 쥐띠 해의 초겨울에 자신을 나타내는 글자를 꽃나무
  에 비유해 해석하는 乙木으로 태어나 도와주는 세력이 많으므로 신
  강한 사주다.
– 겨울에 태어난 乙木이 水가 많아 신강하므로 불이 없으면 얼어 죽을
  수도 있기 때문에 시급히 火가 필요하고, 乾土도 필요하며, 水가 病
  神이고, 金이 흉신이다.

– 여자 乙巳일주는 孤鸞殺이고, 사주에 金이 흉신이므로 남편 덕이 없
  는 사주로, 남편의 경제적 능력이 없어서 고민이라고 한다.

– 진로나 직업은 자기의 사주에 어떤 성분이 필요 하느냐에 따라 결정
  되는데, 이 사주는 火가 우선 필요하고, 木도 필요하므로 木과 火와
  관련된 직업인 속옷장사를 하고 있다.

## (4) 木이 필요하므로 인테리어 사업한다

(하남시 거주)

| 61 | 51 | 41 | 31 | 21 | 11 | 1 |  | 時柱 | 日柱 | 月柱 | 年柱 |  |
|---|---|---|---|---|---|---|---|---|---|---|---|---|
| 己 | 戊 | 丁 | 丙 | 乙 | 甲 | 癸 | 大 | 辛 | 己 | 壬 | 戊 | 남 |
| 巳 | 辰 | 卯 | 寅 | 丑 | 子 | 亥 | 運 | 未 | 卯 | 戌 | 申 | 자 |

– 사주의 구조는, 원숭이띠 해의 늦가을에 자신을 나타내는 글자를 야
  산의 흙에 비유해 해석하는 己土로 태어나 도와주는 세력이 많으므
  로 신강한 사주다.

- 늦가을에 태어난 己土가 신강하므로 건조하기 때문에 갈증을 느끼고 있어서 水가 우선 필요하고, 그 다음에 金도 필요하며, 土가 病神이기 때문에 木이 藥神이다.

- 이 命主는 水가 필요하므로 사업가인데, 木을 약신으로 쓰므로 木과 관련인 인테리어사업이다.
초년부터 대운의 흐름은 좋으나, 2013년부터 2015년까지 歲運이 나쁘고, 경기가 나빠서 고전하고 있다.

특히, 2015 乙未年은 月支 戌土와 歲運의 未土가 沖하므로 변동이나 이사 수가 발생하는데, 가게가 세 들어 있는 건물이 다른 사람한테 팔려서 어떻게 될 것인가가 궁금하다고 한다.
필자의 진단은, 변화수가 왔기 때문에 변화를 할 것이고, 또한 사업이 어려워서 한계에 도달했을 것이라고 진단했더니, 그렇다고 대답했다.

- 진로나 직업은 자기의 사주에 어떤 성분이 필요 하느냐에 따라 결정되는데, 이 사주는 水가 우선 필요하므로 水와 관련된 직업은 물이나, 음식류와 가장 가까운데, 이 남자는 官星인 木이 약신이라 주로 목재를 다루는 인테리어사업을 하고 있으므로 운명에 맞는 업종을 선택했다.

(5) 사주에 木과 火가 필요하므로 의류사업을 하겠단다

(가락동 거주)

| 63 | 53 | 43 | 33 | 23 | 13 | 3 | | 時柱 | 日柱 | 月柱 | 年柱 | |
|----|----|----|----|----|----|----|----|----|----|----|----|----|
| 丁 | 丙 | 乙 | 甲 | 癸 | 壬 | 辛 | 大 | 癸 | 庚 | 庚 | 乙 | 여 |
| 亥 | 戌 | 酉 | 申 | 未 | 午 | 巳 | 運 | 未 | 戌 | 辰 | 巳 | 자 |

- 사주의 구조는, 뱀띠 해의 늦봄에 자신을 나타내는 글자를 무쇠에 비유해 해석하는 庚金으로 태어나 도와주는 세력이 많으므로 신강한 사주다.
신강한 무쇠는 큰 무쇠를 의미하고, 무쇠는 火로 제련을 해야 좋기

때문에 火가 가장 필요하고, 木이 그 다음으로 필요하며, 戌土와 未
土는 지장간에 火를 품고 있으므로 중간역할을 하고, 庚金과 辰土는
흉신이며, 癸水가 病神이다.

- 여자 사주에 食傷이 干上에 나타나면, 官을 剋하므로 부부관계가 나
  쁜데, 이 사주의 경우 남자를 나타내는 글자가 巳火로 庚金을 녹이는
  불이 아니기 때문에 이 命主의 눈에는 항상 불만족스러운 남편이고,
  더군다나 戌未刑, 辰戌沖으로 日支가 깨졌기 때문에 이혼하며, 애인
  을 두고 살 팔자다.

- 이 사주에 필요한 기운이 火와 木인데, 火는 시각적인 것이므로 디자
  인이고, 木은 실이라 의류인데, 올해 회사를 그만두고 의류사업을 하
  고 싶다며 상담을 받으려고 왔었다.

(6) 乙木은 예술성이 있다

(방이동 거주)

| 65 | 55 | 45 | 35 | 25 | 15 | 5 | | 時柱 | 日柱 | 月柱 | 年柱 | |
|----|----|----|----|----|----|----|----|----|----|----|----|----|
| 癸 | 甲 | 乙 | 丙 | 丁 | 戊 | 己 | 大 | 己 | 乙 | 庚 | 庚 | 坤 |
| 酉 | 戌 | 亥 | 子 | 丑 | 寅 | 卯 | 運 | 卯 | 卯 | 辰 | 午 | 命 |

- 辰月의 乙木이 신약하나 乙庚合을 하고 있고, 乙木은 습木이므로 자
  라기 위해서는 水도 필요하지만 金을 막아줄 火가 더 좋다.

- 乙木은 넝쿨나무라 藤羅契甲하는 특성이 있고, 잘 굽어지는 특성 때
  문에 예술성이 있는데, 더군다나 卯木이 두 개나 있는데, 이것은 桃
  花殺이고, 午火도 桃花殺이면서 문창성이므로 예술성이 강하다.
- 예고를 졸업했으며, 官星인 庚金과 2번에 걸쳐서 合을 하고 있는 구조인
  데, 官星이 旺해서 病이 되면 망상이므로 망상에 젖어있는 사람이다.
- 학운기의 대운은 좋으나 고등학교 때의 歲運이 丁亥, 戊子, 己丑으로
  좋지 않기 때문에 3수를 하고 있다.

(7) 乙木이 용신이므로 의류업에 인연이다

(용산구 거주)

| 62 | 52 | 42 | 32 | 22 | 12 | 2 | | 時柱 | 日柱 | 月柱 | 年柱 |
|----|----|----|----|----|----|----|----|----|----|----|----|
| 壬 | 辛 | 庚 | 己 | 戊 | 丁 | 丙 | 大 | 庚 | 丁 | 乙 | 戊 |
| 戌 | 酉 | 申 | 未 | 午 | 巳 | 辰 | 運 | 戌 | 未 | 卯 | 戌 命 |

- 卯月에 丁火가 年柱에 戊戌 土가 있고, 日支에 未土, 時支에 戌土로 食傷이 너무 많아서 신약하기 때문에 木이 용신이다.
- 印星을 용신으로 쓰므로 평소에는 마음씨가 좋은 듯하지만 食傷이 病神이므로 거짓이 많고, 가식적인 삶을 산다.

- 午 대운까지는 좋아서 대형 무역회사에서 의류를 담당했었으나, 己未대운말에 戌未刑殺이 작용하므로 부인과 날마다 싸워서 경찰서에 가는 일이 잦더니 97 丁丑年에 丑戌未三刑殺이 작용하므로 부인을 폭행해서 별거를 했으며, 戊寅年에 부인의 고소로 결국 구속되었다가 살고 나왔다.

- 이 命主는 食傷이 많아서 거짓이 많은데, 본 처와 별거를 하는 동안 강남에서 대형 피부샵을 운영하는 미모의 여인을 만나 동거하던 중에 구속되는 바람에 그 여인과도 끝났다.

- 구치소에서 풀려나자마자 또 다른 여인을 만나 엄청난 사업을 한다고 떠들고 다녔으나 이미 운은 끝난 후라서 실현 가능성이 전혀 없을 뿐만 아니라 그 여인도 떠났을 것이다.

(8) 乙木일주라서 옷가게에 근무한다

(청파동 거주)

| 69 | 59 | 49 | 39 | 29 | 19 | 9 | | 時柱 | 日柱 | 月柱 | 年柱 |
|----|----|----|----|----|----|----|----|----|----|----|----|
| 壬 | 癸 | 甲 | 乙 | 丙 | 丁 | 戊 | 大 | 庚 | 乙 | 己 | 甲 |
| 戌 | 亥 | 子 | 丑 | 寅 | 卯 | 辰 | 運 | 辰 | 丑 | 巳 | 子 命 |

- 개명을 하기 위해서 온 손님이다.
- 巳月에 乙木이 신약한데, 木은 乙庚合, 甲己合했으므로 水가 용신이
  고, 木이 길신이며, 金이 病이고, 火가 藥이며, 土는 흉신이다.

- 고등학교를 졸업한 후, 乙木은 실이라 의류와 인연이므로 동대문 시
  장에서 옷가게 종업원으로 일하다가 辛卯年 여름부터는 삼성역 무역
  회관 지하상가에서 옷가게 종업원으로 일한다.

- 子水는 印星으로 모친이고, 丑土는 財星으로 부친인데, 이 사주에는 土
  가 丑辰破되어 손상을 입었고, 子水 모친은 丑土와 子丑合을 하고, 子
  辰으로 辰土와도 합을 하므로 이 사주의 구조로만 보면, 모친이 바람을
  피웠거나 모친의 요구 때문에 이 命主의 부모가 이혼을 했을 것이라고
  추정할 수 있는데, 이 命主가 5살 때 부모가 이혼했다고 한다.

- 官星이 病이므로 남자와의 관계가 불편한 운명인데, 庚寅年에 乙庚
  合하고, 庚金이 長生하고 있는 巳火를 寅巳刑하므로 사귀던 남자와
  헤어졌다고 한다.

(9) 의류디자이너가 되고 싶다는 초등학생 사주

| 61 | 51 | 41 | 31 | 21 | 11 | 1 |  | | 時柱 | 日柱 | 月柱 | 年柱 | |
|----|----|----|----|----|----|----|----|----|----|----|----|----|----|
| 戊 | 丁 | 丙 | 乙 | 甲 | 癸 | 壬 | 大 | | 乙 | 壬 | 辛 | 癸 | 여 |
| 辰 | 卯 | 寅 | 丑 | 子 | 亥 | 戌 | 運 | | 巳 | 子 | 酉 | 未 | 자 |

- 사주의 구조는, 양띠 해의 한가을에 자신을 나타내는 글자를 강물에
  비유해 해석하는 壬水로 태어나 도와주는 세력으로 癸水 1개와 金이
  2개 더 있으므로 신강한 사주다.
  한 가을생이라 기온이 낮고, 水가 많아서 신강하므로 더욱 기온이 낮
  기 때문에 火가 가장 필요하고, 木이 그 다음으로 필요하며, 화기를
  가진 未土는 약신이고, 金은 흉신이다.

- 초년 대운이 나쁘고, 앞으로 오는 고등학교 때의 운도 따라주지 않으
  므로 공부에는 인연이 없다.


- 이런 사주로 태어난 사람들은 돈에 관심이 있으므로, 나중에 사업을
  하게될 것인데, 직업인으로는, 火가 가장 필요하기 때문에 火와 관련
  된 직업군을 생각해야 하는데, 火와 관련된 직업군은 방송, 광고, 홍
  보, 디자인, 에너지, 화학, 전기, 전자이고, 드물게는 물리학도 있는
  데, 이 아이는 의류 디자이너가 되고 싶어 한다고 한다.


- 그러면, 이 아이가 왜 의류디자이너가 되고 싶어 할까를 보자.
  五行에서 火는 시각적인 것이고, 빛과 관련된 업종으로, 위에서 열거
  한 부분 중 디자인이 이에 해당하고, 또, 이 사주에서 火 다음으로 木
  이 필요한데 木은 실이므로 의류라서 두 가지 뜻을 합하면 의류 디자
  인이 되므로 이 아이가 의류 디자이너가 되겠다고 하는 것이 맞다.


(10) 의류유통업

(종로구 거주)

| 61 | 51 | 41 | 31 | 21 | 11 | 1 |  |  | 時柱 | 日柱 | 月柱 | 年柱 |  |
|----|----|----|----|----|----|----|---|---|------|------|------|------|---|
| 癸 | 甲 | 乙 | 丙 | 丁 | 戊 | 己 | 大 |  | 乙 | 癸 | 庚 | 辛 | 乾 |
| 未 | 申 | 酉 | 戌 | 亥 | 子 | 丑 | 運 |  | 卯 | 亥 | 寅 | 亥 | 命 |

- 아들 이름 지으려고 온 사람이다.
- 寅, 卯木이 용신이므로 의류유통업을 하는 사람인데, 어린이옷을 해
  서는 재미를 못 봤는데, 庚寅年부터 해외를 무대로 다시 시작해보려
  고 한다.
- 마누라가 회계사다.

(11) 인테리어 기술자(목수)

(문정동 거주)

| 61 | 51 | 41 | 31 | 21 | 11 | 1 |  | 時柱 | 日柱 | 月柱 | 年柱 |  |
|----|----|----|----|----|----|----|----|----|----|----|----|----|
| 辛 | 壬 | 癸 | 甲 | 乙 | 丙 | 丁 | 大 | 丁 | 甲 | 戊 | 己 | 乾 |
| 酉 | 戌 | 亥 | 子 | 丑 | 寅 | 卯 | 運 | 卯 | 辰 | 辰 | 未 | 命 |

– 이 사주의 구조는, 辰月에 甲木이 土가 많아서 신약하므로 木이 용신
  이고, 火가 길신이며, 土가 病神이고, 水는 凶神이다.

– 여기서, 이 사주가 신약한데 왜, 水가 閑神이냐고 의문을 가진 독자
  들이 많을 것인데, 이 사주의 구조를 보면, 月令이 辰月인데다가 濕
  木인 卯木이 있고, 辰土가 두 개 있어서 水는 어느 정도 충족이 되었
  으므로 水보다는 火가 더 필요하다.
  왜냐하면, 봄 나무는 꽃이 피어야 하기 때문이다.
  또한, 짧은 생각으로 火가 오면 신약한 木의 기운을 洩氣시켜서 이
  사주에 病인 土를 생해주어 나쁘다고 생각해서는 안 된다.
  분명한 것은 사주는 자연의 이치에 견주어 설명한 학문이기 때문
  에 봄에 나무가 어떤 모습이어야 가장 아름다운가를 생각하면 답
  이 나온다.

– 이 男命의 고등학교 때 歲運을 보면, 고 1때가 95 乙亥, 丙子, 丁丑年
  으로 흘렀으므로 운이 좋지 않아 공부를 안 해서 고등학교만 졸업했
  으며, 火가 용신인데, 여기서, 火는 傷官으로 기술에 해당하는데, 日
  干인 木을 이용한 기술이라 인테리어 가게의 직원으로 근무 중인데,
  목수 일을 한다고 한다.

– 또한, 현재의 대운이 甲子대운으로 근근히 살아가고 있다고 한다.
  따라서, 위에서 설명한대로 이 사주가 신약하기 때문에 水를 길신으
  로 보면, 고등학교 때 공부도 잘 해야 하고, 현재의 실정이 좋아야 하
  는데, 오히려 좋지 않았음을 이 命主가 증명해 주었다.

- 또한, 土가 病이면서 日支가 辰辰自刑을 하고 있으므로 부인의 기세
  가 남편보다 더 세기 때문에 자주 다툰다고 한다.
  財多身弱이기 때문이며, 또, 地支의 辰土와 未土속 속에는 劫財인 乙
  木이 모두 들어있어 마누라가 바람나기 쉽다.


(12) 조경전문가

(하남시 가주)

| 64 | 54 | 44 | 34 | 24 | 14 | 4 | | 時柱 | 日柱 | 月柱 | 年柱 | |
|---|---|---|---|---|---|---|---|---|---|---|---|---|
| 乙 | 甲 | 癸 | 壬 | 辛 | 庚 | 己 | 大 | 辛 | 丁 | 戊 | 丙 | 乾 |
| 巳 | 辰 | 卯 | 寅 | 丑 | 子 | 亥 | 運 | 丑 | 卯 | 戌 | 申 | 命 |

- 신약하고, 食傷인 土가 많아서 木을 용신으로 썼기 때문에 조경사업
  과 잘 맞는데, 건설회사에서 조경기술자로 일하다가 己丑年 퇴사하
  고 조경사업을 하고 있다.

- 이 사주의 특징은 丁火일간이 辛金 財를 剋하고 있는 구조라 辛金 財
  의 입장에서 보면 무척 스트레스를 받을 수 있다.
  그러나, 다행인 것은 日支 妻宮에 용신을 갖고 있어서 마누라와 아웅
  다웅하면서 살아간다.

- 또, 辛金 財의 입장에서 보면 丁火 官星은 辛金을 녹이려하므로 싫고,
  멀리있는 丙火 官星이 좋은데, 丙火는 옛날 애인이기 때문에 이런 사주
  구조는 부인이 현재의 남편보다는 옛날 애인을 그리며 살게 된다.


(13) 한복디자이너

(풍남동 거주)

| 64 | 54 | 44 | 34 | 24 | 14 | 4 | | 時柱 | 日柱 | 月柱 | 年柱 | |
|---|---|---|---|---|---|---|---|---|---|---|---|---|
| 甲 | 乙 | 丙 | 丁 | 戊 | 己 | 庚 | 大 | 戊 | 辛 | 辛 | 庚 | 坤 |
| 戌 | 亥 | 子 | 丑 | 寅 | 卯 | 辰 | 運 | 戌 | 卯 | 巳 | 申 | 命 |

- 한복디자인을 전공하고 디자이너 일을 하고 있다.
- 辛卯年 32세 미혼으로, 官을 싫어하므로 결혼할 생각을 안한다.


- 木이 용신, 水가 길신, 金이 病, 土가 흉신이며, 財가 木인데, 木은 실
  이므로 의류로, 이 命主는 한복을 취급한다.
- 이 命主와 같이 온 엄마한테 이 딸한테 가게를 얻어준다던가 투자를
  하세요라고 했더니 그 엄마 하는 말이 '얘는 가게도 자기가 마련했습
  니다' 라고 대답했다.


(14) 꽃나무가 예술성이 있어서 댄스 강사로 일한다

(마포구 거주)

| 62 | 52 | 42 | 32 | 22 | 12 | 2 | | 時柱 | 日柱 | 月柱 | 年柱 | |
|----|----|----|----|----|----|----|---|------|------|------|------|---|
| 戊 | 丁 | 丙 | 乙 | 甲 | 癸 | 壬 | 大 | 己 | 乙 | 辛 | 辛 | 여 |
| 申 | 未 | 午 | 巳 | 辰 | 卯 | 寅 | 運 | 卯 | 亥 | 丑 | 卯 | 자 |

- 사주의 구조는, 토끼띠 해의 늦겨울에 자신을 나타내는 글자를 꽃나
  무에 비유해 해석하는 乙木으로 태어나 도와주는 세력이 많으므로
  신약한 사주다.


- 겨울에 태어난 乙木은 신강, 신약을 떠나서 춥기도 하고, 辛金 두 개
  가 乙木을 공격하고 있으므로 火가 우선 필요하지만 나타나지 않았
  기 때문에 木이 용신이고, 火가 길신이며, 濕土가 凶神이고, 金이 병
  신이고, 운에서 오는 水흉신이다.


- 진로나 직업은 자기의 사주에 어떤 성분이 필요하느냐에 따라 결정
  되기도 하고, 殺로 구분하기도 하며, 이런 사주의 경우는 日干으로도
  볼 수 있는데, 乙木은 그 생김새가 하늘을 나는 새와 같아서 몸놀림
  이 유연해서 예술 또는 예능에 인연이 있으므로 이 女命은 댄스 강사
  로 일하고 있다.
  그런데, 이 사주에 火가 나타나 있다면 더욱 좋을 것인데 없는 것이

아쉬운데, 卯木 桃花殺이 있어서 직업상 그나마 좋다.


2) 火에 맞는 직업


(1) 내 꿈은 배우다

(창천동 거주)

| 80 70 60 50 40 30 20 10 | | 時柱 日柱 月柱 年柱 | |
|---|---|---|---|
| 乙 甲 癸 壬 辛 庚 己 戊 大 | | 戊 乙 丁 甲 | 남 |
| 酉 申 未 午 巳 辰 卯 寅 運 | | 寅 巳 丑 子 | 자 |


- 이 사주는 추위가 매서운 늦겨울에 자신을 나타내는 글자를 꽃나무에 비유해 해석하는 乙木으로 태어났는데, 자신의 힘이 강하고, 木을 생해 주는 水氣도 많아서 자기의 힘이 다소 강한 신강사주로 해석한다. 사주학은 자연의 이치에 맞게 만들어진 학문이며, 자연이 조화와 균형이 잘 어우러져 돌아가는 것처럼 사주도 조화와 균형이 잘 맞아야 좋은 사주다.


- 초봄에 태어난 木은 신강하면 신강 할수록 냉해지기 때문에 火가 와서 따뜻하게 해줘야 나무(木)에 꽃이 피고 열매를 맺을 수 있기 때문에 좋을 뿐만 아니라 조화와 균형이 맞다.


- 사주가 이런 구조로 태어나면 인간성이 곱고 부드러우며, 인정이 많고, 특히, 꽃나무(木)는 예술성이 발달했는데, 더군다나 火(불)를 보았으므로 그 예술성을 꽃피울 수 있는 자질이 강하다는 것을 나타내므로 연기 등 예술인으로 대성이 예고되어 있는 좋은 사주다.


- 따라서, 운에서 火(불)운과 木(나무)운이 올 때 발전하게 되며, 이런 성분들을 넣어 이름을 지어주는 것이 좋다.
  운의 흐름을 보면, 초년부터 사주에서 필요로 한 木운에서 시작해 火운으로 흘러가므로 좋은데, 특히, 40대 이후부터 크게 발전하여 성공한 삶을 살게 된다.


(2) 모델

(평창동 거주)

| 62 | 52 | 42 | 32 | 22 | 12 | 2 | | 時柱 | 日柱 | 月柱 | 年柱 | |
|---|---|---|---|---|---|---|---|---|---|---|---|---|
| 甲 | 乙 | 丙 | 丁 | 戊 | 己 | 庚 | 大 | 癸 | 丙 | 辛 | 癸 | 乾 |
| 寅 | 卯 | 辰 | 巳 | 午 | 未 | 申 | 運 | 巳 | 午 | 酉 | 亥 | 命 |

- 酉月에 丙火가 年柱가 癸亥 水이고, 月柱가 辛酉 金이며, 時上에도
  癸水가 있어서 신약하다.

- 日干이 丙火라 밝고 휜한데다가 月柱의 辛金 財星과 日干인 丙火가
  丙辛合을 하고 있는 구조인데, 이는 태양이 거울 반사체에 비추어 번
  쩍 번쩍 빛이 나고 있는 형상과 같아 인물이 잘생겼음을 나타나고 있
  으며, 辛金은 財星으로 여자이므로 여자와 合을 하고 있기 때문에 일
  찍부터 여자가 따르는 사주이고, 또, 辛金은 財星으로 돈이므로 사업
  과 인연이다.

- 그런데, 이 命主는 대학에서 경영학을 공부하다가 돌연 중퇴를 하고
  모델로 활동을 하면서 인터넷사업을 겸하고 있다.
- 대운이 火運에서 木運으로 흘러서 신약함을 보완해주고 있기 때문에
  운의 흐름이 좋다.


(3) 모델이 직업이다

(중구 거주)

| 68 | 58 | 48 | 38 | 28 | 18 | 8 | | 時柱 | 日柱 | 月柱 | 年柱 | |
|---|---|---|---|---|---|---|---|---|---|---|---|---|
| 己 | 戊 | 丁 | 丙 | 乙 | 甲 | 癸 | 大 | 戊 | 乙 | 壬 | 壬 | 乾 |
| 酉 | 申 | 未 | 午 | 巳 | 辰 | 卯 | 運 | 寅 | 丑 | 寅 | 戌 | 命 |

- 寅月에 태어난 乙木이 신왕한데다가 乙木은 火를 가장 좋아하므로 寅

중 丙火가 용신, 土가 藥 길신이며, 水가 凶神, 丑土 흉신, 戌土 길신
이다.


- 대학을 중퇴하고 엔터테인먼트 회사에 소속해 활동을 하다가 그 회사
  가 부도가 난 후 쉬고 있다.
- 壬辰生 여자가 후원을 하려고 한다.


(4) 방송사 리포터

(천호동 거주)

| 65 | 55 | 45 | 35 | 25 | 15 | 5 | | 時柱 | 日柱 | 月柱 | 年柱 | |
|----|----|----|----|----|----|----|----|----|----|----|----|----|
| 癸 | 甲 | 乙 | 丙 | 丁 | 戊 | 己 | 大 | 丁 | 庚 | 庚 | 庚 | 여 |
| 酉 | 戌 | 亥 | 子 | 丑 | 寅 | 卯 | 運 | 亥 | 午 | 辰 | 戌 | 자 |

- 사주의 구조는, 개띠 해의 늦봄에 자신을 나타내는 글자를 무쇠에 비
  유해  해석하는 庚金으로 태어나 도와주는 세력이 많으므로 신강 사
  주다.
  강한 무쇠는 불(火)로 녹여서 인간에게 필요한 새로운 용기로 태어난
  것을 좋아하므로 火가 가장 필요하고, 그 다음이 木이 필요하나 없으
  며, 戌土는 괜찮으나, 辰土는 좋아하지 않으며, 水가 병신이다.

- 신강한 庚金일주는 카리스마가 강하고 의리가 있으며, 여자지만 남성적
  인 와일드한 성향을 가졌으며, 火가 있어 얌전하고 정직한 사람이다.

- 이 사주에서 특기할 것은, 火가 가장 필요하므로 좋은 남편을 만나
  행복한 생활을 할 것 같지만, 日干에 비해 火가 약한데다가 간상에
  나타난 丁火가 죽어있는 상태에서 대운에서 水운이 와서 日支 남편
  궁에 있는 午火를 충돌하여 깨므로 이혼 소송중이다.

- 자기 사주에서 무엇이 가장 필요하느냐에 따라서 직업을 갖는데, 이
  命主는 火를 필요로 하므로 火와 관련한 직업을 가졌다.

火와 관련된 직업은, 교육, 방송, 홍보, 광고, 디자인, 전기, 전자, 에너지, 화학인데, 이 命主는 유치원 교사 겸 방송사 리포터로도 일을 하고 있다.

– 그동안 남편과 큰 갈등을 빚어오다 甲午 年에 이혼소송중이다.

(5) 사주에 火를 쓰므로 방송계와 인연이다

(길동 거주)

| 62 | 52 | 42 | 32 | 22 | 12 | 2 | | | 時柱 | 日柱 | 月柱 | 年柱 | |
|---|---|---|---|---|---|---|---|---|---|---|---|---|---|
| 甲 | 癸 | 壬 | 辛 | 庚 | 己 | 戊 | 大 | | 癸 | 乙 | 丁 | 辛 | 여 |
| 辰 | 卯 | 寅 | 丑 | 子 | 亥 | 戌 | 運 | | 未 | 巳 | 酉 | 未 | 자 |

– 사주의 구조는, 양띠 해의 한가을에 자신을 나타내는 글자를 꽃나무에 비유해 해석하는 乙木으로 태어나 도와주는 세력으로 癸水 하나밖에 없어서 매우 신약한 사주다.

– 한 가을생이라 기온이 떨어졌지만, 신약한 乙木일주이므로 木이 가장 필요하고, 조후가 어느 정도 되어있고 매우 신약하므로 水가 필요하며, 金이 病神이므로 火를 약신으로 쓰고, 未土는 未중에 乙木이 들어있어 일정 부분 乙木의 뿌리역할도 하므로 길신 작용도 한다.

– 이 命主는 乙木일주가 藥神인 火를 보았기 때문에 두뇌가 좋고, 고등학교 때의 운이 水운이었으므로 공부를 잘해서 명문대인 K대 사학을 전공하고 있으나, 진로에 대한 생각이 바뀌어 방송국이나, 엔터테인먼트 분야로 취업을 하려고 상담을 온 학생사주다.

– 그러면, 이 命主가 가고자 하는 방향이 맞는지를 보자.
이 사주는, 乙巳일주로 孤鸞殺이라서 밤이 외롭고 고독한 사주이므로 결혼 후 이혼을 할 가능성이 매우 높다.

孤鸞殺이라도 남편을 나타내는 官星이 길신작용을 한다면 결혼생활을 할 수도 있으나, 이 사주는 官星인 金이 病神이므로 더욱 나쁘다. 또한, 가을 꽃나무에 火를 보아 꽃이 활짝 피었으므로 향기가 진동하고 아름다운 꽃이므로 인물이 잘 생겼으나 남편 복이 없게 생긴 얼굴상이었다.

따라서, 사주에 火를 藥神으로 쓰므로 방송계와 인연이고, 얼굴상으로 봐서도 방송계와 인연이라고 판단하였다.

(6) 엔터테인먼트 부부

(고덕동 거주)

남편사주

| 61 | 51 | 41 | 31 | 21 | 11 | 1 | | 時柱 | 日柱 | 月柱 | 年柱 | |
|----|----|----|----|----|----|----|---|------|------|------|------|---|
| 乙 | 丙 | 丁 | 戊 | 己 | 庚 | 辛 | 大 | 癸 | 丙 | 壬 | 己 | 乾 |
| 丑 | 寅 | 卯 | 辰 | 巳 | 午 | 未 | 運 | 巳 | 辰 | 申 | 酉 | 命 |

- 91년 辛未年 가수에 데뷔했다가 빛을 보지 못했고, 09년 결혼했으며, 庚寅年에 작곡 겸 엔터테인먼트 회사를 운영하고 있다.
- 부인은 대학에서 무용교수로 활동하고 있다.

(7) 엔터테인먼트 창업자 사주

(성남 거주)

| 69 | 59 | 49 | 39 | 29 | 19 | 9 | | 時柱 | 日柱 | 月柱 | 年柱 | |
|----|----|----|----|----|----|----|---|------|------|------|------|---|
| 庚 | 辛 | 壬 | 癸 | 甲 | 乙 | 丙 | 大 | 丙 | 己 | 丁 | 庚 | 여 |
| 辰 | 巳 | 午 | 未 | 申 | 酉 | 戌 | 運 | 寅 | 未 | 亥 | 戌 | 자 |

- 사주의 구조는, 개띠 해의 초겨울에 자신을 나타내는 글자를 야산의 흙에 비유해 해석하는 己土로 태어나 도와주는 세력이 많으므로 신강한 사주다.

- 이 命主가 태어난 계절이 절기상 초겨울이지만, 한겨울이 되기 직전
  이라 기온이 낮은데다 寅木을 기를 구조를 갖고 있는데, 신강하고,
  火가 많아 조후가 되어 있는듯하지만 火가 더 필요하고, 木이 그 다
  음으로 필요하며, 土는 한신이고, 金과 水는 흉신이다.

- 초년 金운이 약했기 때문에 일찍 공부를 끝내지 못하고 올해 박사학
  위를 딸 계획이라고 한다.
  그러나, 이런 사주는 火가 가장 필요하다고는 하지만 조후가 어느 정
  도 되어 있기 때문에 운에서 金과 水가 온다 해도 별 탈이 없다.

- 이 사주에 火를 가장 필요로 하므로 火와 관련된 직업을 선택하게 되
  는데, 火는 빛이요 시각적인 것이므로 방송과 관련되어 있어 배우나
  가수 등을 배출할 엔터테인먼트학원 설립을 상의하기 위해서 왔던
  사람이다.

(8) 연극영화과를 졸업했는데 끼가 없어서 배우는 싫단다

| 65 | 55 | 45 | 35 | 25 | 15 | 5 | | | 時柱 | 日柱 | 月柱 | 年柱 | |
|----|----|----|----|----|----|----|----|----|----|----|----|----|----|
| 戊 | 丁 | 丙 | 乙 | 甲 | 癸 | 壬 | 大 | | 戊 | 甲 | 辛 | 癸 | 坤 |
| 辰 | 卯 | 寅 | 丑 | 子 | 亥 | 戌 | 運 | | 辰 | 寅 | 酉 | 亥 | 命 |

- 자신이 잠실동에 사는데, 사주를 보러왔는데, 당시 29세로 키가 171
  센치에 아주 예쁜 여성이었다.
  한 눈에 봐도 연예인 같은 느낌이 들었는데, 사주를 빼보니까 日主가
  甲寅이었고, 문곡성이 있으나 火가 없어서 재능이 없다.

- 서일대 영극영화과를 졸업했으나 배우가 싫고, 사귀는 남자마다 속
  을 썩이며, 辛卯年에도 아무 말 없이 헤어졌는데, 서로 정리해야 할
  돈도 있고, 물건도 있는데, 연락이 끊겨 궁금해서 왔다고 했다.
  남자와의 관계를 보니 寅酉怨嗔殺이고, 官星이 病이라서 남자 복이

없고, 남자 사주를 보니 40대에는 어차피 헤어질 운이라 그만 잊으
라고 권유했다.

- 연극영화과를 졸업했어도 워낙 보수적인 성격이고 끼가 없어서 배우
  가 싫고, 甲寅일주는 孤鸞殺이며, 시집이나 가고 싶단다.
  그래서, 필자가 하는 말이 "지금 고객께서 시집을 가고 싶어 하는 것
  은 내가 보기에는 현실을 도피하고 싶어서일 것"이라고 했더니 "그
  런 측면도 있습니다."하고 했고, 연예계가 싫으면 의류사업을 해보
  라고 권유를 했더니 자기 아버지가 의류 디자이너이면서 의류사업을
  하고 있다고 했다.

- 그런데, 이 여자의 성격을 보니 甲木일주라 보수적인데다가 끼를 발
  산할 수 있는 食傷인 火가 支藏干에 있을 뿐 노출되지 않았기 때문
  에 필자가 하는 말이 "고객께서는 보수적인 성격이고, 표현력이 약
  해서 끼가 없기 때문에 연예계에서 출세하기는 어렵겠다"고 했더니
  그 고객의 하는 말이 "그렇지 않아도 아무 남자와 술도 마셔야 하고,
  춤도 춰야하는 연예계가 너무 싫은데, 지금까지 그 공부만 해왔고,
  엄마가 강요를 하기 때문에 죽겠다"고 하소연을 했다.

- 사주에 官星이 病이고, 日支와 寅酉怨嗔을 하고 있어서 "아가씨는 남
  자 복이 없고, 庚寅年과 辛卯年에 남자와 싸우고 헤어졌겠소" 했더니
  고객의 대답이 "예, 저는 남자들이 한 두 명이 꼬인 게 아니고, 5-6
  명이 한꺼번에 꼬여서 귀찮게 하고, 또, 남자만 사귀면 다투고 헤어
  진다"고 하소연했다.

- 가족관계는 엄마는 年柱에 있는데, 官星이 가로 막고 있어서 멀리있
  고, 아버지와는 地支에 寅辰으로 半合하고 있으며, 아버지와 엄마는
  멀리 떨어져 있을 뿐만 아니라 辰亥怨嗔, 鬼門작용을 하고 있으므로
  부모가 이혼을 해서 엄마는 경기도에 살고 있고, 아버지는 서울에서
  각각 생활하고 있다고 했다.

(9) 연기지망생

(강동구 거주)

| 67 | 57 | 47 | 37 | 27 | 17 | 7 | | | 時柱 | 日柱 | 月柱 | 年柱 | |
|---|---|---|---|---|---|---|---|---|---|---|---|---|---|
| 乙 | 甲 | 癸 | 壬 | 辛 | 庚 | 己 | 大 | | 癸 | 丙 | 戊 | 庚 | 乾 |
| 酉 | 申 | 未 | 午 | 巳 | 辰 | 卯 | 運 | | 巳 | 辰 | 寅 | 申 | 命 |

- 火 용신인데 火는 방송, 언론과의 인연이라서 연기지망생이나 桃花殺이 없어 아쉽고, 辛卯年 32살 때까지 운이 없어 오디션에 떨어졌다.
- 학운이 나빠서 3류 대학을 나왔다고 하며, 印星이 寅申沖되어 공부와 인연이 없고, 身弱하여 인내심이 없다.

- 寅申沖되어 학문이 깨졌으므로 뒷심이 약하고 身弱하여 체력이 약해서 오랫동안 책상에 앉아있을 수가 없기 때문에 쉽게 지쳐 장시간 공부를 할 수 없다.
- 또, 寅申沖은 役馬沖이라서 가만히 앉아 있을 수 없어 산만하고, 운동을 좋아한다.


(10) 영화감독

(천호동 거주)

| 62 | 52 | 42 | 32 | 22 | 12 | 2 | | | 時柱 | 日柱 | 月柱 | 年柱 | |
|---|---|---|---|---|---|---|---|---|---|---|---|---|---|
| 戊 | 丁 | 丙 | 乙 | 甲 | 癸 | 壬 | 大 | | 壬 | 癸 | 辛 | 丙 | 乾 |
| 申 | 未 | 午 | 巳 | 辰 | 卯 | 寅 | 運 | | 子 | 巳 | 丑 | 午 | 命 |

- 火를 용신으로 쓰므로 미디어와 인연이 있어 영화감독 일을 하는데, 돈이 없다.
- 日支 巳火가 巳丑合을 해서 변했고, 丙火가 辛金과 합을 해서 변했고, 木이 없어 水火相헨이라 돈이 따라주지 않고, 여자들이 배신을 잘 하는 사주다.

(11) 오락프로그램 PD

(성남 거주)

| 65 | 55 | 45 | 35 | 25 | 15 | 5 | | | 時柱 | 日柱 | 月柱 | 年柱 | |
|----|----|----|----|----|----|---|---|---|------|------|------|------|---|
| 壬 | 癸 | 甲 | 乙 | 丙 | 丁 | 戊 | 大 | | 壬 | 辛 | 己 | 庚 | 坤 |
| 申 | 酉 | 戌 | 亥 | 子 | 丑 | 寅 | 運 | | 辰 | 卯 | 卯 | 申 | 命 |

- 방송사 외주 오락PD로 근무를 하다가 己丑年에 공부를 더 하겠다고 그만두었다.

- 用神이 傷官이고, 사주에 남자인 官星이 없어 남자 복이 없는 형이라 선을 몇 번 봤으나 아직까지 시집갈 생각이 많지는 않다.

- 癸巳, 甲午年이 오면 남자가 나타날 것이라고 했다.


(12) 사진관을 운영한다

(도봉구 거주)

| 63 | 53 | 43 | 33 | 23 | 13 | 3 | | | 時柱 | 日柱 | 月柱 | 年柱 | |
|----|----|----|----|----|----|---|---|---|------|------|------|------|---|
| 乙 | 丙 | 丁 | 戊 | 己 | 庚 | 辛 | 大 | | 庚 | 丙 | 壬 | 己 | 乾 |
| 丑 | 寅 | 卯 | 辰 | 巳 | 午 | 未 | 運 | | 寅 | 辰 | 申 | 未 | 命 |

- 申月에 丙火가 寅木의 생을 받고 있고, 年支 未土에 근기가 있지만 신약한데, 신약하게 된 주요 요인이 金 水가 왕하고, 地支에 申辰水局을 이루고 있으므로 金이 病이고, 水도 흉신이며, 木이 용신이다.

- 초년 대운이 火運으로 길신이 들어왔으나 고등학교 때의 歲運이 乙亥, 丙子, 丁丑으로 水運을 만나 공부를 잘 하지 못해서 대학을 가지 못했으며, 6년 후인 甲戌年에 영국으로 유학을 가 사진기술을 배우고 귀국하여 사진관을 운영하고 있는데, 사진관은 日主가 火이고, 火가 필요해서 사진과 인연이다.

(13) ○○전자 컴퓨터분야 연구원

(마포구 거주)

| 67 | 57 | 47 | 37 | 27 | 17 | 7 |  |  | 時柱 | 日柱 | 月柱 | 年柱 |  |
|----|----|----|----|----|----|----|----|----|----|----|----|----|----|
| 丙 | 丁 | 戊 | 己 | 庚 | 辛 | 壬 | 大 |  | 丁 | 乙 | 癸 | 乙 | 乾 |
| 子 | 丑 | 寅 | 卯 | 辰 | 巳 | 午 | 運 |  | 丑 | 亥 | 未 | 卯 | 命 |

- 未月에 乙木이 신왕하므로 火가 용신이다.
- 고등학교 때 성적이 좋지 않아 다른 대학에 다니다가 반수해서 이화
  여대를 다시 들어갔다.

- 유명전자 컴퓨터분야 연구원으로 庚寅年에 33살인데 같은 연구원인
  남자와 궁합을 보려고 왔었다.


(14) ○○화학 부사장출신

(종로 거주)

| 67 | 57 | 47 | 37 | 27 | 17 | 7 |  |  | 時柱 | 日柱 | 月柱 | 年柱 |  |
|----|----|----|----|----|----|----|----|----|----|----|----|----|----|
| 辛 | 壬 | 癸 | 甲 | 乙 | 丙 | 丁 | 大 |  | 庚 | 庚 | 戊 | 辛 | 乾 |
| 卯 | 辰 | 巳 | 午 | 未 | 申 | 酉 | 運 |  | 辰 | 戌 | 戌 | 巳 | 命 |

- 戌月에 庚金이 신왕한데 戌月의 庚金은 다 자란 金이므로 火로 녹여
  주는 것을 가장 좋아한다.

- 유명화학 부사장 출신으로 61세에 퇴직하고 중국에서 메트리스 제작
  사업을 하고 있는데, 火용신, 木길신이라서 04년부터 09년까지는 어
  려웠으며, 辛卯年 71세인데, 재투자를 하려고 그동안 모아둔 돈을 갖
  고 중국에 갔다.

- 이 사주는 원래 사업가 사주가 아니고, 조직성 직장의 리더의 기질로
  태어났기 때문에 火운에는 조직성 직장생활을 했지만, 나이 들어서
  財星운이 들어오므로 사업가로 변신했다.

- 이 命主의 부인이 사주를 보러 온 것인데, 출생시간이 오전 9시인지
  10시인지 모른다고 해서 사주를 세워보니까 日支와 時支가 辰戌沖이
  보여서 부부 관계를 진단해본 바 젊어서부터 부부가 떨어져 살고 있
  는 점 등의 사유를 봐서 辰時가 맞다고 진단했다.


(15) 공군 파일럿 사주

(인천 거주)

| 62 | 52 | 42 | 32 | 22 | 12 | 2 | | 時柱 | 日柱 | 月柱 | 年柱 | |
|----|----|----|----|----|----|----|----|----|----|----|----|----|
| 丙 | 乙 | 甲 | 癸 | 壬 | 辛 | 庚 | 大 | 乙 | 己 | 己 | 丙 | 남 |
| 午 | 巳 | 辰 | 卯 | 寅 | 丑 | 子 | 運 | 亥 | 卯 | 亥 | 寅 | 자 |

- 乙未年 초가을에 命主의 장모가 가지고 온 남자 사주로 공군파일럿이
  라고 한다.
- 사주의 구조는, 범띠 해의 초겨울에 자신을 나타내는 글자를 야산에
  비유해 해석하는 己土로 태어나 도와주는 세력이 약하므로 신약한
  사주다.


- 겨울에 태어난 己土라 추운데다가 길러야할 나무가 너무 많으므로 우
  선  火가 더 필요하고, 그 다음에 土도 필요하며, 木이 病神이고 水가
  흉신이다.
- 身弱한 日干을 官星인 木의 剋이 심하므로 매우 예민한 성격이고, 사
  주가 이런 구조가 되면 아이큐가 140 이상으로 높다.


- 진로나 직업은 자기의 사주에 어떤 성분이 필요하느냐에 따라 결정
  되는데, 이 사주는 火가 우선 필요하므로 火와 관련된 직업은 하늘과
  관련되므로 항공이나 우주분야와도 인연이고, 또 丙火가 寅木 役馬
  殺에서 나왔으므로 운수와 관련이라 군대로는 공군기 파일럿이고 민
  간분야로 나오면 여객기를 조정할 것이다.


- 이 사주는 辰 대운에 습한 土운이 와서 도움이 되지 않으므로 공군에

서 전역할 가능성이 높고, 52 巳 대운부터는 승승장구한다.

(16) 광고회사 지망생

(갈현동 거주)

| 70 | 60 | 50 | 40 | 30 | 20 | 10 | | 時柱 | 日柱 | 月柱 | 年柱 | |
|---|---|---|---|---|---|---|---|---|---|---|---|---|
| 癸 | 壬 | 辛 | 庚 | 己 | 戊 | 丁 | 大 | 乙 | 庚 | 丙 | 乙 | 여 |
| 巳 | 辰 | 卯 | 寅 | 丑 | 子 | 亥 | 運 | 酉 | 辰 | 戌 | 丑 | 자 |

- 사주의 구조는, 소띠 해의 늦가을에 자신을 나타내는 글자를 무쇠에
  비유해 해석하는 庚金으로 태어나 도와주는 세력인 酉金이 있고, 土
  가 3개나 있어서 신강한 사주다.

- 늦가을 무쇠로 태어나 신강하다는 것은 무쇠가 다 자랐으므로 火인
  용광로 속에서 제련이 되어지는 것을 좋아한다.
  따라서, 火가 가장 필요하고, 木이 그 다음으로 필요하며, 火氣를 가
  진 戌土는 좋으나, 습기를 가진 辰土와 丑土는 좋지 않다.

- 이 사주에는 丙火가 존재하고 있는데, 丙火는 본래 생명체인 木을 기
  르기 위해서 존재하므로 쇠를 녹이는 불은 아니다.
  또 이 사주에서 남편이 火인데, 이런 구조에서는 쇠를 녹일 수 있는
  丁火를 더 좋아하기 때문에 丙火가 자신인 庚金을 녹여주지 못하므
  로 庚金의 마음에 쏙 드는 남자를 만나기가 쉽지 않다.

- 또한, 日支 남편궁이 辰戌沖을 하고 있는데다가 丙火의 뿌리인 戌土
  를 丑土가 丑戌刑을 하고 있어 배우자 인연 맺기가 더욱 어렵겠고,
  인연을 맺었더라도 갈등이 많게 살아가거나, 그렇지 않으면, 떨어져
  지내는 기간이 길어야 한다.

- 이 命主는 火가 필요하므로 火와 관련된 직업군에 인연인데, 火와 관
  련된 직업은, 방송, 광고, 홍보, 교육, 디자인, 전기, 전자, 에너지분

야인데, 이 女命은 지금 막 외국계 광고회사 취업시험을 보고 왔다고
했다.
이 사주에 火가 필요하므로 합격할 운이다.

(17) 네일아트 사주

(반포 거주)

| 65 | 55 | 45 | 35 | 25 | 15 | 5 | | 時柱 | 日柱 | 月柱 | 年柱 | |
|----|----|----|----|----|----|----|----|----|----|----|----|----|
| 戊 | 己 | 庚 | 辛 | 壬 | 癸 | 甲 | 大 | 壬 | 壬 | 乙 | 壬 | 여 |
| 戌 | 亥 | 子 | 丑 | 寅 | 卯 | 辰 | 運 | 寅 | 子 | 巳 | 子 | 자 |

- 동업관계를 알아보기 위해 네일아트 일을 하고 있는 단골 고객이 지
  인의 사주를 가지고 왔다.
- 사주의 구조는, 쥐띠 해의 초여름에 자신을 나타내는 글자를 강물에
  비유해 해석하는 壬水로 태어나 도와주는 세력이 많으므로 신강한
  사주다.

- 여름에 태어난 壬水가 신강 하므로 火가 더 필요할 것 같으나, 초 여
  름생이라 기온이 높기 때문에 신강사주라 해도 乙木이 나타나있고,
  寅木도 있어 水가 더 필요하고, 그 다음 金이 필요하며, 火는 더 이상
  필요치 않다.

- 사주에 남편이 土인데, 土가 나타나있지 않고, 巳火 속에 들어있는데,
  巳火가 흉신이므로 그 속에 들어있는 戊土도 흉신이고, 傷官성이 干上
  에 나타나 있어서 木剋土를 하므로 남편과 살 수가 없기 때문에 寅 대
  운에 寅巳刑을 이루어 헤어지게 되는데, 실제로 혼자 산다고 한다.
  그러나, 寅중에 戊土가 또 있으므로 애인을 두고 살 팔자다.

(18) 무명 탈렌트

(효자동 거주)

| 62 | 52 | 42 | 32 | 22 | 12 | 2 | | | 時柱 | 日柱 | 月柱 | 年柱 | |
|----|----|----|----|----|----|----|---|---|------|------|------|------|---|
| 甲 | 乙 | 丙 | 丁 | 戊 | 己 | 庚 | 大 | | 癸 | 丙 | 辛 | 癸 | 남 |
| 寅 | 卯 | 辰 | 巳 | 午 | 未 | 申 | 運 | | 巳 | 午 | 酉 | 亥 | 자 |

- 사주의 구조는, 돼지띠 해의 한가을에 자신을 나타내는 글자를 태양
  에 비유해 해석하는 丙火로 태어나 도와주는 세력으로 巳火와 午火
  가 있으나 신약한 사주다.

- 한가을에는 곡식이나 과일을 익혀야 하고, 또 수확한 곡식을 말려야
  하기 때문에 날씨가 청명해야 좋은데, 태어난 계절이 한가을이라 기
  온이떨어졌고, 金은 구름으로 작용하며, 癸水는 비로 작용하므로 기
  상론적으로 해석하면 가을비가 너무 많이 내린 격인데다가 日干인
  丙火가 辛金과 丙辛合을 하므로 태양의 할 일을 제대로 하지 않고,
  연애를 하는 격이다.
  따라서, 火가 더 많이 필요하고, 木이 그 다음으로 필요하며, 金이 흉
  신이고, 水가 病神이다.

- 이 命主는 고등학교 때 운이 따라주지 않아서 공부를 제대로 하지 못
  해으며, 대학엔 들어갔으나 1학년 때 자퇴를 했다고 한다.

- 사주에 火가 필요하므로 火에 관련된 직업을 선택하게 되는데 무명
  탈렌트다.

(19) 뮤지컬 배우 사주

(학동 거주)

| 66 | 56 | 46 | 36 | 26 | 16 | 6 | | | 時柱 | 日柱 | 月柱 | 年柱 | |
|----|----|----|----|----|----|----|---|---|------|------|------|------|---|
| 癸 | 壬 | 辛 | 庚 | 己 | 戊 | 丁 | 大 | | 辛 | 壬 | 丙 | 壬 | 남 |
| 丑 | 子 | 亥 | 戌 | 酉 | 申 | 未 | 運 | | 亥 | 申 | 午 | 戌 | 자 |

- 사주의 구조는, 개띠 해의 한 여름에 자신을 나타내는 글자를 강물에 비유해 해석하는 壬水로 태어나 도와주는 세력이 많으므로 신강한 사주다.
- 여름에 태어난 壬水가 신강 하지만 기온이 매우 높기 때문에 水가 더 필요하고, 그 다음 金이 필요하며, 火와 土는 흉신이다.

- 진로나 직업은 자기의 사주에 어떤 성분이 필요 하느냐에 따라 결정되기도 하고, 殺로 결정되기도 한데, 이 사주는 水가 더 필요하므로 水와 관련된 직업이라야 맞는데, 다른 사람들과는 다르게 火와 관련된 뮤지컬 배우라고 하며, 예술인들을 많이 배출한 J 대학 연극영화과를 졸업했다고 한다.

- 2013년부터 歲運이 巳, 午, 未로 흘렀으므로 운이 약하다고 했더니 "좋지 않았습니다"라고 대답했다.

(20) 뮤지컬 배우

(중구 거주)

| 63 | 53 | 43 | 33 | 23 | 13 | 3 | | 時柱 | 日柱 | 月柱 | 年柱 | |
|----|----|----|----|----|----|----|----|----|----|----|----|----|
| 戊 | 丁 | 丙 | 乙 | 甲 | 癸 | 壬 | 大 | 乙 | 戊 | 辛 | 辛 | 여 |
| 申 | 未 | 午 | 巳 | 辰 | 卯 | 寅 | 運 | 卯 | 午 | 丑 | 亥 | 자 |

- 사주의 구조는, 돼지띠 해의 늦겨울에 자신을 나타내는 글자를 큰 산의 흙에 비유해 해석하는 戊土로 태어나 도와주는 세력으로 午火가 있고, 丑土가 있으나, 丑土는 얼어있는 土이므로 크게 도움이 안 되기 때문에 신약한 사주다.

- 겨울에 土는 火가 많지 않는 한 나무를 키우기가 어려우므로 木이 나타나 있으면 거추장스럽다.
  따라서 火가 가장 필요하고, 그 다음 화기를 가진 土나 마른 土가 필요하며, 水가 가장 나쁘지만 이런 구조에서는 水보다 木이 가장 나쁜

病이기 때문에 남편으로 인한 고통이 따르므로 이혼을 한다.

- 乙巳대운부터 木이 왕성하게 자라서 日干인 土를 공격하므로 갈등을 겪어오다가 歲運에서 木운이 오거나 辛金운이 올 때 이혼을 결심하게 되는데, 이 여인은 2011 辛卯年에 歲運에서 卯木과 辛金이 같이 들어오므로 이혼을 하기로 결정을 했다고 한다.

- 특히, 여자 사주에서 남편을 나타내는 글자와 자식을 나타내는 글자가 동시에 干上에 나타나 있으면, 日支 부부 궁이 沖하지 않더라도 거의 이혼에 이른다.

- 이 女命은, 사주에 火가 가장 필요하므로 火와 관련된 직업을 택하게 되는데, 火는 빛이나 시각적인 것이므로, 방송, 디자인, 광고 등인데, 이 女命은 午火와 卯木이 桃花殺이므로 인기를 먹고 사는 직업이 맞기 때문 에 뮤지컬 배우다.

(21) 미용사 사주

(하남 거주)

| 73 | 63 | 53 | 43 | 33 | 23 | 13 | 3 | | 時柱 | 日柱 | 月柱 | 年柱 | |
|----|----|----|----|----|----|----|----|----|----|----|----|----|----|
| 壬 | 癸 | 甲 | 乙 | 丙 | 丁 | 戊 | 己 | 대 | 戊 | 庚 | 庚 | 戊 | 여 |
| 子 | 丑 | 寅 | 卯 | 辰 | 巳 | 午 | 未 | 운 | 子 | 戌 | 申 | 午 | 자 |

- 사주의 구조는, 말띠 해의 초가을에 자신을 나타내는 글자를 무쇠에 비유해 해석하는 庚金으로 태어나 도와주는 세력이 많으므로 매우 신강한 사주다.
초가을 생이라 기온이 떨어지고 있고, 신강한 무쇠는 불로 제련해야 하기 때문에 火가 가장 필요하고, 木이 그 다음으로 필요하며, 水가 가장 나쁘고, 金이 흉신이며, 濕土는 흉신이나 熱土는 약신이다.

- 신강한 庚金일주가 火를 보면 좋아서 공무원이나, 대기업 등 조직성

직업에 인연이 많으나, 고등학교 시기의 운이 따라 주지 않는다면 조직
성 직장을 갖지 못하고 사업을 하게 되는데, 이 사주의 경우가 그렇다.
그 이유는, 木을 차선으로 쓰는데, 木은 이 사주에 財星으로 돈이기
때문이다.

- 또한, 庚金을 불로 다스리는 경우, 철강과 관련된 직업을 가질 수도
있으나, 이 사주의 경우는 불(火)과 가위(金)로 머리카락을 다스리는
미용사다.


(22) 丙 日主는 말하는 직업과 인연이다

(인천 거주)

| 61 | 51 | 41 | 31 | 21 | 11 | 1 | | 時柱 | 日柱 | 月柱 | 年柱 | |
|----|----|----|----|----|----|----|----|----|----|----|----|----|
| 乙 | 丙 | 丁 | 戊 | 己 | 庚 | 辛 | 大 | 癸 | 丙 | 壬 | 壬 | 坤 |
| 巳 | 午 | 未 | 申 | 酉 | 戌 | 亥 | 運 | 巳 | 寅 | 子 | 戌 | 命 |

- 子月에 丙火가 官星인 水가 많아 신약하므로 寅木이 용신이고, 火가
길신, 水가 병신, 운에서 오는 金이 흉신이며, 乾土인 戌土는 약신이
다.

- 대게, 印星을 용신으로 쓰거나 丙 일주들은 말하는 직업이나 교육직
에 종사하는 사람이 많은데, 이 命主도 특수교육학과를 나와 특수교
육직에 종사하고 있다.

- 庚寅年 3월 달에 엄마가 판사인 남자와 궁합을 보려고 왔는데, 이 命
主의 팔자에 官星이 病이므로 남자 복이 없는 사람이나 다행히도 日
支 남편 궁이 좋기 때문에 부족하지만 남편의 외조를 잘 받을 수 있
는 운명이다.

(23) 자신이 辛金이라서 보석 디자이너다

(수원 거주)

| 69 | 59 | 49 | 39 | 29 | 19 | 9 | | | 時柱 | 日柱 | 月柱 | 年柱 | |
|----|----|----|----|----|----|----|---|---|------|------|------|------|---|
| 丁 | 戊 | 己 | 庚 | 辛 | 壬 | 癸 | 大 | | 辛 | 辛 | 甲 | 戊 | 여 |
| 巳 | 午 | 未 | 申 | 酉 | 戌 | 亥 | 運 | | 卯 | 未 | 子 | 午 | 자 |

- 모친이 가지고 온 여자 사주로 보석디자이너로 일하고 있다고 한다.
- 사주의 구조는, 말띠 해의 한 겨울에 자신을 나타내는 글자를 보석에
  비유해 해석하는 辛金으로 태어나 도와주는 세력이 약하므로 신약한
  사주다.
- 한 겨울에 태어난 辛金이 신약한데, 한 겨울태생이라 추우므로 火가
  우선 필요하고, 그 다음에 木이 필요하며, 水가 病神이기 때문에 土
  가 藥神이며, 金이 흉신이다.


- 여자 辛金일간은 午火가 官星으로 남자인데, 食傷인 子水와 子午沖
  을 해서 깨졌으므로 한번은 이별의 아픔을 겪을 수 있는 운명이고,
  사주가 이런 구조가 되면 남자를 만날 수 있는 운이 약한데다가 만난
  다고 해도 백년해로하기 어려울 것이다.
  단지 日支 남편 궁에 있는 未土 속에 官星인 丁火가 들어있으므로 혼
  자 살 팔자는 아니다.


- 진로나 직업은 자기의 사주에 어떤 성분이 필요 하느냐에 따라 결정
  되는데, 이 사주는 火가 우선 필요하므로 火와 관련된 직업은 디자인
  이고, 자기 자신이 보석이므로 보석을 디자인하는 사람이다.

(24) 사주 인연에 따라 직업이 결정된다

(시흥 거주)

| 68 | 58 | 48 | 38 | 28 | 18 | 8 | | 時柱 | 日柱 | 月柱 | 年柱 | |
|----|----|----|----|----|----|----|----|----|----|----|----|----|
| 辛 | 壬 | 癸 | 甲 | 乙 | 丙 | 丁 | 大 | 辛 | 癸 | 戊 | 己 | 남 |
| 酉 | 戌 | 亥 | 子 | 丑 | 寅 | 卯 | 運 | 酉 | 酉 | 辰 | 酉 | 자 |

– 사주의 구조는, 닭띠 해의 늦봄에 자신을 나타내는 글자를 빗물에 비유해 해석하는 癸水로 태어나 도와주는 세력이 많으므로 신강한 사주다.

– 봄비는 가장 좋은 기능이 木을 키우는 일인데, 이 사주에는 木이 나타나 있지 않고 辰土 속에 숨어있어서 키울 수 없기 때문에 土로 제방을 쌓는 구조를 가지고 있으므로 계절의 기능적인 측면에서 볼 때 좋은 기능이 아니지만, 어쩔 수 없이 戊土로 제방을 쌓을 수밖에 없기 때문에 土가 가장 필요하고 火가 그 다음으로 필요하며, 金과 水는 흉신이다.

– 이 사주는 官星인 土를 우선 필요로 하므로 공무원이나 대기업 등 조직성 직장에 인연이고, 懸針殺이 많아서 의료분야와 인연인데, 어떤 사람이든지간에 인연이 있다고 해서 최적의 직업을 선택하는 것이 아니고, 고등학교 때의 운에 따라서 크게 달라 질 수 있다.

– 이 命主의 경우, 고등학교 때의 운이 따라주지 않아 3수를 해 대학에 진학했다고 하는데, 이렇게 되면, 우선 의료인이 될 수 없고, 대기업 전자회사의 전자부서에서 15년 이상을 근무하다가 작년부터 같은 회사 내에 있는 의료기 관련 부서로 옮겨서 근무를 하고 있다고 한다.

– 그 이유는, 사주에 필요한 기운이 土와 火이고, 懸針殺이 있어 의료와 인연인데, 土는 조직성 직장이므로 대기업에 해당하고, 火는 빛이나 시각적인 것과 관련이므로 전자회사이며, 懸針殺이 있어 의료와 관련된 부서에서 일을 하고 있는 것이다.

(25) 사주에 火가 필요하므로 플라스틱제조업을 했다

(인천 거주)

| 64 | 54 | 44 | 34 | 24 | 14 | 4 | | 時柱 | 日柱 | 月柱 | 年柱 | |
|----|----|----|----|----|----|----|----|----|----|----|----|----|
| 己 | 戊 | 丁 | 丙 | 乙 | 甲 | 癸 | 大 | 甲 | 甲 | 壬 | 戊 | 남 |
| 巳 | 辰 | 卯 | 寅 | 丑 | 子 | 亥 | 運 | 戌 | 申 | 戌 | 子 | 자 |

- 쥐띠 해의 늦가을에 자신을 나타내는 글자를 큰 나무에 비유해 해석
  하는 甲木으로 태어나 신약한 사주다.
  나무는 봄이나 여름을 만나서 더 성장을 해야 하고 꽃도 피워야 하기
  때문에 반드시 火가 필요한데, 이 사주는 늦가을 생이라 기온이 떨어
  졌기 때문에 火를 좋아하므로 火가 가장 필요하고, 木이 그 다음으로
  필요하며, 土는 藥神이고, 水가 病神이며, 金이 흉신이다.

- 사주에 여자를 의미하는 土가 여러 개가 있고, 여자 창고를 의미하는
  戌土가 두 개나 있어서 이 男命은 필히 여러 여자와 인연인데다가 대
  운에서 土와 충돌하는 기운이 강해서 여러 번 결혼해야 할 팔자로,
  실제로 乙丑 대운 24세에 결혼해서 딸 하나를 두고 丑戌刑하므로 그
  해에 이혼했고, 다른 여자와 재혼하였으나, 日支에 있는 申金과 대운
  에서 온 寅木이 寅申沖하므로 재혼한 여자와 믿음이 깨졌는데, 戊辰
  대운 2003 癸未年에 재혼한 여자와도 이혼했다고 한다.

- 甲午年이 火운으로 자기한테 필요한 운이라 일을 하고 싶은 욕망이
  생기고 운이 따르므로 일을 할 수 있는데, 이 命主는 돈이 없어서 이
  사주를 보러온 딸이 투자를 하기 위해서 상담을 왔다.

- 이 사주에 火가 가장 필요한데, 火는 시각적이거나 빛과 관련된 직업
  이라 전기, 전자, 화학, 디자인, 광고 등의 업종과 인연인데, 이중에
  서 화학에 속하는 플라스틱 제조업을 운영했었다고 한다.

(26) 삼성전자 근무

(수원 거주)

| 69 | 59 | 49 | 39 | 29 | 19 | 9 | | 時柱 | 日柱 | 月柱 | 年柱 | |
|---|---|---|---|---|---|---|---|---|---|---|---|---|
| 丁 | 丙 | 乙 | 甲 | 癸 | 壬 | 辛 | 大 | 癸 | 己 | 庚 | 丙 | 남 |
| 未 | 午 | 巳 | 辰 | 卯 | 寅 | 丑 | 運 | 酉 | 丑 | 子 | 寅 | 자 |

- 사주의 구조는, 범띠 해의 한겨울에 자신을 나타내는 글자를 작은 산
  에 비유해 해석하는 己土로 태어나 도와주는 세력으로 丑土가 하나
  있고 丙火가 하나 있으나 신약사주다.

  또, 한겨울 생이라 기온이 매우 낮으므로 火가 가장 필요하고, 乾土
  가 그 다음으로 필요하며, 丑土는 濕土이므로 크게 도움이 되지 않으
  나 없는 것 보다는 나으며, 寅木속에는 丙火가 들어있어서 필요하며,
  水가 病이고, 金이 흉신이다.

- 사주에 火가 가장 필요한데, 火는 전기, 전자와 인연이라서 ○○전자
  에 근무하고 있는데, 궁합을 보기 위해서 방문했다.

(27) 수원 꽃집 아줌마

| 66 | 56 | 46 | 36 | 26 | 16 | 6 | | 時柱 | 日柱 | 月柱 | 年柱 | |
|---|---|---|---|---|---|---|---|---|---|---|---|---|
| 甲 | 癸 | 壬 | 辛 | 庚 | 己 | 戊 | 大 | 己 | 戊 | 丁 | 乙 | 여 |
| 午 | 巳 | 辰 | 卯 | 寅 | 丑 | 子 | 運 | 未 | 寅 | 亥 | 巳 | 자 |

- 사주의 구조는, 뱀띠 해의 초겨울에 자신을 나타내는 글자를 큰 산의
  흙에 비유해 해석하는 戊土로 태어나 도와주는 세력이 많으므로 신
  강한 사주다.

- 겨울에 태어난 戊土가 신강하고, 木이 나타나있으므로 나무를 기르
  는 구조이고, 겨울생이라 기온이 낮지만, 화기가 충분하기 때문에 水

도 필요하지만 木이 우선 필요하고, 그 다음에 水가 필요하며, 火와 土는 흉신이다.

– 그런데, 사주에 아무리 木이 필요하다 해도 자기의 격에 맞는 木이 나타나있어야 만족하는데, 이 사주는 크고 높은 산이라 소나무와 같이 큰 나무를 좋아하는데, 乙木 꽃나무가 나타나있어 남편에게 만족을 못한단다.

  대게 여자 사주에 官星인 남편이 年에 나타나 있으면 나이차가 많이 나는 남자와 인연으로, 남편하고 나이가 10살 정도 차이가 난다고 하는데, 남편은 현재 직장에서 퇴직하고 쉬고 있다고 한다.

– 진로나 직업은 자기의 사주에 어떤 성분이 필요 하느냐에 따라 결정되는데, 이 사주는 乙木을 우선 쓰는데 乙木이 직업인데 수원에서 꽃가게를 운영한다고 하므로 사주에 잘 맞는 직업을 선택했다.

– 年, 月支의 巳亥沖에 대한 판단은, 조상 궁과 부모 궁에 해당하기 때문에 조상과 부모문제에 대하여 논해야 하는데 특이점이 없었다고 하며, 또, 巳火는 엄마요 亥水는 아버지에 해당하는데 부모가 이혼을 했는가, 아니면, 두 분 중 일찍 돌아가신 분이 계신가를 문진했으나, 아무 문제가 없었으며, 그 다음으로 살펴봐야 할 문제는 부모 대에서 가세가 기울었는가를 봐야하는데, 이 집안의 경우 오빠가 부모의 재산을 탕진했다고 한다.

(28) ○○○ 연구소에 근무중이다

(대전 거주)

| 69 | 59 | 49 | 39 | 29 | 19 | 9 |  |  | 時柱 | 日柱 | 月柱 | 年柱 |  |
|----|----|----|----|----|----|----|----|----|----|----|----|----|----|
| 乙 | 丙 | 丁 | 戊 | 己 | 庚 | 辛 | 大 |  | 甲 | 辛 | 壬 | 戊 | 坤 |
| 卯 | 辰 | 巳 | 午 | 未 | 申 | 酉 | 運 |  | 午 | 未 | 戌 | 午 | 命 |

- 戌月에 辛金이 화세가 왕해서 신약하지만 건조할 뿐만 아니라 辛金은 水를 좋아하므로 水가 용신이고, 火와 土가 病이다.

- 女命에 火가 官星으로 남자인데, 흉신이므로 남자 복이 없어 자기 마음에 든 남자가 안 나타난다.
  또한, 日支 남편 궁에 熱土가 앉아있는데다가 月支 戌土와 戌未刑이 되어 남편 궁이 손상을 입었다.

- 초년 대운이 좋았고, 고등학교 2-3학년 때의 운이 좋아서 ○○여대를 졸업했으며, 미국에서 MBA를 했고, 현재 유명한 ○○○연구소 과장직에 있다.

- 2016년 이후에나 결혼을 해야 한다.

(29) 에너지 원료인 석탄 수출업자

(광주 거주)

| 61 | 51 | 41 | 31 | 21 | 11 | 1 | 大 | | 時柱 | 日柱 | 月柱 | 年柱 | |
|----|----|----|----|----|----|----|----|----|----|----|----|----|----|
| 癸 | 壬 | 辛 | 庚 | 己 | 戊 | 丁 | | | 丙 | 戊 | 丙 | 甲 | 남 |
| 未 | 午 | 巳 | 辰 | 卯 | 寅 | 丑 | 運 | | 辰 | 申 | 子 | 寅 | 자 |

- 범띠 해의 한 겨울에 자신을 나타내는 글자를 큰 산의 흙에 비유해 해석하는 戊土로 태어나 신약한 사주다.

- 한 겨울에 태어난 戊土가 신약하므로 춥기 때문에 따뜻한 기운을 가진 火가 우선 필요하고, 그 다음에 土도 필요하며, 水가 病神이고, 寅 木은 일정부분 용신을 도와주므로 길신이다.

- 진로나 직업은 자기의 사주에 어떤 성분이 필요 하느냐에 따라 결정되는데, 이 사주는 火가 우선 필요하므로 火와 관련된 직업은 전기나 전자분야나 빛과 열을 발생시키는 분야에 인연이라서 예전에 외환딜

러 일을 했으나 金이 흉신이므로 적성에 맞지 않았고, 현재는 호주로부
터 석탄을 수입하는 일을 한다고 하니 자신에 맞는 직업을 선택했다.


(30) 주유소 사업

(순천 거주)

| 64 | 54 | 44 | 34 | 24 | 14 | 4 | | | 時柱 | 日柱 | 月柱 | 年柱 | |
|---|---|---|---|---|---|---|---|---|---|---|---|---|---|
| 壬 | 辛 | 庚 | 己 | 戊 | 丁 | 丙 | 大 | | 壬 | 戊 | 乙 | 庚 | 乾 |
| 辰 | 卯 | 寅 | 丑 | 子 | 亥 | 戌 | 運 | | 子 | 午 | 酉 | 子 | 命 |

- 酉月에 戊土가 신약해서 印星인 火가 용신이므로 석유회사에 근무를
  하다가 42살인 2001년부터 용신 운이 오니까 주유소사업을 하고 있
  는데, 잘 되고 있으나 子午沖을 맞아 부부 궁이 안 좋다.

- 妻는 해외에 나가고 싶으나 이 남편이 못나가게 한다.


(31) 火가 필요하므로 원자력연구원에 근무한다

(여수 출생)

| 70 | 60 | 50 | 40 | 30 | 20 | 10 | | | 時柱 | 日柱 | 月柱 | 年柱 | |
|---|---|---|---|---|---|---|---|---|---|---|---|---|---|
| 甲 | 乙 | 丙 | 丁 | 戊 | 己 | 庚 | 大 | | 己 | 戊 | 辛 | 癸 | 남 |
| 寅 | 卯 | 辰 | 巳 | 午 | 未 | 申 | 運 | | 未 | 辰 | 酉 | 亥 | 자 |

- 사주의 구조는, 돼지띠 해의 한가을에 자신을 나타내는 글자를 큰 산
  의 흙에 비유해 해석하는 戊土로 태어나 도와주는 세력이 작으므로
  신약한 사주다.

- 가을에 태어난 戊土가 金과 水가 많아서 신약하므로 기온이 낮고 습
  해서  水를 막아내기가 벅찬 구조이기 때문에 土를 도와줄 土와 火가
  더 필요하고, 金과 水는 불필요하며, 濕土인 辰土는 흉신이다.

- 진로나 직업은 자기의 사주에 어떤 성분이 필요 하느냐에 따라 결정

되는데, 이 사주는 火가 필요하므로 火와 관련된 직업에 인연으로, 연구직종, 직장인 그렇지 않으면, 전기나 전자분야, 즉 빛이나 시각적인 분야에 인연인데, 원자력 연구원에 근무를 하고 있으니, 인연으로는 맞으나, 傷官이 강하므로 자유분방한 분야에 관심이 많은데 신문기자나, 변호사 같은 직업에 관심이 많아 직장은 그만두고 다시 공부를 해서 직업을 바꿔보려고 온 사람이다.

- 이에 대해 필자는 내년부터 6년간 운이 따라주지 않을 뿐만 아니라 결혼할 나이도 됐으니 직장은 그만두지 말고 다니면서 준비를 해보라고 조언했다.


## (32) 火를 용신하므로 불과 관련된 직업이다

(광양 거주)

| 62 | 52 | 42 | 32 | 22 | 12 | 2 | | 時柱 | 日柱 | 月柱 | 年柱 | |
|----|----|----|----|----|----|----|----|----|----|----|----|----|
| 戊 | 己 | 庚 | 辛 | 壬 | 癸 | 甲 | 大 | 己 | 癸 | 乙 | 己 | 乾 |
| 辰 | 巳 | 午 | 未 | 申 | 酉 | 戌 | 運 | 未 | 巳 | 亥 | 酉 | 命 |

- 亥月에 癸水가 年支에 酉金을 갖고 있어서 신약사주이나, 이 사주는 조후가 필요하므로 火가 용신이고, 土가 약 길신이다.
 이와 같이 본 이유는 사주가 냉하고, 乙木이 살아있는 生木이기 때문에 火가 필요한 것이다.
 그러므로, 妻福이 있으며, 火와 관련된 직업군에 인연이고, 또, 직장을 나타내는 官星이 年上과 時柱에 있어 이 직장, 저 직장을 옮겨 다니게 된다.


- 火를 쓰므로 대학에서 경제학을 전공했으며, 92년부터 95년까지 대한항공에서 근무를 하다가, 95년부터 97년까지 호남석유에서 근무했으며, 97년 이후 통신회사에 입사해 辛卯年 현재 부장급으로 있는데, 향후 임원급으로 승진할 것이라고 진단했다.

– 또한, 日支 妻宮에 있는 巳火를 月支 亥水가 巳亥沖하고 있어서 부부불화
를 예고하고 있으나, 辛卯年까지는 부부관계에 아무 이상이 없다고 하며,

– 丁亥年 말에 巳亥沖하므로 데리고 있는 여직원이 투서를 해서 곤욕을
치렀으나 불리한 처분은 받지 않았었다고 한다.


(33) 火를 필요로 하므로 화가다

(중구 거주)

| 63 | 53 | 43 | 33 | 23 | 13 | 3 | | 時柱 | 日柱 | 月柱 | 年柱 | |
|---|---|---|---|---|---|---|---|---|---|---|---|---|
| 丁 | 丙 | 乙 | 甲 | 癸 | 壬 | 辛 | 大 | 庚 | 戊 | 庚 | 丙 | 남 |
| 未 | 午 | 巳 | 辰 | 卯 | 寅 | 丑 | 運 | 申 | 辰 | 子 | 申 | 자 |

– 사주의 구조는, 원숭이띠 해 한겨울에 자신을 나타내는 글자를 큰 산
의 흙에 비유해 해석하는 戊土로 태어나 도와주는 세력으로 辰土와
丙火가 있으나, 辰土는 申子辰水局으로 변했으므로 믿을 게 못되고,
丙火의 도움만 받고 있어 매우 신약한 사주다.

– 한겨울생이라서 기온이 매우 낮고, 金과 水가 많아 물 천지이므로 저
수지를 막아야할 土인데, 물 천지라서 상대적으로 土의 힘이 너무 약
하기 때문에 역부족이다.
따라서 土와 火가 더 많이 필요하고, 水가 病神이며, 金이 흉신이고,
辰土도 결국 흉신으로 변했다.

– 남자 사주에서 水는 부친을 의미하고, 부인 또는 여자를 의미하는데,
水가 局을 이루면, 아버지가 두 분이거나, 부인이 두 명이거나, 또는
여러 여자와 인연이라는 것을 나타내는데, 부친이 두 분이라는 것은
확인하지 못하였고, 甲午年 현재까지는 부인은 한명이나, 결혼 전에
여러 여자와 인연을 맺었었다.
– 사주에 火를 가장 필요로 하는데, 火는 시각과 관련된 직업을 가지므
로 화가다.

3) 土에 맞는 직업

(1) 건설회사 상무

(중구 거주)

| 69 | 59 | 49 | 39 | 29 | 19 | 9 |   |   | 時柱 | 日柱 | 月柱 | 年柱 |   |
|----|----|----|----|----|----|----|----|----|------|------|------|------|----|
| 辛 | 壬 | 癸 | 甲 | 乙 | 丙 | 丁 | 大 |   | 乙 | 己 | 戊 | 丁 | 乾 |
| 丑 | 寅 | 卯 | 辰 | 巳 | 午 | 未 | 運 |   | 亥 | 卯 | 申 | 酉 | 命 |

- 申月에 己土가 身弱하여 火가 용신이므로 직장에 잘맞는 사주다.
- 명문대 경영학과 출신으로 庚寅年에 54세로 재벌건설회사의 자금담
  당 상무다.


(2) 55세 건축 조명사업

(용산구 거주)

| 68 | 58 | 48 | 38 | 28 | 18 | 8 |   |   | 時柱 | 日柱 | 月柱 | 年柱 |   |
|----|----|----|----|----|----|----|----|----|------|------|------|------|----|
| 乙 | 丙 | 丁 | 戊 | 己 | 庚 | 辛 | 大 |   | 癸 | 戊 | 壬 | 丁 | 乾 |
| 巳 | 午 | 未 | 申 | 酉 | 戌 | 亥 | 運 |   | 丑 | 寅 | 子 | 酉 | 命 |

- 子月에 戊土가 太弱하므로 丁火를 쓸 수밖에 없다.
- 火를 용신으로 쓰므로 건축 조명사업을 한단다.


- 어려서 부친이 사망하였고, 戊子, 己丑年까지 힘들었는데, 부모 유산
  으로 버텼으나, 55세인 庚寅年에 부도 일보 직전까지 갔었다.
  庚寅年의 歲運이 나빠서 부도직전으로 몰린 것이 아니라 戊子, 己丑
  年의 歲運이 나빴기 때문에 그 여파가 庚寅年에 한계에 도달했다고
  본다.


- 辛卯, 壬辰年도 어렵겠다고 했다.
- 나이 차이가 많이 나는 여자의 사주를 가지고 와서 궁합을 봐달란다.

(3) 건축업

| 66 | 56 | 46 | 36 | 26 | 16 | 6 | | | 時柱 | 日柱 | 月柱 | 年柱 | |
|---|---|---|---|---|---|---|---|---|---|---|---|---|---|
| 乙 | 丙 | 丁 | 戊 | 己 | 庚 | 辛 | 大 | | 甲 | 甲 | 壬 | 癸 | 乾 |
| 卯 | 辰 | 巳 | 午 | 未 | 申 | 酉 | 運 | | 子 | 辰 | 戌 | 卯 | 命 |

- 戌月에 甲木이 身旺하므로 土가 용신인데, 辰戌沖을 해서 土가 깨졌다.
- 辰戌土를 경영하고 있으며, 沖은 빼고 박고, 벗기고 입히고 하는 작용이라 건축업을 하고 있으며, 대운이 좋아 잘되고 있다.

- 49세로 辛卯年부터 중동지역에 진출하기 위해서 지사장을 내보냈다고 하며, 강남구 신사동에 살고 있다.

(4) 구조학 박사

(인천 거주)

| 65 | 55 | 45 | 35 | 25 | 15 | 5 | | | 時柱 | 日柱 | 月柱 | 年柱 | |
|---|---|---|---|---|---|---|---|---|---|---|---|---|---|
| 丁 | 丙 | 乙 | 甲 | 癸 | 壬 | 辛 | 大 | | 辛 | 壬 | 庚 | 丙 | 乾 |
| 未 | 午 | 巳 | 辰 | 卯 | 寅 | 丑 | 運 | | 丑 | 戌 | 子 | 申 | 命 |

- 子月에 壬水가 신왕하므로 火가 용신이다.
- 구조학 박사로 설계(엔지리어링) 사업을 하고 있다.
- 이런 구조는 食傷이 없어서 돈을 쉽게 벌려고 하는 사고를 갖고 있다.

(5) 내 직업은 물 막는 건설업

(마포 거주)

| 63 | 53 | 43 | 33 | 23 | 13 | 3 | | | 時柱 | 日柱 | 月柱 | 年柱 | |
|---|---|---|---|---|---|---|---|---|---|---|---|---|---|
| 戊 | 己 | 庚 | 辛 | 壬 | 癸 | 甲 | 大 | | 壬 | 戊 | 乙 | 己 | 乾 |
| 辰 | 巳 | 午 | 未 | 申 | 酉 | 戌 | 運 | | 子 | 子 | 亥 | 未 | 命 |

- 亥月에 戊土가 年柱 己未土에 의지하므로 太弱한 사주인데, 年支 未土
  는 月支이 亥水와 亥未合을 해서 木局을 형성하므로 더욱 신약해졌다.
  따라서, 土가 용신이고, 木이 病이다.

- 42살 庚寅年 12월에 궁합을 보려고 온 사람이다.
- 고등학교 때 공부를 잘하지 못해 대학에 편입학해 06년에야 졸업을
  하고 건설회사에 취업했다.

- 財多身弱 사주로 물이 많아 자신이 물 막는 댐 역할을 하므로 건설업
  이 맞다.
- 財가 病이므로 마음에 안 드는 여자가 내 여자다.

## (6) 세계적인 건축가

(신천동 거주)

| 64 | 54 | 44 | 34 | 24 | 14 | 4 | | 時柱 | 日柱 | 月柱 | 年柱 | |
|----|----|----|----|----|----|----|---|------|------|------|------|---|
| 癸 | 壬 | 辛 | 庚 | 己 | 戊 | 丁 | 大 | 己 | 戊 | 丙 | 壬 | 乾 |
| 丑 | 子 | 亥 | 戌 | 酉 | 申 | 未 | 運 | 未 | 子 | 午 | 子 | 命 |

- 사주의 구조는, 쥐띠 해의 한 여름에 자신을 나타내는 글자를 큰 산
  의 흙에 비유해 해석하는 戊土로 태어나 도와주는 세력이 많으므로
  신강한 사주다.
  한 여름 생이라 기온이 높고 건조하므로 水가 가장 필요하고, 金도
  필요하며, 木이 火를 생해주긴 하나 水를 보호해야 하므로 운에서 木
  이 오면 흉신이고, 土가 흉신이고, 火가 病神이다.

- 이 사주에서 특이한 점은, 水가 가장 필요한데 신강한 土의 입장에서
  보면 水가 약한데다가 水를 도와주는 金이 없으며, 더군다나 子水와
  午火가 子午沖을 해 子水가 손상을 입었으므로, 현재 13살 아래 여자
  와 사귀고 있는데 격이 너무 떨어진다고 모친이 싫어한다.
  이것은 모친이 午火이고 여자가 子水인데 子午沖하기 때문으로 설명

할 수 있다.

- 사주가 신강하면서 陽의 기운이 강하므로 그릇이 매우 큰 사람인데, 학운기의 대운도 申金대운 이었으므로 좋았으나, 우리나라 기준으로 고등학교 1학년 때가 戊辰年 이었고, 2학년 己巳年, 32학년 때가 庚午年 이었으므로 2학년 때와 3학년 때가 운이 따라주지 안았었는데, 이 命主는 15세에 미국으로 유학을 갔으며, 유명한 디자인 학교인 rids에서 공부를 했고, 하버드 대학원을 나왔으며, 26년 동안 미국과 영국 등지에서 생활을 하다가 壬辰年에 귀국했다고 한다.

- 필자의 소견으로는 고등하교 때 운이 따라주지 않았으므로 재수를 하지 않았을까 하는 의심이 든다.
실제를 알기위해서 인터넷으로 검색을 해본 바, 과연, 세계적인 건축 디자이너가 맞았다.

- 이 사주가 건축가 된 원인을 살펴보면, 원래 봄과 여름철의 土는 나무를 기르는 것이 우선이나, 이 사주는 나무가 없는 대신 자신이 물을 막는 저수지를 쌓고 있는 형상을 하고 있으므로 건축가가 맞다.

- 참고로 인터넷자료다.
동인은 15세에 미국으로 건너가 1996년 미국의 유명한 디자인 학교인 rids에서 공부를 했고, 1999년 하버드 건축대학원에서 석사, 인천국제공항, 잠실롯데 초고층 타워 설계를 했으며, 세계 최초로 민간 우주항공기지를 설계했으며, 영국 왕립건축가협회 회원으로, 2012년 귀국해서 ○○ 건축업 경영을 맡고 있다.

(7) 부동산 중개업

(성남 거주)

| 66 | 56 | 46 | 36 | 26 | 16 | 6 | | 時柱 | 日柱 | 月柱 | 年柱 | |
|----|----|----|----|----|----|----|---|------|------|------|------|---|
| 乙 | 甲 | 癸 | 壬 | 辛 | 庚 | 己 | 大 | 辛 | 戊 | 戊 | 乙 | 여 |
| 酉 | 申 | 未 | 午 | 巳 | 辰 | 卯 | 運 | 酉 | 申 | 寅 | 未 | 자 |

– 사주의 구조는, 양띠 해의 초봄에 자신을 나타내는 글자를 큰 산의 흙에 비유해서 해석하는 戊土로 태어나 도와주는 세력이 작으므로 신약한 사주다.

– 초봄에 태어난 戊土가 신약하므로 자신의 힘이 약하고 기온이 낮기 때문에 따뜻하게 해주는 火가 우선 필요하고, 그 다음에 土도 필요하며, 乙木은 凶神이나 寅木은 길신이며, 金도 凶神이다.

– 日支 남편 궁에 흉신이 앉아있으면서 戊土가 長生을 하고 있는 月支에 있는 官星인 寅木과 寅申沖을 하므로 남편과 이별 수를 안고 태어난 팔자로 결혼하면서부터 남편과 갈등을 빚어오다가 56 甲申 대운 들어서면서부터 본격적으로 寅申沖을 해 남편과 갈등을 일으키게 되고, 2010 庚寅年부터는 포기한 상태에 이르렀는데, 2014 甲午年에 새로운 남자를 만나게 된 사실을 남편이 알게 된 이후부터 사실상 이혼단계에 이르렀는데, 결국 2016년에는 이혼을 하게 될 것이라고 진단했다.

– 진로나 직업은 자기의 사주에 어떤 성분이 필요 하느냐에 따라 결정되는데, 이 사주는 火가 우선 필요하므로 부동산 임대업에 맞고, 土가 필요 하기 때문에 土와 인연인 부동산 중개업을 하고 있다.

(8) 중국에서 사업하고 있다

| 68 | 58 | 48 | 38 | 28 | 18 | 8 | | 時柱 | 日柱 | 月柱 | 年柱 | |
|---|---|---|---|---|---|---|---|---|---|---|---|---|
| 癸 | 甲 | 乙 | 丙 | 丁 | 戊 | 己 | 大 | 壬 | 辛 | 庚 | 辛 | 乾 |
| 未 | 申 | 酉 | 戌 | 亥 | 子 | 丑 | 運 | 辰 | 卯 | 寅 | 丑 | 命 |

- 辛卯年 5월, 중년 남자가 래방해서는 "선생님께서 제 아내한테, 아들이 연·고대를 간다고 말씀하셨는데, 고대를 들어갔습니다."라고 하면서 "아내와 제가 지금 중국에서 살고 있는데, 한국에 나간 김에 한번 선생님을 찾아가서 운세를 보라고 해서 왔습니다."라고 하기에 "아들 합격을 축하합니다. 그리고 고맙습니다."라고 인사를 건넨 후, 사주를 뺐다.

- 사주 구조를 살펴보자.
寅月에 辛金이 신왕하므로 財를 쓰기 때문에 사업하는 사람이고, 財星인 木을 기르기 위해서는 火가 필요한 사주다.

- 모친이 돌아가셔서 자신의 출생시간이 寅時인지, 辰時인지 잘 모르겠다고해 만약, 壬辰時가 되면, 두뇌는 좋으며, 성격은 傷官星으로 강압에 저항하는 성질을 갖고 있어 조직성 직장에서는 맞지 않겠다고 했더니 그 사람 하는 얘기가 자신은 남의 지시에 절대 순응하는 체질이 아니라고 했으며,

- 육친관계를 보면, 寅卯辰木局이 형성되는데, 木局은 財라서 돈이고, 妻이며, 父親星이므로 많은 여자를 만날 것이고, 부친이 배다른 형제가 있을 것이라고 했더니, 祖母가 돌아가시는 바람에 祖父가 새장가를 가서 부친의 이복형제가 있다고 대답하므로 壬辰時가 맞다고 해줬다.

- 초년 대운이 나빴으나 연세대에서 경영학을 전공했다고 하므로 운명에 맞는 선택이다.

- 젊어서 포철에 근무하다 이사로 승진이 안돼서 중국으로 건너가 포철
  과 관련 사업을 해왔다고 한다.

- 寅卯木을 길러야 하므로 火가 용신인데, 대운이 金운으로 흘러가므
  로 안좋고, 歲運에서도 04년부터 09년까지가 나쁜데, 09 己丑年에는
  사업이 부진해서 큰 손실을 봤다.
- 庚寅年부터 財운이 오므로 중국에서 비료와 사료 사업을 시작했는
  데, 중국 고위층이 도와주고 있어서 사업진척이 순조롭다고 한다.

- 필자가 하는 말이 "庚寅, 辛卯年에 돈을 가진 동업자가 나타나는데,
  지분을 요구할 것이다"고 했더니, 庚寅年부터 財운이 오므로 중국에
  서 비료와 사료 사업을 시작했는데, 중국 고위층이 도와주고 있어서
  사업 진척이 순조롭다고 했고, 辛卯年들어서 그동안 한국에서 물심
  양면으로 도와주던 아는 형이 요식업소 같은데서 안내를 담당해 주
  는 로봇을 개발해서 사업을 시작하면서 이 命主한테 도와달라고 하
  므로 중국에서의 사업과 한국에서의 사업 중 어느 것을 해야 할지 몰
  라서 밤새 고민을 하다가 필자를 찾아왔다고 한다.

- 그래서, 필자가 하는 말이 辛卯年에 오는 운은 卯木인데, 卯木은 토
  끼 처럼 귀여운 것으로 금년과 일치하므로 로버트 사업을 하는 것이
  더 좋겠다고 했고, 그 대신 중국에서의 사업도 버릴 수 없으므로 중
  국 사업은 아내를 보내 관리해주고 자신은 왔다 갔다 하면서 사업하
  는 것이 좋겠다는 진단을 해줬다.

- 사무실을 나가면서 "선생님 제가 중국에서 전화로 상담을 드릴테니
  저를 기억해 두셨다가 답을 해 주세요."라고 하면서 문을 나섰다.

## 4) 金에 맞는 직업

### (1) 金이 필요하므로 금형기술자란다

(양재동 거주)

| 68 | 58 | 48 | 38 | 28 | 18 | 8 | | 時柱 | 日柱 | 月柱 | 年柱 | |
|---|---|---|---|---|---|---|---|---|---|---|---|---|
| 丙 | 乙 | 甲 | 癸 | 壬 | 辛 | 庚 | 大 | 丙 | 己 | 己 | 甲 | 乾 |
| 子 | 亥 | 戌 | 酉 | 申 | 未 | 午 | 運 | 寅 | 巳 | 巳 | 午 | 命 |

- 사주의 구조는, 말띠 해의 초여름에 자신을 나타내는 글자를 야산에 비유해서 해석하는 己土로 태어나 도와주는 세력이 많으므로 從旺格 이다.
- 봄에 태어난 己土 야산에 火는 많은데, 물 한 방울 없어서 불이 난 것 과 같아 從旺格이므로 木과 水를 쓸 수 없기 때문에 土 용신, 火 길신, 巳중 庚金이 길신이고, 木이 병신이며, 운에서 水가 오면 흉신이다.

- 이 사주는 조후가 전혀 안 된데다가 木이 나타나있으나 干上의 甲木 은  甲己合되었고, 地支의 寅木은 寅巳刑되어 木을 쓸 수 없기 때문 에 용신을 어떻게 써야할지 무척 난감하다.

- 甲木을 용신으로 썼다면 공무원이나 조직성 직장에 인연인데, 金을 길신으로 쓰므로 기술직에 인연이 있고, 더군다나 金이므로 금속을 다루는 직업이다.
  따라서, 금형기술자로, 支藏干에 庚金을 품고 있는 巳火가 驛馬殺이 므로 해외와 인연이라 주로 중국에서 일을 한다고 한다.
  또한, 부부 궁이 寅巳刑 되었으므로 떨어져 살거나 이별수가 있기 때 문에 중국에 같이 가서 살지 않고 부인은 한국에 남아있다고 하니 팔 자대로 살고 있다.

- 용신이 巳火 속에 있는 상태라서 불안한데, 대운에서 甲戌대운이 오 자 寅午戌火局이 형성되어 너무 강한 火가 등장해서 사중 庚金이 녹 으므로 실패를 하는데, 이런 대운 중에 歲運에서 火운인 2013년부터

2015년까지 사이에 거의 부도나 마찬가지이고, 2016년부터 金운이 오므로 다시 중국진출을 모색하고 있는데, 2018년 戊戌年에 또 다시 큰 변화를 낮게 될 것이다.

(2) 金이 火에 녹여지므로 쇠를 다루는 직업운이다

(강남구 거주)

| 69 | 59 | 49 | 39 | 29 | 19 | 9 | | 時柱 | 日柱 | 月柱 | 年柱 | |
|---|---|---|---|---|---|---|---|---|---|---|---|---|
| 癸 | 壬 | 辛 | 庚 | 己 | 戊 | 丁 | 大 | 己 | 庚 | 丙 | 庚 | 남 |
| 巳 | 辰 | 卯 | 寅 | 丑 | 子 | 亥 | 運 | 卯 | 辰 | 戌 | 寅 | 자 |

- 癸巳年 초여름에 부인이 가지고 온 50대 중반의 남자 사주다.
- 사주의 구조는, 범띠 해의 한 봄에 자신을 나타내는 글자를 무쇠에 비유해 해석하는 庚金으로 태어나 신강한 사주인데, 강한 金은 火로 녹여야 하므로 火가 용신이고, 木이 길신이며, 乾土는 길신이나 濕土는 흉신이며, 金도 흉신이다.

•••••

**필자** : 남편의 사주는 대단히 좋은 사주인데, 남편 자랑하려고 오셨습니까?
**고객** : 운좀 봐주세요?

**필자** : 이 사주는 돈복과 재복이 큰 사주이고, 직장인이라면 고위직이고, 사업가라면 CEO인데, 30대 이후부터는 사업을 하지 않았겠나 싶은데, 무슨 일을 하시는 분이세요?
**고객** : 사업을 하십니다.

**필자** : 그런데 한 가지 지적할 점은 사주에 여자가 많다는 사실이고, 부부가 많이 떨어져 지내야 하는데 어떻습니까?
**고객** : 예, 남편은 지방에서 회사를 운영하고 있어 늘 떨어져서 지내고 있고요, 주위에 여자들이 한 두 명이 아닌 것 같습니다.

필자 : 그럴 것입니다.

그러나, 이런 사주는 여자를 사귈만한 능력이 있는 분이고, 또
때로는 돈 있는 여자들이 도움을 주기도 합니다.
그러니, 남편의 기준에서 보면 얼마나 좋은 사주입니까?
이런 사주가 만약에 초년 운이 좋았더라면 고위 공직자가 될 수도 있
는 사주입니다.
무슨 사업을 하십니까?

고객 : 예, 남편은 쇠를 다루는 회사를 운영하시는데요, 한국에 없는 고난도
기술을 요구하는 무슨 주물을 생산한다고 합니다.
잘 되겠습니까?

필자 : 잘 되고 말고요.

내년이 더 좋기 때문에 더 크게 발전할 것이고, 2015년경에는
기업공개도 가능하지 않을까 봅니다.

고객 : 사실 남편회사가 내년에 큰일을 벌이게 됩니다.

그래서, 선생님 말씀하시는 대로 내후년에 기업을 공개할 계획도
갖고 있습니다.
그런데, 자식 운은 어떻습니까?

필자 : 남편 사주에 자식에 해당하는 글자를 필요로 하고 있으므로 자식이
잘되는 사주입니다.

고객 : 고맙습니다.

또 오겠습니다.


5) 水에 맞는 직업

(1) 水를 용신으로 쓰므로 해운회사에 근무한다.

(부산 거주)

| 69 | 59 | 49 | 39 | 29 | 19 | 9 | | | 時柱 | 日柱 | 月柱 | 年柱 | |
|----|----|----|----|----|----|----|---|---|------|------|------|------|---|
| 戊 | 丁 | 丙 | 乙 | 甲 | 癸 | 壬 | 大 | | 壬 | 癸 | 辛 | 甲 | 乾 |
| 寅 | 丑 | 子 | 亥 | 戌 | 酉 | 申 | 運 | | 子 | 丑 | 未 | 寅 | 命 |

- 未月에 癸水가 신약하므로 印星인 金이 용신이고, 水가 길신이라서
  해군을 제대했으며, 傷官星이 강하며, ○○상선 영업 기획부에서 과
  장으로 근무하고 있다.


- 庚寅年에 37살인데, 경북 안동 태생으로 부산에서 학교를 다녔으며,
  해운회사에 입사한지 9년이며, 년 봉이 6천만 원 정도다.
- 아내는 공무원이다.


(2) 내 직업은 중국음식점

(대구 거주)

| 62 | 52 | 42 | 32 | 22 | 12 | 2 | | | 時柱 | 日柱 | 月柱 | 年柱 | |
|----|----|----|----|----|----|---|---|---|------|------|------|------|---|
| 戊 | 己 | 庚 | 辛 | 壬 | 癸 | 甲 | 大 | | 丙 | 庚 | 乙 | 丙 | 坤 |
| 子 | 丑 | 寅 | 卯 | 辰 | 巳 | 午 | 運 | | 戌 | 辰 | 未 | 申 | 命 |

- 未月에 庚金이 신왕한데 조열하므로 水가 용신, 金이 길신, 火가 病神,
  이 흉신이며, 乙木 기다란 것이 돈이므로 중국집을 경영하고 있다.
- 배우자궁이 辰戌沖으로 깨졌고, 丙火 官星이 庚金을 녹이는 불이라
  서 病神이기 때문에 늘 남편이 못마땅하고, 남편의 운이 약해서 그러
  하기도 하다.

- 食傷이 支藏干에 있고, 日과 時가 깨져서 쌍둥이 아들을 두었으나 자
  식운이 없어 큰 자식이 속을 썩인다.


(3) 내 팔자에 술집이 직장이다

(천안 거주)

| 65 | 55 | 45 | 35 | 25 | 15 | 5 | | | 時柱 | 日柱 | 月柱 | 年柱 | |
|----|----|----|----|----|----|---|---|---|------|------|------|------|---|
| 辛 | 壬 | 癸 | 甲 | 乙 | 丙 | 丁 | 大 | | 庚 | 癸 | 戊 | 戊 | 坤 |
| 亥 | 子 | 丑 | 寅 | 卯 | 辰 | 巳 | 運 | | 申 | 丑 | 午 | 午 | 命 |

- 여자 손님 두 분이 와서 사주를 봐달라고 해서 첫 번째 여자의 사주

를 빼보니 이렇게 생겼다.

午月에 癸水가 丑中 癸水에 의지하고, 庚申 金의 도움을 받고 있지만
午 月生이고, 年支에도 火가 있으며, 年, 月上의 戊土가 있어서 무척
덥고 건조해서 신약하므로 金과 水가 더와줘야 할 신약사주다.

– 그런데, 年 月上에 있는 늑대 같은 官星으로 남자인 戊土가 財를 깔
고 앉아 있으면서 서로 日干인 癸水와 戊癸合, 戊癸合하자며 조르는
현상을 보이고 있다.

이 戊土를 보고 내가 하는 말이 "이 늑대 같은 놈들이 아가씨 보고 서
로 만나자고 하는데, 어떤 놈이요?"라고 묻자, 그 아가씨 대답이 "실
은 제가 홍콩에 있는 술집에서 일하고 있습니다."라고 대답했다.

그렇다, 물론 모든 술집 여자들이 이런 구조를 갖고 있는 것은 아니
겠지만 이 여자만큼은 틀림없는 자기 팔자다.

– 지금까지 연애다운 연애한 번 못해보고 살다가 친구와 같이 07 丁亥
年에 홍콩으로 가서 술집에 나간다고 했다.


(4) 물이 필요하므로 목욕탕 사업을 한다

(인천 거주)

| 72 62 52 42 32 22 12 2 | | 時柱 | 日柱 | 月柱 | 年柱 |
|---|---|---|---|---|---|
| 戊 丁 丙 乙 甲 癸 壬 辛 大 | | 丁 | 丙 | 庚 | 辛 | 여 |
| 戌 酉 申 未 午 巳 辰 卯 運 | | 酉 | 午 | 寅 | 巳 | 자 |

– 충남 당진에 사는 단골손님으로, 乙未年 늦봄에 목욕탕 매매 운을 보
기 위해 온 여자 사주다.
– 사주의 구조는, 뱀띠 해의 초봄에 자신을 나타내는 글자를 태양에 비유
해서 해석하는 丙火로 태어나 도와주는 세력이 많으므로 신강하다.

– 초봄에 태어난 丙火가 신강 하므로 기온이 매우 높고 건조하기 때문
에 심한 갈등을 느끼고 있어 水가 우선 필요하나 없기 때문에 金을

쓰고, 水가 吉神겸 藥神이고, 火가 病神이고, 木이 凶神이다.

- 이 命主는 身旺財旺 사주이므로 사업가인데, 52대운부터 金운이 오므로 사업을 시작하였는데, 사주에 水가 가장 필요하기 때문에 목욕탕을 약 26년째 운영하고 있다고 하는데, 나이가 많아져 팔려고 하는데, 언제 팔리겠느냐고 문의를 해왔다.
부동산이 팔리려면 土가 沖이나 合을 하거나 움직이거나, 운이 좋거나, 年支 또는 月支가 合이나 沖이 와야 하는데, 올해 印星운이 왔으나, 歲運이 좋지 않아 내년에 財星이 오면서 年支, 月支와 寅巳申三刑을 하면서 合과 沖을 하므로 내년에 팔리겠다고 진단했다.

- 진로나 직업은 자기의 사주에 어떤 성분이 필요 하느냐에 따라 결정되는데, 이 사주는 水가 우선 필요하므로 水와 관련된 직업은 물이나, 음식류와 가장 가까운데, 이 여자는 앞에서도 언급했지만, 목욕탕을 운영 중이므로 운명에 맞는 업종을 선택했다.

(5) 사주에 水가 필요하므로 세탁소를 운영한다

| 62 | 52 | 42 | 32 | 22 | 12 | 2 | | 時柱 | 日柱 | 月柱 | 年柱 | |
|----|----|----|----|----|----|----|----|----|----|----|----|----|
| 庚 | 辛 | 壬 | 癸 | 甲 | 乙 | 丙 | 大 | 己 | 丙 | 丁 | 丁 | 乾 |
| 子 | 丑 | 寅 | 卯 | 辰 | 巳 | 午 | 運 | 亥 | 戌 | 未 | 酉 | 命 |

- 사주의 구조는, 닭띠 해의 늦여름에 자신을 나타내는 글자를 태양 불에 비유해 해석하는 丙火로 태어나 도와주는 세력이 약하므로 신약한 사주다.

- 여름에 태어난 태양이라 기본적으로 온도가 높은데다가 火를 暗藏하고 있는 戌土와 未土를 갖고 있어 건조하고 무더우므로 결국 신왕 한 것과 같기 때문에 더위를 해결하기 위해서 水가 우선 더 필요하고, 그 다음에 金도 필요하며, 火와 土가 病神이고 운에서 木이 오면 木

도 흉신이다.

- 진로나 직업은 자기의 사주에 어떤 성분이 필요 하느냐에 따라 결정
되는데, 이 사주는 水가 우선 필요하므로 水와 관련된 직업은 물이
나, 음식류와 가장 가까운데, 이 命主는 강남구 개포동에서 세탁소를
운영하고 있다.

(6) 水가 필요해서 횟집을 운영한다

| 67 | 57 | 47 | 37 | 27 | 17 | 7 | | 時柱 | 日柱 | 月柱 | 年柱 | |
|----|----|----|----|----|----|---|---|----|----|----|----|---|
| 壬 | 癸 | 甲 | 乙 | 丙 | 丁 | 戊 | 大 | 乙 | 甲 | 己 | 己 | 남 |
| 戌 | 亥 | 子 | 丑 | 寅 | 卯 | 辰 | 運 | 亥 | 午 | 巳 | 未 | 자 |

- 사주의 구조는, 양띠 해의 초여름에 자신을 나타내는 글자를 큰 나무
에 비유해 해석하는 甲木으로 태어나 도와주는 세력으로 乙木과 亥
水가 있으나 火와 土가 많아 무덥고 건조하므로 신약한 사주다.
따라서, 물이 가장 필요하고, 金도 필요하며, 木도 필요하고, 土와 火
는 좋은 작용을 하지 않는다.

- 여름 나무는 필수적으로 물이 필요한데, 이 사주에는 상대적으로 물
이 많이 부족하므로 직업에서 채우고 있다.
물과 관련된 직업은, 모든 먹는 음용수가 해당하고, 음식종류, 그리
고 물은 바다를 의미하므로 해외와 관련된 직종인데, 이 命主는 강원
도 강릉에서 횟집을 운영하고 있다고 한다.

(7) 제과점을 운영한다

(장지동 거주)

| 68 | 58 | 48 | 38 | 28 | 18 | 8 | | 時柱 | 日柱 | 月柱 | 年柱 | |
|----|----|----|----|----|----|---|---|----|----|----|----|---|
| 甲 | 乙 | 丙 | 丁 | 戊 | 己 | 庚 | 大 | 庚 | 癸 | 辛 | 乙 | 남 |
| 戌 | 亥 | 子 | 丑 | 寅 | 卯 | 辰 | 運 | 申 | 未 | 巳 | 巳 | 자 |

- 사주의 구조는, 뱀띠 해의 초여름에 자신을 나타내는 글자를 빗물에
  비유해 해석하는 癸水로 태어나 도와주는 세력으로 金이 3개 있으나
  신약한 사주다.

- 초 여름생이라 기온이 높아졌고, 화기가 많은데 癸水의 힘이 약하므로
  水가 가장 필요하고, 金이 그 다음으로 필요하며, 火와 土는 흉신이다.

- 자기 사주에 어떤 성분이 가장 필요로 하느냐에 따라서 자기의 진로
  나 직업이 결정되는데 이 사주는 水가 가장 필요하므로 水와 관련된
  직업을 선택하게 되어 있다.
  따라서, 水와 관련한 직업은 주로 먹는 음식과 연관이 있는데, 이 命主
  는 먹는 음식 중에서도 제과점을 운영하므로 인연에 맞는 직업이다.

- 癸巳年부터 흉신이 들어와 돈 때문에 고생일 것이라고 했는데, 실제
  로 이 命主가 운영하는 건물이 2013년부터 재개발을 하게 되어 점포
  시설비 및 권리금 등 약 8억원을 손해를 보게 되었다고 한다.
  2015년까지 힘이 들겠으며, 2016년이 되어야 풀릴 것이다라고 진단
  했다.

(8) 조선공학 전공

(문정동 거주)

| 69 | 59 | 49 | 39 | 29 | 19 | 9 | | 時柱 | 日柱 | 月柱 | 年柱 | |
|----|----|----|----|----|----|----|----|----|----|----|----|----|
| 戊 | 己 | 庚 | 辛 | 壬 | 癸 | 甲 | 大 | 庚 | 庚 | 乙 | 癸 | 乾 |
| 申 | 酉 | 戌 | 亥 | 子 | 丑 | 寅 | 運 | 辰 | 申 | 卯 | 亥 | 命 |

- 卯月에 庚金이 신약하지만 金과 木이 싸우고 있는 구조라서 水 통관
  용신을 쓴다.
  따라서, 전공도 홍대에서 조선공학을 전공했다.

- 고등학교 때 공부를 잘하지 못했고, 조선공학은 인기학과가 아니라

서 무난히 홍익대에 입학하여 공부를 했으나 졸업 한 후 취업이 어려
워 庚寅年에 취업준비중이다.


(9) 한식집 운영, 乙巳 고란살 일주는 부부해로하기 어렵다

(마포 거주)

| 65 | 55 | 45 | 35 | 25 | 15 | 5 | | | 時柱 | 日柱 | 月柱 | 年柱 | |
|----|----|----|----|----|----|---|---|---|------|------|------|------|---|
| 乙 | 甲 | 癸 | 壬 | 辛 | 庚 | 己 | 大 | | 己 | 乙 | 戊 | 癸 | 坤 |
| 丑 | 子 | 亥 | 戌 | 酉 | 申 | 未 | 運 | | 卯 | 巳 | 午 | 巳 | 命 |

- 한여름 午月에 乙木 꽃나무로 태어났는데, 年支에 巳火, 月支가 午
  火, 日支가 巳火가 있어 가뭄에 찌든 한 떨기 연약한 꽃나무와 같다.


- 따라서, 물이 절실히 필요한데, 年上에 있는 癸水는 뿌리도 없는데다
  가 月上의 戊土와 합을 해 合去됐고, 月令이 午月이므로 火勢가 강해
  서 水가 증발하므로 母親과 인연이 없는데, 이 命主가 어린나이에 어
  머니와 이별을 해 어떻게 사는지 알 수가 없다고 한다.


- 乙巳일주는 孤鸞殺로 밤을 고독하게 보낸다는 것인데, 남편인 巳중
  의 庚金은 火勢에 녹게 되므로 살기가 어렵다.
  따라서, 火運이 오는 해인 본인의 나이 54세인 2006 丙戌年 2월에
  남편이 뇌출혈로 쓰러져 6년째 식물인간으로 생명을 연명하고 있다
  고 한다.


- 이 남편이 언제 죽을 것인가를 묻기에 辛卯年인 금년에 乙辛沖해서
  죽을 수도 있겠다고 대답을 했으나, 사람의 수명을 정확히 안다는 것
  은 사실상 어려운 일이다.


- 자식들은 딸 두 명에다가 아들 한명을 두었는데, 딸들은 출가시켰고,
  38살 먹은 아들은 辛卯年에 결혼을 할 예정인데, 원자력연구원 박사
  란다.

- 자신의 사주에 물이 필요하고, 대운에서 45 대운부터 水운이 왔으므
  로 규모가 큰 한식집을 운영 중이며, 종업원이 10명이라고 한다.


(10) 한식요리사

(길동 거주)

| 66 | 56 | 46 | 36 | 26 | 16 | 6 | | | 時柱 | 日柱 | 月柱 | 年柱 | |
|----|----|----|----|----|----|----|---|---|------|------|------|------|---|
| 乙 | 丙 | 丁 | 戊 | 己 | 庚 | 辛 | 大 | | 己 | 壬 | 壬 | 辛 | 乾 |
| 酉 | 戌 | 亥 | 子 | 丑 | 寅 | 卯 | 運 | | 酉 | 申 | 辰 | 酉 | 命 |

- 辰月에 壬水가 온통 물 천지인데, 時上의 己土가 官星이긴하지만 큰
  물인 壬水를 막을 재간이 없다.
  또한, 印星인 金이 흉신이므로 공부와는 인연이 없으며, 이런 구조가
  되면 어려서 모친의 애를 태운다.


- 대운에서 木이 와서 태왕 한 壬水를 洩氣하므로 기술성직업과 인연인
  데, 이 남편은 강남구 삼성동에 있는 유명호텔의 한식요리사다.
  한식은 잔손질이 많이 가기 때문에 일이 많고, 복잡해 음식을 먹는
  손님의 입장에서는 좋을지 몰라도 파는 입장에서는 코스트가 올라가
  기 때문에 재미없는 메뉴다.


- 사주의 구조를 보면, 壬水가 태평양 같은 큰물이므로 큰물에서 헤엄
  치는 것과 같은 형상이기 때문에 한식보다는 일식요리사가 되는 것
  이 좋을 것이라고 조언해줬다.


## 7. 同業 관계

대게, 신약사주의 경우, 일의 추진력이 약하기 때문에 어떤 사업을 독단적
으로 하기 보다는 동업을 하는 경우가 많고, 신왕사주의 경우는 이와 반대
로 혼자하기를 원한다.

1) 동업을 할까요 말까요?

(천호동 거주)

| 61 | 51 | 41 | 31 | 21 | 11 | 1 | | 時柱 | 日柱 | 月柱 | 年柱 | |
|---|---|---|---|---|---|---|---|---|---|---|---|---|
| 壬 | 辛 | 庚 | 己 | 戊 | 丁 | 丙 | 大 | 戊 | 丙 | 乙 | 戊 | 乾 |
| 申 | 未 | 午 | 巳 | 辰 | 卯 | 寅 | 運 | 戌 | 午 | 丑 | 申 | 命 |

- 사주의 구조는, 원숭이띠 해의 늦겨울에 자신을 나타내는 글자를 태양 불에 비유해 해석하는 丙火로 태어나 도와주는 세력이 약하므로 신약한 사주다.

- 겨울에는 기온이 낮기 때문에 태양이 떠 있는 한 낮이라도 추우므로 많은 열량이 필요한데 신약하므로 火가 용신이고 木이 길신이며, 金과 운에서 오는 水는 흉신이고, 濕土가 흉신이며, 乾土는 운에서 올 경우 藥神역할을 하지만, 이 사주의 경우는 土가 너무 많아 신약하게 만들었으므로 약신으로서의 기능보다는 흉신 작용을 한다.

- 대게, 신약사주의 경우, 일의 추진력이 약하기 때문에 어떤 사업을 독단적으로 하기 보다는 동업을 하는 경우가 많다.

- 丙申年 午月 어느 날 이 女命이 아무런 말이 없이 "제 사주를 봐주세요." 하기에 사주를 세워놓고 래정법으로 진단한 바, 歲運의 干上에 온 丙火가 日干과 동일한 比肩이므로 형제, 지인, 친구, 동업문제이고, 歲運의 地支에 오는 申金이 財星으로 돈 문제, 사업문제, 부친문제인데, 이중에서 확률이 가장 높은 것이 "동업으로 사업을 하시기 위해서 오셨겠네요?"라고 했더니 "그렇습니다." 대답했다.

- 그러면 어떤 사업을 하면 좋겠는가가 궁금한데, 대부분의 경우 나이가 어렸을 때는 학운과 적성을 가지고 직업이나 진로를 결정하게 되지만 나이가 중년이 되어서 사업을 시작할 경우는 적성보다는 그 범위가 매우 좁아지므로 진단하기가 더 어려운데, 이 女命의 나이가 49

세이고, 木과 火를 용신과 길신으로 쓰므로 옷 장사나 교육 사업이
맞고, 사주에 많이 있는 土를 이용하려면 부동산 공인중개사가 인연
이기 때문에 "이런 종류의 직업에 종사하시겠습니다."라고 말했더니
손님 대답이 "사실은 작년에 공인중개사 시험에 합격해서 약 4개월
동안 배웠는데, 올해 지인이 동업을 하자고 하는데, 어떻게 해야 하
나 고민을 하다가 선생님을 찾아오게 되었습니다."라고 대답함으로
써 래정법의 진단이 적중했다.

# 제6장 : 日主에 따른 來情法

## 1. 甲 日主는 癸巳年에 무슨 일이 생기는가?

### 1) 巳戌鬼門殺로 큰 고통에 시달린다

(성남 거주)

| 61 | 51 | 41 | 31 | 21 | 11 | 1 | | 時柱 | 日柱 | 月柱 | 年柱 | |
|----|----|----|----|----|----|----|----|----|----|----|----|----|
| 癸 | 壬 | 辛 | 庚 | 己 | 戊 | 丁 | 大 | 丁 | 甲 | 丙 | 丙 | 남 |
| 卯 | 寅 | 丑 | 子 | 亥 | 戌 | 酉 | 運 | 卯 | 申 | 申 | 戌 | 자 |

– 癸巳年 초봄에 온 60대 후반의 남자 사주다.

– 사주의 구조는, 개띠 해의 초가을에 자신을 나타내는 글자를 야산의 흙에 비유해 해석하는 甲木으로 태어나 火와 金이 많아서 木의 세력이 약하므로 木이 용신이고, 水가 길신이며, 金이 病神이고, 火가 흉신이며, 戌土가 흉신이다.

– 사주에 卯申鬼門殺이 있으며, 자신을 나타내는 甲木 日干이 鬼門殺 작용을 하는 卯木에 뿌리를 두고 있으므로 더욱 더 귀문살의 작용이 강하다.

•••••

**필자** : 연세가 많으신 것 같은데, 손님의 태어난 년, 월, 일과 시간을 말씀해 주세요?

**고객** : 오래전에 어머니께서 말씀하시기를 寅時(03:31~05:32까지)라고 말씀하셨습니다.

필자:정확한 시간은 모르시고 寅時라고만 알고 계세요?

왜, 제가 묻느냐 하면, 우리나라가 지정학적으로 일본과 30여분의 시차가 생기는데, 부모 세대가 그것을 잘 모르고 계시기 때문에 사주 용어를 쓰신 분들한테는 꼭 출생시간을 확인할 필요가 있어서 물어본 것입니다.

고객:그 당시에 시계가 없었는데 정확한 시간을 알기가 어려웠을 것입니다. 寅時라고만 알고 있습니다.


필자:만약, 寅時가 맞으면 부부 궁이 깨졌기 때문에 부부관계가 원만치 못하였거나, 그렇지 않으면, 별거생활이 길었을 것인데, 부부관계가 어떻습니까?

고객:특별히 이상 없이 잘 살아왔데요?

오랫동안 떨어져 지내는 것도 없었고요?


필자:그러면, 2004년이 甲申年인데, 寅申沖으로 그 해에 부부 궁이 충돌이 있었겠고, 가깝게는 2010년 庚寅年에 또 寅申沖으로 충돌이 있었는데, 아무 일 없었습니까?

고객:부부가 살아가면서 사소한 충돌이 없었겠습니까마는 그렇게 큰 충돌은 없었습니다.


필자:그렇습니까?

그렇다면, 선생님 태어난 시간이 寅時가 아니고, 卯時(05:31∼07:32까지)로 보입니다.

고객:그 시간일 경우엔 어떻습니까?


필자:만약, 卯時에 태어났다면, 우울증이나 노이로제 같은 정신적인 문제가 있을 것입니다.

고객:사실은 제가 젊어서부터 고민거리가 하나 있는데, 그것이 궁금해서 왔습니다.

필자 : 이 사주를 보면, 정신적인 문제를 일으키는 鬼門殺(귀문살)이 작용한
다는 것 이외에 자세히는 알 수가 없는데, 어떤 문제입니까?
고객 : 선생님 말씀하신 내용과 비슷한데요, 제가 사춘기 때 거울을 보니까
입술이 너무 두꺼워서 싫더라고요?
그래서, 입술을 얇게 만들려고 물어 뜯곤했는데, 대학 다닐 때 어느
날인가 입술이 움직이지를 않아서 말을 할 수가 없었을 때가 있었
습니다.
저는 그날이후 사람들이 모이는 장소를 피하게 되고, 말을 안하게 되
었습니다.

필자 : 그러면 직장생활은 어떻게 하셨습니까?
고객 : 제가 공무원생활을 하다가 입술 때문에 30대 후반에 그만두고 자영
업을 했습니다.

필자 : 공무원생활을 그만둘 정도로 심하셨습니까?
고객 : 그렇지요. 결국 입술 때문에 그랬습니다.

필자 : 그럼, 지금도 입술이 문제입니까?
고객 : 그럼요. 지금도 문제가 되니까 고민이죠?

필자 : 제가 보이게는 선생님의 입술에 약간의 각질이 있을 뿐 전혀 이상하
게 보이지 않습니다.
고객 : 아니, 이상하지 않다고요?
이상이 있잖아요?

필자 : 아닙니다.
제가 의사가 아니라서 그런지 전혀 이상하게 보이지 않습니다.
제가 보기에는 육체적인 질병으로 보이지는 않고, 정신적인 문제로
보이는데, 혹시, 피부과나 정신과를 가보신적이 없습니까 ?
고객 : 피부과도 여러번 가봤고요, 정신과도 가봤습니다만, 고쳐지질 않습

니다.

그리고, 교회에도 다녀봤고, 절에도 다녀봤고, 심지어는 무당한테 가
서 굿도 해봤는데, 아무 소용이 없습니다.

필자 : 제 상식으로는 도저히 이해가 가지 않기 때문에 더 이상의 조언을 해
드릴 수가 없습니다.

어떻든, 사주학적으로는 鬼門殺로 밖에는 설명 드릴 수가 없는데, 鬼
門殺은 정신적인 문제를 일으키는 殺(살)의 한 종류입니다.

## 2. 乙 日主는 癸巳年에 무슨 일이 생기는가?

### 1) 아들문제와 장사(진로문제)를 해도 되는지가 궁금합니다

(경기도 거주)

| 65 | 55 | 45 | 35 | 25 | 15 | 5 | | 時柱 | 日柱 | 月柱 | 年柱 | |
|----|----|----|----|----|----|----|----|----|----|----|----|----|
| 乙 | 丙 | 丁 | 戊 | 己 | 庚 | 辛 | 大 | 壬 | 乙 | 壬 | 戊 | 여 |
| 卯 | 辰 | 巳 | 午 | 未 | 申 | 酉 | 運 | 午 | 亥 | 戌 | 戌 | 자 |

- 계사년(癸巳年) 한 봄에 온 50대 중반의 여성 사주다.

- 사주의 구조는, 개띠 해의 늦가을에 자신을 나타내는 글자를 꽃나무
에 비유해 해석하는 乙木으로 태어나 水가 많고, 태어난 계절이 쌀쌀
한 늦가을이므로 火가 용신이고, 木이 길신이며, 水가 病神이고, 土
가 藥神이며, 金은 없지만 나타난다 해도 흉신이다.

•••••

필자 : 고객께서는 제 사무실과 가까이 사십니까?
고객 : 아닙니다. 멀리 경기도에 살고 있습니다.

필자 : 어떻게 제 사무실을 오시게 되었습니까?
고객 : 지인이 강남에 살고 있는데, 그 지인한테 제 고민을 이야기했더니 선

생님께서 사주를 잘 봐주신다고 가보라고 해서 오게 됐습니다.

필자:그러시네요. 성의껏 봐드리겠습니다.
　　　손님 사주는 늦가을에 태어난 꽃나무이므로 자연에 빗대어 물상론
　　　적으로 해석을 하면, 마치, 국화나 코스모스와 같아서 고고하고 예쁜
　　　꽃인데, 얼굴도 사주 닮아서 예쁘십니다.
고객:감사합니다.

필자:또, 사주에서 본인을 나타내는 글자가 꽃나무이고, 이 꽃나무가 사주
　　　용어로 亥水라는 글자 위에 앉자있는데, 이런 사주구조에서는 亥水
　　　(해수)를 꽃병(화병)으로 보기 때문에 마치 꽃병에 꽂아 놓은 예쁜 꽃
　　　과 같습니다.
고객:과찬의 말씀이십니다.

필자:가을 꽃나무가 낮 12:00전후에 태어났는데, 여기서, 태어난 시간이
　　　한 낮을 의미하는 午火라는 불인데, 꽃나무가 火를 보면 마치 꽃나
　　　무에 꽃이 핀 것으로 해석을 하기 때문에 더욱 아름다우며, 손님과
　　　같은 사주로 태어나면 예능이나 체육계통에 소질이 있으실텐데 어떻
　　　세요?
고객:제가 젊어서 무용을 좋아해서 무용을 했습니다.

필자:손님은 무용을 직업으로 살리지 못했을 것으로 보입니다.
　　　그 이유는, 초년 운이 나빴기 때문입니다.
고객:맞습니다.
　　　일찍 아버님이 돌아가셔서 초년에 고생이 많았습니다.

필자:그렇지만 25세이후부터 운이 들어서 그동안 잘살아오셨네요?
고객:그런대로 살아왔습니다.

필자:손님은 금년 운에 자식문제나 새로운 진로문제가 궁금하실 것 같은

데, 무슨 일이 가장 궁금하세요?

고객 : 선생님 말씀대로, 아들이 취업을 못해서 고민인데, 취업이 될 수 있을런지가 궁금하고, 또한, 제가 무슨 장사를 하려고 하는데 해도 될런지 궁금해서 왔습니다.


필자 : 아들의 취업문제는 아들의 사주를 봐야하기 때문에 별도로 설명을 드리겠고요, 손님의 장사문제에 대해서는 올해부터 운이 들어왔으므로 해도 좋습니다.

그런데, 손님 사주에 남편 덕이 약한 분이신데, 남편과의 관계는 어떠십니까?

고객 : 그렇게 나옵니까?

남편은 능력이 없는 분이라서 제가 벌어서 먹고 살아왔습니다.


필자 : 그래도 손님의 운이 좋아서 그동안 잘살아오셨네요?

또, 사주에 돈 창고인 戌土를 두 개씩이나 갖고 있어서 돈도 있고, 알뜰하시네요?

고객 : 큰 돈은 없읍니다만, 제가 알뜰합니다.


필자 : 그런데, 2012(임진)년에 돈 창고인 戌土와 운에서 온 辰土가 辰戌沖으로 충돌을 해서 돈 창고가 열리기 때문에 돈 쓸 일이 생기게 될 것입니다.

고객 : 예. 이제 애들도 결혼을 시켜야하고 돈 쓸 곳만 남았습니다.


2) 아들이 작곡을 하고 있어서 걱정입니다

(수원 거주)

| 67 | 57 | 47 | 37 | 27 | 17 | 7 | | 時柱 | 日柱 | 月柱 | 年柱 | |
|---|---|---|---|---|---|---|---|---|---|---|---|---|
| 丙 | 乙 | 甲 | 癸 | 壬 | 辛 | 庚 | 大 | 丙 | 乙 | 己 | 壬 | 남 |
| 辰 | 卯 | 寅 | 丑 | 子 | 亥 | 戌 | 運 | 子 | 巳 | 酉 | 戌 | 자 |

– 癸巳年 초봄에 모친이 가지고 온 30대 초반의 남자 사주다.

- 사주의 구조는, 개띠 해의 한 가을에 자신을 나타내는 글자를 꽃나무
  에비유해 해석하는 乙木으로 태어나 壬水와 子水에 의지하므로 신약
  하지만, 가을 木이므로 신약한 것 보다는 날이 찬 것이 좋지 않으므
  로 火가 용신이고, 木이 길신이며, 水가 病神이고, 金이 흉신이며, 土
  가 藥神이다.

- 日干이 乙木인 사람들은 예, 체능에 소질이 있거나, 의류를 취급하는
  사람들이 많은데, 이 命主는 작곡을 하고 있는데, 수입이 없어서 부
  모가  걱정이 태산이란다.

•••••

고객 : 우리 아들 사주를 보려고 왔습니다.

필자 : 그렇습니까?

성의껏 봐드리겠습니다.

아들 생년월일과 태어난 시간을 말씀해주세요?

고객 : 양력으로 82년 9월 ○○일 01시 31분생입니다.

필자 : 사주학에서는 子時(자시)가 서울을 기준으로 해서 01:32까지이고 그
이후시간대가 丑時(축시)가 되는데, 바뀌는 시간대라서 정확히 해야
하는데, 어디에서 태어났습니까?

고객 : 서울서 태어났습니다.

필자 : 그러면, 子時로 보겠습니다.

사주가 이렇게 구성이 되면 아들이 교육학이나, 예, 체능에 인연인
데, 무슨 공부를 했습니까?

고객 : 아들이 Y 대학에서 토목학을 공부했고, 대학원에서 교육학을 전공했
습니다.

필자 : 아들 운이 약해서 직장생활을 제대로 못할 것 같은데, 어떻게 지냅니
까?

고객 : 아들이 대학원을 졸업하고 취업은 안했고, 갑자기 작곡을 하고 있는
데, 잘 되겠습니까?

필자 : 작곡을 한다고요?

물론, 아들이 예능에 인연이 있습니다만, 특히, 예능계통은 운이
따라줘야 성공을 운이 안 따라주면 성공을 하기가 어렵습니다.

그런데, 아들은 40대 중반까지는 성공을 하기가 매우 어렵습니다.


고객 : 다른 철학원에 가서 보니까 우리 아들이 돈을 무척 많이 번다고 하던
데요?

돈을 못 번다는 소리는 선생님한테 처음 듣습니다.

필자 : 아들 운을 보면 40대 후반부터나 운이 오기 때문에 그 때는 잘 살
수 있겠습니다만, 그 이전에는 어렵습니다.


고객 : 아이고! 그러면, 큰일이네요?

다른 사업을 하면 안 되겠습니까?

필자 : 다른 사업을 해도 마찬가지입니다.


### 3) 연예기획사를 운영하는 여인

(강남 거주)

| 67 | 57 | 47 | 37 | 27 | 17 | 7 |  |  | 時柱 | 日柱 | 月柱 | 年柱 |  |
|----|----|----|----|----|----|---|---|---|------|------|------|------|----|
| 甲 | 乙 | 丙 | 丁 | 戊 | 己 | 庚 | 大 |  | 丙 | 乙 | 辛 | 戊 | 여 |
| 寅 | 卯 | 辰 | 巳 | 午 | 未 | 申 | 運 |  | 戌 | 未 | 酉 | 午 | 자 |

– 癸巳年 초여름에 엄마가 가지고 온 30대 중반의 여자 사주다.

– 사주의 구조는, 말띠 해의 한 봄에 자신을 나타내는 글자를 꽃나무에
비유해 해석하는 乙木으로 태어나 水도 없고, 木도 없는데, 未土 속
에 乙木이 있어서 뿌리삼아 살고 있는데, 未土가 戌土와 戌未刑이 되
어 乙木의 뿌리가 손상을 입었고 日干인 乙木도 辛金과 乙辛沖을 이
루어 위태롭다.

따라서, 木이 용신이고, 水가 길신이며, 金이 病神이므로 火가 약신
이고, 土는 길신작용과 閑神을 겸한다.

- 乙木일간 여자 사주가 태약한데, 官星인 辛金이 남편으로 病神에 해
  당하고, 乙辛沖을 하고 있으며, 乙木의 뿌리를 품고 있는 未土가 戌
  土와 戌未刑을 일으켜 부부 궁이 깨져있다.

- 사주가 이렇게 되면 너무 예민해 감정의 기복이 심할 뿐만 아니라 정
  신적인 문제가 있을 수 있고, 부부관계가 나빠서 정상적인 부부관계
  가 어렵다고 보여 지나, 이 사주를 보려고 온 모친은 전혀 그런 사실
  을 말하지 않았으나, 분명 어려움이 있을 것이다.

- 가을에 태어난 乙木이 丙火 꽃을 활짝 피우고 있고, 午火 桃花殺과
  酉金 桃花殺을 갖고 있어 미모가 출중해서 예술고등학교를 거쳐서
  예술대학을 졸업한 후 연예기획사를 운영 중이라고 한다.

- 대운이 좋아서 자신은 발전을 할 것이다.

- 이 사주가 너무 태약 하므로 木을 생해주는 水가 필요하다고 생각하
  는 역술인들도 있을 수 있는데, 분명 이 사주는 金을 막기 위해서 水
  가 필요한 것이 아니고, 火克金해주는 火가 필요한 것이다.
  따라서, 고등학교 때의 歲運이 94 甲戌年, 95 乙亥年, 96 丙子年이었
  는데, 공부를 안했고 한다.

- 이 여자는 2010년 모 재벌 2세와 결혼했으며, 슬하에 자식은 아직 없
  다고 한다.

(4) 문서인 학력위조가 문제가 됐다

(서초구 거주)

| 67 | 57 | 47 | 37 | 27 | 17 | 7 | | 時柱 | 日柱 | 月柱 | 年柱 | |
|----|----|----|----|----|----|----|----|----|----|----|----|----|
| 庚 | 己 | 戊 | 丁 | 丙 | 乙 | 甲 | 大 | 壬 | 乙 | 癸 | 丁 | 여 |
| 申 | 未 | 午 | 巳 | 辰 | 卯 | 寅 | 運 | 午 | 亥 | 丑 | 巳 | 자 |

- 癸巳年 초여름에 온 30대 후반의 여자 사주다.
- 사주의 구조는, 뱀띠 해의 늦겨울에 자신을 나타내는 글자를 꽃나무에 비유해 해석하는 乙木으로 태어나 水가 많으므로 춥고 강한 사주라서 火가 용신이고, 木이 길신이며, 水가 病神이고, 金이 흉신이며, 마른 土가 藥神이지만 습한 土는 흉신이다.

•••••

필자 : 고객사주는 추운 겨울에 꽃나무로 태어나 따뜻하게 해주는 火를 용신으로 쓰므로 총명하시고 인정이 많지만, 개성도 강하십니다.
　그래서, 본인과 코드가 맞는 사람과는 잘 지내지만, 코드가 안 맞으면 멀리하는 성격이겠습니다.

고객 : 맞습니다.
　제 성격이 그렇습니다.

필자 : 고객은 고등학교 때 운이 94 甲戌年, 95 乙亥年, 96 丙子年으로 운이 추운 겨울기운이라서 운이 안 따라줘서 공부를 잘 안했을 것 같은데, 어떠했습니까?

고객 : 그렇게 나옵니까?

필자 : 그럼요. 나온 대로 말씀드렸습니다.

고객 : 사실은 제가 음악을 좋아해서 예술고등학교를 다녔는데, 일반 공부는 안했습니다.
　그래서, 곧바로 대학을 못가고 나중에야 음대를 나왔습니다.

필자 : 그러셨네요?

　　　음악 중에서도 어느 장르입니까?

고객 : 가야금을 공부했습니다.


필자 : 본인의 사주에서 표현력을 의미하는 火가 발달해있고, 그중에서도
　　　午火가 桃花殺에 해당하므로 음악과 인연이 있습니다만, 보통 음악
　　　인들은 재능이 특출해야 밥 먹고 살지 그렇지 못할 경우는 어렵게 사
　　　는데, 운을 보니까 손님은 작년까지의 운이 나빠서 재능을 인정받기
　　　가 어려웠겠습니다.

고객 : 맞습니다.

　　　그래서 그런지 음악활동을 못하고, 유치원교사로 일하고 있습니다.


필자 : 교육분야도 적성에 맞습니다만, 유치원 교사는 월급이 작아서 불만
　　　이겠습니다.

　　　손님의 사주에는 색감이라든가 디자인 감각이 발달해있고, 본인을
　　　나타내는 글자가 꽃나무이므로 옷과 인연인데, 옷 장사를 해도 좋을
　　　것 같습니다.

고객 : 옷은 경험이 전혀 없습니다.


필자 : 손님은 금년 운에 문서문제가 있거나 직장이동수가 보이는데, 무슨
　　　문제로 오셨습니까?

고객 : 제가 올해 직장을 옮길 운이 있습니까?


필자 : 앞에서도 말씀드렸던 것처럼 아마도 문서에 문제가 있을 것 같은데
　　　무슨 문제가 없습니까?

고객 : 사실은 제가 음대를 나와서 영어 강사로 생활을 하다가 유치원에 취
　　　직을 해서 10여년을 근무해오고 있는데, 취직 당시 유아교육과를 나
　　　왔다고 이력서에 써놓았는데, 최근에 갑자기 유치원장이 학력증명서
　　　를 가져오라고 해서 문제가 생겨서 왔습니다.

　　　어떻게 하는 것이 좋을 것 같습니까?

필자: 지금이라도 이실직고 하든지, 그렇지 않으면, 직장을 옮기는 수 밖에
　　　없을 것 같습니다.
　　　운에서는 문제가 생겨서 옮기겠다고 앞에서 설명드렸잖습니까?
고객: 그러면 옮겨야겠습니다.
　　　감사합니다.


## 3. 丙 日主는 癸巳年에 무슨 일이 생기는가?

### 1) 여자 사주에 자신의 힘이 너무 강하면 남자가 없다

(강남구 거주)

| 63 | 53 | 43 | 33 | 23 | 13 | 3 | | | 時柱 | 日柱 | 月柱 | 年柱 | |
|----|----|----|----|----|----|----|---|---|------|------|------|------|---|
| 己 | 庚 | 辛 | 壬 | 癸 | 甲 | 乙 | 大 | | 丙 | 丙 | 丙 | 庚 | 여 |
| 卯 | 辰 | 巳 | 午 | 未 | 申 | 酉 | 運 | | 申 | 戌 | 戌 | 寅 | 자 |

－ 癸巳年 초여름에 온 60대 중반의 여자 사주다.


－ 사주의 구조는, 개띠 해의 늦가을에 자신을 나타내는 글자를 태양에
　비유해 해석하는 丙火로 태어나 火가 많고, 寅木과 두 개의 戌土를
　만나서 寅戌火局을 지으므로 강하고 건조하므로 調喉(조후)가 급선
　무인데, 水가 없기 때문에 金을 우선 써야하므로 金이 용신이고, 습
　한 土가 있다면 길신역할을 할 것이나 없고, 열을 가진 戌土는 흉신
　이며, 火가 病神이고, 木이 흉신이다.


－ 여자 사주가 이렇게 자신의 힘이 강한 구조에서 그 강한 힘을 조절해
　주는 남자를 나타내는 官星이 없으므로 남자와 백년해로 할 수 없으
　므로 남자와 인연을 맺기 어렵고, 설령 맺는다 해도 쉽게 헤어진다.
　따라서, 이 여자는 결혼을 하여 40살 먹은 딸 하나를 두고 이별한 후
　솔로로 살고 있다.

•••••

고객 : 선생님, 저는 태어난 시간을 정확하게 모르는데 사주를 봐주실 수 있습니까?

필자 : 태어난 시간을 전혀 모른다면 어려울 수도 있겠지만, 대충이라도 아신다면 출생시간을 알 수 있습니다.


고객 : 그러면 출생시간을 대강 아니까 봐주세요?

필자 : 그러시죠.
　　　년, 월, 일과 대강의 시간을 말씀해보세요?


고객 : ○년 ○월 ○일이고, 태어난 시간은 그 때가 가을인데, 해가 질 무렵인데, 해가 졌는지 안 졌는지는 모릅니다.
　　　그러면 몇 시쯤 됩니까?

필자 : 그 당시 절기표를 보니까 오후 5시 20분 정도니까 申時(신시 : 오후 15:30 ~ 17:30까지) 아니면 酉時(유시 : 17:30 ~ 19:30까지)가 될 것입니다.
　　　그런데, 申時가 되면, 사주에 役馬殺이 강해서 분주하게 움직이며 살 것이고, 정확한 성격이 아닐 것이고, 만약, 酉時라면 성격이 정확한 것을 좋아합니다.
　　　어느 쪽이 맞다고 생각하십니까?


고객 : 저는 정확한 성격은 아닙니다.
　　　申時 쪽이 맞는 것 같습니다.

필자 : 그러면 직업으로 진단을 해보겠습니다.
　　　사주에 金을 쓰므로 사업가이신데, 申時라면 운수업이나 모텔업  또는 금융업이 인연인데, 어떻습니까?
　　　또, 申時라면 결혼을 했다가 헤어졌을 것이고, 酉時라면 결혼을  안 했을 수도 있습니다.


고객 : 어느 쪽이 맞습니다.

제가 모텔을 경영했었고요, 사채업을 하고 있습니다.

그러나, 운수업은 안 해봤습니다.

그리고, 딸을 하나 낳고 이혼했습니다.

필자：그러면, 申時로 사주를 봐드리겠습니다.

손님은 50세를 넘으면서부터 큰돈을 벌었겠는데, 2010年부터 기울기 시작해서 2012年에 크게 손실이 났을 것이고, 官災가 생겼을 것인데, 어땠습니까?

그리고, 올해도 관재수가 계속되고 있네요?

이 문제로 오셨지요?


고객：작년에 제가 운영하던 사채업이 파산이 나서 법적으로 문제가 생겼습니다.

어떻게 되겠습니까?

필자：작년 운에서 워낙 크게 충돌하는 운이 왔고요, 금년에도 그 충격이 계속되고 있기 때문에 구속을 피할 수 없겠습니다.


고객：구속을 피할 수 있는 좋은 방법이 없습니까?

필자：정당한 방법이 아닌 편법으로 해결하려고 하다가는 사기를 당할 수 있습니다.

사주학은 학문이기 때문에 편법을 쓰지 않습니다.

피해자와 합의가 우선입니다.


2) 부인은 남편과 인연이 없고, 자식들은 아버지와 인연이 없다

(서초구 거주)

| 61 | 51 | 41 | 31 | 21 | 11 | 1 | | 時柱 | 日柱 | 月柱 | 年柱 | |
|----|----|----|----|----|----|----|----|----|----|----|----|----|
| 丙 | 乙 | 甲 | 癸 | 壬 | 辛 | 庚 | 大 | 甲 | 丙 | 己 | 己 | 여 |
| 子 | 亥 | 戌 | 酉 | 申 | 未 | 午 | 運 | 午 | 寅 | 巳 | 丑 | 자 |

- 癸巳年 중 봄에 온 60대 중반의 여자 사주다.

- 사주의 구조는, 소띠 해의 초여름에 자신을 나타내는 글자를 태양에 비유해 해석하는 丙火로 태어나 火의 뿌리가 강하고, 木生火를 받고 있어서 火氣가 지나치게 강하므로 강한 화기를 시원한 물로 식혀줘야 하는데, 水가 없고, 金도 없어 어쩔 수 없이 丑土 속의 癸水가 용신이고, 丑土 속의 金이 길신이며, 火가 病神이고, 木이 흉신이고, 土는 길신이다.

- 이 사주에 水가 남편인데, 나타나있지도 않고, 傷官인 丑土 속에 들어있으므로 그야말로 약하다.
그런데, 아무리 水가 용신이라고 해도 火가 강한 상태라서 운에서 水가 들어오자 왕신충발하여 이혼하였다.

•••••

필자：손님은 초여름에 태양으로 태어나서 총명하고, 미인이시네요?
고객：예, 처녀 때 남자들이 많이 따랐습니다.

필자：고객은 남편 덕이 없으실텐데 어떠세요?
고객：오래전에 이혼했습니다.

필자：고객 나이 41세를 넘기면서 남편과 불화를 겪었을 것으로 보이는데 언제 이혼하셨어요?
고객：선생님 말씀대로 41세를 지나면서부터 남편과 갈등을 빚어오다가 결국은 제 나이 55세 때인 2003년에 이혼하고 남매를 데리고 살고 있습니다.

필자：그 남편이 어떤 남편이었습니까?
고객：저와 살고 있을 때는 사업을 크게 하던 남편이었는데, 저와 이혼한 후에 돌아가셨다고 합니다.

필자：그러면, 생계는 어떻게 해결하세요?

고객 : 이혼할 당시 받은 위자료를 가지고 살아왔습니다.

## 4. 丁 日主는 癸巳年에 무슨 일이 생기는가?

(1) 관재구설수가 발생했다

(평창동 거주)

| 61 | 51 | 41 | 31 | 21 | 11 | 1 | | 時柱 | 日柱 | 月柱 | 年柱 | |
|----|----|----|----|----|----|----|----|----|----|----|----|----|
| 丁 | 丙 | 乙 | 甲 | 癸 | 壬 | 辛 | 大 | 辛 | 丁 | 庚 | 丙 | 남 |
| 未 | 午 | 巳 | 辰 | 卯 | 寅 | 丑 | 運 | 亥 | 卯 | 子 | 午 | 자 |

– 癸巳年 초봄에 부인이 가지고 온 40대 후반의 남자 사주다.

– 사주의 구조는, 말띠 해의 한 겨울에 자신을 나타내는 글자를 인공
  불에 비유해 해석하는 丁火로 태어나 찬기운인 金과 水가 많아서 약
  하고 추우므로 火가 용신이고, 木이 길신이며, 水가 病神(병신)이고,
  金이 흉신이다.

– 年支에 위치해 있는 午火와 子水가 子午沖으로 충돌해 있고, 기본적
  으로 水가 病神이므로 관재수를 안고 있으며, 자식과 직장 복이 약한
  사주다.
– 따라서, 2008 戊子年에 직장에서 힘들었다고 하며, 2012 壬辰年에
  는 직장에서 실수를 해서 고통을 겪었다고 하며, 2013(癸巳)年에 불
  리한 처분을 받을 것이라고 한다.

·····

필자 : 남편은 겨울에 火로 태어나서 세상을 따뜻하게 해주고 있는 형상이
       라서 성실하고 착하며, 여린 성격을 가지셨네요?
고객 : 네. 저희 남편이 착합니다.

필자 : 겨울에 인공 불은 마치 촛불과 같아 자신의 몸을 불태워서 어둠을 밝

힐 뿐만 아니라 추위를 녹여주기 때문에 다른 사람들에게 환영 받는
분이라서 성실하다는 말씀입니다.

고객 : 네, 저희 남편은 정말로 성실한 분이십니다.


필자 : 자신을 나타내는 글자가 인공 불인데, 양쪽에 金을 가지고 있어서 똑
똑하고 현실적인분입니다.

고객 : 네, 아주 똑똑한 분이십니다.


필자 : 그런데, 자신인 인공 불에서 보면, 무쇠 인 庚金은 녹여야할 대상이
므로 녹일 수만 있다면, 본인 돈이 되는데, 무쇠 金과 달리 보석 金인
辛金은 이미 녹여서 가공이 끝난 상태라서 불을 좋아하지 않기 때문
에 인공 불인 丁火가 보석 金인 辛金을 보면 돈을 갖다버리므로 나중
에 돈 손실이 생길 수 있기 때문에 주의하셔야 합니다.

고객 : 돈을 많이 잃습니까?


필자 : 그렇지는 않고, 조금 잃을 수 있습니다.
그리고, 남편의 사주에 표현력을 나타내는 食傷이라는 글자가 土
인데, 土가 없기 때문에 표현을 잘 안하시겠습니다.

고객 : 표현을 잘 안하기 때문에 정말 답답합니다.


필자 : 남편은 사주가 성실하게 생겼고, 10년간씩 구분해서 보는 大運도
좋아서 좋은 직업을 가지셨겠는데, 특히, 돈으로 해석하는 金을 녹이
는 구조이므로 경영학을 공부했으면 좋았겠는데, 무슨 공부를 했습
니까?

고객 : 명문대를 졸업하긴 했지만, 경영학을 전공한 것은 아닌데, 졸업한 후
에 공인회계사 자격증을 갖고 회사에 근무하고 있습니다.


필자 : 작년이 壬辰年으로, 남편한테는 壬辰年이 아주 나쁜 해운이라서 관
재구설 수가 생기는 운이었고, 금년 癸巳年운에서 癸水가 관재구설
수에 해당하고, 또 巳火가 官星인 亥水를 巳亥沖으로 충돌을 하므로

아직 해결이 덜 되었을 것으로 보이는데, 구체적으로 어떤 일이 있었
으며, 진행상태가 어떻습니까?

고객 : 네. 사실은 남편이 작년에 회사에서 업무를 처리하면서 바뀐 규정을
모르고 잘못 처리를 한 실수로 인하여 큰 고통을 겪었고, 아직도 그
건이 해결이 되지 않아서 어떻게 될까가 궁금해서 선생님을 찾아 온
것입니다.
좋게 끝났으면 좋겠는데........


필자 : 그렇군요.
금년해운이 작년보다 훨씬 좋긴 하지만 액운이 남아 있어서 완전무
결 하지는 않겠지만, 작년운보다 좋아졌으니까 가벼운 징계정도로
끝날 것으로 전망합니다.
너무 걱정하지 마세요.


2) 日干(일간)이 심하게 공격을 받으면, 정신이상이 온다

(서초구 거주)

| 62 | 52 | 42 | 32 | 22 | 12 | 2 | | 時柱 | 日柱 | 月柱 | 年柱 | |
|----|----|----|----|----|----|----|----|----|----|----|----|----|
| 庚 | 己 | 戊 | 丁 | 丙 | 乙 | 甲 | 大 | 壬 | 丁 | 癸 | 戊 | 남 |
| 午 | 巳 | 辰 | 卯 | 寅 | 丑 | 子 | 運 | 寅 | 酉 | 亥 | 午 | 자 |

– 癸巳年 중 봄에 엄마가 가지고 온 30대 중반의 남자 사주다.

– 사주의 구조는, 말띠 해의 초겨울에 자신을 나타내는 글자를 인공 불
에 비유해 해석하는 丁火로 태어나 午火가 있고, 木生火시켜주는 寅
木도 있으나, 약하며, 더군다나 겨울 생이라서 더 많은 火가 필요하
므로 火가 용신이고, 木이 길신이며, 너무 많이 있는 水가 病神이고,
金이 흉신이며, 土가 藥神(약신)이다.


•••••

고객 : 선생님, 우리 아들 사주 좀 봐주세요?

필자 : 그러시죠.
　　　생년월일과 출생한 시간을 말씀해주세요?

고객 : 우리 아들은 음력으로 78년 12월 2일생이고, 태어난 시간은 새벽입
　　　니다.
필자 : 사주를 보니까, 겨울에 인공불로 태어났는데, 추운 기운인 水가 너무
　　　많아서 火가 약한데다가 水가 인공 불 바로 옆에서 공격을 하고 있는
　　　형상입니다.
　　　사주가 이렇게 생기면, 아들이 굉장히 예민할텐데 어떻세요?

고객 : 맞습니다.
　　　너무 예민합니다.
필자 : 사주가 이러면, 예민할 정도를 지나서 정신적인 문제가 있을 것인데,
　　　혹시, 정신과 치료를 받아보셨습니까?

고객 : 정신과 치료는 받아보지 않았습니다.
필자 : 이런 사주로 태어나면, 예민해서 아이큐가 높은 경우가 많은데, 아들
　　　이 공부는 어떻게 했습니까?

고객 : 머리가 좋아서 공부를 잘했고, 좋은 대학에 들어갔는데, 2008년에
　　　갑자기 학교를 안다니겠다고 해서 중퇴를 했습니다.
　　　그리고는, 아무것도 하지 않으려고 합니다.
필자 : 안타깝네요.
　　　아들은 장가갈 나이가 지났는데, 전혀 준비가 안 되었겠네요?

고객 : 자기가 장가를 안가겠다고 합니다.
필자 : 이런 상태에서 장가간 것이 중요한 것이 아닙니다.
　　　정신적인 안정을 찾는 것이 더욱 중요한데, 올해부터는 火운이 오기
　　　때문에 다소 낳아질 것입니다.

고객 : 그래서 그런지 올해 조금 나아진 것도 같습니다.

자기 형이 데리고 다니면서 알바식으로 일을 시키면 한다고 합니다.

그러면, 언제부터 우리 아들이 좋아지겠습니까?

필자 : 말씀 드리기가 무척 어렵습니다만, 50세를 넘어야 좋았겠습니다.


고객 : 그렇게도 늦게요?


## 5. 戊 日主는 癸巳年에 무슨 일이 생기는가?

### 1) 壬辰年에 직장을 그만두었고, 아파트를 팔려고 합니다

(송파구 거주)

| 68 | 58 | 48 | 38 | 28 | 18 | 8 | | 時柱 | 日柱 | 月柱 | 年柱 | |
|----|----|----|----|----|----|----|----|----|----|----|----|----|
| 乙 | 丙 | 丁 | 戊 | 己 | 庚 | 辛 | 大 | 丁 | 戊 | 壬 | 丁 | 남 |
| 巳 | 午 | 未 | 申 | 酉 | 戌 | 亥 | 運 | 巳 | 寅 | 子 | 酉 | 자 |

- 癸巳年 중 봄에 온 부인이 가지고 50대 후반의 남자 사주다.

- 사주의 구조는, 닭띠 해의 한 겨울에 자신을 나타내는 글자를 큰 산
  의 흙에 비유해 해석하는 戊土로 태어나 土가 뿌리가 약하며, 土를
  돕는 火가 있으나, 신약한 사주인데다가 겨울 생이라서 춥기 때문에
  火가 용신이고, 木이 길신이며, 水가 病神이고, 土가 藥神이다.

- 日支가 갈등을 의미하는 寅巳刑을 이루므로 자신의 일이 너무 많아서
  야근을 하느라고 거의 매일 밤늦게 귀가하므로 부인의 입장에서 보
  면 과부처럼 살아왔다고 말했다.

- 태어난 年上에 있는 丁火와 月上의 壬水가 丁壬合을 하고 있는데, 이
  런 경우, 약 70% 정도가 조부가 바람을 피웠거나, 妾을 두는 경우가
  많은데, 이 남자의 조부도 첩을 두었다고 했다.

필자 : 남편이 착하고 성실하시네요?
고객 : 저희 남편은 일밖에 모릅니다.


필자 : 남편이 회사원이나 교육계통에 인연인데, 직업이 무엇입니까?
고객 : 일반 회사원입니다.


필자 : 남편은 47세까지 운이 따라주지 않아서 직위가 높지 않아 보이는데,
　　　 어떻습니까?
고객 : 맞습니다. 평범합니다.


필자 : 돈도 많지는 않겠고, 월급쟁이 수준이시겠네요?
고객 : 큰 재산은 없고요, 평범하게 삽니다.


필자 : 48세이후부터 기본적인 운이 들왔습니다만, 작년(壬辰年)에 큰 고난
　　　 이 있었을 것인데, 직업변동이 생겼거나, 그렇지 안으면 건강이 나
　　　 빠질 수 있었는데, 별일 없었습니까?
고객 : 큰 일이 있었습니다.
　　　 저희 남편이 작년에 직장을 그만두고 쉬고 있습니다.


필자 : 그러시네요?
　　　 걱정이 많이 되시겠습니다.
　　　 다행히 올해부터 운이 들왔고, 기본적인 운의 흐름도 좋기 때문에 놀
　　　 지 않을 것입니다.
고객 : 정말 그럴까요?


필자 : 제 말씀을 믿어보세요?
　　　 남편 운에서 금년에 돈과 문서가 움직이는데, 혹시, 무슨 사업을 　해
　　　 보려고 하세요?
　　　 그렇지 않으면, 부동산을 매매하려고 하세요?

고객 : 남편이 무엇을 해보려고 하긴 하는데, 구체적으로 아직 계획을 세운
　　　것은 없고, 일단 아파트를 팔려고 합니다.
　　　팔리겠습니까?

필자 : 부동산 매매문제는 운으로만 보면 계획에 어긋날 수 있습니다.
　　　부동산 경기가 크게 작용하기 때문이지요.
　　　그래서, 꼭 팔아야 한다면 손해를 본다는 심정으로 팔아야만 가능할
　　　수도 있습니다.


## 6. 己 日主는 癸巳年에 무슨 일이 생기는가?

### 1) 집을 팔고 싶어서 왔다

(송파구 거주)

| 66 | 56 | 46 | 36 | 26 | 16 | 6 | | | 時柱 | 日柱 | 月柱 | 年柱 | |
|----|----|----|----|----|----|----|----|----|----|----|----|----|----|
| 乙 | 甲 | 癸 | 壬 | 辛 | 庚 | 己 | 大 | | 丙 | 己 | 戊 | 己 | 여 |
| 亥 | 戌 | 酉 | 申 | 未 | 午 | 巳 | 運 | | 寅 | 巳 | 辰 | 亥 | 자 |

- 癸巳年 중 봄에 온 50대 중반의 여자 사주다.

- 사주의 구조는, 돼지띠 해의 늦봄에 자신을 나타내는 글자를 야산의
　흙에 비유해 해석하는 己土로 태어나 土가 뿌리가 있고, 土를 돕는
　火도 있어 신강한 사주다.
　따라서, 木이 용신이고, 水가 길신이며, 土가 病神이므로 木이 藥神이다.

- 그러면, 이 사주의 용신이 무엇인가를 따지기 전에 어떻게 용신을 잡
　아야 하는 가를 먼저 살펴보자.

- 독자 여러분들이 아시는 것처럼, 용신을 잡는 법은 여러 가지가 있는
　데, 억부용법, 조후용법, 병약용법 등 여러 가지 방법들이 있다.

- 그러나, 필자의 용신법은 위에서 설명한 것을 물론 사용하는데, 더 구체적으로 설명을 한다면, 자연의 법칙에서 찾는다.

  첫째는 일반적인 內格사주에서는 온도와 습도가 가장 중요하다.
  예를 들어 아주 작고 연약한 화초라도 온도와 습도만 맞으면 자라나는 것이 자연의 이치다.
  반대로, 아주 크고 우람한 소나무라도 겨울이 되면 춥기 때문에 자라지 않는 것이 자연의 원칙이다.

  두 번째는 日干과 印星이 자기편이고, 나머지를 상대편으로 보는데, 자기편과 상대편이 균형과 조화가 잘 맞아야 한다.
  세 번째는 日干의 하는 일이 무엇이고, 또는, 태어난 목적이 무엇인가를 살펴서 그 하는 일이나 목적에 맞는 조건이 무엇인가를 알아야 한다.

- 그러면, 이 사주의 日干이 무엇을 하기 위해서 태어났고, 무슨 임무를 수행하고 있는 가를 살펴보자.

  어떤 이는 이 사주가 신강하므로 水와 木을 써야 한다고 생각할 수도 있겠고, 또 어떤 이는 신강하므로 巳火속에 들어있는 庚金으로 洩氣(설기)를 해줘야 한다고 볼 수도 있을 것이고, 또, 다른 이는 木으로 土를 억제 시켜줘야 한다고 볼 것이다.

- 그러나, 이 사주의 日干의 임무는 寅木을 기르는 것이 목적이므로 木이 용신이고, 木을 잘 기르기 위해서 水가 필요하며, 마른 土는 흉신이고, 金이 흉신이다.

- 日支가 갈등을 의미하는 寅巳刑을 이루므로 남편이 일밖에 모르는 사람이라서 과부처럼 살아왔다고 말했다.

- 이 고객은 어려서부터 편하게 살아왔었고, 30대 중반까지도 편히 살

아왔으나, 36대운인 30대 중후반부터 어려움이 많았다.


2) 남편이 본인 몰래 자식을 두 명이나 두었답니다

(분당 거주)

| 70 | 60 | 50 | 40 | 30 | 20 | 10 | | 時柱 | 日柱 | 月柱 | 年柱 | |
|---|---|---|---|---|---|---|---|---|---|---|---|---|
| 丁 | 戊 | 己 | 庚 | 辛 | 壬 | 癸 | 大 | 戊 | 乙 | 甲 | 乙 | 남 |
| 丑 | 寅 | 卯 | 辰 | 巳 | 午 | 未 | 運 | 寅 | 丑 | 申 | 巳 | 자 |

– 癸巳年 초여름에 본 부인이 가지고 온 40대 말의 남자 사주다.

– 사주의 구조는, 뱀띠 해의 초가을에 자신을 나타내는 글자를 꽃나무
  에 비유해 해석하는 乙木으로 태어나 약간 신약한 사주로, 태어난 계
  절이 초가을이라 시원해지기 시작하고, 丑土도 있어서 습하며, 신약
  하므로 자신의 힘을 북돋아 주는 木이 용신이고, 꽃나무는 火를 보아
  꽃이 피어야 아름다울 뿐만 아니라 한기를 없애야 하므로 火가 藥神
  겸 길신이고, 土가 흉신이며, 木을 극하는 金이 病神(병신)이다.

– 남자 사주에 土가 부인인데, 이 사주에는 日支에 丑土가 있고, 時上
  에 戊土가 있는데, 丑土는 토질이 나쁜 자갈땅인데다가 한기를 품고
  있어 싫어하게 되고, 戊土는 마른 土인 데다가 木의 뿌리역할을 하는
  寅木에 長生 을 하고 있어서 丑土보다는 戊土가 예쁘게 보인다.


•••••

필자 : 사주를 보시려고 오셨습니까?
고객 : 선생님, 제 남편 사주 좀 봐주세요?

필자 : 남편의 생년월일과 출생시간을 말씀해주세요?
고객 : 몇 년, 몇 월, 몇 일생이고, 태어난 시간은 새벽 4시에서 5시경이라
  고 합니다.

필자 : 남편은 성격이 착하고 부드러운 분이시네요?
고객 : 예. 마음씨가 착합니다.


필자 : 그런데, 남편 사주에는 부인이 두 명인데, 본 부인인 丑土와는 성격
　　　 이 안 맞겠고, 두 번째 부인이거나 애인인 대문 밖에 있는 戊土 여자
　　　 한테 관심을 갖게 될 것입니다.
고객 : 남편이 바람둥이인가 봐주세요?


필자 : 남편 사주에 桃花殺이 없어서 바람둥이라고까지는 말씀드릴 수 없지
　　　 만, 여자가 두 명이라서 두 여자를 만날 운명입니다.
　　　 두 번째 만날 여자는 남편나이 40세부터 오는 大運에서 여자로 해석
　　　 하는 辰土가 들어왔으므로 이 시기에 다른 여자를 만나게 됩니다.
　　　 혹시, 남편이 바람을 피우셨습니까?
고객 : 남편이 40세경에 나이가 무척 어린 딸 같은 여자를 만나서 저 몰래
　　　 아이를 두 명이나 낳았다고 합니다.


필자 : 그러세요?
　　　 그 여자는 지금 몇 살이나 됩니까?
고객 : 남편하고 나이 차이가 20년도 더 되니까, 여자 나이는 겨우 20대 중
　　　 반입니다.
필자 : 그 여자 나이 몇 살 때 만났답니까?
고객 : 그 여자 나이 18살인가 19살 때 만났다고 합니다.


필자 : 이혼은 안하셨습니까?
고객 : 고등학교에 다니는 우리 아이들이 두 명이나 있고, 이혼을 해달라고
　　　 해도 해주지 않았습니다.
　　　 그리고, 저가 주부로만 생활을 해 와서 아무런 생계대책도 없기 때
　　　 문에 사실은 저도 강력하게 주장을 못하고 있습니다.


필자 : 고통이 심하시겠습니다.

고객 : 지금은 거의 포기한 상태입니다.

필자 : 그러면, 남편하고 부부관계는 하고 삽니까?
고객 : 남편은 변함없이 성생활을 하자고 합니다만 저는 관심이 없어졌습
니다.
저는 앞으로 어떻게 하는 것이 좋을 것 같습니까?

필자 : 이혼말씀입니까?
고객 : 예.

필자 : 굉장히 어려운 문제네요?
이혼을 하시려면 생계대책이 있어야 하는데요?
고객 : ..........

### 3) 巳戌鬼門殺로 인하여 의처증이 심하다

(송파 거주)

| 64 | 54 | 44 | 34 | 24 | 14 | 4 | | 時柱 | 日柱 | 月柱 | 年柱 | |
|----|----|----|----|----|----|----|----|----|----|----|----|----|
| 壬 | 辛 | 庚 | 己 | 戊 | 丁 | 丙 | 大 | 丙 | 己 | 乙 | 壬 | 乾 |
| 子 | 亥 | 戌 | 酉 | 申 | 未 | 午 | 運 | 寅 | 酉 | 巳 | 戌 | 命 |

- 계사년(癸巳年) 중 봄에 부인이 가지고 온 30대 초반의 남자 사주다.

- 사주의 구조는, 개띠 해의 초여름에 자신을 나타내는 글자를 야산의
흙에 비유해 해석하는 己土로 태어나 土가 뿌리가 튼튼하고, 土를 돕
는 火도 있어서 土의 힘이 강한데다가 여름 생이라 건조하므로 水가
용신이고, 乙木이 길신이나, 寅木은 흉신이며, 火와 土가 흉신이고,
金이 길신이다.
- 용신인 壬水가 뿌리가 없어서 약하고, 日干인 己土의 劫財(겁재)인 戊
土위에 앉아있어 더욱 약할 뿐만 아니라 己土 日干에서 볼 때는 자신
의 妻인 壬水가 남의 남자와 함께 있는 격이므로 의처증이 있게 되고,

- 더욱이, 사주 地支에 戌土와 巳火가 巳戌鬼門殺을 이루고 있는데, 이
  鬼門殺은 정신적인 나쁜 작용을 하는 殺로서, 이 命主는 의처증이 심
  하다.

**.....**

고객 : 저희 남편 사주를 보려고 왔습니다.

필자 : 남편 사주는 초여름에 야산의 흙으로 태어났기 때문에 자연 현상 대
  로 설명을 드리면, 초여름 산이라고 말씀드릴 수 있습니다.
  그런데, 여름 산에는 나무가 자라고 있어야 값어치가 나가는 법인데,
  이 산에는 태양이 떠 있어 나무도 있고, 물도 있지만, 물(水)이 부족
  하여 갈증을 느끼고 있는 형상을 하고 있습니다.

고객 : 물(水)이 무엇을 의미합니까?

필자 : 이 사주에서 물(水)은 육친상으로는 아버지를 의미하고, 부인을 의미
  하며, 돈을 나타내는 성분입니다.

고객 : 물이 부족하면 어떤 현상이 나타납니까?

필자 : 우선 아버지의 도움이나 힘이 약하고, 자신의 눈에 비치기를 부인이
  능력이 약해 부족하게 보일 것이고, 돈의 크기가 작아 보입니다.
  그래서, 남편과 가장 가까이 있는 부인한테 기대치가 너무 크기 때문
  에 부인의 입장에서 보면 스트레스가 심하실 것입니다.
  또한, 올해가 癸巳年(계사년)으로 巳火(사화)라는 불이 癸水(계수)라
  는 물을 머리에 이고 오는 운인데, 이 癸水(계수)가 약 하디 약한 이
  슬과 같은 물이라 마르기 쉬운 물입니다.
  특히, 올해 들어서 부부관계가 나쁘실 것인데, 현실은 어떻습니까?

고객 : 사실 부부문제를 상담 받으려고 왔습니다.

필자 : 또, 이 사주에 중요한 비밀이 있는데, 남편의 마누라가 壬水(임수)인
  데, 이 壬水(임수)가 남편을 나타내는 성분인 土와 같은 성분인 戌土
  (술토)라는 글자 위에 앉아있기 때문에 남편입장에서 보면 부인이 다

른 남자와 같이 있는 것으로 생각될 것이고, 사주에서 의처증이나 우울증 같은 나쁜 정신적인 작용을 일으키는 巳戌鬼門殺(사술 귀문살) 살이란 게 있는데, 이 鬼門살(귀문살) 위에 부인인 壬水(임수)가 있어 위와 같은 나쁜 작용력이 심하실 것입니다.
실상은 어떠하십니까?

고객 : 저희 남편은 저에 대한 압박이 너무 강해서 살 수가 없습니다.
　　　혼자 외출도 못하게 하고요, 외출할 때는 일일이 행선지를 알려야 하며, 또, 전화번호부에 어떤 남자 이름도 있어서는 안 되고, 심지어는 아버지 이름 마져도 싫어합니다.
　　　이 정도인데, 어떻게 살겠습니까?
필자 : 정말 심각하시네요?
　　　이 정도라면 부인을 사랑한다기 보다는 학대라고 말 할 수 있는데, 일반상식으로 보면, 남편은 정신병자 수준입니다.
　　　혹시, 정신 병원에 가보신적이 있습니까?

고객 : 없습니다.
필자 : 제가 보기에는 남편은 사회생활하는데는 전혀 이상이 없는 분이신데요?
　　　운도 좋고, 정직하고요.

고객 : 남들한테는 전혀 그렇지 않은가본데, 오직 저한테만 고통을 줍니다.
필자 : 남편은 사업을 하십니까, 그렇지 않으면, 무역회사 같은 데에 다니십니까?

고객 : 무역회사에 다닙니다.

4) 손님은 올해 이사 운이 들었고, 食傷이 흉신이라서 자식에 대한
   고민이 있겠습니다

(가락동 거주)

| 69 | 59 | 49 | 39 | 29 | 19 | 9 | | | 時柱 | 日柱 | 月柱 | 年柱 |
|----|----|----|----|----|----|---|---|---|------|------|------|------|
| 丙 | 丁 | 戊 | 己 | 庚 | 辛 | 壬 | 大 | | 庚 | 己 | 癸 | 戊 | 여 |
| 辰 | 巳 | 午 | 未 | 申 | 酉 | 戌 | 運 | | 午 | 酉 | 亥 | 申 | 자 |

– 癸巳年 중 봄에 온 40대 중반의 여자 사주다.

– 사주의 구조는, 원숭이띠 해의 초겨울에 자신을 나타내는 글자를 야
  산의 흙에 비유해 해석하는 己土로 태어나 戊土와 午火가 土가 돕고
  있으나, 金과 水가 많아 약하고 냉하므로 火가 용신이고, 土가 길신
  이며, 水가 病神이고, 金이 흉신이다.

– 이 사주를 자연현상에 대비해서 설명한다면, 겨울비가 너무 많이 내
  려 홍수가 났으므로 시급하게 土로 저수지를 만들어야 한다.

– 따라서, 이 사주에서 水는 財星으로 돈이고 부친이며, 시 어머니에
  해당하며, 金은 食傷으로 자식에 해당하기 때문에 부모덕이 없다고
  하며, 시 어머니와 관계가 나쁘다고 한다.

– 그러나, 자식 궁에 용신인 午火와 자식성인 傷官이 함께 있어서 자식
  두명중 1명은 덕이 있다.

•••••

필자: 고객 사주는 겨울비가 너무 많이 내린 격이라서 냉하고 추운데, 혹
     시, 수족이 차지는 않습니까?
고객: 예. 제가 수족이 많이 찹니다.

필자: 이 사주에 水가 너무 많아서 물이 넘치는 격이므로 자신을 나타내는

글자인 己土로 제방을 쌓아서 넘치는 물을 막아야 하기 때문에 자수
성가형이라서 성실하겠습니다.

고객 : 저는 모든 것을 제가 알아서 처리하는 줄로만 알고 살아왔습니다.

필자 : 손님 사주에는 돈을 나타내는 글자가 病(병)에 해당하기 때문에 큰돈
은 없다고 보지만, 돈 문제는 흘러가는 행운의 영향을 크게 받는데,
운이 좋아서 먹고 사는 데는 전혀 지장이 없겠고, 잘 사시겠습니다.

고객 : 감사합니다.
잘 살지는 못해도 먹고 사는 데는 지장이 전혀 없습니다.

필자 : 올해(癸巳年) 이사할 수가 들었는데, 이사문제로 오셨습니까?

고객 : 이사를 하려고 하는데, 그 문제가 궁금하고요, 아들문제도 있습니다.

필자 : 금년에 이사 운이 들었고, 운도 좋으니까 이사를 해도 좋겠습니다.
손님 사주에 자식 고민이 있을 것인데, 무슨 문제입니까?

고객 : 사실은 아들 때문에 고민입니다.
아들 사주를 봐주세요?

필자 : 그러면, 아들 사주를 봐드리겠습니다.


## 7. 庚 日主는 癸巳年에 무슨 일이 생기는가?


1) 부부사주를 같이 봐야겠소?

(송파구 거주)

| 61 | 51 | 41 | 31 | 21 | 11 | 1 |  | 時柱 | 日柱 | 月柱 | 年柱 |  |
|----|----|----|----|----|----|----|----|----|----|----|----|----|
| 丁 | 丙 | 乙 | 甲 | 癸 | 壬 | 辛 | 大 | 戊 | 庚 | 庚 | 丙 | 乾 |
| 酉 | 申 | 未 | 午 | 巳 | 辰 | 卯 | 運 | 寅 | 申 | 寅 | 午 | 命 |

– 癸巳年 초봄에 부부가 함께 온 40대 후반의 남자 사주다.
– 사주의 구조는, 말띠 초봄에 자신을 나타내는 글자를 무쇠에 비유해

해석하는 庚金으로 태어나 金의 세력이 약간 약한 사주이나, 태어난 계절이 초봄이라 날이 차고, 庚金은 녹여주는 火를 좋아하므로 火가 용신이고, 木이 길신이며, 金이 흉신이고, 마른 土는 길신이나, 습한 土가 나타나면 흉신이다.

- 地支 妻宮(처궁)에 申金 흉신이 앉아있고, 그 양쪽으로 妻로 해석하는 寅木이 있어서 두 여자와 인연인데, 寅木과 申金이 寅申沖으로 충돌을 하므로 필시 재혼 격임을 알 수 있다.
- 부부가 함께와서는,

‥‥‥

고객 : 선생님, 제 사주 좀 봐주세요?
필자 : 그렇게 하시지요?
　　　생년월일과 출생시간을 말씀해 주세요?

고객 : ○○년 ○월 ○○일 ○○시 생입니다.
필자 : 본인 사주만 보시겠습니까?

고객 : 네. 제 사주만 봐주세요?
필자 : 이 사주는 부인 것과 같이 봐야할 사주인데요?

고객 : 그렇습니까?
　　　그러면, 제 마누라 사주도 봐주세요?
필자 : 우선 남편의 사주부터 설명드리도록 하겠습니다.
　　　남편은 초봄에 무쇠로 해석하는 庚金(경금)으로 태어났는데, 이
　　　무쇠의 성품은 카리스마가 강하고, 와일드하며, 의리가 있는 분이며,
　　　무쇠를 컨트롤 해주는 火가 힘이 있어서 젊잖고, 얌전한 성품을 함께
　　　갖고 계시네요.

고객 : 네. 제 성격이 맞습니다.

필자 : 사주의 구조가 役馬殺(역마살)이 많고, 그 역마살이 충돌을 하는 기운이 강해서 많이 움직이거나, 또는 해외로 멀리 움직이는 분이 시겠습니다.

고객 : 그것도 맞습니다.

필자 : 이런 사주 구조를 가지면, 초년에 운이 좋았다면, 공무원이나 대기업체에서 근무를 할 수 있는 사주이나, 고등학교 1학년때인 82 壬戌年은 좋았지만, 2학 때와 3학년 때가 癸亥年, 甲子年으로 운이 너무 나빠서 공부를 하지 않았을 것으로 보이기 때문에 사업을 하실 것 같은데, 직업이 무엇입니까?

고객 : 선생님께서 말씀하신대로 고등하교 때 공부를 안 해서 대학을 못갔고, 사업을 하고 있습니다.

필자 : 고객은 役馬殺이 많고, 돈으로 해석하는 글자가 나무로 해석하는 寅木인데, 이 寅木이 의미하는 것은 긴 것이라서 의류관련이나 길다랗게 생긴 물건을 취급하시면 사주의 인연과 맞는 품목인데, 혹시, 의류를 취급하지 않으세요?

고객 : 사업 초기에는 의류를 수출하는 일을 하다가 지금은 플라스틱 파이프를 수출하는 회사를 운영하고 있습니다.

필자 : 그 것 참 재미있네요?

물론, 파이프가 의류는 아니지만, 길다란 것은 맞네요?

여기서, 필자가 옷을 말한 이유는 옷은 실로 짜지 않습니까?

그런데, 실은 어떻게 생겼습니까? 길잖아요?

그래서, 옷을 실로 만들었기 때문에 의류라고 했던 것입니다.

고객 : 그러면 파이프도 제 사주와 맞네요?

필자 : 길다는 의미에서 맞다는 이야기입니다.

그리고, 처음부터 부부가 같이 봐야 할 사주라고 말씀드린 이유는, 고객 사주가 재혼할 팔자라서 그렇게 말씀드렸는데, 실제는 어떠세요?

고객 : 선생님 말씀대로 재혼을 한 사이입니다.

필자 : 그렇다면, 2004년에 이혼수가 생겼는데, 언제 이혼을 했습니까?

고객 : 실제적으로는 2004년에 본처와 갈라섰고, 서류상으로는 2007년에
　　　정리를 했습니다.

필자 : 그러면, 지금의 부인과는 언제 부터 만났습니까?

고객 : 2004년에 본처와 갈라서고, 그 해에 만나서 사귀다가 작년(임진년)
　　　에 결혼식을 올렸습니다.
　　　그런데, 선생님, 제 사업이 잘되겠습니까?

필자 : 손님은 20대부터 운이 좋아서 일찍부터 돈을 만졌을 것인데, 운이
　　　이렇게 되면, 듣기에 조금 거북할 수도 있겠습니다만, 교만하고 신
　　　중하지 않게 생활해 오다가 어려움이 닥칠 때 한꺼번에 무너지게 되
　　　는데, 그 때가 바로 2008년(戊子年)에 오게 됩니다.

고객 : 맞습니다.
　　　제가 그 때부터 엄청 어려워졌습니다.

필자 : 2010년(庚寅年)에 다시 회복되는 듯하다가, 2011(辛卯年)부터
　　　2012년(壬辰年)까지 매우 어렵게 되는데, 운이 이렇게 전개되므로써
　　　부도 정도까지는 아니지만, 부도라고 할 정도로 어려우시겠습니다.

고객 : 선생님이 마치 제 삶을 보고 말씀하시는 것 같습니다.
　　　실제적으로 부도는 안 맞았지만, 굉장히 어렵습니다.
　　　언제부터 풀리겠습니까?

필자 : 다행히도 금년부터 풀리기 시작할 것입니다.
　　　희망을 갖고 열심히 사세요.
　　　그러나, 분명한 것은 앞으로 전개되는 운이 과거와는 전혀 다르기 때
　　　문에 새로 시작하는 기분으로 신중하게 사업을 하셔야 합니다.

고객 : 감사합니다.
　　　그러면, 제 마누라 사주도 봐주세요?

| 61 | 51 | 41 | 31 | 21 | 11 | 1 | | 時柱 | 日柱 | 月柱 | 年柱 | |
|---|---|---|---|---|---|---|---|---|---|---|---|---|
| 甲 | 癸 | 壬 | 辛 | 庚 | 己 | 戊 | 大 | 乙 | 丁 | 丁 | 己 | 여 |
| 戌 | 酉 | 申 | 未 | 午 | 巳 | 辰 | 運 | 巳 | 未 | 卯 | 酉 | 자 |

- 癸巳年 초봄에 부부가 함께 온 40대 중반의 여자 사주다.
- 사주의 구조는, 닭띠 해의 한 봄에 자신을 나타내는 글자를 인공 불에 비유해 해석하는 丁火로 태어나 丁火의 뿌리가 있고, 木도 있어서 힘이 강해 보이나, 사실은 출생 月이 중 봄이라 차고, 습한 나무인 乙木이 있어서 火가 더 필요한 신약한 사주로, 火가 용신이고, 마른 木인 陽木은 길신이지만, 습한 木인 陰木은 흉신이고, 金이 흉신이고, 화기를 가진 土도 길신이지만, 습기를 가진 土는 흉신이다.

- 따라서, 이 사주에서 乙木은 도움이 안 되고, 卯木도 도움이 되지 않고, 오히려 길신 역할을 하는 未土를 卯未木局으로 흉신 작용을 하고 있다.
- 또한, 이 사주에 남편성인 水가 없는데, 만약 있다고 하면 病神이 되고, 사주에 없는 육친과는 인연이 멀다는 것을 필자는 많은 임상을 통해서 확인할 수 있었으며, 男女를 불문하고 신약한 사주가 日支에 土를 갖고 있는 사주는 부부 궁이 불안함도 알 수 있다.

- 이 여자는 1997(丁丑年)에 습한 土인 丑土가 나타나서 배우자궁인 未土를 丑未沖으로 충돌하므로 본 남편과 이혼하였다고 하며, 위 남편과 재혼한 관계다.

- 또, 이 사주에 卯木은 어머니에 해당하고, 酉金은 아버지에 해당하는데, 이 卯木과 酉金이 卯酉沖을 해서 깨진 연유에 대한 육친관계의 변화에 대하여 확인 한 바, 친정 엄마가 이른 나이에 돌아가셨다고 한다.

2) 파산선고를 받았단다

(서초구 거주)

| 67 | 57 | 47 | 37 | 27 | 17 | 7 |  |  | 時柱 | 日柱 | 月柱 | 年柱 |  |
|----|----|----|----|----|----|----|---|---|------|------|------|------|---|
| 庚 | 己 | 戊 | 丁 | 丙 | 乙 | 甲 | 大 |  | 丙 | 庚 | 癸 | 戊 | 남 |
| 午 | 巳 | 辰 | 卯 | 寅 | 丑 | 子 | 運 |  | 戌 | 寅 | 亥 | 申 | 자 |

- 癸巳年 늦봄에 부인이 가지고 온 40대 중반의 남자 사주다.
- 사주의 구조는, 원숭이띠 해의 초겨울에 자신을 나타내는 글자를 무쇠에 비유해 해석하는 庚金으로 태어나 金의 뿌리인 申金이 있고, 金을 돕는 土도 있지만, 水가 강해서 신약한 사주다.

- 겨울 金은 추우면 유연성이 떨어지므로 火가 용신이고, 土가 길신이며, 寅木은 火를 품고 있어서 길신이고, 水가 病神이다.

- 이 사주처럼 겨울 생의 사주에서 용신을 잡을 때 중요한 점이 하나있는데, 예를 들어서 火가 용신이라면, 대부분의 역술인들이 木이 길신이라고 말할 것이다.
  그러나, 분명히 해 둘 것은 겨울 생일 경우 火가 용신이라도 寅木(인목)은 寅木속에 火가 들어있어서 길신이지만, 卯木은 습한 木이라서 길신이 아니고 오히려 흉신이다.
  왜하면, 습한 木은 화기를 흡수하는 성질이 있을 뿐만 아니라 藥神(약신) 작용을 하는 土를 공격하기 때문이다.

- 이 경우도 37세부터 46세 사이인 卯 대운에 망했는데, 어떤 경우인지 아래 내용을 살펴보자.

•••••

고객 : 선생님, 저희 남편사주를 봐주세요?
필자 : 그러시죠.

고객 : 사주가 어떻습니까?

필자 : 남편의 사주는 겨울 金으로 태어나 추위에 떨고 있는 형국이라서  따뜻하게 해주는 火가 많이 필요한 사주입니다.

그런데, 火가 나타나 있어서 정직하고 성실한 사람입니다만, 30대 후반부터 운이 기울었는데, 특히, 2007(丁亥年)하반기부터 어려워지기 시작해서 작년인 2012(壬辰年)에 큰 변화가 생겼고, 그에 따라서 사법기관에 들락날락거릴 일인 관재수도 생겼는데, 어땠습니까?

고객 : 저희 남편이 작년에 파산선고를 받았는데, 그것도 관재수입니까?

필자 : 맞습니다. 당연히 관재수입니다.

남편은 월급생활을 했다면, 파산까지는 당하지 않을 것인데, 사업을 하셨습니까?

고객 : 예. 사업을 했었습니다.

필자 : 남편 사주에 役馬殺이 많아서 운수 계통이나, 외국과 관련된 직업이 맞는데, 무슨 사업을 하셨습니까?

고객 : 남편이 아는 사람하고 동업으로 생선 장사를 해왔습니다.

필자 : 하필이면, 생선 장사를 했어요?

생선장사는 물하고 관련이 있는데, 물은 남편사주에 가장 필요한 불(火)을 끄는 작용을 하기 때문에 맞지 않습니다.

남편사주는 2007(丁亥)年부터 많이 나빠지기 시작해서 작년인 2012(壬辰)年까지 매우 어려웠는데, 특히, 작년이 가장 어려운 해 였는데, 작년에 파산되었습니까?

고객 : 예. 작년에 파산선고를 받았습니다.

필자 : 파선선고를 받기까지의 과정을 구체적으로 말씀해주실 수 있습니까?

고객 : 남편나이 27세에 사람이 성실하고 착해서 결혼을 했는데, 그 당시에

는 강남터미널에서 화물을 취급하는 일을 하고 있었는데, 열심히 했었습니다.

그런데, 약 10년 후인 30대 중반이후부터 직장을 이리 저리 바꾸다가 느닷없이 2007년부터 친구하고 동업으로 생선 장사를 시작하더니 작년에 파산되었습니다.

필자: 참, 안타깝습니다.

고객: 남편 운이 언제부터 풀리겠습니까?

필자: 답을 하기가 대단히 어렵습니다만, 앞으로 10여년 후인 57세 이후가 되어야 풀릴 것 같습니다.

그러나, 당장은 2013(癸巳)年부터 2015(乙未)年까지는 火운이 오므로 새로운 일자리를 마련하거나, 운이 좋아질 것입니다.

고객: 저희 남편은 무슨 일을 해야 가장 좋겠습니까?

필자: 파산까지 당했는데, 돈을 투자하는 사업은 어렵겠고, 운수업 계통의 직장을 구하거나, 남편사주에서 寅木(인목)이 돈인데, 木은 의류업과 인연이므로 의류회사에 취업을 하는 것이 가장 좋을 것 같습니다.

## 8. 辛 日主는 丙申年에 무슨 일이 생기는가?

(분당 거주)

| 65 | 55 | 45 | 35 | 25 | 15 | 5 | | 時柱 | 日柱 | 月柱 | 年柱 | |
|---|---|---|---|---|---|---|---|---|---|---|---|---|
| 戊 | 丁 | 丙 | 乙 | 甲 | 癸 | 壬 | 大 | 戊 | 辛 | 辛 | 丙 | 乾 |
| 申 | 未 | 午 | 巳 | 辰 | 卯 | 寅 | 運 | 戌 | 丑 | 丑 | 戌 | 命 |

- 丑月에 태어난 辛金이 土가 너무 왕 해서 신왕한데도 丑月이라서 얼어있기 때문에 火가 용신이고, 土가 病이므로 운에서 오는 木이 약신이다.

- 사주에 病神인 土를 극해 줄 木이 없어서 용신을 火를 쓰기 때문에 직업이 공무원이나 대기업 같은 조직성 직업이 맞을 것 같으나 이 사

주의 경우는 사주에 필요로 한 요소인 木을 직업으로 활용하는 경우로
젊었을 때 학생복을 취급해서 큰 돈을 벌었으며, 丙午대운 말부터 ○○
상가에서 부동산중개업을 해서 재산을 불려서 100억 대가 되었다.

- 癸巳年에 歲運 天干의 癸水가 丙火 용신을 剋하고, 歲運의 地支 巳
火가 巳丑金局을 해서 불리하므로 그동안 해오던 부동산업을 접었으
나, 丙申年에 용신이면서 직업인 丙火가 등장하므로 새로운 일을 하
기 위해서 상담왔으므로 래정법에 부합한다.

## 9. 壬 日主는 丙申年에 무슨 일이 생기는가? (분당 거주)

| 67 | 57 | 47 | 37 | 27 | 17 | 7 | | | 時柱 | 日柱 | 月柱 | 年柱 | |
|----|----|----|----|----|----|----|---|---|------|------|------|------|---|
| 戊 | 己 | 庚 | 辛 | 壬 | 癸 | 甲 | 大 | | 庚 | 壬 | 乙 | 乙 | 乾 |
| 寅 | 卯 | 辰 | 巳 | 午 | 未 | 申 | 運 | | 子 | 辰 | 酉 | 未 | 命 |

- 양띠해의 한 가을에 강물에 비유해서 해석하는 壬水로 태어났는데,
태어난 계절이 한 가을이라 기온이 차고, 庚金이 있고, 酉金과 辰土
가 辰酉合金이 되며, 辰土와 子水가 辰子水局을 이루므로 사주가 습
하고 냉하다.

따라서 未중 丁火가 용신이고, 木이 길신이며, 水, 金, 辰土는 흉신이다.

- 이런 사주는 火가 필요하므로 여자에게 필요이상의 많은 관심을 갖게
되고, 이 命主는 직장인으로, 올해 퇴직을 했다.

- 來情法으로 분석하면, 歲運에서 온 丙火는 돈이고, 申金은 문서인데,
申金이 官星으로 직업인 辰土를 만나서 申子辰水局을 이루어 물바다
가 되었으므로 헤메게 되나, 丙火가 있어서 퇴직금은 챙기게 된다.

10. 癸 日主는 丙申年에 무슨 일이 생기는가?

이 사주는 從殺格에서 설명을 하였으나, 중요하기 때문에 재 언급하였다.

(여의도 거주)

| 69 | 59 | 49 | 39 | 29 | 19 | 9 |    |  | 時柱 | 日柱 | 月柱 | 年柱 |    |
|----|----|----|----|----|----|----|----|--|------|------|------|------|----|
| 辛 | 壬 | 癸 | 甲 | 乙 | 丙 | 丁 | 大 |  | 丁 | 癸 | 戊 | 庚 | 坤 |
| 未 | 申 | 酉 | 戌 | 亥 | 子 | 丑 | 運 |  | 巳 | 未 | 寅 | 戌 | 命 |

- 개띠 寅月에 癸水가 庚金의 生을 받고 있는데, 火와 土가 너무 많아
 서 癸水 일간으로서의 기능과 역할을 할 수 없으므로 신약사주가 아
 니라 從殺格이다.

- 그러나, 이 사주를 대면하는 순간 身弱으로 봐야 하나, 從財로 봐야
 하나, 그것도 아니면 從殺로 봐야 하나 헷갈린다.
 필자는 從殺로 봤는데, 그 이유는 日干인 癸水가 戊土와 合을 했고,
 火가 결국은 火生土를 해서 土로 종결을 하기 때문이다.

- 따라서 이 命主는 초년은 좋았는지 나빴는지 모르고 지나갔는데, 乙
 亥 대운 29세에 결혼을 했는데 그 때부터 남편과 사이가 나빴으나,
 甲戌대운 들어서부터 좋아졌고 남편을 사랑한다고 했다.

- 필자가 전하는 멧세지는 從格 사주의 경우, 日干의 성향 등을 어떻게
 설명해야 하는 가다.
 필자의 경험으로는 일반 內格 사주와 從格 사주를 적절히 혼합해서
 통변 해야 맞다.

- 이 사주의 경우, 2016 丙申年에 고등학교 2학년생인 딸의 문제와 부
 동산 문제를 상담하기 위해서 왔는데, 內格인 癸水일간에서 丙申年
 에 丙火는 財星이라서 돈 문제요 申金은 印綬라서 문서 문제가 맞고,

從殺이 되었으므로 土가 主体가 되기 때문에 土 입장에서 보면 丙火
는 印綬라서 문서 문제이고, 申金은 食傷이 되므로 자식문제가 되기
때문에 內格이든 外格이든 통변내용이 같지만, 상담을 하다보면 다
른 경우도 있는데, 그 때도 역시 두 가지 모두를 설명해줘야 맞다.

# 제7장 : 六神 및 六親論

## 1. 印綬작용

1) 日과 時에 印星이 있으면 책을 좋아하고,
   특히, 時에 印星이 있으면 만학이고 공부를 잘한다.
   여자는 時에 印綬가 있으면 食傷을 剋하므로 아들과 인연이 없거나
   딸을 많이 낳는다.
2) 月支 印星은 교육자가 많다.
3) 年柱는 외국이라서 年柱에 印綬가 있거나, 地殺, 役馬가 印星이면,
   해외 유학간다. – 해당 육친으로도 해석한다.
4) 印星이 너무 많으면 우유부단하고, 게으르며, 食傷이 없으면 융통성
   과 말 수가 적다.
5) 印綬 용신자는,
   ① 偏印이 흉신이면 마술이나, 철학 같은 신비로운 것을 좋아한다.
   ② 印綬가 財剋印하므로 통이 작아서 돈 씀씀이가 작고, 돈이 많지 않
   으며,
   ③ 印綬가 흉신이면 선생을 배신하고, 길신이면 선생을 존경한다.
   ④ 女命에 印綬가 용신인자는 아버지나 어머니 같은 자상한 남자 또
   는 나이가 많은 남자를 원한다.
   ⑤ 偏印이 용신이면, 의사, 변호사, 회계사 같은 현실성 있는 일반적
   인 직업을 선호한다.

6) 男命이 신약해서 印星이 용신인데, 財가 더 있으면 財가 흉신이므로
   결혼을 늦게 한다.
7) 印綬가 많으면, 욕심이 많고, 印綬 태과자는 게으르다.

8) 印綬가 年에 있으면 해외유학과 인연이고, 印綬가 月에 있으면 교육
   과 인연이다.
   다른 육신도 마찬가지로 해석.
9) 印綬가 없으면 계획성이 없이 일을 무조건 추진한다.
10) 印綬格은 체면을 중시한다.
11) 男命에 印星이 많으면, 엄마 같은 여자를 좋아한다.
12) 印綬가 桃花이거나 桃花를 깔고 있으면 엄마가 공주병이거나 바람
   을 피울 수 있다.
   다른 육친도 응용하여 통변.
13) 印綬는 男, 女 모두 어머니와 조부를 나타내므로,
   ① 사주에 印星이 여러 개 있으면, 어머니가 두 분이거나,
   ② 어머니가 배다른 형제가 있거나,
   ③ 할아버지가 배다른 형제가 있을 수 있다.


14) 조부관계 : 偏印 = 祖父. 傷官 = 祖母.
   ① 年과 月에 財, 官, 印을 놓으면 先代에 名文집안이다.
   ② 年柱에 財庫나 財局을 가지면 先代에 부자였다.
   ③ 年柱에 官局을 가지면 先代에 高官이었다.
   ④ 偏印이 合을 이루거나 長生이면 祖父가 장수하고 덕망이 있다.
   ⑤ 偏印이 혼잡하면, 祖父 형제에 배다른 형제가 있다.
   ⑥ 偏印이 허약하면 祖父가 흉사했거나 단명하다.
   ⑦ 年과 月에 傷官이 있고 흉신이면 조부 代나 부모 代에 망했다.
   ⑧ 傷官이 局을 이루거나 長生이면 조모나 祖母가 장수하거나 현숙했 다.
   ⑨ 傷官이 허약하거나 흉신이면 祖母나 丈母가 흉사했거나 단명하다.
   ⑩ 食傷이 혼잡하면 祖母나 장모가 두 분이거나 배다른 형제가 있을
      수 있다.


15. 모친관계
   ① 印綬가 長生하거나 局을 이루면 어머니가 장수하고, 현숙하다.
   ② 月에 印星이 있고, 길신이면서 왕 하면 부모덕이 있다.

③ 印星이 財星에 비해서 왕 하면 어머니가 가권을 쥔다.

④ 月에 桃花殺이나 亡身殺이거나 財星과 印星이 暗合을 하면 어머
니가 재혼을 하거나 바람둥이다.

⑤ 印星이 혼잡하면 부모가 갈등이 있고, 어머니 형제에 배다른 형
제가 있을 수 있다.

⑥ 印星이 役馬殺이면 어머니가 해외출입을 하거나 본인이 유학간다.

⑦ 印星이 허약하거나 흉신이면, 어머니가 질병이 있거나 약하다.

⑧ 印星이 용신이나 길신이면, 부모와 동거하고, 印星이 흉신이면
부모와 별거한다.

⑨ 財星과 印星이 剋을 하거나 刑, 沖, 怨嗔, 鬼門殺이면 어머니와
아버지가 불화한다.

⑩ 여자 사주에 財星이 혼잡하면 시어머니가 둘이거나 아버지한테
배다른 형제가 있을 수 있다.

⑪ 여자 사주에 印星이 용신이면 친정 어머니를 모실 가능성이 높다.

⑫ 月에 있는 印星이 桃花殺이면 어머니가 재혼한다

⑬ 印星이 桃花殺이거나, 月支가 亡身殺 또는 桃花殺이면 모친이
재혼한다.


## 2. 比劫 작용

1) 女命에 比劫이 많은데 官이 하나이면, 남편이 미남이고, 二女同夫라
서 남편이 바람을 피운다.

2) 群劫爭財 사주로 남자가 比劫이 많으면,
① 群劫爭財하므로 처가 도망가거나 처가 바람을 피울 수 있다.
② 의처증이 있고, 미인을 찾으므로 부인이 미인이다.

3) ① 남자 사주에 比劫이 많은데 財가 하나이면, 운이 나쁠 때 부인의
입장에서 보면 官星인 남자가 많으므로 부인이 바람을 피운다.
② 남자 사주에 比劫이 많고 財가 약하면, 부인이 없어질까 걱정한다.

③ 남자 사주에 日支에 比劫이 있으면, 남의 처가 예쁘게 보이고, 자기 처는 밉게 보인다.

④ 남자 사주에 比劫이 財를 깔고 앉자있으면 의처증이 많고, 女命에 比劫이 官을 깔고 앉자있으면 의부증이 많다.

⑤ 男, 女 모두 比劫이 많은 사람은 욕심이 많고, 자존심이 강하며, 고집이 강하다.


4) 배다른 형제가 있는 경우.

① 月에 桃花殺이 있거나 亡身殺이면 어머니가 재취로 왔거나 배다른 형제가 있을 수 있다.

② 日干이 合化해서 比劫이 되면, 배다른 형제가 있을 수 있다.

③ 사주에 比劫이 많으면 배다른 형제가 있을 수 있다.

④ 사주에 印綬가 많아도 배다른 형제가 있을 수 있다.


5) 여자사주에 比劫이 많으면,

① 도둑이 많은 격이라서 도둑을 잡는 경찰이나 권력을 가진 직업의 남편을 만나면 좋다.

② 욕심이 많고, 財를 剋하므로 아버지를 일찍 여의거나,

③ 官을 剋하므로 남편이 부실하고 약하다.


6) 남자 사주에 比劫이 많으면,

① 욕심이 많고, 財를 剋하므로 아버지를 일찍 여의거나,

② 官을 剋하므로 자식이 비실대거나, 고위 관직은 어렵다.


7) 月에 桃花가 있고, 時에 劫財가 있으면 異腹兄弟가 있다.

8) 劫財가 時에 있으면 자식이나 형제 때문에 돈이 나간다.

9) 比劫이 財를 깔고 앉으면 구두쇠로 경계를 많이 하고, 劫財가 많으면 조심성이 많고 의심을 하고 눈치를 본다.


10) 比劫이 絶地에 앉아있으면 형제가 뜯어간다.

比劫이 絶, 死, 墓에 앉자있으면 형제가 일찍 죽는다.

11) 남자 사주에 比劫이 財를 깔고 앉아있으면 의처증이 있고, 여자사주
에 比劫이 官을 깔고 앉아있으면 의부증이 있다.

12) 형제관계

① 比劫이 局을 이루거나 長生을 하면 형제 덕이 있다.

② 比劫이 지나치게 많으면 형제 중에 배다른 형제가 있고, 나도 못
살고, 형제도 가난하다.

③ 比劫이 桃花殺이나 亡身殺이거나 暗合을 하면 형제자매가 바람둥이다.

④ 比劫이 용신이면 형제 덕이 있고, 日支와 합을 하면 형제끼리 화
합한다.

⑤ 比劫이 허약하면 형제자매 덕이 없다.

⑥ 日支와 月支가 刑, 沖, 怨嗔, 鬼門殺이 있거나, 比劫이 日主와 不
合하면 형제 덕이 없다.

⑦ 比劫이 驛馬殺에 임하고 刑이나 沖을 하면 형제한테 액운이 따른다.

⑧ 官殺이 너무 많으면 자매가 재혼을 한다.

(1) 남자 사주에 群劫爭財하면 부인이 바람난다

(은평구 거주)

| 70 | 60 | 50 | 40 | 30 | 20 | 10 | | 時柱 | 日柱 | 月柱 | 年柱 | |
|----|----|----|----|----|----|----|----|----|----|----|----|----|
| 辛 | 庚 | 己 | 戊 | 丁 | 丙 | 乙 | 大 | 戊 | 乙 | 甲 | 戊 | 乾 |
| 酉 | 申 | 未 | 午 | 巳 | 辰 | 卯 | 運 | 寅 | 巳 | 寅 | 申 | 命 |

- 부인이 가지고 온 남편 사주로 떡집을 운영하고 있다.

- 사주의 구조는, 원숭이띠 해의 초봄에 자신을 나타내는 글자를 꽃나
무에 비유해 해석하는 乙木으로 태어나 도와주는 세력이 많으므로
신강한 사주다.

- 초봄에 태어난 乙木은 꽃을 피워하므로 따뜻해야 하므로 火가 용신이
고 土가 길신이며, 木이 病神이고, 金이 藥神이며, 운에서 오는 水는

나쁘지 않다.


- 年上의 戊土와 時上의 戊土가 財星으로 부인인데, 地支가 寅巳申三
  刑殺을 이루고 첫 부인인 年上의 戊土는 甲木의 剋을 받고 있고, 地
  支가 寅申沖이라서 이별을 예고하고 있고, 時上의 戊土가 둘째 부인
  인데, 日支와 時支가 寅巳刑을 하므로 불안한 부부다.


- 첫째부인은 巳 대운에 바람이 나서 남편과 자식을 두고 떠났는데, 財
  星인 戊土 입장에서 보면 官星인 남자가 天地에 있고, 또한 日干인
  乙木보다는 바로 옆에 있는 甲木이 커 보이므로 甲木을 따라 바람이
  나서 떠나갔다.
  또한 時上의 戊土도 마찬가지로 남자가 많고, 地支에 官星을 깔고 앉
  아있어서 남자관계가 복잡한 여자다.


## 3. 食傷 작용


1)  ① 食神制殺은 속 다르고 겉 다르며, 깡패기질이 있어서 조직폭력배
       가 되기 쉽다.
    ② 食神制殺은 똑똑하고, 언변이 좋아 사교성이 좋고, 요령이 있으며,
       생활력이 강하다.
    ③ 여자가 食神制殺하면 남성적 기질이 있고, 남편이 공무원이다.
    ④ 男, 女 모두 食神制殺하면, 法과 官을 무시하므로 겁이 없으며,
       속 다르고 겉 다르다.
    ⑤ 서비스정신이 강하고, 큰소리 잘 치며, 말이 대포다.
    ⑥ 食神制殺格은 食傷이 용신이다.
    ⑦ 女命이 食神制殺格이면 자식을 낳은 후 남편을 이겨먹는다.


2) 女命에 傷官이 旺하면 노출증이 심해서 등 파진 야한 옷을 잘 입는다.
3) 女命에 傷官이 있으면 자식과 인연이 있으나, 남편과는 인연이 멀다.
   그러나, 傷官이 너무 많으면, 애 낳기를 싫어한다.

남자사주에 傷官이 많으면 아들이 안 풀리거나 인연이 멀다.

4) 時 傷官 용신자는 서비스정신이 강해서 서비스 업종에 잘 맞고, 年, 月의 傷官은 반발심이나 반항심이다.

5) 男命이 食傷이 없으면 정력이 약하다.

6) 男, 女 모두 傷官이 많으면 불평불만이 많고, 아부성이 강하며, 희생과 봉사정신도 강하다.

7) 男命에 傷官이 많으면 傷官見官하므로 아들과 인연이 멀다.

8) 남자 사주에 時上에 財가 있으면 부하직원 또는 나이가 어린 여자와 연애한다.

9) 女命에 食傷이 官을 치면 남편한테 불만이 많아서 부부가 불화한다.

10) 사주에 偏官이 있으면 군인이나 경찰 또는 法을 다루는 일과 인연이고, 남에게 간섭받기 싫어한다.


11) 남자 사주에 食傷이 많으면,
　　① 食傷이 용신이면, 祖母나 丈母와의 관계가 좋고,
　　② 食傷이 흉신이면, 官을 훼하므로 자식이 안 풀리거나, 본인의 직위 가 낮다.
　　③ 食傷이 혼잡하면, 祖母나 丈母에게 배다른 형제가 있을 수 있다.

12) 여자 사주에 食傷이 많으면,
　　① 食傷이 용신이면, 祖母와의 관계가 좋거나 자식이 잘된다.
　　② 食傷이 흉신이면, 祖母와의 관계가 나쁘거나 자식이 잘안풀리고, 食傷은 官을 훼하므로 남편관의 관계가 나쁘다.
　　③ 食傷이 혼잡하면, 祖母에게 배다른 형제가 있거나, 남의 자식을 기를 수 있다.


13) 女命에 食傷과 官星이 同柱하거나 食傷과 官星이 日支와 合을 하면 속도위반으로 셋이서 결혼하거나 처녀 득자한다.
　　: 부정포태.
　　○ 乙 ○ ○ ○ 乙 ○ ○
　　巳 酉 ○ ○ 酉 巳 ○ ○

14) 時柱에 傷官이 있으면,

　　① 남자는 말년에 자식 때문에 속을 썩이고,

　　② 여자는 말년에 남편 때문에 속을 썩인다.


　　(1) 傷官과 官星이 동주하여 3명이서 결혼하는 사주

(홍은동 거주)

여자사주

| 66 | 56 | 46 | 36 | 26 | 16 | 6 | | 時柱 | 日柱 | 月柱 | 年柱 | |
|----|----|----|----|----|----|----|----|----|----|----|----|----|
| 壬 | 辛 | 庚 | 己 | 戊 | 丁 | 丙 | 大 | 庚 | 壬 | 乙 | 乙 | 坤 |
| 辰 | 卯 | 寅 | 丑 | 子 | 亥 | 戌 | 運 | 戌 | 戌 | 酉 | 丑 | 命 |

－ 身旺하므로 戌中 戊土가 용신이다.

－ 여자 사주에 食傷과 官星이 同柱하거나 서로 合을 이루면 아이를 임
　 신한 상태로 결혼하거나 아이를 낳은 후에 결혼하게 되므로 3명과 결
　 혼한 것과 같다.

　 이 사주는 食傷인 乙木과 官星인 丑土가 同柱해 있다.

(홍은동 거주)

상대 남자 사주

| 63 | 53 | 43 | 33 | 23 | 13 | 3 | | 時柱 | 日柱 | 月柱 | 年柱 | |
|----|----|----|----|----|----|----|----|----|----|----|----|----|
| 甲 | 癸 | 壬 | 辛 | 庚 | 己 | 戊 | 大 | 壬 | 甲 | 丁 | 庚 | 乾 |
| 午 | 巳 | 辰 | 卯 | 寅 | 丑 | 子 | 運 | 申 | 辰 | 亥 | 申 | 命 |

－ 亥月에 甲木이 金과 水가 旺하고 辰土가 있어 申辰水局을 하므로 태
　 왕한데, 겨울생은 추우므로 조후도 필요하기 때문에 火가 용신이다.

－ 남자 사주에는 官星인 申金과 財星인 辰土가 申辰으로 合을 이루고
　 있어서 자식을 잉태한 후 결혼한다.

(2) 食傷과 官星이 方合을 하므로 셋이서 결혼한다



| 69 | 59 | 49 | 39 | 29 | 19 | 9 | | | 時柱 | 日柱 | 月柱 | 年柱 | |
|----|----|----|----|----|----|----|----|----|----|----|----|----|----|
| 丙 | 乙 | 甲 | 癸 | 壬 | 辛 | 庚 | 大 | | 壬 | 壬 | 己 | 己 | 坤 |
| 子 | 亥 | 戌 | 酉 | 申 | 未 | 午 | 運 | | 寅 | 辰 | 巳 | 亥 | 命 |

- 巳月에 壬水가 土가 많아서 신약하므로 土가 病神이고, 比肩이 용신
  이며, 木이 용신이다.
- 壬辰일주는 魁罡星으로 女命이 魁罡일주로 태어나면 고집이 세며,
  남편 덕이 없는 경우가 대부분인데, 더군다나 官星이 病이 되면 부부
  관계를 유지하기가 어렵다.

- 여름에 壬水가 己土를 보거나 己土가 壬水를 보면 己土濁壬이 되는
  데, 이는 맑은 강물인 壬水가 己土 무른 흙 때문에 흙탕물이 된다는
  뜻으로 흙탕물이 되면 쓸모가 없는 물이 되기 때문에 흉한 사주다.
- 女命이 食傷과 官星이 기둥을 이루거나, 食傷과 官星이 方合이 되면
  임신을 한 체로 결혼을 하게 되는데, 이 女命도 임신을 한체로 결혼
  을 했다.

15) 女命에 日支가 傷官이면 부모가 결혼을 반대한다.
   女命사주에 日支에 傷官이 있는 사주는 연애하면 엄마가 반대하고,
   선을 보면 자신이 싫어한다.
   또, 傷官이 旺한 여자는 남편한테 불평불만이 많고, 자존심이 강해
   서 칭찬을 해줘야 좋아한다.
16) 傷官見官은 格이 좋으면 사법기관이나 의사이고, 格이 나쁘면, 비호
   감 직업이다.
17) 남자가 財星과 食神이 同臨하거나 日支와 합을 하면 장모 모시고 산다.
18) 신왕 사주에 食傷이 혼잡하여 둘로 쪼개지면,
   ① 주관이 뚜렷하지 않다.
   ② 남한테 잘해주고 배신당한다.

19) 傷官이 旺하거나 日支에 傷官이 있으면,
　　① 남을 깔보는 성격이고,
　　② 女命에 傷官이 旺하면, 남의 남자는 위대해 보이고 내 남자는 부
　　　족해 보이므로 업신여겨 재혼하기 쉽다.
20) 食神과 傷官이 많으면 직장에 불만이 많아서 독자사업하려고 한다.
21) 食神生財는 노력해서 먹으려 하고, 傷官生財는 거저먹으려고 한다.
22) 女命에 官이 나타나있고, 食傷이 時에 떠 있으면 이혼하기 쉽다.
23) 女命에 食傷이 天干에 떠 있고, 官星이 地支에 있으면 남편이 말단
　　직이거나 그렇지 않으면 사업한다.
24) 女命에 傷官見官하면, 부부사이는 나쁘지만 서비스 좋고, 애교가 많다.
25) 傷官은 아부 아첨이 강하고, 희생과 봉사정신이 있으며, 예의가 있다.
26) 食神은 현실적인 생각과 표현을 하고, 傷官은 과장되게 표현한다.
27) 여자 사주에 年이나 時에 食傷이 있으면 써비스업이나 비서직이다.
28) 女命사주에 傷官이 용신이면, 官이 나타나지 않는 게 좋은데, 만약,
　　나타나면 남편이 별로다.
29) 傷官이 年에 있으면 예술과 인연이고, 개성이 강하다.
30) 食傷은 활동무대라서 食傷이 合을 하면 활동무대가 없어지므로 직
　　장이나 하는 일이 정지된다.
31) 食傷의 특성은 상대의 마음을 빨리 읽어내므로 눈치가 빠르다.
　　상대한테 미움을 받지 않으려고 노력하고, 남에게 희생과 봉사를 해
　　서 알아주기를 바라는데, 이에 상응하는 대가가 없으면 傷官으로 작
　　용한다.
32) 女命에 年과 月에 傷官이 많으면 집에서 반대하는 결혼을 한다.
33) 女命에 食傷이 用神인데 無官이면,
　　① 인물 좋은 남자와 결혼하고, 공무원이나 학자와 인연이다,
　　② 정조관념이 강해서 바람을 피우지 않는다.
34) 여자 金水傷官格은 火가 필요하기 때문에 남자 없이는 못산다.
35) 財가 있어도 食傷이 없으면 부자가 아니다.
36) 女命에 官이 약한데 傷官이 태왕하면 남자 고르는 기준이 까다로와
　　서 늦게 결혼한다.

37) 女命에 傷官이 있는데, 偏官 운을 만나면 남한테는 싹싹하지만 남편
    한테는 까칠하게 대한다.

38) 女命에 月支에 傷官이 있으면, 중매로 만나기가 어려우므로 본인이
    선택해야 한다.

39) 女命에 傷官이 있고 無官이면 정결한 여자이고,
    傷官이 있는데 官도 있으면 傷官見官하므로 부부간에 자주 싸운다.

40) 傷官은 格이 나쁘면 기술자이고, 女命에 傷官이 많으면 남자 복이
    없다.

41) 여자 사주에 傷官이 旺해도 용신이 되면 남편한테 괜찮으나, 용신이
    아니면 官星을 剋하므로 남편한테 해롭다.

42) 食傷은 활동무대인데, 사주에 있는 食傷이 運에서 오는 印綬와 합을
    하면 동업을 한다.

43) 食傷이 흉신이면 허풍이 세고 거짓말을 잘한다.

44) 여자 사주에 天干에 傷官이 많으면 남자가 인물이 못났거나, 키가
    작은 사람을 만나고, 만약 미남을 만나면 남자가 바람을 피운다.

45) 사주에 食傷의 직업은, 남자는 운동이나 써비스업이고, 여자는 써비
    스업이나 예체능이다.


(1) 食傷이 官星을 보면 큰 흉액이 생긴다

(관철동 거주)

| 68 | 58 | 48 | 38 | 28 | 18 | 8 | | | 時柱 | 日柱 | 月柱 | 年柱 | |
|----|----|----|----|----|----|----|----|----|----|----|----|----|----|
| 乙 | 丙 | 丁 | 戊 | 己 | 庚 | 辛 | 大 | | 庚 | 癸 | 壬 | 戊 | 여 |
| 卯 | 辰 | 巳 | 午 | 未 | 申 | 酉 | 運 | | 申 | 未 | 戌 | 戌 | 자 |

- 乙未年 늦여름에 온 여자 사주로 甲午年에 뇌출혈로 쓰러졌다고 한다.
- 사주의 구조는, 개띠 해의 늦가을에 자신을 나타내는 글자를 빗물에 비유
  해 해석하는 癸水로 태어나 도와주는 세력이 약하므로 신약한 사주다.

- 가을에 태어난 癸水라 너무 많은 비가 내리면 나쁘므로 균형이 맞아
  야 좋은데, 이 사주에는 건조한 기운을 갖고 있는 土가 많아서 신약

하므로 水가 우선 더 필요하고, 그 다음에 金도 필요하며, 土가 病神
이고 火는 흉신이다.

- 己未 대운 신혼 초에 남편이 외도를 해서 애를 먹었다고 하며, 戊午, 丁
  巳 대운에 나쁘나, 그동안 남편의 운이 좋아서 돈은 모았으며, 丁巳 대
  운 말인 甲午年에 대운에서 온 丁火와 日干인 癸水가 丁癸冲을 하고, 水
  의 근간인 地支의 申金을 대운의 巳火가 巳申合을 시켜서 흉한 가운데,
  年上에 있는 官星인 戊土를 歲運의 甲木이 木剋土하고, 歲運에서 온 흉
  신인 午火가 신약한 水를 더욱 증발시키므로 뇌출혈을 일으켜 乙未年에
  도 몸을 자유롭게 움직이지 못하여 치료를 받고 있다고 한다.

## 4. 財星 작용

1) 男命에 正財와 합을 하면 본처한테 잘하고, 偏財와 합을 하면 애인이
   나 첩한테 잘한다.
2) 男命에 偏財가 투출하여 印星을 冲하면 부인이 재산손실을 일으킨다.
3) 偏財가 天干에 뜨면 사업과 인연이다.
4) 財가 뿌리가 없이 天干에 떠있는 사주는 사업하면 실폐한다.
5) 財殺이 많아 財多身弱이면,
   ① 돈을 만져도 벌어놓은 돈은 없다.
   ② 財多身弱은 比劫운이나 용신운에 형제나 친구의 도움을 받을 수
      있다.
   ③ 財多身弱 사주에 官이 나타나있으면 官이 약한 比劫을 剋하므로
      빚쟁이다.
6) 남자 사주에 財가 많으면,
   ① 남자가 財多身弱이면 운이 들어올 때 바람을 피운다.
   ② 장가를 여러 번 가거나 처복이 없고,
   ③ 妻한테가 이복형제가 있거나, 부친한테 이복형제가 있을 수 있다.
7) 여자 사주에 財가 많으면,
   ① 아버지가 두 분이거나 부친한테 이복형제가 있을 수 있다.

② 시어머니가 두 분이거나 시어머니한테 이복형제가 있을 수 있다.
8) 妻가 골골한 남자 사주
　① 財庫가 있는 사주.
　② 財星이 刑, 沖이 된 사주.
　　운에서 日支나 財星을 沖하면 부부가 불화하거나 妻가 사망한다.
9) 남자 사주가 財多身弱이고 財가 刑이나 沖하면 결혼하기가 힘들고 결혼을 해도 해로하기 힘들다.
10) 財운이 오는 해는,
　① 財庫를 沖할 때,
　② 財가 용신인데 財가 합되는 해,
　③ 용신년이나 길신년이다.
11) 損財 운은,
　① 용신을 沖하는 年,
　② 比劫이 많은데 比劫년,
　③ 財가 하나밖에 없는데, 財를 沖하는 年,
　④ 劫財가 흉신이고 官이 막고 있는데 官을 沖하는 年,
　⑤ 天干에 財가 있고 地支에 劫財가 오면 친구에게 사기를 당한다.
12) 男命에 時에 財가 있으면,
　① 여자를 상대하는 직업이 좋다.
　② 時上에 偏財가 있으면 내가 剋하는 대상이므로 반드시 바람을 피우는데, 부하직원이나 나이어린 여자와 연애한다.
　③ 時上에 偏財가 있으면 애인을 둘 수 있다.
13) 남자 사주에 比劫이 많아 群劫爭財를 하면,
　① 다른 사람을 거치고 온 여자라서 내 혼자만의 여자가 아니다.
　② 財星인 마누라가 미인이다.
14) 財가 凶神이라도 年이나 月에 있거나, 財星이 유력하면 부모가 재산이 있다.
15) 남녀 모두 財나 官이 용신인 사람들은 화려하고 호화롭게 살고 싶어한다.
16) 남자 사주에 年이나 月에 財가 있으면,

① 年上의 여인이거나,

② 이른 나이에 여자와 연연을 맺는다.

17) 身旺財旺 사주는 반드시 食傷이 있어야 부자인데, 이때 食傷이 吉神
이라야 큰 부자다.

18) 남자 사주에 財星이 急脚殺이나 斷橋關殺이면 妻가 手足에 이상이
있거나 신경통이 있거나, 허리나 다리관절에 이상이 있다.

　○ 乙 ○ ○

　○ 酉 丑 ○ : 겨울 생(冬)은 丑土와 辰土가 있으면 急脚殺이라서 본
인의 다리에 이상이 있거나 妻가 허리가 아파서 다리가 불편하다.

19) 身旺하면서 財局을 이루면 食傷이 없어도 부자가 되지만, 財가 약할
때는 食傷이 있어야 부자다.

20) 財가 沖을 하면,

① 돈이 깨지거나,

② 사업을 한다면 업종변경을 하고,

③ 男命에 正財가 沖을 맞으면 여자하고 헤어지거나, 아버지와의 문
제가 생기고,

④ 여자는 돈 문제나 아버지 또는 시 어머니와의 문제가 생긴다.

21) 남자가 偏財를 가지면 偏財는 대중의 것이라서 먼저 차지하는 사람
이 임자라서 婚前에 살림을 차리고, 초혼에 실폐하거나 妾을 얻는다.

　○ 庚 甲 ○

　○ ○ ○ ○ : 甲庚沖을 하고, 甲木이 偏財라서 만나면 부부가 싸우
고 이혼한다.

　○ 壬 丙 ○

　○ ○ ○ ○ : 丙壬沖으로 싸이클이 안 맞아서 못산다.


　○ 丙 庚 ○

　○ ○ ○ ○ : 庚金이 偏財지만 火克金만하지 沖은 아니므로 이혼은
아니고 바람을 핀다.

22) 남자 사주에 日支에 財星이 있으면, 항시 여자를 달고 다닌다.

23) 부친관계

① 財星이 長生하거나 財局을 이루면 父親이 장수하고 부자다.

② 부모 궁인 月에 官星이 局을 이루면 아버지가 高官이다.

③ 月에 財星이 있으면, 부친이 사업가이거나 유산이 많다.

④ 遺産은 財운에 들어온다.

⑤ 月에 財殺이 局을 이루어 病神이 되면 부모로 인하여 내가 망한
다. = 재다신약.

⑥ 財星이 혼잡하고 너무 많으면 아버지 형제에 배다른 형제가 있거
나, 조실부모 하거나, 유복자다.

⑦ 財星과 印星이 沖하거나 刑을 하면, 부모가 불화하거나 이혼한다.

⑧ 偏財가 허약하고 흉신이면 부친이 허약하거나 돈이 없다.

⑨ 日과 月이 沖, 刑, 怨嗔, 鬼門이면 부모와 불합하고, 유산을 받아
서 그 돈으로 사업을 하면 망한다.

⑩ 財星이 驛馬殺인데, 刑을 하거나 沖을 하면 아버지나 妻한테 액
운이 따른다.

⑪ 財星이 刑이나 沖을 만나면 아버지가 잔병치레를 많이하거나 불
구자다.

⑫ 財多身弱처럼 財星이 흉신이면, 아버지와 뜻이 안 맞다.


## 5. 官星 작용

1) ① 女命에 官殺이 많으면 미인이거나 반대로 추녀이고, 남자의 유혹
에 약하다.

② 女命에 官殺이 많거나 혼잡하면 잘생겼지만 남자 복이 없어서 남
자를 수시로 바꾼다.

③ 女命에 天干에 官殺이 혼잡해서 흉신이면 밖에서 시끄럽고, 地支
에 官殺이 혼잡해서 흉신이면 집안이 시끄럽고 남편 복이 없다.

④ 女命에 官殺이 혼잡하고 時柱에 正官이나 偏官이 있으면 이혼한다.

⑤ 女命에 官殺이 혼잡하면 남편이 의처증이 있고, 남편이 바람을 피운다.

⑥ 女命에 偏官이 많고 沖까지 있으면 남자가 자주 바뀐다.

⑦ 女命에 官殺混雜하면 인물이 좋거나 노출증이 심해서 등 파진 야

한 옷을 좋아하고 사치성이 많다.

⑧ 女命이 無官이면 정조한 부인이다.

2) 男, 女 모두 官殺이 많아서 흉신인 사람은 체격이 좋거나 뚱뚱하고, 과 대망상이다.

3) 女命에 官星이 地殺이나 役馬이면 남편이 출장을 자주간다.

4) 官殺이 많으면 윗사람한테 깍듯하나 운이 나쁘면 성격이 예민해서 포악하다.

5) 官이 地支에 있으면 크게 두각되지 못하므로 직장인은 중하위직이다.

6) 女命에 印星이 强하고 官星이 弱하면 딸을 많이 낳고, 女命에 官星이 약하고 時에 印綬가 있어도 딸만 낳는다.

7) 女命에 官이 용신이면서 入墓되어 있으면 남편이 부실하므로 바람난다.

8) 女命이 正官과 合을 하면 본 남편한테 잘하고, 偏官과 合을 하면 애 인한테 잘한다.

9) 女命 사주에 年柱에 官星이 있으면,

　　① 나이가 많은 年上의 남자를 만나거나 일찍 남자를 만나고,

　　② 年에 있는 官星이 약하면 국내에서 남편을 찾지못하고, 외국 남 자와 인연이다.

　　③ 年支에 正官이 있으면, 나이 많은 남자와 인연이다.


(1) 33살 차이가 나는 남자와 궁합을 보려고 온 여대생

(효자동 거주)

| 69 | 59 | 49 | 39 | 29 | 19 | 9 | | | 時柱 | 日柱 | 月柱 | 年柱 | |
|----|----|----|----|----|----|----|----|----|------|------|------|------|----|
| 辛 | 庚 | 己 | 戊 | 丁 | 丙 | 乙 | 大 | | 辛 | 甲 | 甲 | 癸 | 여 |
| 未 | 午 | 巳 | 辰 | 卯 | 寅 | 丑 | 運 | | 未 | 子 | 子 | 酉 | 자 |

- 여대생으로 자신과 33살 차이가 나는 남자와 궁합을 봐달라고 왔다.
- 사주의 구조는, 닭띠 해의 한겨울에 자신을 나타내는 글자를 큰 나무 에 비유해 해석하는 甲木으로 태어나 도와주는 세력이 많으므로 신 강한 사주다.

- 겨울에 태어난 甲木은 춥기 때문에 火가 우선 필요하나 水와 金이 많
  아서 춥고 습하므로 未土가 用神이고, 火가 길신이며, 金, 水, 木은
  흉신이다. 고등학교 때의 운이 좋지 않아 원하는 대학에 가지 못해서
  재수를 해서 들어갔다고 한다.
- 甲 일간 女命에 金이 官星으로 남자인데, 남자가 酉金과 辛金으로 두
  개이며, 酉金은 너무 멀리 있고 日支가 自刑을 하고 있으면서 子酉鬼
  門殺을 형성하므로 헤어질 남자인데, 2015 乙未年에 자신보다 33살
  위인 57세 되는 남자와 연애를 하고 있다면서 궁합을 봐달라고 한다.

- 29세 卯 대운에 卯酉沖하면 酉金이 날아갈 것이므로 헤어질 것이고,
  두 번째 만나는 남자인 辛金은 자기가 필요로 하는 未土를 깔고 있으
  므로 두 번째 남자와 결혼을 할 것이다.
- 여자사주에 年支에 있는 官星이 凶神이면 나이 많은 남자를 좋아하
  는데, 이 女命은 대학생으로, 자기보다 33살이나 많은 남자와 사귀고
  있다고 말했다.

상대 남자 사주

| 67 | 57 | 47 | 37 | 27 | 17 | 7 | | | 時柱 | 日柱 | 月柱 | 年柱 |
|---|---|---|---|---|---|---|---|---|---|---|---|---|
| 甲 | 癸 | 壬 | 辛 | 庚 | 己 | 戊 | 大 | | ○ | 己 | 丁 | 庚 | 乾 |
| 午 | 巳 | 辰 | 卯 | 寅 | 丑 | 子 | 運 | | ○ | 酉 | 亥 | 子 | 命 |

- 火와 土가 용신이다.
- 자신은 운이 없으므로 돈이 없고, 부모 궁에 財가 있어서 유산을 받
  아 부동산 임대업을 하고 있다고 한다.
- 37세 卯 대운에 日支 酉金을 卯酉沖하므로 깨졌기 때문에 이혼이라
  서 필자가 말하기를 "이 남자의 나이 40정도에 이혼했을 것입니다."
  라고 했더니 손님 대답이 "20여년 전에 헤어졌다고 합니다."라고 말
  하므로 대충 맞아 떨어진다.
- 출생 시간을 몰라서 아쉽다.

(2) 官星이 年에 있어서 나이 많은 남자를 찾는다

(성내동 거주)

| 68 | 58 | 48 | 38 | 28 | 18 | 8 | | 時柱 | 日柱 | 月柱 | 年柱 | |
|----|----|----|----|----|----|---|---|----|----|----|----|----|
| 癸 | 甲 | 乙 | 丙 | 丁 | 戊 | 己 | 大 | 庚 | 庚 | 庚 | 丙 | 坤 |
| 巳 | 午 | 未 | 申 | 酉 | 戌 | 亥 | 運 | 辰 | 戌 | 子 | 寅 | 坤命 |

– 미국에서 로스쿨 공부를 한다고 한다.
– 사주의 구조는, 범띠 해의 한겨울에 자신을 나타내는 글자를 무쇠에
  비유해 해석하는 庚金으로 태어나 도와주는 세력이 많으므로 매우
  신약한 사주다.

– 겨울에 태어난 庚金이라서 金水傷官格인데, 사주가 신왕한데다가 무쇠
  金은 火를 가장 좋아하므로 火가 용신이고, 木이 길신이며, 水와 金은 흉
  신이고, 戌土는 火를 품고 있으므로 나쁘지 않으나, 辰土는 水를 품고 있
  어서 흉신이고, 부부 궁이 辰戌冲으로 깨졌으므로 부부관계가 나쁘다.

– 官星이 年에 있고, 官星이 驛馬殺 위에 위치하고 있기 때문에 이 命
  主는 결혼 대상으로 나이가 많은 남자를 원한다고 했다.

– 진로나 직업은 자기의 사주에 어떤 성분이 필요 하느냐에 따라 결정
  되는데, 이 사주는 火가 우선 필요한데, 火와 관련된 직업은 공직계
  통이나 권력계통, 법률가에 맞는데, 이 命主는 미국에서 로스쿨 공부
  를 한다고 한다.

(3) 나이 많은 남자를 좋아하는 여자

(천호동 거주)

| 63 | 53 | 43 | 33 | 23 | 13 | 3 | | 時柱 | 日柱 | 月柱 | 年柱 | |
|----|----|----|----|----|----|---|---|----|----|----|----|----|
| 辛 | 庚 | 己 | 戊 | 丁 | 丙 | 乙 | 大 | 癸 | 癸 | 甲 | 癸 | 여 |
| 酉 | 申 | 未 | 午 | 巳 | 辰 | 卯 | 運 | 丑 | 巳 | 寅 | 丑 | 자 |

- 여자 사주로 44세 미혼이다.
- 사주의 구조는, 소띠 해의 초봄에 자신을 나타내는 글자를 봄비에 비유해 해석하는 癸水로 태어나 도와주는 세력이 약하므로 신약한 사주다.

- 봄에 태어난 癸水가 나무에 물을 주고 있는 격이라 바쁘고 분주하며, 성실하나, 신약하므로 결과적으로 건조하기 때문에 水와 金이 필요하며, 木과 火는 흉신이고 丑土는 기본적으로 흉신이지만 癸水를 暗藏하고 있으므로 길신의 작용도 한다.

- 여자 癸水 日干에 丑土가 남편인데, 丑土가 두 개있어서 재혼을 할 수 있는 인연을 가졌고, 日支에 凶神인 巳火가 있고 月支에 寅木과 寅巳刑을 하고 있어 부부 궁이 손상을 입었으므로 이런 사주를 가지면 결혼하기도 힘들고 결혼을 한다 해도 백년해로하기가 힘들다. 그러나, 본인 진술로는 결혼을 하지 않았다고 한다.

- 女命에 年支에 있는 官星이 凶神이면 나이 많은 남자를 좋아하는데 이 女命은 자신보다 11살이 많은 62년 壬寅 生 남자를 좋아한다고 말했다.

10) ① 女命 사주에 時柱에 官星이 있으면 年下 남자를 만나고, 공주병이 있다.
　　② 女命 태약 사주에 官星이 時에 있으면 남편을 싫어한다.
　　③ 여자 사주에 時에 偏官이 있으면 사랑하고 싶어 한다.
　　④ 여자 사주에 正, 偏官이 혼잡하면 남편이 의처증이 있다.
11) 여자 사주에 官星이 日支에 있으면 年下의 남자다.
12) 여자사주에 官星이 庫에 들어 있으면 결혼기피증이 있다.
13) 여자사주에 官星이 있는데 財星이 없어서 官星이 약하면 배우지 못했거나 능력이 없는 남자와 인연이다.
14) 여자사주에 官星이 없으면 용신을 남편으로 보거나 官을 生해주는 五行을 남편으로 본다.

15) 여자 官용자는 比劫年에 남편이 바람을 피운다.

16) 日干이 正官과 合을 해서 從殺格이 되면 체면을 중시한다.

17) 女命은 목이 가늘면 남자가 좋아하고, 목이 굵으면 남자가 안 붙는다.

18) 己土 일주에 官星인 甲木이 나타나있으면 甲己合되므로 高官이 못 되고 하위직이다.

19) 남녀 모두 官星이 약하거나 空亡이면 아들과 인연이 약하다.

20) 여자사주에 官星이 미약한데 운에서 官이 들어오면,
    ① 미혼자는 결혼을 하고,
    ② 기혼자는 기존에 있던 남자를 버리게 되므로 이혼한다.

21) 官殺이 태왕하면 항상 몸이 아프고, 官殺이 많고 혼잡하면 과대망상 이다.

22) 女命 戊 일간에 木이 남편인데, 만약에 寅木이 있거나 운에서 온다 면 寅중에 戊土가 들어있어 유부남이다.

23) 女命에 官殺이 많아 신약한데 이혼하면, 日干이 신왕해질 때 자신이 생겨 바람난다.

24) 女命 官 용자가 傷官이 떠있고, 운에서 官이 오면 傷官見官으로 매 우 나쁘다.

25) 여자는 食傷이 性으로, 食傷이 왕하면 정력이 좋고, 比劫이 약하면 불감증이다.

26) 女命에 官殺이 흉신이면 결혼이 늦다.

27) 여자는 身强, 身弱 관계없이 운에서 官이 들어오면 꼭 남자가 생긴다.

28) 女命에 無官이면 정결하다.

29) 여자사주에 官星이 華蓋 속에 들어있으면 스님과 인연이다.


(1) 외국인과의 사이에서 아들을 낳은 후 헤어졌다.

(보문동 거주)

| 65 | 55 | 45 | 35 | 25 | 15 | 5 | | 時柱 | 日柱 | 月柱 | 年柱 | |
|----|----|----|----|----|----|---|---|----|----|----|----|---|
| 癸 | 甲 | 乙 | 丙 | 丁 | 戊 | 己 | 大 | 辛 | 甲 | 庚 | 戊 | 坤 |
| 丑 | 寅 | 卯 | 辰 | 巳 | 午 | 未 | 運 | 未 | 子 | 申 | 申 | 命 |

- 官星이 年支에 있고, 驛馬殺이므로 호주사람과 결혼해서 아들을 낳았으나 첫애는 실패하고 두 번째로 아들을 낳았다.
- 己丑년에 호주에 가서 남편과 재회를 하려고 했으나 불가능하다고 판단해서 庚寅年에는 포기했다.

- 庚寅年부터 유명 방송인을 만나 대화중이라고 한다.
- 食傷이 未중에 丁火로 時支의 木의 庫속에 들어있으므로 아이의 나이가 어렸을 때 실패했는데 辛卯年 14살 되는 혼혈아 아들을 두었다.

35) 官이 用神이라도 운에서 또 官이 들어와 官殺混雜이 되면,
　　① 마음 상할 일이 생기거나,
　　② 官災가 생기거나,
　　③ 여자는 이혼한다.
36) 여자가 바람을 피울 때, 官이 노출이 안 되면 안 들키는데, 官을 沖하면 들킨다.
37) 남자 사주에 正財가 死宮에 앉아있으면, 부인과 사별하고, 재혼을 해도 마찬가지다.
38) 女命에 正官이 合을 하면 남편이 바람이 나서 도망간다.
39) 사주에 官殺이 많으면 빚을 지는데, 이때 남자사주에 財가 있으면 財生殺하므로 妻가 재산을 날린다.
40) 女命에 나타난 官星도 있고 암장한 官星도 있는 것을 明暗夫集이라고 하는데, 明暗夫集이 되면 남편을 버리고 도망갈 수도 있는데, 남편이 무능력하거나, 남편이 포악하면 그 가능성이 높다.
41) 制殺太過 사주가 운에서 또 食傷이 와서 制殺을 하면 백가지 재앙이 일어나는데,
　　① 남자는 직장을 그만 두거나, 官災가 생길 수 있고,
　　② 여자는 남편과 이혼하거나, 직장을 그만 둘 수 있고, 官災가 생길 수 있다.
42) 직장 생활하는 사람은 官星이 흉신이라도 官星이 入墓하는 歲運에 사표쓴다.

43) 女命에 官星이 있고, 時에 食傷이 뜨면 반드시 이혼한다.

44) 女命에 官星이 있으나 죽어있으면 남편이 건달이다.

45) 財官同臨일주

　　甲 乙 乙 丁 戊 己 庚 辛 壬 癸 癸
　　戌 巳 丑 丑 辰 亥 寅 未 戌 巳 未

46) 男命에 財星과 官星이 同柱하거나 財星이나 官星이 日支와 合을 하
면 財官同臨이라서 속도위반으로 셋이서 결혼하거나 총각 득자한다.
　　 : 부정포태.
　　ㅇ 乙 ㅇ ㅇ
　　ㅇ 酉 丑 ㅇ　: 부정포태로 총각 때 임신을 시켰고,
　　　妻가 임신을 한 체로 결혼했다.

　　ㅇ 戊 ㅇ ㅇ　ㅇ 己 ㅇ ㅇ
　　ㅇ 寅 亥 ㅇ : 부정포태.　ㅇ 亥 寅 ㅇ : 부정포태.

# 제8장 : 부부 및 가족관계

1) 내가 남자 잡아먹는 팔자입니까? 라고 묻는 여자

(성남 거주)

| 64 | 54 | 44 | 34 | 24 | 14 | 4 | | 時柱 | 日柱 | 月柱 | 年柱 | |
|----|----|----|----|----|----|----|----|----|----|----|----|----|
| 丙 | 乙 | 甲 | 癸 | 壬 | 辛 | 庚 | 大 | 癸 | 戊 | 己 | 辛 | 坤 |
| 午 | 巳 | 辰 | 卯 | 寅 | 丑 | 子 | 運 | 丑 | 申 | 亥 | 酉 | 命 |

- 亥月에 戊土가 신약하여 土 용신 火 길신이다.
- 庚寅年에 30살인데, 이 사주가 신약하게 된 주요 요인은 食傷인 金과 水가 旺하기 때문으로 食傷은 여자사주에 자식 성으로 食傷이 발달한 여자는 官을 극하게 된다.

- 아직 미혼인 처녀가 필자한테 묻기를 "제 사주가 남자 잡아먹는 사주입니까?"하고 묻기에 "그렇지 않습니다."라고 안심을 시킨 후에 "왜, 그렇게 생각하세요?"라고 물어봤더니 고객이 대답하기를 "지금까지 내가 만난 남자들은 모두 직장을 그만두거나 하던 일이 안됐습니다."라고 대답했다.

- 이 사주의 구조를 살펴보면, 食傷이 왕 한데다가 日支 남편 궁에 食神이 앉아있어서 官을 거부하고 있고, 겨울 생에다 신약한 사주가 습해서 官星인 木이 온다 해도 기를 수 없는 木이다.
- 따라서, 이런 사주를 만난 남자들은 재수가 없는데, 사실 따지고 보면 이런 여자를 만난 남자들은 자기 팔자에 여자 복이 없는 사람이다.

2) 官星으로 白虎殺이 沖을 맞아서 남편이 사망했다

(수원 거주)

| 62 | 52 | 42 | 32 | 22 | 12 | 2 | | 時柱 | 日柱 | 月柱 | 年柱 | |
|---|---|---|---|---|---|---|---|---|---|---|---|---|
| 己 | 戊 | 丁 | 丙 | 乙 | 甲 | 癸 | 大 | 壬 | 癸 | 壬 | 乙 | 坤 |
| 丑 | 子 | 亥 | 戌 | 酉 | 申 | 未 | 運 | 子 | 亥 | 午 | 未 | 命 |

- 午月에 癸水가 신왕하게 보이나 日支 亥水가 亥未合木되어 약간 신약
  하므로 比劫이 용신이다.
- 남편 未土가 멀리 年支에 있고, 未土 위에 食神인 乙木이 앉아서 未
  土를 누르고 있으며, 乙未는 白虎殺인데, 55세 戊子대운의 子水가 子
  午沖을 하고, 己丑年에 歲運의 丑土가 年柱 乙未와 白虎沖을 맞아서
  한전에 다니던 남편이 사망했다.


3) 구박받고 사는 여인

(용인 거주)

| 69 | 59 | 49 | 39 | 29 | 19 | 9 | | 時柱 | 日柱 | 月柱 | 年柱 | |
|---|---|---|---|---|---|---|---|---|---|---|---|---|
| 壬 | 辛 | 庚 | 己 | 戊 | 丁 | 丙 | 大 | 壬 | 壬 | 乙 | 戊 | 乾 |
| 申 | 未 | 午 | 巳 | 辰 | 卯 | 寅 | 運 | 寅 | 午 | 丑 | 申 | 命 |

- 丑月에 壬水가 신약한 것 같으나 추위가 심하므로 신왕한 것과 같고,
  또 겨울이므로 조후하는 火가 용신이다.

- 사주 구조를 보면, 年上에 官星이 있고, 日主 바로 옆인 月上에 傷官
  이 자리를 하고 있어 木剋土를 하고 있는 구조다.
  즉, 자식이 남편을 극하고 있는 구조이므로 남편인 官星의 입장에서
  보면, 괘씸하기 짝이 없으므로 土克水하게 되는데, 이것이 바로 남편
  이 처를 구박하는 구조다.

- 남편이 외과의사인데, 바람만 피우며 지기를 못생겼다며 구박한다.

- 27세 甲戌年에 결혼해서 쌍둥이를 낳았고, 戊子, 己丑年에 아이들 교
육 때문에 외국에 가서 고생을 많이 했다고 한다.
- 丁壬合 明暗合으로 사귀는 사람이 있는데, 결혼할 수 있겠느냐고 물
어서 참고 사시라고 했다.

(용인 가주)

남편사주, 외과 의사

| 63 | 53 | 43 | 33 | 23 | 13 | 3 | | 時柱 | 日柱 | 月柱 | 年柱 | |
|----|----|----|----|----|----|----|----|----|----|----|----|----|
| 壬 | 辛 | 庚 | 己 | 戊 | 丁 | 丙 | 大 | 丙 | 辛 | 乙 | 丙 | 乾 |
| 寅 | 丑 | 子 | 亥 | 戌 | 酉 | 申 | 運 | 申 | 卯 | 未 | 午 | 命 |

- 未月에 辛金이 신약하므로 比劫이 용신이다.
- 懸針殺을 많이 가져서 외과 의사로 개인병원을 운영한다.
- 자기는 바람을 피우면서 처를 꼼짝 못하게 한다.

4) 남편의 폭력에 우는 여인

(은평구 거주)

| 62 | 52 | 42 | 32 | 22 | 12 | 2 | | 時柱 | 日柱 | 月柱 | 年柱 | |
|----|----|----|----|----|----|----|----|----|----|----|----|----|
| 甲 | 癸 | 壬 | 辛 | 庚 | 己 | 戊 | 大 | 辛 | 己 | 丁 | 己 | 坤 |
| 申 | 未 | 午 | 巳 | 辰 | 卯 | 寅 | 運 | 未 | 酉 | 丑 | 酉 | 命 |

- 辛卯年 5월 18일 눈이 동그랗게 크며, 예쁘고, 가냘프게 생긴 여인이
자기 사주를 봐달라며 왔다.
그래서, 사주를 빼봤더니 위의 사주였다.

- 이 연인의 사주 구조를 살펴보자.
- 丑月에 己土가 5 : 3으로 신왕해 보이나 丑土가 양쪽으로 丑酉金局을
형성하고 있으므로 신약사주라 印星인 火를 써야하고, 또한, 겨울이
라서 춥기 때문에 조후용신인 火가 필요하다.
- 酉丑金局을 두 번씩 하고 있는데, 金局은 여자사주에 자식이기 때문

에 "당신은 배다른 자식을 키워주거나 아니면, 교육사업이라도 해야
겠습니다."라고 말했더니 아무말없이 눈망울만 굴리고 있었다.

– 남편을 보면, 未중에 乙木이라서 싹에 불과하므로 마음에 들지 않는
남편이므로 "당신 남편은 마음에 차지 않는 남편입니다."라고 해도
아무말 없이 소 같이 큰 눈망울만 굴리고 있었다.
또한, 未중에 乙木을 月支 丑土가 丑未沖으로 沖하려고 하고 있고,
日支에 傷官이 앉아있으며, 傷官星인 金이 많고, 거기다가 金局 傷官
局까지 하고 있어서 官을 거부하므로 한눈에 봐도 남편 덕이 없다는
것을 나타내고 있다.
여러 가지 조건이 남편과 살기 힘든 구조를 갖고 있는 사주다.

– 歲運 설명에서 辛卯年은 卯酉沖으로 남편궁을 沖하고 있으므로 "남
편과 싸우게 되어 그 일로 저를 찾아왔는데 사실인가요?"라고 묻자
그때서야 그렇습니다.
그런데, "올해의 운만이 아니고 진작부터 갈등이 심했겠네요?" 했더
니 그렇다고 대답했다.
– 그럼 "당신 남편 사주를 한번 봅시다."라고 했더니 사주를 내놓기에
빼봤더니, 아래 사주였다.

남편 사주

| 65 | 55 | 45 | 35 | 25 | 15 | 5 |  | 時柱 | 日柱 | 月柱 | 年柱 |  |
|----|----|----|----|----|----|----|----|----|----|----|----|----|
| 辛 | 庚 | 己 | 戊 | 丁 | 丙 | 乙 | 大 | 戊 | 甲 | 甲 | 戊 | 乾 |
| 未 | 午 | 巳 | 辰 | 卯 | 寅 | 丑 | 運 | 辰 | 子 | 子 | 申 | 命 |

– 한겨울에 甲木이 地支에 申子辰水局을 이루어 水多木浮로 물에 떠다
니는 죽은 나무다.
따라서, 물에 떠내려가지 않기 위해서 제방을 막을 土가 필요하다.
여기서, 土는 육친상 부친이요, 妻요, 돈에 해당한다.

- 그런데, 그 妻가 年上에도 있고, 時柱에도 있는데, 月上의 甲木이 年上의 戊土를 가로 체 갔으므로 이혼한 前妻가 있었던 남자이고, 四柱의 戊辰土妻는 믿을 수 있는 妻인가 싶었는데, 時支에 있는 두 번째 辰土가 申金과 子水와 申子辰水局을 이루어서 반역을 하므로 믿을 수 없는 妻라고 생각하게 된다.

- 따라서, 무늬만 妻이지 사랑하지 않게 되며, 경제권도 주지 않기 때문에 지금 살고 있는 妻는 그저 가정부 역할에 불과하다.
  따라서, 이혼하고 싶은 것이다.

- 그런데, 이 命主는 태평양 같은 물에 떠내려가지 않기 위해서 제방을 막아줄 土가 많이 필요한데다 운에서 계속해서 土가 들어오고 있고, 또한 甲子일주라서 욕지 위에 앉아있는 나무라서 바람기가 많은 사람이다.
  그래서, 바람만 피우는 남자다.

- 또한, 태왕한 甲木이 火가 없어서 바로 옆에 戊土를 공격하게 되므로 폭력을 쓰는 남자다.
  그리고, 火가 있어야 노력해서 돈을 벌려고 하는데, 곧바로 財를 보고 있으므로 일확천금을 노리는 사람이고, 합리적인 사고를 갖지 않게 된다.

- 직업을 보면, 많은 물에 자신이 떠내려가지 않기 위해 제방을 막아줄 土가 필요하므로 건설업을 하는 사람이고, 대운이 좋아서 돈은 잘 벌어 오는데, 처한테는 생활비만 주고 일절 돈을 주지 않는 등 경제권을 전혀 주지 않는다고 한다.

- 다시, 여인의 이야기가 계속된다.
- 사실은 자기가 20대에 결혼을 해서 아이를 하나 낳고 살다가 남편이 폭력을 써서 살지 못하고, 아이를 두고 이혼을 했으며, 그 후 두 번째

남편과 재혼해서 살았는데, 아이가 안 생겨서 낳지 못했고, 그 남자
도 폭력이 심해서 또 헤어졌는데 05 乙酉年 어느 날 남자가 나타나서
결혼하자고 계속해서 조르는 바람에 폭력을 안 하기로 약속을 했고,
前 妻가 낳은 자식도 하나 기르기로 하고 자기도 자식 하나를 낳아서
결혼 생활을 해 왔는데, 결혼하자마자 이 여자 저 여자를 만나서 처
음에는 자주 싸웠으나 나중에는 아예 탓을 안 하기로 하고 살고 있는
데, 己丑年부터는 이혼하자고 하면서 부인 취급도 안 해주면서 언어
폭력이 심해서 각방 생활을 해오고 있는데 어떻게 하는 것이 좋겠냐
며 방문한 사례다.


## 5) 딸이 매 맞고 산단다

(대전 거주)

딸 사주

| 62 | 52 | 42 | 32 | 22 | 12 | 2 | | 時柱 | 日柱 | 月柱 | 年柱 | |
|---|---|---|---|---|---|---|---|---|---|---|---|---|
| 壬 | 辛 | 庚 | 己 | 戊 | 丁 | 丙 | 大 | 乙 | 戊 | 乙 | 乙 | 坤 |
| 辰 | 卯 | 寅 | 丑 | 子 | 亥 | 戌 | 運 | 卯 | 戌 | 酉 | 未 | 命 |

- 꼬부랑 할머니가 오셔서 자신이 대전에서 자식 집에 다니러왔는데, 대
  구에 사는 딸의 사주를 봐달라고 부탁을 해서 왔다고 하면서 사주 잘
  본다고 해서 찾아왔으니 종이에다 적어달라고 해서 요점만 적었다.

- 이 사주는 중춘에 큰 산 土(흙)에 비유해서 해석하는 戊土(무토)로 태
  어 났는데, 戊土의 힘이 너무 약하기 때문에 자신의 힘이 매우 약한
  신약한 사주다.
  중춘에는 날씨가 차가워지므로 나무를 키울 계절이 아니기 때문에
  나무들이 낙엽이 내리는데, 이 사주에는 너무 많은 나무가 있어서 자
  라려고 하므로 힘만 든다.
- 또한, 이 사주에서 나무(木)는 남편에 해당하며, 쓸데없이 너무 많은
  나무를 기르고 있는 격인데, 다시 말해서 가을이기 때문에 키워봤자

곧 겨울이 닥치면 죽게 되므로 별 볼일 없는 나무만 잔뜩 키우고 있는 현상과 같고, 또, 이 나무가 자라면 자랄수록 나를 괴롭히는 요소로 작용하므로 나한테 폭력을 행사하게 된다.

- 따라서, 나는 이 남자와 살 수도 없고, 살기도 싫어져서 진작부터 별거를 하거나 각방을 쓰면서 살게 되며, 결국 헤어질 것으로 예측한다.
  그리고, 사주가 이렇게 태어나면, 돈도 없고, 남편 덕도 없어서 자식을 남편삼아 살아가게 되지만, 자식중 하나는 신경 쓰이게 할 것이다.

- 운의 흐름을 보면, 어려서부터 운이 좋지 않았으며, 42세를 넘으면서부터는 본격적으로 남편과 갈등을 겪게 되고, 올해에는 한계에 이르렀는데, 내년에는 호적을 정리할 수도 있다.

사위 사주(대전 거주)

| 66 | 56 | 46 | 36 | 26 | 16 | 6 | | | 時柱 | 日柱 | 月柱 | 年柱 | |
|----|----|----|----|----|----|----|----|----|----|----|----|----|----|
| 癸 | 壬 | 辛 | 庚 | 己 | 戊 | 丁 | 大 | | 辛 | 庚 | 丙 | 庚 | 乾 |
| 巳 | 辰 | 卯 | 寅 | 丑 | 子 | 亥 | 運 | | 巳 | 寅 | 戌 | 寅 | 命 |

- 戌月에 庚金이 신약하므로 比劫이 용신인데, 자식을 나타내는 火가 病이고, 財星인 木이 흉신이며, 흉신이 寅木인 妻宮에 앉아있어 부부궁이 더 나빠졌다.

- 또한, 財星과 官星이 흉신이므로 돈도 없고, 직업 환경도 나쁘기 때문에 매사 짜증만 나게 된다.
  택시운전으로 연명해 가고 있으며, 자식 3명을 키우고 있으며, 79년 己卯年에 결혼했는데 자식을 늦게 낳아서 큰 자식이 辛卯年에 18세다.

6) 내 운명에 엄마와 아빠가 싸운다



| 65 | 55 | 45 | 35 | 25 | 15 | 5 | | 時柱 | 日柱 | 月柱 | 年柱 | |
|----|----|----|----|----|----|----|----|----|----|----|----|----|
| 丁 | 丙 | 乙 | 甲 | 癸 | 壬 | 辛 | 大 | 戊 | 丙 | 庚 | 壬 | 乾 |
| 巳 | 辰 | 卯 | 寅 | 丑 | 子 | 亥 | 運 | 子 | 申 | 戌 | 寅 | 命 |

- 戌月에 丙火가 신약하므로 印星인 木이 용신이다.
- 대기업 카드회사에 다닌다.
- 사주 속에 있는 부친은 庚戌魁罡이며, 日支에 있는 申金인데, 젊어서
  세무서에 근무하다가 퇴직 후 재산을 모두 탕진했으며, 흉신이므로
  자식과도 안 맞다.

- 母親은 寅木으로 자신의 뿌리로 필요한 존재인데, 寅申沖하므로 모
  친과 부친이 싸우고 있는 형국이다.
- 따라서, 母親인 寅木은 金이 공격을 해오므로 丙火 자식을 이용해서
  남편인 金에 맞서려 하므로 무슨 일만 있으면 아들을 불러서 해결하
  려고 하며, 이렇게 불화하므로 각방을 쓰며 생활하고 있다.


7) 내 팔자에 엄마 아빠가 이혼한다



| 67 | 57 | 47 | 37 | 27 | 17 | 7 | | 時柱 | 日柱 | 月柱 | 年柱 | |
|----|----|----|----|----|----|----|----|----|----|----|----|----|
| 癸 | 壬 | 辛 | 庚 | 己 | 戊 | 丁 | 大 | 戊 | 戊 | 丙 | 丙 | 乾 |
| 卯 | 寅 | 丑 | 子 | 亥 | 戌 | 酉 | 運 | 午 | 寅 | 申 | 戌 | 命 |

- 개명 신청 한 엄마의 사연이다.
  "5월초에 무료감명부탁드렸던 건인데요..(이혼가정으로 엄마 성으로
  변경하려고 하니 이름(신○○→박○○으로)이 성명학상 맞지 않는
  다고 하셔서 좋은 이름으로 변경하려고 작명 신청합니다.
  형제는 이혼 후 재혼하여 이번에 출생한 형제가 있어요.
  부모 이름 중 아빠부분은 중요한 것인가요 ?

일단은 친부의 이름을 적어놓았는데요.
정말 정말 좋은 이름으로 잘 지어주세요.
부모 때문에 상처 입은 우리 아들에게 좋은 이름을 주고 싶습니다.

– 寅午戌 되어 印星이 여럿이고, 寅申沖되어 부친인 申중 壬水가 튕겨
나갔다.
또, 印星인 火에 財星이 들어있는 食神이 녹으므로 자연히 申중 壬水
는 없어지게 되어 있다.
따라서, 엄마와 아빠는 庚寅年에 이혼했을 것이다.


8) 늦둥이를 낳아도 될까요?

(홍은동 거주)

| 69 | 59 | 49 | 39 | 29 | 19 | 9 | | 時柱 | 日柱 | 月柱 | 年柱 | |
|----|----|----|----|----|----|----|----|----|----|----|----|----|
| 戊 | 己 | 庚 | 辛 | 壬 | 癸 | 甲 | 大 | 癸 | 丁 | 乙 | 庚 | 坤 |
| 寅 | 卯 | 辰 | 巳 | 午 | 未 | 申 | 運 | 卯 | 巳 | 酉 | 戌 | 命 |

– 이 사주의 구조는 酉月에 丁火가 신약하므로 比劫이 용신이고, 木이
길신이며, 水와 金은 흉신이다.
– 女命에 水는 남편인데, 이 사주에서처럼 水가 흉신이면 남편 덕이 없
어야 하지만, 日支에 용신이나 길신이 앉아있다면 남편 덕이 있다고
보는데, 이 女命은 부부금술이 무척 좋다고 말했다.

– 이 女命은 친정아버지(財星으로 金)가 사업을 했었는데, 결혼하던 해
인 27살(丙子年)에 부도가 났었다고 하며,
– 고등학교 때의 歲運이 86 丙寅年, 87 丁卯年, 87 戊辰년이었는데, 戊辰
年이 나빠서 대학을 가지 못하고, 세월이 한참 지난 후에야 국어교육
학을 공부했고, 辛卯年에 논술과외 교육을 하고 있다.

– 이 女命은 16살과 7살 먹은 아들 두 명을 두고 있는데, 금년에 늦둥
이를 하나 두려고 하는데, 나이가 많기도 하고, 또, 용띠 자식이 태

어나게 되는데, 낳아도 되는지를 알아보려고 온 것으로, 띠에 대해서
생각할 필요없다고 말해줬다.

– 來情法으로는 辛卯年에 辛金은 돈에 해당하므로 돈이 움직이고, 卯
木은 印綬이면서 桃花殺인데, 금년에 이사를 했다고 하므로 문서문
제는 나타났는데, 늦둥이를 두고 싶은 것은 딱히 설명할 자료가 없지
만 다만, 桃花殺이 작용했다고 볼 수도 있지만 설명이 약하다.

(홍은동 거주)

남편 사주

| 69 | 59 | 49 | 39 | 29 | 19 | 9 | | 時柱 | 日柱 | 月柱 | 年柱 | |
|----|----|----|----|----|----|----|----|----|----|----|----|----|
| 癸 | 甲 | 乙 | 丙 | 丁 | 戊 | 己 | 大 | 乙 | 己 | 庚 | 己 | 乾 |
| 亥 | 子 | 丑 | 寅 | 卯 | 辰 | 巳 | 運 | 亥 | 卯 | 午 | 酉 | 命 |

– 이 사주의 구조는 午月에 己土가 金과 木이 왕해서 신약하므로 官印
相生으로 火가 용신이고, 木이 病이며, 水가 흉신, 金이 약신, 土는
길신이다.

– 이 男命은 공대를 졸업하고, 중앙부처 과장급 공무원으로 근무하고
있다고 하며, 官이 病이므로 직장 덕과 자식 덕이 없으며, 특히, 49
대운부터 오는 水運에 힘이 들거나 발전이 없을 것이다.

9) 엄마는 자식들 때문에 골치가 아프단다

(평창동 거주)

아들사주

| 61 | 51 | 41 | 31 | 21 | 11 | 1 | | 時柱 | 日柱 | 月柱 | 年柱 | |
|----|----|----|----|----|----|----|----|----|----|----|----|----|
| 乙 | 甲 | 癸 | 壬 | 辛 | 庚 | 己 | 大 | 甲 | 丙 | 戊 | 甲 | 乾 |
| 亥 | 戌 | 酉 | 申 | 未 | 午 | 巳 | 運 | 午 | 午 | 辰 | 寅 | 命 |

- 모친이 가지고 온 38세 남자사주다.


- 辰月에 丙火가 木, 火, 土로만 구성되어 있어서 신왕하고 조후가 안
  맞아서 편고된 사주다.
  따라서, 辰중 癸水를 용신으로 써야하는데, 辰土 水庫 속에 들어있는
  水를 써야 하므로 약하다.
  火가 病이고, 木이 흉신이며, 乾土도 흉신이다.


- 초년 대운이 나쁘고, 고등학교 시절인 庚午, 辛未, 壬申년으로 고 3
  때는 좋았으나 실력이 낮아서 제때 대학을 못가고 나중에 일본에 가
  서 경영학을 전공했다고 한다.
- 07년부터 여기 저기 직장에 들어가 근무를 하다가, 庚寅年에 퇴사를
  한 후 놀고 있다.


- 이 男命의 妻인 財星이 나타나있지 않고, 妻宮에 病이 들어앉아 있어
  서 부부 궁이 나쁨을 나타내고 있다.


- 辛卯年에 財星인 辛金과 丙辛合하여 결혼하였으나, 이 男命이 직장
  이 없고, 妻와 성격이 안 맞아 이혼하겠다고 해 엄마는 애가 탄단다.

여기서, 이 男命의 妻(며느리) 사주를 보자

(평창동 거주)

며느리 사주

| 67 | 57 | 47 | 37 | 27 | 17 | 7 | | 時柱 | 日柱 | 月柱 | 年柱 | |
|---|---|---|---|---|---|---|---|---|---|---|---|---|
| 丙 | 乙 | 甲 | 癸 | 壬 | 辛 | 庚 | 大 | 丙 | 壬 | 己 | 己 | 坤 |
| 子 | 亥 | 戌 | 酉 | 申 | 未 | 午 | 運 | 午 | 午 | 巳 | 未 | 命 |


- 巳月에 壬水가 도와주는 세력하나 없이 고립무원이므로 從을 해야 하
  는데 時上에 丙火가 나타나있고, 地支에 巳午未火局을 이루므로 財

로 從하는 수밖에 없어서 從財格이 되었다.
같은 從財라도 丙火로 從을 했으므로 대단히 그릇이 큰 사주인데, 대
학에서 신발 디자인을 공부했다고 한다.

- 從財格은 경영학 같은 데에 인연이 많은데, 사주에서 火는 시각적이
  므로 디자인도 맞다.

- 從하기 前의 壬水일간 기준으로 己土가 官星으로 남편인데, 쌍으로
  서 있어서 재혼격사주다.

- 초년 대운은 좋았으나, 27 壬申 대운부터 역세하여 나쁜데, 2010 庚寅
  年에 위 男命과 결혼을 했으나 남편과 매사 성격이 맞지 않다고 한다.
  그 이유는 남편의 직장이 없기도 하지만, 자기의 운이 역세해서 반대
  방향으로 가고 있기 때문에 스트레스가 심하기 때문이다.

- 歲運에서 壬辰年이 오면 從을 거부하므로 나쁘기 때문에 壬辰年이 결
  혼생활의 고비가 될 것이다.

10) 財가 沖되어 부모가 이혼했다

(흑석동 거주)

| 64 | 54 | 44 | 34 | 24 | 14 | 4 | | 時柱 | 日柱 | 月柱 | 年柱 | |
|----|----|----|----|----|----|----|---|----|----|----|----|---|
| 己 | 戊 | 丁 | 丙 | 乙 | 甲 | 癸 | 大 | 癸 | 甲 | 壬 | 癸 | 坤 |
| 巳 | 辰 | 卯 | 寅 | 丑 | 子 | 亥 | 運 | 酉 | 辰 | 戌 | 卯 | 命 |

- 戌月에 甲木이 신왕하고, 가을이지만 生木이므로 火가 용신이고, 水
  가 病이다.
- 가을 巨木이지만 天干에 壬 癸水가 투간되어 왕 하므로 마치 가을 장
  마가진 모양과 흡사하고, 日支 辰土가 時支 酉金과 辰酉合하므로 水
  가 더욱 앙해졌으므로 공부와 모친과 인연이 없다.

- 또한, 甲辰白虎와 壬戌白虎가 月支와 日支간에 沖하므로 財星에 대한 변고가 생겼다는 것을 나타내고 있는데, 이것은 돈 문제나, 아버지와의 문제, 또는 시어머니와의 문제다.
따라서, 사주가 이렇게 구성되어 있으면, 반드시 財星에 대한 검증을 해야만 하는데, 이 女命은 가정주부이고, 돈 관리를 하지 않기 때문에 돈에 때한 문제는 없다고 하며, 시 어머니도 자기한테 잘해주신분이라서 갈등이 없다고 하고, 그러면, 남은 문제는 아버지와의 문제이므로 아버지와의관계를 문진한 바, 무겁게 입을 열었다.

- 사주에 印星인 壬 癸水가 혼잡해있고 왕 하므로 모친 덕이 없을 뿐만 아니라 두 어머니와 인연인데, 사실은 친 어머니가 자신을 낳고 친 아버지와 이혼을 한 후, 친 아버지와는 단절이 되어 소식을 전혀 알지 못한다고 하며, 친 어머니는 재가를 해서 새 남편을 만나서 생활하고 있다고 한다.

- 甲 일주와 丙 일주는 리더의 기질을 갖고 태어났기 때문에 대부분 장녀 역할이나 큰 며느리 역할을 해야 하는데, 이 女命은 막내 며느리인데도 장남 며느리 역할을 하며 산다고 하므로 아버지의 재혼 가능성이 높다.

11) 그 남자에 그 여자

(신길동 거주)

| 61 | 51 | 41 | 31 | 21 | 11 | 1 | | 時柱 | 日柱 | 月柱 | 年柱 | |
|----|----|----|----|----|----|----|----|----|----|----|----|----|
| 乙 | 丙 | 丁 | 戊 | 己 | 庚 | 辛 | 大 | 甲 | 甲 | 壬 | 乙 | 乾 |
| 亥 | 子 | 丑 | 寅 | 卯 | 辰 | 巳 | 運 | 子 | 午 | 午 | 巳 | 命 |

- 午月에 甲木이 食傷인 화세가 강해서 신약하므로 갈증을 많이 느끼기 때문에 水가 절실히 필요하다.
그런데, 사주 구조를 보면, 月과 日支 午火가 時支에 있는 子水를 공격해서 깨버리므로 의지할데가 없다.

대게, 日支가 깨지면 거의 이혼을 하게 되는데, 더군다나 용신이 깨지면 더욱 확실하다.

- 이 남편은 己丑年 46세로, 딸이 2살 되던 96 丙子年 32세에 子午沖 되어 日支가 깨지므로 부인과 이혼한 후, 己丑年까지 혼자 살고 있는데, 운이 없어서 돈 한 푼 없는 신용불량자다.

- 다행히도 己丑年에 식품이나 건설업을 하자는 제의가 왔다고 해서 건설업보다는 식품업을 하라고 권했다.
또는, 외국으로 나가서 돈을 벌라고 했다.
水가 필요하기 때문이다.

- 食傷이 巳, 午, 午로 많아서 病인데, 食傷은 남자 사주에서 조모와 장모에 해당하게 되는데, 이 命主는 조모가 두 분이고, 앞으로 재혼을 하게 되면, 장모도 두 분이 되는 것과 같다.
- 모친이 子水라서 약한데, 庚寅年 현재 83세로 살아있으며, 건강은 나쁘다.
- 庚寅年에 아래 여자를 만나서 연애하고 있다.

(신길동 거주)

상대여자 사주

| 62 | 52 | 42 | 32 | 22 | 12 | 2 |  |  | 時柱 | 日柱 | 月柱 | 年柱 |  |
|----|----|----|----|----|----|----|----|----|----|----|----|----|----|
| 丁 | 丙 | 乙 | 甲 | 癸 | 壬 | 辛 | 大 |  | 戊 | 丙 | 庚 | 己 | 乾 |
| 丑 | 子 | 亥 | 戌 | 酉 | 申 | 未 | 運 |  | 子 | 子 | 午 | 酉 | 命 |

- 02 壬午年에 본 남편과 헤어졌으며, 庚寅年에 위의 남자를 만나 사귀고 있다.
- 앞으로 오는 대운이 너무 나빠서 고난을 예고하고 있다.

12) 남편을 여의고 시어머니한테 생활비를 타서 사는 여인

(송파동 거주)

| 64 | 54 | 44 | 34 | 24 | 14 | 4 |   |   | 時柱 | 日柱 | 月柱 | 年柱 |   |
|----|----|----|----|----|----|----|---|---|----|----|----|----|---|
| 甲 | 乙 | 丙 | 丁 | 戊 | 己 | 庚 | 大 |   | 丁 | 壬 | 辛 | 壬 | 坤 |
| 辰 | 巳 | 午 | 未 | 申 | 酉 | 戌 | 運 |   | 未 | 戌 | 亥 | 寅 | 命 |

- 亥月에 壬水가 신왕하므로 木이 용신, 火가 길신이다.
- 辛卯年 50세로 초년 학운기가 나빠서 전문학교를 다니다가 다시 공부를 해서 명문대를 졸업했다.
- 27살에 결혼을 해서 아들 두 명을 낳았고, 未 대운과 丙 대운이 교차하는 44세 乙酉年에 남편이 암으로 사망하여 자식들을 데리고 살고 있다.
  丁壬合木하고, 대운이 火운으로 좋아서 시어머니가 주는 생활비를 받아서 살고 있다.

- 月柱에 辛金 모친은 金生水해서 壬水를 더욱 차게 만드므로 어머니와는 情이 크지 않고, 財星인 丁火는 나를 따뜻하게 해주므로 아버지와 사이가 좋다고 한다.
  또, 丁火는 시어머니에 해당하는데, 시어머니한테 생활비를 받아쓰기 때문에 어렵지만 잘 지낸다고 한다.

- 壬戌은 魁罡星으로 고집이 세며, 日支 戌土를 時支 未土가 刑을 해서 흔들어 놓으므로 부부 궁이 나쁘다는 것을 알 수 있다.

- 남편이 죽고 나자 시부모가 상가를 손자들 명의로 이전해주었고, 그 상가 임대료를 받아서 자식들을 교육시키고 있다.
  따라서, 아직까지는 재혼할 생각이 전혀 없다고 하나, 자기 사주에 대문밖 즉, 時柱에 용신과 官星이 또 있으니 필시 자식들이 출가하고 나면 재혼할 것이다.

사망한 남편 사주

| 65 | 55 | 45 | 35 | 25 | 15 | 5 | | 時柱 | 日柱 | 月柱 | 年柱 | |
|---|---|---|---|---|---|---|---|---|---|---|---|---|
| 丙 | 丁 | 戊 | 己 | 庚 | 辛 | 壬 | 大 | ○ | 丁 | 癸 | 己 | 乾 |
| 寅 | 卯 | 辰 | 巳 | 午 | 未 | 申 | 運 | ○ | 未 | 酉 | 亥 | 命 |

- 酉月에 丁火가 신약하므로 金水가 흉신이고, 乙酉年에 암으로 사망했다.


13) 남편 복이 있는 팔자

(가락동 거주)

| 63 | 53 | 43 | 33 | 23 | 13 | 3 | | 時柱 | 日柱 | 月柱 | 年柱 | |
|---|---|---|---|---|---|---|---|---|---|---|---|---|
| 辛 | 壬 | 癸 | 甲 | 乙 | 丙 | 丁 | 大 | 甲 | 己 | 戊 | 甲 | 坤 |
| 酉 | 戌 | 亥 | 子 | 丑 | 寅 | 卯 | 運 | 戌 | 亥 | 辰 | 午 | 命 |

- 이 사주의 구조는, 辰月에 己土가 신왕 하므로 木이 용신이고, 水가 길신이며, 土가 病이고, 火는 흉신이다.
- 正官을 용신으로 쓰므로 정직하고, 착한 성품이며, 남편의 외조가 좋아서 부부관계가 좋은 사람이다.


- 이 女命은 2년재 교육대학 시절인 75년 22세 乙卯년에 교사에 임용되어 61세인 丙戌年에 정년퇴직했다.
- 남편은 국정원에서 국장급으로 정년퇴직했고, 96세인 홀시아버지의 병수발을 들고 있다.


- 戊辰 劫財가 돈 창고를 갖고 있는 것은 형제가 부자임을 나타나고 있으며, 月支에 있는 돈 창고인 辰土를 時支 戌土가 辰戌沖하려 하므로 劫財가 내 돈 창고를 깨뜨리는 구조를 갖고 있어서 많은 돈을 빌려줬다가 못받았다고 한다.


- 年上의 甲木은 흘러간 옛날의 인연이고, 時上의 甲木은 지금 남편인

데, 土를 깔고 앉자있어서 너무 보수적인 성격이기 때문에 피곤하다
고 한다.

14) 내 딸 내외가 잘살게 해주세요

(문정동 거주)

딸 사주

| 69 | 59 | 49 | 39 | 29 | 19 | 9 | | | 時柱 | 日柱 | 月柱 | 年柱 | |
|---|---|---|---|---|---|---|---|---|---|---|---|---|---|
| 庚 | 辛 | 壬 | 癸 | 甲 | 乙 | 丙 | 大 | | 辛 | 乙 | 丁 | 甲 | 坤 |
| 申 | 酉 | 戌 | 亥 | 子 | 丑 | 寅 | 運 | | 巳 | 丑 | 卯 | 子 | 命 |

- 辛卯年 子月에 결혼한 부부로 이 命主의 모친이 가지고 온 사주다.
- 이 사주의 구조는, 卯月에 乙木이 신왕하고, 봄의 꽃나무는 반드시 꽃이
  피어야 아름답고 향기가 나므로 火가 용신이고, 水와 金이 흉신이다.

- 특히, 卯月의 木은 水보다 辛金의 폐해가 더 큰데, 이 辛金은 乙木일
  간의 남편으로, 乙辛沖을 하기 때문에 남편 덕이 없다.
  더군다나 이 辛金이 日支 배우자궁인 丑土에 근기를 갖고 있으므로
  더욱 남편 덕이 없다고 판단할 수 있다.
  대게, 배우자와의 有 無情 여부를 보기 위해서는 첫째로 해당 육친의
  有無情 여부를 보고, 둘째로는 日支의 有 無情 여부를 보고 판단하게
  되는데, 이 사주는 두 가지 모두가 나쁘기 때문에 단적으로 부부관계
  에 문제가 있을 것임을 예고하고 있다.

- 또, 이 命主의 성격을 살펴보자.
  食神을 용신으로 쓰는 사람들은 보편적으로 합리적이며, 정이 많지
  만, 여자의 경우 자식한테 올인하는 경향이 있는데, 이는 남편인 辛
  金의 입장에서 보면, 火克金하므로 굉장히 불편하다.
  따라서, 남편입장에서 보면, 자기 부인이 자식한테와 남들한테는 잘
  하고 자기(남편)한테는 못해준다고 생각하기 때문에 이렇게 말을 할
  수 있다.

"당신은 애들한테나 남들한테는 잘해주면서 왜, 내한테만은 가시처럼 대하느냐?"며 불평을 하게 된다.

– 그러면, 사위의 사주는 어떻게 생겼는지를 살펴보자

사위 사주

| 64 | 54 | 44 | 34 | 24 | 14 | 4 | | 時柱 | 日柱 | 月柱 | 年柱 | |
|---|---|---|---|---|---|---|---|---|---|---|---|---|
| 癸 | 壬 | 辛 | 庚 | 己 | 戊 | 丁 | 大 | 壬 | 壬 | 丙 | 庚 | 乾 |
| 巳 | 辰 | 卯 | 寅 | 丑 | 子 | 亥 | 運 | 寅 | 申 | 戌 | 申 | 命 |

– 이 사주의 구조는, 戌月에 壬水가 신왕해서 냉한 물인데, 냉한 물은 데워서 써야하기 때문에 火가 용신이고, 木이 길신이며, 水가 病이고, 金은 흉신이다.
– 이 사주의 구조는, 年支와 日支에 申金이 두개가 있어 月上 丙火의 장생지인 時支의 寅木을 寅申沖하고 있어서 대단히 나쁘다.

– 위에서도 설명한 것처럼, 日支 배우자궁에 흉신이 있으면서 용신의 뿌리를 沖하고 있으므로 부부문제가 크다는 것을 알 수 있다.
– 懸針殺이 많아서 약사다.

– 필자가 수차례 언급한 類類相從(유유상종)이란 말이 여기서도 통할 수 있는데, 부부가 서로 부부 궁에 나쁘기 때문에 그런 상대자와 부부인연을 맺는다는 것이다.

– 이런 설명을 들은 엄마(장모)는 "선생님, 어떻게 하면, 우리 딸 내외가 백년해로하겠습니까?라는 질문에 필자로서는 "해결할 방법이 없습니다. 다만, 부적을 써 드리는 방법이 있긴합니다만, 과연 100% 비방책이 될 것인지는 알 수 없는 일입니다."라고 대답했다.

15) 내 사주에 이혼 수가 있습니까?

(도봉구 거주)

| 64 | 54 | 44 | 34 | 24 | 14 | 4 | 大 | | 時柱 | 日柱 | 月柱 | 年柱 |
|---|---|---|---|---|---|---|---|---|---|---|---|---|
| 癸 | 壬 | 辛 | 庚 | 己 | 戊 | 丁 | | | 壬 | 己 | 丙 | 丙 | 乾 |
| 卯 | 寅 | 丑 | 子 | 亥 | 戌 | 酉 | 運 | | 申 | 未 | 申 | 午 | 命 |

- 자신의 직업은 철학을 전공한 후 입시학원을 운영 중인데, 丙戌年에 큰 손해를 봐서 현재 빚이 많단다.
- 앞으로 제과점을 하고 싶은데 해도 되는지 묻기에 壬辰年은 해도 되지만 2013 癸巳, 甲午, 乙未年은 어려우니 소규모로 시작하라고 권했다.
- 己丑年에 丑未沖으로 妻와 갈등이 시작되었는데, 2010 庚寅年 다른 여자를 사귄 것을 마누라가 알고, 辛卯年에 이혼을 하자고 한다.
- 壬水가 부인인데, 壬水는 月支 申金 속에서도 나왔고, 時支 申金 속에서도 나왔으므로 여자가 두 명으로, 月支 申金 속의 여자가 本妻이고, 時上壬水가 애인 또는 後妻다.

- 필자가 말하기를 "당신은 일생에 두 명의 여자와 인연"입니다.
  그 이유는 일찍 만난 月支 申金 여자가 本妻이고, 時上에 後妻나 애인이 있기 때문에 사주가 이렇게 구성되면, "당신은 지금 애인이 생겼거나, 앞으로 재혼하게 될 것입니다. 그런데, 지금 애인은 있습니까?"라고 묻자 처음에는 "사귀는 여자가 없습니다."라고 말하기에 "그러면 당신은 앞으로 재혼할 여자가 있습니다."라고 재차 말하자 그때서야 "사실은 사귀는 여자가 생겼는데 지금은 아내가 알고 이혼하자고 해서 정리를 했습니다."하면서 "제 사주에 이혼 수가 있습니까?"라고 물었다.

  그래서, 필자가 대답하기를 "당신은 이혼 수도 있고, 재혼 수도 있습니다. 또한, 처에게 너무 스트레스를 주는 사람입니다.
  그리고, 믿는 구석(시주에 여자가 또 있음)이 있기 때문에 부인한테 함부로 말을 하게 됩니다. 壬辰년을 잘 넘어가야 해결될 수 있습니

다.”라고  말해줬다


부인 사주

| 64 | 54 | 44 | 34 | 24 | 14 | 4 | | 時柱 | 日柱 | 月柱 | 年柱 | |
|---|---|---|---|---|---|---|---|---|---|---|---|---|
| 癸 | 壬 | 辛 | 庚 | 己 | 戊 | 丁 | 大 | 庚 | 甲 | 丙 | 己 | 坤 |
| 未 | 午 | 巳 | 辰 | 卯 | 寅 | 丑 | 運 | 午 | 戌 | 子 | 酉 | 命 |

- 철학과 교수란다.
- 年支 酉金이 남편이고, 時上 庚金이 남편이라서 이 사주도 남자 두
  명인데, 09 己丑年에 日支 戌土를 沖하므로 부부갈등이 시작되어 庚
  寅년 寅午戌火局이 되어 金을 공격하므로 갈등이 증폭되었고, 辛卯
  年에 卯酉沖하여 첫 남자인 酉金을 沖하므로 이혼하자고 한다.


- 신약해도 子月이라서 火가 용신이므로 말을 잘하고 인간성도 좋단다.
- 壬辰年에 日支 戌土를 辰戌沖하게 되면 이혼 수가 발생하게 된다.


애인 사주 : 외국어 강사

| 67 | 57 | 47 | 37 | 27 | 17 | 7 | | 時柱 | 日柱 | 月柱 | 年柱 | |
|---|---|---|---|---|---|---|---|---|---|---|---|---|
| 壬 | 辛 | 庚 | 己 | 戊 | 丁 | 丙 | 大 | 丁 | 辛 | 乙 | 癸 | |
| 戌 | 酉 | 申 | 未 | 午 | 巳 | 辰 | 運 | 酉 | 丑 | 卯 | 亥 | 坤命 |

- 앞서 봤던 남자가 자기 사주를 보고 간지 몇 일만에 또 다시 이 女命
  의 사주를 갖고 와서 봐달라고 했다.
- 사주 구조를 보면, 卯月에 辛金이 身弱한데, 日支 丑土와 時支 酉金
  에 의지하고 있어서 比劫이 용신이다.


- 辛金일주는 기본적으로 성격이 까칠한데다가 乙辛沖을 하고, 丁火가
  尅을 하므로 성격이 무척 예민한데, 앞의 남자한테 확인한 바, 성격
  이 틀림없다고 한다.

- 比劫과 印星을 用神과 길신으로 쓰므로 교육과 인연인데, 食傷도 잘 발달해 있어서 표현력이 좋으며, ○○여대를 나와서 영어강사인데, 월급을 많이 받지만 財가 흉신이므로 모아놓은 돈은 없다.

- 年柱는 食傷으로 자식에 해당하고, 月柱는 木으로 부친이고 돈에 해당하며, 時上에 丁火가 남편인데, 丁火의 입장에서 보면, 時支에 財를 깔고 앉아있으므로 이 丁火 남자는 과거가 있거나 이혼한 남자다.

- 辛金은 잘 다듬어진 보석이기 때문에 丁火를 싫어하고, 또, 木이 왕해서 財多身弱과 같은 사주이므로 부친과 돈에 고통이 따르게 되는데, 이 女命은 부친이 사업을 하다 망해서 돈 대주느라고 어려움을 겪고 있다고 한다.

- 辛卯年 29세로 火 대운이므로 나쁘고, 앞으로 未 대운이 와서 日支 丑土를 丑未沖하면 그 때는 부부 궁에 이상이 오게 된다.
- 47세 庚申대운부터 운이 좋아진다.

딸 사주에 엄마와 아빠가 이혼하겠는가 보자

| 62 | 52 | 42 | 32 | 22 | 12 | 2 |  | 時柱 | 日柱 | 月柱 | 年柱 |  |
|----|----|----|----|----|----|----|----|----|----|----|----|----|
| 乙 | 丙 | 丁 | 戊 | 己 | 庚 | 辛 | 大 | 庚 | 庚 | 壬 | 丙 | 坤 |
| 酉 | 戌 | 亥 | 子 | 丑 | 寅 | 卯 | 運 | 辰 | 午 | 辰 | 戌 | 命 |

- 辛卯年 6살로 火가 용신이다.
- 月支 辰土와 時支 辰중에 乙木 財星과 戊土 엄마가 들어있는데, 辰戌沖을 하므로 깨졌기 때문에 엄마와 아빠가 이별 수가 있다.

- 辰중 乙木은 財星으로 부친인데, 辰戌沖하면 乙庚合하므로 나와 부친이 한 몸이 되기 때문에 이런 경우에 부모가 이혼하면 본인은 아버지를 따라 갈 확률이 높다.

16) 내 팔자에 부모가 이혼한다

(잠실 가주)

| 69 | 59 | 49 | 39 | 29 | 19 | 9 | | 時柱 | 日柱 | 月柱 | 年柱 | |
|----|----|----|----|----|----|----|----|----|----|----|----|----|
| 己 | 庚 | 辛 | 壬 | 癸 | 甲 | 乙 | 大 | 辛 | 壬 | 丙 | 丙 | 坤 |
| 丑 | 寅 | 卯 | 辰 | 巳 | 午 | 未 | 運 | 亥 | 子 | 申 | 寅 | 命 |

– 내 팔자에 印星인 申金과 財星을 품고 있는 寅木이 寅申沖하면 印星
인 申金과 財星인 丙火가 깨지므로 부모가 이혼한다.


아버지 사주

| 66 | 56 | 46 | 36 | 26 | 16 | 6 | | 時柱 | 日柱 | 月柱 | 年柱 | |
|----|----|----|----|----|----|----|----|----|----|----|----|----|
| 癸 | 壬 | 辛 | 庚 | 己 | 戊 | 丁 | 大 | 乙 | 癸 | 丙 | 甲 | 乾 |
| 酉 | 申 | 未 | 午 | 巳 | 辰 | 卯 | 運 | 卯 | 卯 | 寅 | 午 | 命 |

– 庚寅年 57세에 이 남자가 부인과 이혼하자고 한다.
– 부인사주에 食傷이 旺해서 官을 剋하므로 부부관계가 불편하다.


어머니 사주

| 62 | 52 | 42 | 32 | 22 | 12 | 2 | | 時柱 | 日柱 | 月柱 | 年柱 | |
|----|----|----|----|----|----|----|----|----|----|----|----|----|
| 甲 | 乙 | 丙 | 丁 | 戊 | 己 | 庚 | 大 | 甲 | 戊 | 辛 | 庚 | 坤 |
| 戌 | 亥 | 子 | 丑 | 寅 | 卯 | 辰 | 運 | 寅 | 戌 | 巳 | 子 | 命 |

– 庚寅年 51세에 남편이 이혼하자고 한다.
– 자신은 유통회사의 영업사원인데, 辛卯年들어 관리직으로 옮길 기회
가 왔다고 해서 옮기라고 했다.
官이 왔으므로.
– 官이 病이라서 남편으로 인한 스트레스가 심하다.

17) 내 팔자에 부부갈등과 고부갈등은 예고되어 있다

(천호동 거주)

| 66 | 56 | 46 | 36 | 26 | 16 | 6 | | | 時柱 | 日柱 | 月柱 | 年柱 | |
|---|---|---|---|---|---|---|---|---|---|---|---|---|---|
| 丁 | 戊 | 己 | 庚 | 辛 | 壬 | 癸 | 大 | | 丙 | 丙 | 甲 | 癸 | 乾 |
| 未 | 申 | 酉 | 戌 | 亥 | 子 | 丑 | 運 | | 申 | 申 | 寅 | 卯 | 命 |

- 신왕하지만 기온이 낮고 습하므로 火가 용신이고, 甲寅 木은 길신,
  乙卯 木은 흉신, 水와 金도 흉신이다.
  따라서, 운의 흐름이 안 좋다.


- 건설회사를 하는데, 辛卯年에 경기도에 여주에 있는 조합아파트 공
  사를 하려하는데, 어떻게 했으면 좋겠냐가 궁금하다고 해서 어려움
  이 많을 것이라고 답했다.
- 寅申沖되어 부부 궁이 깨졌고, 妻와 모친간의 불화로 庚寅년에 부인
  이 친정에 가 있었다.


18) 내가 남편을 내 쫓는 팔자다

(은평구 거주)

| 61 | 51 | 41 | 31 | 21 | 11 | 1 | | | 時柱 | 日柱 | 月柱 | 年柱 | |
|---|---|---|---|---|---|---|---|---|---|---|---|---|---|
| 癸 | 壬 | 辛 | 庚 | 己 | 戊 | 丁 | 大 | | 丙 | 甲 | 丙 | 己 | 坤 |
| 未 | 午 | 巳 | 辰 | 卯 | 寅 | 丑 | 運 | | 寅 | 申 | 子 | 酉 | 命 |

- 키가 훤칠하게 크고 잘생긴 아줌마가 자기 사주를 보려고 왔다고 한다.
  사주를 빼보니 아니나 다를까 훤하게 생겼다.
  사주구조를 살펴보자.


- 子月에 甲木이 月上과 時上에 丙火 태양을 보아 꽃이 활짝 피었으니
  아름답고 향기있는 나무임에 틀림없다.
  年支에 있는 酉金은 과거의 남자이고, 日支 남편 궁에 申金 남편이
  앉자있는데, 甲木의 뿌리인 寅木과 寅申沖을 하고 있어서 가정불화

를 예고하고 있다.

- 이것을 확인한 필자가 하는 말이 "손님은 작년(庚寅年)에 각 방을 쓰
  지 않았소?"라고 묻자, 그 여자의 대답이 "예, 작년부터 각 방을 쓰
  고 있습니다."라고 대합했다.
  다시 필자가 말의 강도를 높여서 말하기를 "아줌마는 작년에 이혼수
  가 들었습니다."라고 말하자 그 여자 대답이 "아이들 때문에 이혼만
  은 하기 싫습니다."라고 대답했다.
  그렇다. 아주 정상적이고, 이해가 가는 답이었다.

- 이 사주의 구조를 볼 때 食神인 火가 日干을 사이에 두고 양쪽에 위
  치해 있으면서 官星인 金을 火克金하려 하고, 또, 甲木의 뿌리인 寅
  木이 申金 남편을 寅申沖하므로 이 사주만 놓고 본다면 자신이 남편
  을 내쫓는 구조를 갖고 있다.

- 직업이 옷장사나 말하는 일을 하면 잘할 수 있겠다고 했더니 직업은
  구체적으로 밝히지 않고, 프리센서로 일하고 있다고 했다.
- 그러나, 인연의 법칙은 맞아 떨어지기 때문에 분명히 남편한테도 그
  런 인자가 있다.

- 남편사주를 보자.

남편사주

| 66 | 56 | 46 | 36 | 26 | 16 | 6 | | | 時柱 | 日柱 | 月柱 | 年柱 | |
|---|---|---|---|---|---|---|---|---|---|---|---|---|---|
| 壬 | 辛 | 庚 | 己 | 戊 | 丁 | 丙 | 大 | | 丁 | 辛 | 乙 | 丙 | 乾 |
| 寅 | 丑 | 子 | 亥 | 戌 | 酉 | 申 | 運 | | 酉 | 巳 | 未 | 午 | 命 |

- 未月에 辛金이 뿌리가 없는데, 時支의 酉金에 의지한다. 地支에 巳
  午未火局을 형성하고 時上에 官星인 丁火가 있으므로 배다른 자식을

둘 수 있는 확률이 높은데, 辛卯년 46세까지는 그렇지 않다.
그러나, 財星인 乙木과 寅申沖하므로 앞으로 이혼을 할 수 있으므로
배다른 자식을 둘 수가 있다.

- 이런 사주 주조 때문에 무척 예민하고, 감정 기복이 심하단다. 이런
  구조를 가지면 정신적인 문제가 있음을 많은 실례를 통해서 얻었다.
- 이 命主는 평범한 회사원인데, 외환위기 戊子年에 아파트를 날렸다
  고 한다.
- 懸針殺과 鐵鎖開金殺이 있어서 보험회사 영업사원이다.


19) 너 팔자 탓만은 아니고, 내 팔자도 똑 같다

(길동 거주)

| 68 | 58 | 48 | 38 | 28 | 18 | 8 | | 時柱 | 日柱 | 月柱 | 年柱 | |
|----|----|----|----|----|----|----|---|----|----|----|----|---|
| 甲 | 乙 | 丙 | 丁 | 戊 | 己 | 庚 | 大 | 乙 | 辛 | 辛 | 辛 | 乾 |
| 申 | 酉 | 戌 | 亥 | 子 | 丑 | 寅 | 運 | 未 | 酉 | 卯 | 丑 | 命 |

- 卯月에 辛金이 신왕 하므로 財가 용신인데, 卯酉沖, 乙辛沖해서 財를
  꺾고 있고, 未중에도 乙木이 들어있으나 未土는 木의 庫일 뿐만 아니
  라 멀지만 年支의 丑土가 丑未沖을 하려고 하고 있어 돈과 여자를 없
  애는 사주다.


- 이런 사주가 자칫 잘못하면 여자 잡아먹게 되는데, 즉, 辛酉金에 乙
  木과 卯木이 沖과 剋을 받아서 죽을 수도 있다는 말이다.


- 그런데, 財星인 木은 어떤 모습인가를 살펴보자.
  月支의 卯木은 時柱의 乙木을 머리에 이고 있는 未土와 酉金을 사이
  에 두고 卯未로 合하려 하고 있는데, 이는 필시 짓밟힌 꽃나무가 재
  기를 하기 위해서 몸부림을 치고 있는 모습과 흡사하다.
따라서, 妻는 沖과 剋을 하는 남편을 떠나서 또 다른 터전을 찾으려고
하게 되므로 재혼하게 된다.

- 또, 卯木은 眞 桃花는 아니지만 桃花이고, 酉金도 桃花인데, 이 男命의 입장에서는 이 여자, 저 여자, 그리고 또 다른 여자를 찾게 되는데, 이는 바람기로 나타나게 된다.
  따라서, 이 男命은 40세를 전후해서 亥卯未木局이 형성되는데, 木局은 여자가 무더기로 온다는 뜻으로 돈과 여자가 무더기로 오므로 이때부터 돈은 벌었지만 바람이 나서 큰 소동을 벌이고 살았다.

- 이 男命은 대학에서 중국어를 전공했는데, 食傷은 말인데 이 사주에는 食傷이 없으므로 외국어는 적성에 맞지 않기 때문에 건설업을 해서 대운에서 食傷운인 子, 亥水운이 와서 金과 木 사이를 통관시켜주므로 큰 돈을 벌었으나, 사주 구조가 財星을 沖剋하고 있는 구조이면서 木이 뿌리내릴 土가 깨지는 丙戌대운에 丑戌未三刑殺을 일으켜서 05 乙酉年부터 돈과 가정이 흔들이더니 결국 08년 미국 발 경제위기 때 모든 부채를 정리했고, 辛卯年에 卯酉沖하므로 처가 본격적으로 이혼을 요구한다.
- 酉 대운이 오면 卯酉沖하므로 돈과 여자를 沖해서 결국 힘들어진다.

부인사주

| 65 | 55 | 45 | 35 | 25 | 15 | 5 | 大 | | 時柱 | 日柱 | 月柱 | 年柱 | |
|----|----|----|----|----|----|----|----|----|----|----|----|----|----|
| 丙 | 丁 | 戊 | 己 | 庚 | 辛 | 壬 | | | 戊 | 辛 | 癸 | 庚 | 坤 |
| 子 | 丑 | 寅 | 卯 | 辰 | 巳 | 午 | 運 | | 子 | 亥 | 未 | 子 | 命 |

- 未月에 辛金이 신약한 듯하지만 辛金은 씻어주는 食傷인 水를 가장 좋아할 뿐만 아니라 여름이라 水가 용신이다.
- 이 女命은 친정에서 가발공장을 운영해서 부유한 가정에서 성장했으며, 대학에서 미술을 전공했고, 26세에 결혼했다.

- 女命에 水는 두뇌회전이고, 인정이면서 자식에 해당하는데, 이 女命은 자기하고 코드가 맞는 사람한테는 간도 빼줄 듯이 친절하지만 한

번 삐틀어지면 그 사람과는 끝이다.

- 또한, 食傷을 용신으로 쓰므로 자식들이 잘 컸고, 수완도 있어서 財星인 卯 대운에 남편과 큰돈을 벌었으나 戊寅 대운 들어 戊癸合, 寅亥合시켜서 용신을 기반시키므로 운이 저조하다.

- 이 女命의 官星을 보면, 未중에 丁火로 남편이 財庫 속에 들어있어서 이 女命의 눈높이에서 보면 보잘 것이 없고, 또, 官星인 丁火의 입장에서 보면, 年支 子중 壬水, 日支 亥중 壬水, 時支 子중 壬水와 暗合을 하고 있는데, 이는 반드시 여러 여자와 外情을 두는 구조인데, 실제로 남편이 바람을 하도 피워서 辛卯年에 卯酉冲하므로 본인이 본격적으로 남편과 이혼을 요구한다.

- 辛金 보석은 겨울이 아닌 한 원래가 丁火를 싫어한데다가 이 사주에는 食傷인 水가 너무 많아서 官星을 剋하게 되어있는데, 未중 丁火는 운에서 冲하거나 刑을 해서 튀어나오게 되면, 그 때 剋을 당하게 되는데 丙戌年과 己丑年에 冲과 刑을 하므로 이혼을 하려고 했으나 자식들 때문에 미뤄오다가 辛卯年에는 호적을 정리하고 싶어 한다.

- 결론적으로 이 부부의 사주를 보면, 남편은 남편대로 처덕이 없는 팔자이고, 부인은 부인대로 서로 남편덕인 없는 팔자이므로 같은 팔자를 타고난 사람끼리 부부인연을 맺은 후, 서로 네 탓 타령을 하다가 헤어지게 된다는 것을 말해주고 있다.

20) 돈 복도 남편 복도 없는 팔자

(하남 거주)

| 61 | 51 | 41 | 31 | 21 | 11 | 1 | | 時柱 | 日柱 | 月柱 | 年柱 | |
|----|----|----|----|----|----|----|----|----|----|----|----|----|
| 癸 | 壬 | 辛 | 庚 | 己 | 戊 | 丁 | 大 | 壬 | 癸 | 丙 | 辛 | 坤 |
| 卯 | 寅 | 丑 | 子 | 亥 | 戌 | 酉 | 運 | 子 | 卯 | 申 | 丑 | 命 |

- 辛卯年 51세로, 申月에 癸水가 年上에 辛金이 있고, 時上에 壬水가 있으며, 時支에 子水도 있고, 年支에 濕土인 丑土도 있으며, 丙辛合을 해서 比肩인 水를 생성하고 있어 신왕 하므로 火가 정용신이나 丙辛合되었기 때문에 卯木이 용신이다.

- 財星인 火가 정용신인데 丙辛合되어 변질되었고, 卯木이 용신이나 子卯刑되었으며, 丑土가 남편인데 너무 멀리 있을 뿐만 아니라 흉신인데다가 日支에 食神인 자식이 들어앉아서 木剋土하고 있으므로 천하에 무능한 무능한 남편으로 직업도 없으면서 외제차를 굴리며 사는 사람이다.

- 가을 태양인 丙火가 떠 있고, 洩氣시켜주는 木도 있어서 빼어난 미인으로 강남구 압구정동에서 화장품가게와 피부  을 겸해서 운영하다가 辛丑대운 丙戌年에 바다이야기 오락실에 투자했다가 실패하여 결국 丁亥年에 사기혐의로 구속되어 거지신세가 되었다.
  미인박명이란 말이 딱 맞다.

- 대게, 신왕사주들은 밀어붙이는 힘이 강해서 배포가 큰데, 이 女命도 여 장부였으나 운이 없느니 운 앞에는 무릎을 꿇지 않을 수 없다.

- 또, 食神인 자식이 용신이므로 자식만 싸고돌기 때문에 남편이 더욱 멀어지게 되는데, 이 女命의 남편은 돈을 못 벌어오기 때문에 거의 집에 있지도 않고, 자기 마음대로 돌아다니다가 밤 늦게 서야 들어온다고 한다.
- 이 女命은 남편과 이혼을 안 하고 있는데, 그 이유는 日支에 용신이 있기 때문이다.

남편 사주

| 68 | 58 | 48 | 38 | 28 | 18 | 8 |  | 時柱 | 日柱 | 月柱 | 年柱 |  |
|----|----|----|----|----|----|----|----|----|----|----|----|----|
| 甲 | 癸 | 壬 | 辛 | 庚 | 己 | 戊 | 大 | 戊 | 乙 | 丁 | 壬 | 乾 |
| 寅 | 丑 | 子 | 亥 | 戌 | 酉 | 申 | 運 | 寅 | 卯 | 未 | 寅 | 命 |

- 부인보다 한 살 아래다.
- 未月에 乙木이 신왕하므로 火가 용신인데, 丁壬合木되어 또 다른 比劫을 생성시키므로 용신기반이라서 운이 없다.
- 이 사주에 財星은 未土와 戊土인데, 그 모습을 보면, 未土는 亥卯合하여 변질되었고, 戊土는 劫財 위에 앉아있어서 내 돈과 내 여자가 아니다.

- 초년 대운이 金운이라서 왕신인 木을 沖하므로 좋지 않아서 식당에서 아르바이트를 하는 등 별 볼일 없이 지내다가 결혼을 한 이후에 몇 차례 사업에 투자했으나 모두 실패하고 실업자 생활을 하다가 丙戌年이 오자 그 당시 유행하던 바다이야기 오락실에 수억을 투자했다가 실패한 후 무위도식하다가 의지하던 부인 마져 망해서 구속이 되자 설 땅이 없어졌다.

21) 두 번 이혼한 후 내연녀와도 떨어져 살고 있다

(성남 가주)

| 66 | 56 | 46 | 36 | 26 | 16 | 6 |  | 時柱 | 日柱 | 月柱 | 年柱 |  |
|----|----|----|----|----|----|----|----|----|----|----|----|----|
| 丁 | 丙 | 乙 | 甲 | 癸 | 壬 | 辛 | 大 | 戊 | 庚 | 庚 | 丙 | 乾 |
| 未 | 午 | 巳 | 辰 | 卯 | 寅 | 丑 | 運 | 寅 | 申 | 子 | 申 | 命 |

- 子月에 庚金이 신왕 하므로 火가 용신이다.
- 庚金일주라 의리가 있고, 남자 다운데가 있으며, 財星이 길신이지만 日支에 申金이 앉아서 寅申沖을 하므로 財를 거부하고 있다.

- 첫 번째 여자와는 辰대운에 헤어졌고, 곧 이어 두 번째 여자를 만났

으나 04 甲申年 寅申沖하므로 그 여자가 경제적 타격을 입힌 후 외국
으로 가버려 이혼을 했다.
- 혼자 살수가 없다며 3번째로 내연의 여자와 살고 있으나 성격이 안
  맞아 또 다시 헤어지려고 한단다.


- 官星이 용신이므로 소방공무원으로 근무를 하다가 2010 庚寅年에 문
  제가 생겨 구속되었다가 비리가 아니라는 것이 입증되어 풀려났다.
- 이 운명에는 寅申沖이 그렇게도 나쁘다.


두 번째 부인 사주

| 68 | 58 | 48 | 38 | 28 | 18 | 8 |   |   | 時柱 | 日柱 | 月柱 | 年柱 |   |
|---|---|---|---|---|---|---|---|---|---|---|---|---|---|
| 壬 | 辛 | 庚 | 己 | 戊 | 丁 | 丙 | 大 |   | 戊 | 己 | 乙 | 己 | 坤 |
| 午 | 巳 | 辰 | 卯 | 寅 | 丑 | 子 | 運 |   | 辰 | 亥 | 亥 | 亥 | 命 |

- 土가 용신이므로 官星인 木이 病이고, 水가 흉신이다.
- 나타나있는 官星인 乙木은 하나뿐이지만 亥중 甲木이 3개가 있어서
  여러 남자와 인연이다.
- 부산에서 미용실을 운영하고 있다.


내연녀 사주

| 70 | 60 | 50 | 40 | 30 | 20 | 10 |   |   | 時柱 | 日柱 | 月柱 | 年柱 |   |
|---|---|---|---|---|---|---|---|---|---|---|---|---|---|
| 甲 | 乙 | 丙 | 丁 | 戊 | 己 | 庚 | 大 |   | 辛 | 庚 | 辛 | 壬 | 坤 |
| 辰 | 巳 | 午 | 未 | 申 | 酉 | 戌 | 運 |   | 巳 | 戌 | 亥 | 寅 | 命 |

- 여태까지 처녀였다고 하며, 무자식이다.
- 庚寅年 50세인데, 두 번 이혼한 남자의 내연녀다.
- 火가 용신이므로 분명한 성격을 가진 여자인데, 庚戌 魁罡星으로 남
  자보다 억세서 내연남자도 손을 들었다고 한다.

22) 부부의 이혼 사실을 가족 사주로 증명한다

(가락동 거주)

남편 사주

| 62 | 52 | 42 | 32 | 22 | 12 | 2 | | 時柱 | 日柱 | 月柱 | 年柱 | |
|----|----|----|----|----|----|----|----|----|----|----|----|----|
| 乙 | 丙 | 丁 | 戊 | 己 | 庚 | 辛 | 大 | 甲 | 癸 | 壬 | 丁 | 乾 |
| 巳 | 午 | 未 | 申 | 酉 | 戌 | 亥 | 運 | 寅 | 丑 | 子 | 未 | 命 |

- 子月에 癸水가 신왕하므로 火가 용신이고, 木이 길신이며, 水가 病이다.

- 이 男命의 財星은 丁火인데, 壬水와 丁壬合하므로 내 妻와 내 돈을 劫財인 壬水가 가져가버린 현상이므로 妻와 돈을 빼앗길 수 있음을 나타내고있는데, 時支의 寅중에 正財인 丙火가 있으므로 다른 여자를 만나게 되므로 재혼격이다.

- 또, 日支 丑土가 흉신인데, 年支 未土와 丑未沖을 하려하므로 때가 되면 부부 궁이 깨질 수 있음을 나타내고 있으므로 더욱 확실하다.
- 이런 구조에서는 壬水가 合되어 가거나, 日支가 沖되거나, 용신이 들어 있는 寅木을 沖해도 이혼하게 되는데, 이 男命은 초년 대운이 시원찮아서 공부를 많이 못했고, 돈도 없는 상태에서 戊申대운 寅申沖을 하고 있는데, 37세 癸未년에 丑未沖해서 日支를 沖하므로 갈등이 증폭되어 歲運에 38세 甲申年에 寅申沖을 하므로 이혼했다.

부인 사주

| 64 | 54 | 44 | 34 | 24 | 14 | 4 | | 時柱 | 日柱 | 月柱 | 年柱 | |
|----|----|----|----|----|----|----|----|----|----|----|----|----|
| 丁 | 丙 | 乙 | 甲 | 癸 | 壬 | 辛 | 大 | 己 | 丁 | 庚 | 辛 | 坤 |
| 酉 | 申 | 未 | 午 | 巳 | 辰 | 卯 | 運 | 酉 | 丑 | 寅 | 亥 | 命 |

- 寅月에 丁火가 金이 왕 해서 태약 하므로 木이 용신, 火가 약신이고, 金이 病이며, 水가 흉신이다.

따라서, 돈 복과 남편 복이 없다.

– 癸巳대운에 신약한 丁火를 대운의 癸水가 沖하고, 대운 支 巳火가 巳
  酉丑 金局을 해서 病神으로 변해서 寅木을 공격하고 있는 상태에서
  33세 癸未年에 신약한 日干인 丁丑을 歲運의 癸未가 天沖支沖하므로
  남편과 갈등이 증폭되어 있던 중에 34세 甲申 年에 용신인 寅木을 沖
  해서 용신의 뿌리를 상하게 하므로 이혼했다.

부인의 전 남편 사주

| 61 | 51 | 41 | 31 | 21 | 11 | 1 |  |  | 時柱 | 日柱 | 月柱 | 年柱 |  |
|----|----|----|----|----|----|----|----|----|------|------|------|------|----|
| 庚 | 辛 | 壬 | 癸 | 甲 | 乙 | 丙 | 大 |  | 丙 | 己 | 丁 | 己 | 乾 |
| 午 | 未 | 申 | 酉 | 戌 | 亥 | 子 | 運 |  | 寅 | 丑 | 丑 | 酉 | 命 |

– 丑月에 己土가 火와 土가 많아서 신왕해보이지만 己土는 濕土이고,
  丑土는 丑酉金, 丑酉金局을 형성하고, 寅木을 길러야 하므로 신약 함
  과 조후를 동시에 해결해주는 火가 용신이다.

– 火가 용신이므로 지장간에 癸水를 품고 있는 丑土는 흉신인데, 酉丑
  金局을 해서 더욱 신약하고 차게 만드므로 부부 궁이 나쁘다.

– 03, 35세 癸未年에 日支를 丑未沖해서 부부궁을 흔들어 놓은 상태에
  서 36세 甲申 年에 용신의 근거지인 寅木을 寅申沖하므로 부인과 이
  혼했다.

아들 사주

| 64 | 54 | 44 | 34 | 24 | 14 | 4 |  |  | 時柱 | 日柱 | 月柱 | 年柱 |  |
|----|----|----|----|----|----|----|----|----|------|------|------|------|----|
| 戊 | 丁 | 丙 | 乙 | 甲 | 癸 | 壬 | 大 |  | 癸 | 乙 | 辛 | 壬 | 乾 |
| 午 | 巳 | 辰 | 卯 | 寅 | 丑 | 子 | 運 |  | 未 | 巳 | 亥 | 申 | 命 |

- 亥月에 乙木이 신왕하고 춥기 때문에 火가 용신이고, 水가 病이며, 土가 약신이다.

- 天干에 壬 癸水가 혼잡해있고, 月令에 亥水도 있어 印星인 水가 病이고, 사주가 냉하므로 조후를 시켜주는 火가 용신이다.

- 亥중에 壬水가 正印으로 엄마이고, 巳중 戊土가 부친인데, 巳亥沖되어 있어서 부모가 이혼할 것임을 나타내고 있는데, 癸未年에 丑未沖해서 未중에 丁火를 끄고, 巳亥沖되어 있는 상태에서 甲申年에 巳申合水로 용신을 기반시키므로 부친인 巳중에 丙火와 모친인 壬水가 깨지므로 부모가 이혼한 후 엄마와 살고 있다.

딸 사주

| 63 | 53 | 43 | 33 | 23 | 13 | 3 | | 時柱 | 日柱 | 月柱 | 年柱 | |
|---|---|---|---|---|---|---|---|---|---|---|---|---|
| 甲 | 癸 | 壬 | 辛 | 庚 | 己 | 戊 | 大 | 丁 | 丁 | 丁 | 己 | 坤 |
| 戌 | 酉 | 申 | 未 | 午 | 巳 | 辰 | 運 | 未 | 亥 | 卯 | 巳 | 命 |

- 卯月에 丁火가 比劫이 많고, 地支에 亥卯未木局을 해서 木生火하므로 온통 세력이 日干에 집중되어 있어서 洩氣시켜주는 己土가 용신이다. 따라서, 印星인 木이 病이고, 財星인 水도 흉신이다.

- 地支의 亥卯未木局은 어머니가 局을 이루고 있는 형상이므로 모친이 두 분이거나 배다른 형제가 있게 되는데, 이 女命의 부모가 이혼을 하고 재혼을 했기 때문에 모친이 두 분과 같다.

- 15세인 癸未年 時支인 未土를 丑未沖해서 亥卯未木局을 깨므로 흉한데, 甲申年에 巳申合水되어 흉하고, 印星인 卯木이 卯申鬼門이 되어 모친에 대한 고민거리가 생기므로 부모가 이혼했다.
따라서, 위 가족의 부부사주에서 부부가 이혼하게 되는데, 그 자식들의 사주에도 그 사실들이 나타나있다는 것이 증명되었다.

23) 부인이 자신을 하늘로 생각한단다

(용산 가주)

| 68 | 58 | 48 | 38 | 28 | 18 | 8 |   |   | 時柱 | 日柱 | 月柱 | 年柱 |   |
|----|----|----|----|----|----|----|----|----|----|----|----|----|----|
| 庚 | 辛 | 壬 | 癸 | 甲 | 乙 | 丙 | 大 |   | 丁 | 甲 | 丁 | 癸 | 乾 |
| 戌 | 亥 | 子 | 丑 | 寅 | 卯 | 辰 | 運 |   | 卯 | 戌 | 巳 | 卯 | 命 |

- 水를 우선으로 써야하나 약하고 깨져서 木이 용신이다.
- 甲木은 巨木이라 리더의 기질을 가졌고, 무게감이 있으며, 보수적이
  고 가부장적인데가 있다.

- 巳月의 甲木이 年上에 약하나마 癸水가 있고, 年支에 卯木, 時支에
  卯木이 있어서 튼튼하긴 하지만 신약하다.
  그런데, 대운이 木운에서 水운으로 흘러가므로 원국에서 부족한 부분
  을 대운에서 충분히 만회해주었다.

- 대게, 甲木은 土를 剋하는 성분인데다가 유교적인 특성을 갖고 있기
  때문에 土를 깔고 앉아있을 경우 土가 꼼짝 못하게 된다.
- 이 命主는 부동산업 개발도 하고 유통업을 해서 庚寅年 현재 100억
  원 정도의 재산을 가지고 있는 인물로 庚寅年에 경기도 포천에 별장
  지를 마련해놓고 필자한데 수맥과 풍수를 봐달라고 요청해서 갖다온
  일이 있다.

- 재미있는 것은 부인이 미인인데, 남편을 하늘로 생각한다면서 핸드
  폰에다 남편의 애칭을 '하늘'이라고 적어 놓았는데, 財星인 土가 흉
  신이다.

부인 사주

| 61 | 51 | 41 | 31 | 21 | 11 | 1 | | 時柱 | 日柱 | 月柱 | 年柱 | |
|---|---|---|---|---|---|---|---|---|---|---|---|---|
| 乙 | 甲 | 癸 | 壬 | 辛 | 庚 | 己 | 大 | 壬 | 甲 | 戊 | 乙 | 坤 |
| 未 | 午 | 巳 | 辰 | 卯 | 寅 | 丑 | 運 | 申 | 子 | 子 | 巳 | 命 |

- 子月의 甲木이 태왕하므로 戊土가 용신, 火가 길신이고, 官星인 金이 흉신, 水가 病神이다.
- 壬辰대운까지는 운이 저조하나, 巳 대운부터는 대발하게 된다.
- 또한, 財가 용신이므로 더욱 좋다.


24) 巳亥沖해서 남편이 죽었다

(도봉구 거주)

| 67 | 57 | 47 | 37 | 27 | 17 | 7 | | 時柱 | 日柱 | 月柱 | 年柱 | |
|---|---|---|---|---|---|---|---|---|---|---|---|---|
| 甲 | 癸 | 壬 | 辛 | 庚 | 己 | 戊 | 大 | 丁 | 癸 | 丁 | 乙 | 坤 |
| 午 | 巳 | 辰 | 卯 | 寅 | 丑 | 子 | 運 | 巳 | 酉 | 亥 | 巳 | 命 |

- 亥月에 癸水가 日支에 酉金이 金生水해주지만 年支 巳火, 月上 丁火, 時傷 丁火, 時支 巳火가 있어서 신약하므로 財多身弱 사주다.
- 이렇게, 財多身弱이 되면 돈 때문에, 또는, 부친이나 시어머니 때문에 고통을 받게 된다.

- 日干을 사이에 두고 양쪽에 있는 丁火가 丁癸沖, 丁癸沖하므로 예민한 성격이다.

- 年支 巳중 戊土가 남편이고, 時支 巳중 戊土도 남편인데, 巳亥沖하므로 年支 巳중 戊土가 깨져 남편이 사망했다.

그 시기는 사주구조에서 규명해야 하는데, 日支에 있는 酉金이 巳火와 巳酉合해서 巳亥沖을 말려주고 있는데, 27 庚寅대운에 巳亥沖되

어 있는 巳火를 寅巳刑이 가세를 하고 있는 상태에서 歲運에서 卯酉
沖하면 巳酉合金해주던 酉金이 깨지면서 巳亥沖이 일어나는데, 이
때 巳중에 있던 戊土가 깨져서 이 命主와 같이 옷 장사를 하던 남편
이 물건배달을 나갔던 손님한테 속은 것을 알고 화가 치밀어 그 손님
을 찾으려고 다니다가 갑자기 뇌출혈을 일으켜 사망했다.


– 庚寅年에 時支에 있는 巳중 戊土 남자를 만났으나 巳年이나 巳 대운
  이 오면 巳亥沖해서 깨지게 된다.


25) 여러 남자와 인연이다

(마포구 거주)

| 67 | 57 | 47 | 37 | 27 | 17 | 7 | | 時柱 | 日柱 | 月柱 | 年柱 | |
|----|----|----|----|----|----|----|----|----|----|----|----|----|
| 丁 | 丙 | 乙 | 甲 | 癸 | 壬 | 辛 | 大 | 癸 | 甲 | 庚 | 丁 | 坤 |
| 巳 | 辰 | 卯 | 寅 | 丑 | 子 | 亥 | 運 | 酉 | 寅 | 戌 | 未 | 命 |


– 사주의 구조를 보면, 戌月에 甲木이 신약한데, 사주가 신약하다고 해
  서 水를 써서는 안 되고, 오히려 火를 써야 한다.
  왜냐하면, 戌月은 날씨가 차거워져서 곧 서리가 내릴 예정인데, 사주
  에 金이 木을 극하고 있으므로 이 金을 녹이는 것이 우선이다.

  여기서, 金은 서리로 작용하기 때문이다.
  따라서, 金이 病이라서 火가 약용신이고, 木이 길신이며, 水는 흉신
  이고, 地支에 있는 未土와 戌土는 火氣를 갖고 있으므로 길신이다.


– 女命에 金이 남편 성으로, 金이 病이면, 남편 덕이 없는 사람으로 보
  는데, 이 사주에는 庚金과 酉金 남자가 나타나있고, 戌중 辛金도 있
  어서 남자가 여러 명으로 이 남자들을 모두 만나줘야 한다.


– 水가 흉신인데, 초년에 흉신대운으로 흘러서 집이 가난해서 공부를
  하지 못했다고 한다.

- 丑대운에 결혼을 했으며, 딸을 하나 낳고, 甲申年부터 天干 甲庚沖 支
  支寅木과 寅申沖하므로 갈등을 겪다가 06 丙戌 年에 서류정리를 했다.

- 時支에 남자가 또 있기 때문에 혼자서는 못살 팔자로, 사귀는 남자가
  있는데, 남자가 자기한테 덕을 주겠느냐고 묻기에 필자가 말하기를
  "본인사주에는 남자가 덕을 주지 않지만, 혹시 남자사주가 좋다면 덕
  을 줄 수도 있다."라고 대답했는데, 사귀는 남자의 사주를 몰라서 확
  인하지 못했다.

- 그러나, 중요한 것은 모든 것은 자기 팔자에 있다는 것이다.
  자기 팔자가 좋은 사람은 좋은 남자가 나타나서 행복을 주겠지만, 자
  기 팔자가 나쁘다면, 행복을 주는 남자가 아닌 것이다.
  이것이 인연의 법칙이다.

- 그래서, 이 인연의 법칙은 남여 궁합에서 반드시 나타난다.
  결론적으로 말한다면, 내 사주에 궁합은 이미 결정이 되어 있다는 것이다.

26) 여자 사주에 官星과 食傷이 떠 있으면 팔자가 사납다

(중구 거주)

| 65 | 55 | 45 | 35 | 25 | 15 | 5 | | 時柱 | 日柱 | 月柱 | 年柱 | |
|----|----|----|----|----|----|----|----|----|----|----|----|----|
| 癸 | 甲 | 乙 | 丙 | 丁 | 戊 | 己 | 大 | 乙 | 戊 | 庚 | 庚 | 坤 |
| 酉 | 戌 | 亥 | 子 | 丑 | 寅 | 卯 | 運 | 卯 | 寅 | 辰 | 子 | 命 |

- 辰月에 戊土가 뿌리가 약해서 태약하다.
  日干인 戊土는 寅木에 長生하고, 辰土에 뿌리를 갖고 있으나, 寅卯辰
  木局으로 변해서 뿌리가 변질되었다.

- 사주가 이렇게 되면, 從殺格인가, 아닌가로 고민하게 되는데, 年 月
  上의 庚金이 乙木을 乙庚合으로 묶으므로 從殺이 되기 어렵기 때문
  에 신약사주다.

- 여자 사주에 官星과 食傷이 떠 있으면 팔자가 사나운데, 그것은 食傷
  인 金이 官星인 木을 극하거나 合하기 때문이다.
  따라서, 이 사주는 남자 복이 없는 여인이다.

- 이렇게 土가 신약하므로 土가 와서 힘을 보태줘야 좋은데, 대운에서
  水가 와서 水生木하므로 官星인 木만 자라서 木剋土하기 때문에 남
  편과 불화를 일으킨다.
  그래도, 자식인 金이 있어서 木에 대항할 수 있겠다는 생각으로 살아
  가게 되지만 나쁜 운이 오면 이혼하게 된다.

- 이런 구조가 되면 木이 와도 나쁘고, 火가 와서 火克金을 해도 나쁘다.
- 모 바이오회사의 직원인데, 운이 없어서 지점장을 못하다가 庚寅年
  에 그나마도 戊土가 長生하는 운이 오므로 지점장이 되었으나 辛卯
  年 木이 오면 나쁘기 때문에 본사가 휘청하게 되었다.

남편 사주

| 67 | 57 | 47 | 37 | 27 | 17 | 7 |   |   | 時柱 | 日柱 | 月柱 | 年柱 |   |
|----|----|----|----|----|----|----|----|----|------|------|------|------|----|
| 庚 | 辛 | 壬 | 癸 | 甲 | 乙 | 丙 | 大 |   | 庚 | 丁 | 丁 | 己 | 乾 |
| 申 | 酉 | 戌 | 亥 | 子 | 丑 | 寅 | 運 |   | 戌 | 未 | 卯 | 亥 | 命 |

- 卯月에 丁火가 地支에 亥卯未木局을 이루었으나 濕木이므로 신약하
  므로 火가 더 필요하다.
  이런 구조에서 습목은 크게 도움이 되지 않는다.
  따라서, 신약한 丁火는 亥卯未木剋을 이루면 거의 이혼을 하게 된다.
  그러나 이 命主는 경기도 어느 경찰서에 근무하고 있는데 운이 없어
  서 하위직 경찰로 공직에 있기 때문에 체면상 이혼을 안 하려고 할
  것이다.
  그러나, 부부관계가 나쁘다는 것은 분명하다.

- 또, 한 가지 고려해야 할 것은 부인의 사주다.
  만약, 주인의 사주가 좋다면 이혼을 안 할 수도 있겠지만 부인의 사
  주가 나쁘다면 이혼하기 쉽다.
- 이 命主의 부인 사주를 보면, 남편인 官星이 病이므로 戌 대운 2015
  癸未年이나 2018년 丙戌年에 이혼할 것으로 판단한다.


27) 여자 팔자에 食傷이 病이 되면 남편도 자식도 안된다

(종로 거주)

| 67 | 57 | 47 | 37 | 27 | 17 | 7 |   |  | 時柱 | 日柱 | 月柱 | 年柱 |  |
|----|----|----|----|----|----|----|----|--|------|------|------|------|--|
| 戊 | 丁 | 丙 | 乙 | 甲 | 癸 | 壬 | 大 |  | 辛 | 戊 | 辛 | 辛 | 坤 |
| 戌 | 酉 | 申 | 未 | 午 | 巳 | 辰 | 運 |  | 酉 | 申 | 卯 | 丑 | 命 |

- 卯月에 戊土가 丑土와 申金에 근기를 하고 있어서 태약 하므로 土가
  용신이고, 食傷인 金이 많아서 病이므로 火가 약신, 木이 한신이다.
- 食傷은 여자 팔자에 자식이므로 자식한테 문제가 있음을 알 수 있고,
  또, 食傷은 남편이면서 官星인 卯木을 剋하므로 卯木이 힘을 못쓰게
  된다.


- 辛卯年 51세인데, 작은 아들이 혈우병을 앓고 있어서 고민이고, 대기
  업에 다니던 남편은 이 命主 나이 33살 때 퇴사한 후 아무 일도 안하
  고 놀고 있다.


- 丙戌年에 음식점을 하기 위해서 가게를 세를 얻었는데, 己丑年에 건
  물 리모델링을 한다며 비워달라고 요구하며 소송을 제기했다며, 좋
  은 방도가 있겠느냐고 물어왔는데, 어렵겠다고 답해줬다.
- 따라서, 여자 팔자에 食傷이 너무 발달해 있어서 病이 되면, 얼굴은
  예쁘게 생겼지만 삶은 불행하다.

28) 여자팔자에 官星과 食傷이 모두 나타나면 불행하다

(천호동 거주)

| 64 | 54 | 44 | 34 | 24 | 14 | 4 | | 時柱 | 日柱 | 月柱 | 年柱 | |
|----|----|----|----|----|----|----|---|----|----|----|----|---|
| 壬 | 辛 | 庚 | 己 | 戊 | 丁 | 丙 | 大 | 庚 | 戊 | 乙 | 癸 | 坤 |
| 戌 | 酉 | 申 | 未 | 午 | 巳 | 辰 | 運 | 申 | 午 | 卯 | 丑 | 命 |

– 키가 훤칠하고 인물이 잘생긴 여자가 자기 사주를 봐달고 왔는데, 출
 생시간이 未時인지 申時인지 잘 모르겠다고 하면서 우선 申時로 봐
 달라고 한다.

– 사주를 빼보니까 위와 같은 命式이 나왔다.
 이 사주를 빼자마자 내가 말하기를 "손님의 출생시간은 申時가 맞습
 니다. 만약, 未時였다면 내한테 오지 않았을 것입니다. 그 이유는 未
 時이기 때문에 남편과 갈등 때문에 나를 찾아온 것입니다."라고 하면
 서 "맞습니까?" 했더니, 손님 하는 말이 "그것도 있고, 여러 가지로
 궁금한 게 있어서 왔습니다."라고 대답했다.
 결론적으로 남편과의 갈등 때문에 온 것이 확실했다.

– 이 사주의 모양새는 봄에 戊土로 태어났는데, 신약하다.
– 봄에 산에는 나무도 있어야 하고, 나무를 기르기 위해서는 물도 있어
 야 하고, 또, 산을 더 아름답게 해주는 기암괴석도 있어야 하는데, 이
 사주에는 이들 조건을 모두 갖추고 있기 때문에 아름다운 산이다.
 따라서, 미인이다.

– 이 命主가 학교 다닐 때인 23살 때 38살 먹은 노총각과 눈이 맞아 일
 찍 결혼하게 되었는데, 이 命主는 신약하므로 土를 많이 가지고 있는
 남편을 보니까 이 남자가 멋있게 보이므로 한눈에 반하게 된다.
– 사주가 신약해서 印星을 쓰므로 "당신 직업은 교육계통이나 직장인
 이 맞습니다."라고 했더니 구체적으로 밝히지는 않고 지방대학에서
 관광학을 가르치고 있다.

- 그러나, 삶도 아름다운가 살펴보자.

  戊土의 입장에서 보면 乙木 남편은 꽃나무에 불과하므로 작아보이지
  만, 乙木 입장에서 보면, 물도 있고, 火도 있어서 꽃이 피었으며, 官도
  갖고 있어서 나름대로 유능한 남자라서 직장에서 인정받는 사람이다.
  자식의 입장에서 보면, 자식은 食傷이므로 庚申 金이 자식인데, 庚申 金이
  자식 궁에 자리 잡고 있으면서 약신 역할을 하기 때문에 훌륭한 자식이다.

  그러면, 戊土의 입장에서 보면, 부부관계가 어떤가?
  戊土 입장에서 보면, 남편이 자기를 괴롭히는 인자이고, 그 괴롭히는
  인자를 없애는 것이 金인데 자식이므로 자기의 마음은 남편을 金으
  로 잘라 내야겠다는 생각을 하게 되므로 부부갈등이 오게 된다.
  따라서, 戊子年 日支 남편궁을 沖하게 되므로 갈등이 시작하여, 庚寅
  年에 木이 나타나 寅申沖하므로 갈등이 심화되고, 辛卯年 卯申暗合
  하면서 鬼門官殺을 일으키므로 남편과는 헤어지고 싶고, 새로 만난
  남자와 결혼했으면 한다.

- 이 命主의 사주 속에 있는 남편의 모습을 살펴보면, 乙木으로 桃花殺
  이므로 바람기가 있는 남자임을 알 수 있다.
- 丑午鬼門, 卯申鬼門을 갖고 있어 반드시 우울증이 있게 된다.
- 이 命主는 오는 2016년 丙申年까지는 호적을 정리할 것으로 보인다.
  그러면, 남편 사주를 살펴보자

**남편 사주**

| 63 | 53 | 43 | 33 | 23 | 13 | 3 | | 時柱 | 日柱 | 月柱 | 年柱 | |
|----|----|----|----|----|----|----|----|----|----|----|----|----|
| 乙 | 甲 | 癸 | 壬 | 辛 | 庚 | 己 | 大 | 壬 | 戊 | 戊 | 戊 | 乾 |
| 丑 | 子 | 亥 | 戌 | 酉 | 申 | 未 | 運 | 子 | 寅 | 午 | 戌 | 命 |

- 午月에 戊土로 태어나 干上에 戊土가 3개가 있고, 地支에 寅午戌火局
  을 형성하여 火生土하므로 태왕하다.

따라서, 이런 구조를 群劫爭財사주라고 한다.

즉, 戊土가 무리를 지어 서로 물을 차지하기 위해서 혈투를 벌이고 있다는 뜻이다.

이렇게 되면, 水의 입장에서 보면 어떻하겠는가?

죽을 지경이다.


- 이 名主도 戊子年부터 부부갈등이 심화되었음을 알 수 있다.

  子午沖하여 旺神인 午火를 沖하였기 때문이다.

  이렇게, 강한 세력을 형성하고 있는 合한 세력을 沖하면 큰 흉액이 발생한다는 것을 수많은 임상을 통해서 알 수 있다.


- 이 사주는 財星이 用神이라서 사업에도 인연이 있으나 비록 寅木 官星이 寅午戌했지만 寅木 바로 옆에 子水가 있어서 水生木해서 官星도 살아있으므로 직장생활도 가능한데, 이 命主는 회사원이다.

- 戊 대운에 힘들었는데, 그 때는 외환위기를 맞아 다니던 회사가 위기에 처해서 힘들었다고 한다.


- 辛卯年은 甲子대운 54세로 본격적으로 子午沖이 발생할 운이 전개되었으므로 위기가 왔다.

  庚寅年부터 寅午戌火局을 만드므로 힘들기 시작하므로 갈등이 증폭된데다가 2014년 甲午年이 오면 財星인 子水를 子午沖하므로 이혼할 것이다.


- 寅午戌火局에 대해서 모친이 두 분인지 여부를 확인했으나 辛卯年까지는 한분 밖에 아니었다.

- 사주가 이렇게 群劫爭財를 하고 있는 구조는 여자를 괴롭히게 되므로 여자 입장에서는 스트레스가 심하다.

| 66 | 56 | 46 | 36 | 26 | 16 | 6 | | 時柱 | 日柱 | 月柱 | 年柱 |
|---|---|---|---|---|---|---|---|---|---|---|---|
| 庚 | 己 | 戊 | 丁 | 丙 | 乙 | 甲 | 大 | 戊 | 己 | 癸 | 丙 | 乾 |
| 子 | 亥 | 戌 | 酉 | 申 | 未 | 午 | 運 | 辰 | 卯 | 巳 | 午 | 命 |

- 巳月에 己土가 6:2로 태왕한데, 이 己土가 나무도 길러야 하고 조후
  도 시켜야 하므로 水가 절실히 필요하다.

- 그러면, 水의 모양을 보자.
  月上의 癸水는 年月에 火가 극심해서 증발되기 일보직전의 안개와
  같은데, 日干이 己土가 극을 하고 있고, 時上의 戊土가 언제든지 때
  가 오면 戊癸合을 시키려고 노려보고 있는 형국인데, 이 癸水는 時支
  辰土 庫속에 근기를 갖고 있다.

- 따라서, 戊子年에 戊癸合으로 기반 되어 이혼했다.
  그 이전인 丁亥年에 亥水 財가 나타나 日支 卯木과 亥未合으로 위의
  여자와 사귀게 되었을 것으로 추정한다.

- 그러면, 이 名主의 여자관계를 살펴보자.
  이 사주는 午火가 桃花이고, 卯木이 桃花인데, 日支 卯木이 眞 桃花
  이고, 사주가 너무 건조하므로 갈증을 많이 느끼기 때문에 水가 많이
  필요하므로 여러 여자를 탐하게 되어있다.

  사주가 이렇게 되면 바람을 피울 수밖에 없는 구조다.
  또한, 時支 辰土는 水의 庫로 많은 여자를 담고 있는 여자 창고요 물
  창고를 대문 밖에 갖고 있어 이 여자를 만나야 하는 것이다.

- 그러면, 辰土속의 여자의 모습을 살펴보자.
  辰중 癸水는 辰중 戊土와 暗合하면서 干上에 있는 戊土와도 明暗合

을 하고 있으므로 임자 있는 몸이거나 과거가 있는 여자이고, 또한,
辰중 乙木은 辰중 癸水의 입장에서는 食傷으로 자식이므로 자식이
딸린 여자라는 것이 확실하게 밝혀졌다.

- 그런데, 대운에서  46세부터 戊戌대운으로 月上의 癸水와 戊癸合하
  고, 辰土를 沖하므로 辰중 癸水도 흩어지므로 辰중에 들어있는 물과
  여자는 자기 갈길 찾아 떠나게 되는데, 2018년 戊戌年이다.
  그래서, 戊戌年에 또 이혼한다는 말이다.


29) 이혼 상담 사주

(영등포 거주)

| 65 | 55 | 45 | 35 | 25 | 15 | 5 | | 時柱 | 日柱 | 月柱 | 年柱 | |
|----|----|----|----|----|----|----|----|----|----|----|----|----|
| 丁 | 戊 | 己 | 庚 | 辛 | 壬 | 癸 | 大 | 丁 | 己 | 甲 | 戊 | 坤 |
| 巳 | 午 | 未 | 申 | 酉 | 戌 | 亥 | 運 | 卯 | 未 | 子 | 午 | 命 |

- 04 甲申年에 결혼해서 남편과 한 번도 좋은 때가 없이 늘 싸웠다.
  그 이유는 자기 사주가 신약한데가 官이 病이라서 그러하고, 또, 대
  운이 傷官이 와서 官을 剋하므로 官이 반발을 하기 때문에 폭력으로
  나타나게 되는데, 남편이 언어폭력이 심하다고 한다.

- 신약한 陰일주가 키우지 못할 官星을 많이 가지고 있으면 거의 재혼
  격이다.

- 특히, 庚寅年부터 木이 등장해서 己土를 剋하므로 싸움이 심해졌고,
  辛卯年들어 서로 이혼하자고 하면서 각방을 쓰고 있다.
- 辛卯年에 양력 3월에 부인이 이혼상담 하려고 왔었다.

남편 사주

| 70 | 60 | 50 | 40 | 30 | 20 | 10 | | | 時柱 | 日柱 | 月柱 | 年柱 | |
|---|---|---|---|---|---|---|---|---|---|---|---|---|---|
| 辛 | 壬 | 癸 | 甲 | 乙 | 丙 | 丁 | 大 | | 丙 | 癸 | 戊 | 己 | 乾 |
| 酉 | 戌 | 亥 | 子 | 丑 | 寅 | 卯 | 運 | | 辰 | 酉 | 辰 | 未 | 命 |

– 신약사주에 官星인 土가 많아서 病이라서 성격이 예민하다.
– 辛卯年에 日支를 卯酉沖하므로 이혼하자고 한다.


30) 財가 깨져서 마누라와 갈등이다

(여의도 거주)

| 61 | 51 | 41 | 31 | 21 | 11 | 1 | | | 時柱 | 日柱 | 月柱 | 年柱 | |
|---|---|---|---|---|---|---|---|---|---|---|---|---|---|
| 辛 | 庚 | 己 | 戊 | 丁 | 丙 | 乙 | 大 | | 戊 | 乙 | 甲 | 甲 | 乾 |
| 巳 | 辰 | 卯 | 寅 | 丑 | 子 | 亥 | 運 | | 寅 | 丑 | 戌 | 午 | 命 |

– 戌月에 乙木이 火와 土가 왕 하므로 신약하나, 늦가을 乙木은 신약하
  다고 무조건 水를 쓰면 안 되는데, 이 사주는 비록 신약한 乙木이지
  만 木이 줄을 서 있고, 丑土가 있어 꽃이 피어야 아름다우므로 火가
  용신이다.


– 혹자들은 이 사주가 신약하고, 건조하기 때문에 水가 필요하다고 할
  수 있으나 그렇지 않고, 가을은 싸늘해지는 계절이기 때문에 생명유
  지에 필요한 최소한의 水만 필요하므로 火가 더 필요하다.


– 만약, 水가 필요하다면 초년대운이 水運이었는데, 왜, 지질이 고생을
  하면서 살았었다고 했겠는가?
  이 命主의 말에서도 분명히 답이 나와 있다.
– 그런데, 사주의 구조를 보면, 土가 財星으로 내 돈이고, 내 妻인데,
  丑戌刑되었고, 時上에 戊土가 劫財 위에 앉아있어서 임자가 있는 여자
  인데, 이런 구조를 가지면, 재혼하거나 애인을 두고 살 팔자다.

위와 같은 필자의 물음에 이 命主의 대답이 그동안 애인을 두고 살아 왔습니다만 지금은 헤어지고 없다고 한다.

- 필자가 말하기를 "손님은 금년에 여자를 사귀고 싶겠는데, 맞습니까?" 했더니 "그렇다."고 대답했는데, 그 이유는 歲運에서 桃花殺이 작용했기 때문이다.
이런 사주는 세 여자를 사귀고 가야 하는데, 세 여자의 의미는 여러 여자들을 의미한다.

- 또, 土는 돈인데, 돈의 생김새를 보면, 戌土, 丑土, 戌土가 원래 내 돈인데, 戌土는 劫財인 甲木이 올라타 있고, 戌土는 寅木을 깔고 앉아 있어서 내 돈을 다른 사람들이 자기 것이라고 주장하고 있는 형상인데, 이렇게 되면 다른 사람들과 돈 거래를 하면 못 받는다.
특히, 時柱에 있는 돈을 比肩이나 劫財가 同柱하면, 그 영향력이 더 크다.

- 이 男命은 庚辰대운에 辰戌沖이 되면, 丑戌刑도 되므로 가깝게는 06 丙戌年에 辰戌沖하면 丑戌刑이 되고, 08 戊子年에 子午沖하면서 子丑合하면 丑戌刑이 되며, 2010년 庚寅年에 寅午戌하면 丑戌刑이 또 되므로 妻와 갈등이 심해지며, 특히, 庚寅年에는 1억원을 사기를 당했었다고 했다.

31) 철학관에 올 때마다 우는 여인

(풍납동 거주)

| 69 | 59 | 49 | 39 | 29 | 19 | 9 | | 時柱 | 日柱 | 月柱 | 年柱 | |
|----|----|----|----|----|----|----|----|----|----|----|----|----|
| 丁 | 戊 | 己 | 庚 | 辛 | 壬 | 癸 | 大 | 癸 | 丙 | 甲 | 戊 | 坤 |
| 巳 | 午 | 未 | 申 | 酉 | 戌 | 亥 | 運 | 巳 | 戌 | 子 | 戌 | 命 |

- 子月의 丙火가 신약한 듯하지만 戌土가 두 개가 있고, 年上에 戊土가 있어서 건조하므로 신왕사주와 같다.

- 사주에 財星인 金이 없고, 時上에 官星인 癸水가 있으나 財星인 巳火
  위에 올라타고 앉아있어 증발될 것과 같고, 月支 子水가 있으나 食神
  인 戌土가 양쪽에서 剋을 하고 있으므로 아무 힘이 없다.

  따라서, 내 운이 좋은 때는 남편의 일이 잘돼서 아무 문제가 없었으
  나 내 운이 나빠지자 남편의 일이 안되어 먹고 살기가 힘들어 지므로
  잘살던 재산은 모두 팔아치우고, 서울 변두리 지역으로 이사를 가서
  그곳에 있는 슈퍼에서 직원으로 일하고 있다.
- 庚寅年부터 필자의사무실에 수차례 왔었는데, 올 때마다 눈물짓는
  데, 그 이유는 자기가 살아온 대로 사주를 풀어주니 감동해서 울고,
  왜 자기 팔 자는 이러느냐며 슬퍼서 울고, 올 때마다 눈물을 짓는다.

- 水가 용신이므로 39 庚申대운까지는 잘살아왔으나, 49 己未대운부터
  남편의 일이 안되어 구속되고, 결국은 남편의 폭력에 시달리게 되므
  로 괴로운데다가 巳戌鬼門殺이 겹치므로 우울증이 심해서 만날 죽을
  생각을 해보지만 하나 밖에 없는 아들은 어쩌나 하고 망설이다가 그
  냥 넘어가곤 한다.

- 설상가상으로 辛卯년에 아들이 사법시험에 응시하므로 합격을 기다
  리고 있었으나 떨어진 것도 모자라서 용기마저 잃어버려 희망이 없
  어지는 것 같다.

- 사주가 이런 구조가 되면, 남편의 일이 안되게 되어 있다.

32) 내 사주에서 형제가 하나 죽었다

(천호동 거주)

| 64 | 54 | 44 | 34 | 24 | 14 | 4 | | 時柱 | 日柱 | 月柱 | 年柱 | |
|---|---|---|---|---|---|---|---|---|---|---|---|---|
| 辛 | 庚 | 己 | 戊 | 丁 | 丙 | 乙 | 大 | 辛 | 壬 | 甲 | 丙 | 乾 |
| 丑 | 子 | 亥 | 戌 | 酉 | 申 | 未 | 運 | 亥 | 辰 | 午 | 子 | 命 |

- 이 사주의 구조는 午月에 壬水가 年支에 子水가 있고, 時支에 亥水가
  있으며, 濕土인 辰土가 있고, 時上에 辛金이 있어서 균형과 조화가
  비교적 잘 이루어져 있으나, 한 여름 생이므로 水가 약간 모자라서
  신약하기 때문에 水가 용신이고, 金이 길신이며, 火가 病神이고, 木
  이 흉신이다.

- 이런 사주의 구조가 좋다.
  왜냐하면, 사주가 대부분 陽干으로 구성되어 있으면서 균형과 조후가
  알맞기 때문에 운에서 약간만 도와주면 대발할 수 있는데, 대운도 좋다.

- 이 男命은 辛卯年 현재 중학교 3년으로 공부 실력이 학교에서 최상급
  으로, 곧 있을 용인외고에 진학하려고 한다.
  합격할 것이라고 진단해줬다.

- 이 사주에서 年支와 月支가 子午沖되었는데, 이 沖의 작용이 어떻게
  되었는가를 진단하려고 이 命主의 모친에게 "혹시, 형제 하나를 실패
  했습니까?"라고 물었더니 그 엄마 대답이 "예, 형제 하나를 유산시
  켰습니다."라고 대답했다.
  따라서, 이 사주에서의 子午沖은 확인이 되었다.

형 사주

| 63 | 53 | 43 | 33 | 23 | 13 | 3 | | | 時柱 | 日柱 | 月柱 | 年柱 |
|---|---|---|---|---|---|---|---|---|---|---|---|---|
| 戊 | 己 | 庚 | 辛 | 壬 | 癸 | 甲 | 大 | | 乙 | 庚 | 乙 | 癸 | 乾 |
| 午 | 未 | 申 | 酉 | 戌 | 亥 | 子 | 運 | | 酉 | 子 | 丑 | 酉 | 命 |

- 이 사주의 구조는 丑月에 庚金이 신왕하고 냉하므로 조후를 시켜주면
  서 녹여줘야 할 火가 절대적으로 필요하나 火가 없어서 아쉽다.
  그래서, 하는 수없이 木을 용신으로 쓰는 수밖에 없다.

- 또, 財星인 木은 있으나, 乙庚合, 乙庚合되어 쓸모없이 되었고, 이런
  구조가 되면, 이 여자 저 여자와 습을 하게 되거나 투잡을 하게 된다.
- 이 命主(형)의 사주에서는 형제가 죽었다는 것이 나타나지 않는다.
- 또한, 이 命主는 용신도 허약하고, 대운도 나빠서, 작년(庚寅年)부터
  약간 공부가 낳아지긴 했지만 여전히 성적이 부진해서 부모의 애를
  태운다.

33) 아내 몰래 재산처분해서 도망간 남편

(성내동 거주)

| 69 | 59 | 49 | 39 | 29 | 19 | 9 | | | 時柱 | 日柱 | 月柱 | 年柱 | |
|----|----|----|----|----|----|----|----|----|----|----|----|----|----|
| 壬 | 癸 | 甲 | 乙 | 丙 | 丁 | 戊 | 大 | | 戊 | 甲 | 己 | 乙 | 남 |
| 申 | 酉 | 戌 | 亥 | 子 | 丑 | 寅 | 運 | | 辰 | 午 | 卯 | 未 | 자 |

- 부인이 가지고 온 남편의 사주로 아내 몰래 재산을 모두 처분한 후
  도망을 갔다고 한다.
- 사주의 구조는, 양띠 해의 중 봄에 자신을 나타내는 글자를 큰 나무
  에 비유해서 해석하는 甲木으로 태어나 도와주는 세력이 작고 土가
  많으므로 財多身弱 사주다.

- 봄에 태어난 甲木이 午火와 未土가 있어서 調候는 되어 있고 身弱하
  므로 水만 더 있으면 잘 자랄 수 있는 구조를 가졌으나 水가 없고, 土
  가 病神 이므로 木을 약용신으로 쓰고, 水가 길신이며, 火가 흉신이
  고, 운에서 오는 金도 흉신이다.

- 이 男命은 財星인 未土가 乙木 劫財를 머리에 이고 있고, 正財인 己
  土는 卯木을 깔고 앉아있으며, 辰土는 辰중에 乙木 劫財를 품고 있는
  데, 이런 구조를 가지면 財星인 妻가 日干의 比劫과 같이 있기 때문
  에 妻가 다른 남자와 연애를 하는가 하고 의심을 하므로 의처증이 있
  고, 時柱는 미래이고 대문 밖인데, 미래 또는 대문 밖에 戊辰 土 여자
  가 있으므로 이 여자를 만나야 하므로 本妻 모르게 모아놓은 재산을 모

두 처분해서 2012년 乙未年에 未土 財가 오므로 도망을 갔다고 한다.
- 未土는 木의 庫이지만 亥未木局을 하므로 庫로 보지 않는다.

- 그러면 本妻의 사주는 어떻게 생겼는지 보자.

본처 사주

| 65 | 55 | 45 | 35 | 25 | 15 | 5 | | 時柱 | 日柱 | 月柱 | 年柱 | |
|---|---|---|---|---|---|---|---|---|---|---|---|---|
| 辛 | 壬 | 癸 | 甲 | 乙 | 丙 | 丁 | 大 | 丙 | 甲 | 戊 | 壬 | 여 |
| 丑 | 寅 | 卯 | 辰 | 巳 | 午 | 未 | 運 | 寅 | 午 | 申 | 寅 | 자 |

- 여자 사주로 남편이 올해 재산을 모두 처분한 후 도망을 갔다고 한다.
- 사주의 구조는, 범띠 해의 초가을에 자신을 나타내는 글자를 큰 나무
  에 비유해서 해석하는 甲木으로 태어나 도와주는 세력이 약하고 火
  가 충분해서 조후가 되어 있으므로 身弱 사주다.

- 가을에 태어난 甲木이지만 火가 있어서 조후는 되어 있으므로 水만
  더 있으면 잘 자랄 수 있는 구조를 가졌으므로 水가 용신이고, 金이
  길신이며, 土가 病神이며, 火가 흉신이고, 天干의 木은 土를 잡아주
  므로 길신이지만 地支의 木은 申金을 극하므로 흉신이다.

- 이 女命의 사주에서 申金이 남편인데, 寅申沖을 해서 깨졌고, 火가
  많아서 남편인 金의 입장에서 보면 불편하기 짝이 없으므로 부부관
  계가 나쁘다.

- 乙未年에 劫財와 財星이 왔으므로 돈 문제가 생기는데, 남편이 자신
  도 모르게 재산을 모두 팔아서 도망을 갔다.
- 未土는 木의 庫로, 未土가 三合을 이루지 않으므로 이런 때는 庫 작용을
  하게 되는데, 庫의 작용은 몸이 아프거나 해서 알아 눕게 되는데 남편으
  로 인하여 스트레스를 받아서 며칠을 알아누웠다가 일어났다고 한다.
- 자식과 도망간 아버지와의 관계를 보자

딸 사주

| 64 | 54 | 44 | 34 | 24 | 14 | 4 | | | 時柱 | 日柱 | 月柱 | 年柱 | |
|---|---|---|---|---|---|---|---|---|---|---|---|---|---|
| 丁 | 戊 | 己 | 庚 | 辛 | 壬 | 癸 | 大 | | 甲 | 乙 | 甲 | 戊 | 여 |
| 未 | 申 | 酉 | 戌 | 亥 | 子 | 丑 | 運 | | 申 | 未 | 寅 | 寅 | 자 |

- 乙未年 초겨울에 엄마가 가지고 온 딸의 사주다.
- 사주의 구조는, 범띠 해의 중 봄에 자신을 나타내는 글자를 꽃나무에 비유해서 해석하는 乙木으로 태어나 도와주는 세력이 강하므로 매우 신간한 사주다.

- 봄에 태어난 꽃나무는 추위를 싫어하고, 또, 꽃나무는 꽃이 피어야 향기가 있기 때문에 火가 우선 필요하고, 土도 필요하며, 木이 너무 많아서 病神이므로 金이 藥神이다.

- 두 개의 寅木과 申金이 驛馬殺이라서 많이 움직이거나 분주하게 활동하는 직업을 갖고 살아갈 것이다.
- 天干의 3개의 木이 戊土 하나를 木剋土하므로 土가 살아남기 힘들게 생겼으므로 戊土가 살길은 도망가는 수밖에 없기 때문에 乙未年에 아버지가 도망을 갔다고 한다.

34) 입양문제 상담

(송파 거주)

| 66 | 56 | 46 | 36 | 26 | 16 | 6 | | | 時柱 | 日柱 | 月柱 | 年柱 | |
|---|---|---|---|---|---|---|---|---|---|---|---|---|---|
| 丙 | 乙 | 甲 | 癸 | 壬 | 辛 | 庚 | 大 | | 丙 | 戊 | 己 | 辛 | 여 |
| 午 | 巳 | 辰 | 卯 | 寅 | 丑 | 子 | 運 | | 辰 | 申 | 亥 | 亥 | 자 |

- 이 女命의 모친이 외손자의 입양문제를 상담하기 위해서 가지고 온 여자사주다.
- 사주의 구조는, 돼지띠 해의 초겨울에 자신을 나타내는 글자를 큰 산의 흙에 비유해서 해석하는 戊土로 태어나 도와주는 세력이 적으므

로 신약하다.

- 겨울에 태어난 戊土가 신약하므로 기온이 낮고 춥기 때문에 火와 土
  가 필요한데, 土중에서도 乾土는 필요하나, 습토인 辰土와 金은 흉신
  이고, 水가 病神이다.

- 이 사주에서의 土의 임무인 기를 나무가 없고, 나무를 기를 계절이
  아니기 때문에 자신이 저수지 둑이 되어 물을 막는 구조인데, 물이
  넘쳐서 범람을 하고 있는 구조다.

  따라서, 木이 필요하지 않는데, 木은 남편으로 해석하므로 남편 덕이
  없는 사주이고, 金은 자식인데, 흉신이므로 자식 덕이 없으며, 水가
  病神이라서 자신은 돈 복도 없지만 부모 궁에 財星이 있어 부모의 유
  산을 받을수 있는 사주로, 2011 辛卯年 41살에 결혼을 했으나 아이
  가 생기지 않아서 인공수정을 시도하는 중인데 임신이 안되어 심각
  하게 입양을 생각하고 있다고 했다.

- 이에 대해 본 필자의 진단은 2016년이 丙申年으로 자식을 나타내는
  申金운이 오고, 年上에 있는 傷官인 辛金을 歲運에서 온 丙火가 丙辛
  合을 하므로 내년에 아이를 잉태할 수도 있겠고, 설령 임신이 안된다
  해도 내년에 입양을 하는 것이 좋겠다고 조언했다.

35) 입양아로 살아온 여자

(하남 거주)

| 65 | 55 | 45 | 35 | 25 | 15 | 5 | | 時柱 | 日柱 | 月柱 | 年柱 | |
|----|----|----|----|----|----|----|----|----|----|----|----|----|
| 庚 | 辛 | 壬 | 癸 | 甲 | 乙 | 丙 | 大 | 己 | 庚 | 丁 | 戊 | 坤 |
| 戌 | 亥 | 子 | 丑 | 寅 | 卯 | 辰 | 運 | 卯 | 寅 | 巳 | 申 | 命 |

- 사주의 구조는, 원숭이띠 해의 초여름에 자신을 나타내는 글자를 무
  쇠에 비유해 해석하는 庚金으로 태어나 도와주는 세력이 약하므로

신약한 사주다.

- 여름에 태어난 庚金이 木과 火가 많아 신약하므로 金이 용신이고 土
  가 길신이며, 火가 病神이고, 木이 흉신이며, 운에서 오는 水가 藥神
  이다.
- 이 내용은 당사자가 인터넷으로 개명을 신청하면서 보내온 사연이다.
  두 살 때 친부모가 이혼을 하면서 입양되어 김○○으로 살다가 양부
  모 모두 돌아가셨고 친 부모하고 연락을 하고 살고 있어서 친부의 성
  씨인 (장씨)로 고쳐 개명하고자 합니다.

- 이 사주의 구조를 분석해보면, 親母는 먼저 나타난 것 채택하므로 年
  上에 있는 戊土이고, 養母는 時上에 있는 己土이며, 親父는 日支에
  있는 偏財寅木이고, 養母는 時支에 있는 卯木으로, 親母인 戊土와 親
  父인 寅木은 寅巳申三刑을 맞아 이혼했다고 보며, 養母인 己土는 正
  財 아버지인 卯木을 달고 있으므로 이를 합해서 보면 양부모가 된다.

36) 형제간에 재산 싸움하는 사주

(분당 거주)

| 67 | 57 | 47 | 37 | 27 | 17 | 7 | | | 時柱 | 日柱 | 月柱 | 年柱 | |
|----|----|----|----|----|----|----|----|---|----|----|----|----|---|
| 辛 | 壬 | 癸 | 甲 | 乙 | 丙 | 丁 | 大 | | 甲 | 乙 | 戊 | 乙 | 남 |
| 巳 | 午 | 未 | 申 | 酉 | 戌 | 亥 | 運 | | 申 | 丑 | 子 | 未 | 자 |

- 사주의 구조는, 양띠 해의 한겨울에 자신을 나타내는 글자를 꽃나무
  에 비유해 해석하는 乙木으로 태어나 도와주는 세력이 많으므로 신
  강한 사주다.
  한겨울 생 꽃나무는 기본적으로 火를 좋아하고 더군다나 신강한 사
  주이므로 더욱 더 火가 가장 필요하며, 마른 土가 그 다음으로 필요
  하고, 金과 子水, 丑土는 흉신이다.
- 사주에 懸針殺인 甲木과 申金이 있으므로 의사라고 한다.
- 이 사주의 특징은, 재산인 土를 두고 형제끼리 싸우고 있는 형상인

데, 실제로 형제와 재산싸움이 나서 상담을 받으러 왔다.

분석해 보자.

- 이 사주에서 土가 돈인데, 年上에 있는 比肩인 乙木이 未土를 깔고
  앉아 서 자기 돈임을 주장하고 있고, 또, 年上의 戊土를 두고 日干인
  乙木과 年上의 乙木이 서로 가지려고 싸움을 하고 있으며, 日支 丑土
  를 두고 年支의 未土가 丑未沖을 하고 있어서 형제와 본인이 싸움을
  하고 있다.

남편 사주

| 63 | 53 | 43 | 33 | 23 | 13 | 3 |  |
|----|----|----|----|----|----|----|----|
| 己 | 戊 | 丁 | 丙 | 乙 | 甲 | 癸 | 大 |
| 卯 | 寅 | 丑 | 子 | 亥 | 戌 | 酉 | 運 |

| 時柱 | 日柱 | 月柱 | 年柱 | |
|------|------|------|------|------|
| 壬 | 戊 | 壬 | 甲 | 乾 |
| 戌 | 午 | 申 | 午 | 命 |

- 申月의 戊土가 신약한 듯하지만 午戌火局을 짓고 있고, 申月은 아직
  날이 덜 차기 때문에 신왕사주다.
  따라서, 金이 용신이고, 水가 약 길신이며, 火가 病이다.

- 43 丑 대운까지는 사업이 잘되어 좋았으나, 53 戊寅대운부터는 사업
  이 안되어 사기로 구속되었다가 나왔는데도 아직도 갚아야할 빚이
  많이 남아 있어서 희망이 안 보인다.

- 그런데다가, 처를 못살게 굴고 이혼도 안해주므로 처는 떠나가려고
  만 한다.
- 오는 2013부터 癸巳, 甲午, 乙未년 火운이 오면 더 어려워진다.

아들 사주

| 64 | 54 | 44 | 34 | 24 | 14 | 4 |  |  | 時柱 | 日柱 | 月柱 | 年柱 |  |
|----|----|----|----|----|----|----|----|----|----|----|----|----|----|
| 癸 | 甲 | 乙 | 丙 | 丁 | 戊 | 己 | 大 |  | 丁 | 庚 | 庚 | 己 | 乾 |
| 亥 | 子 | 丑 | 寅 | 卯 | 辰 | 巳 | 運 |  | 亥 | 戌 | 午 | 巳 | 命 |

- 午月의 庚金이 신약한데 火가 많아서 官殺이 태왕하다.
  이렇게 官殺이 태왕하면, 예민해서 두뇌가 좋은 경우가 많고, 더 지나
  치면 정신병자가 되는데, 이 사주는 정신병자 수준이다.

- 16살에 사시 1차 시험에 합격했으나 2차에 떨어졌기 때문에 辛卯年
  에도 큰 기대를 갖고 있었으나, 준비기간인 庚寅年의 운을 보면, 寅
  午戌火局을 만들었으므로 공부를 안 하게 되는데, 辛卯年 시험에 낙
  방한 후에 엄마가 아들의 사정을 자세히 들어봤더니 작년에 전혀 공
  부를 안 해서 올해 시험을 망쳐서 잠시 머리를 식히기 위해서 몇 일
  간 잠적을 했다고 한다.

- 壬辰年에는 군대를 가야하므로 사시는 어렵게 되었다.

37) 미숙아로 출생했으며, 수술수를 가진 신생아

(용인 거주)

| 63 | 53 | 43 | 33 | 23 | 13 | 3 |  |  | 時柱 | 日柱 | 月柱 | 年柱 |  |
|----|----|----|----|----|----|----|----|----|----|----|----|----|----|
| 庚 | 己 | 戊 | 丁 | 丙 | 乙 | 甲 | 大 |  | 丙 | 庚 | 癸 | 丙 | 乾 |
| 子 | 亥 | 戌 | 酉 | 申 | 未 | 午 | 運 |  | 子 | 戌 | 巳 | 申 | 命 |

- 사주의 구조는, 원숭이띠 해의 초여름에 자신을 나타내는 글자를 무
  쇠金에 비유해 해석하는 庚金으로 태어나 도와주는 세력이 약하므로
  신약한 사주다.
- 초여름에 태어난 庚金이 火가 많아 신약하므로 金이 용신이고, 운에
  서 오는 濕土가 길신이며, 火가 병신이므로 水가 약신이고, 운에서

오는 木이 흉신이다.

- 8개월 미숙아로 태어나 현재 인큐베이터에서 자라고 있으며, 생후 3일 만에 장에 천공이 미세하게 있어 수술하였으며 다른 곳은 깨끗하다고 한다.


- 이 사주에서 왜 신생아가 미숙아로 태어났으며, 수술 수를 가지고 있는지를 규명하기 위해 연구자료로 삼는다.

미숙아로 태어난 이유에 대해서는 알 수 없고 다만 수술 수에 대해서는 유추할 수 있는데 그 원인은 年支의 申金과 月支의 巳火가 巳申合으로, 刑殺은 수술 수나 관재수인데 이 命主는 신생아라서 수술 수로 본다.

# 제9장 : 많이 쓰이는 神殺

三刑殺

自刑殺

寅巳申, 丑戌未,

子卯, 辰辰, 午午, 酉酉, 亥亥


## 1. 刑殺 작용


1) 寅巳申三刑 작용은?

① 三刑殺은 의술이나 역술에 인연이 많다.

② 운에서 三刑을 만나면 몸이 아프거나 官災가 발생한다.

③ 寅巳申三刑이 있으면 변덕쟁이다.

④ 운에서 三刑을 만나면 구설시비, 수술, 재난이 발생하는데, 신강 사주는 약하나 신약사주는 강하게 작용한다.

2) 부부궁에 刑이 있으면 붙었다 깨졌다를 반복하므로 부부관계가 나쁘다.

3) 女命에 日과 時가 刑이 되면 아이를 유산시킨다.

4) 年과 月支가 刑殺이 되면 돈이 있으면 꼭 유학을 간다.

5) 刑殺은 형사사건 같은 납치나 실종 등 관재사고나, 민, 형사상의 소송 문제이고, 수술 같은 건강문제로 나타난다.

寅巳申 = 無禮之刑으로 배신을 의미하며, 2개만 있어도 성립한다.

丑戌未 = 持勢之刑으로 서로 자기 힘이 세다고 밀어 붙이는 것으로, 소화기 관련 질병이 생길 수 있다.

子卯 = 서로 刑을 하므로 相刑殺이라고도 하며, 부모와 자식 간에 반목하고 질시하고, 예의가 없으므로 無禮之刑이라고 한다.

6) 自刑殺은 辰 午 酉 亥가 모두 있는 것을 말하는데, 이렇게 4개가 모

두 있으면 수족에 이상이 있다.

辰辰, 午午, 酉酉, 亥亥 이렇게 두 글자가 있다고 해서 自刑이 아니라는 이론도 있으나 아직 검증하지 못했다.

7) 旺者刑發 = 많이 있는 것을 刑하면 더욱 많아진다.

衰者刑發 = 적은 것이 刑을 당하면 뿌리가 뽑힌다.

8) 사주에 財星 刑殺 = 돈을 빌려주면 송사까지 가야 돈을 받을 수 있고, 食傷 刑殺 = 부하직원들의 사고, 말이 거칠거나, 여자는 자식이 형무소 갈 수 있다.

官星 刑殺 = 官은 직업이므로 기술직이나, 형살은 형법을 다루므로 검찰, 군인, 경찰 등이다.

印綬 刑殺 = 일의 순서가 없고, 닥치는 대로 일한다.

형법공부, 탐정소설과 인연이다.

격이 낮으면 옷 수선집, 가옥수리직업이다.

比劫 刑殺 = 형제간 또는 친구 간에 불목한다.

9) 貪合亡刑 = 刑이 있을 때 合이 들어오면 刑이 해소된다.


## 2. 鬼門殺 작용

寅未, 卯申, 辰亥, 巳戌, 子酉, 丑午


1) 鬼門殺이 흉신이면 신경쇠약이거나 정신이상 증세가 있거나 쾌락주의로 가기 쉽다.

2) 사주에 鬼門殺이 있으면,

① 신경질을 잘 부리고 변태 등 엉뚱한 짓을 한다.

② 잔머리 잘 굴린다.

③ 사주가 좋으면 선견지명이 있고, 두뇌가 좋아서 천재다.

④ 집착성이 있다.

⑤ 여자는 신경쇠약에 걸리거나 현실 비관적이고 우울증이 있기 쉽다.

⑥ 남자 사주에 財가 鬼門이면 아무 여자한테나 보채고, 여자 사주에 官이 鬼門이면 아무 남자한테나 보챈다.

따라서, 육친별로 대입해서 해당 육친 때문에 신경 쓰인다.

⑦ 印綬鬼門殺이 있으면 상상력이 풍부하고 쓸데없는 공상을 많이
   한다.
⑧ 丑午鬼門殺 변태성이 있다.
⑨ 湯火殺도 鬼門殺처럼 현실 비관성향이 강하다.
3) 歲運에서도 鬼門關殺을 적용해라.
   예 : 日支가 寅木인데 乙未년이 오면 寅未鬼門關殺로 부부불화다.
4) 木 일주가 火가 많아서 木이 타면 정신이상이 오는데,
   특히, 남자 사주에 財가 鬼門이면 변태성향이 강하다.
5) 사주가 신왕하고 鬼門關殺이 있으면 변태성이고,
   사주가 태약하고 鬼門關殺이 있으면 불감증이다.


(1) 子酉鬼門殺이 있어서 우울증과 정신질환 기질이 있다

(용산 거주)

| 69 | 59 | 49 | 39 | 29 | 19 | 9 | | | 時柱 | 日柱 | 月柱 | 年柱 | |
|----|----|----|----|----|----|----|----|----|----|----|----|----|----|
| 辛 | 庚 | 己 | 戊 | 丁 | 丙 | 乙 | 大 | | 壬 | 癸 | 甲 | 癸 | 坤 |
| 酉 | 申 | 未 | 午 | 巳 | 辰 | 卯 | 運 | | 子 | 酉 | 寅 | 丑 | 命 |

- 丙申年 午月에 금융업에 종사했다.
- 사주의 구조는, 소띠 해의 초봄에 자신을 나타내는 글자를 빗물에 비
  유해서 해석하는 癸水로 태어나 도와주는 세력이 많으므로 매우 신
  강한 사주다.

- 봄에 태어난 癸水가 나무에 물을 주고 있는 격이라서 바쁘고 분주해
  야하지만 이 사주의 경우는 봄비가 너무 많이 내려 나무가 웃자람 현
  상을 보이고 있으므로 火가 우선 필요하나 나타나지 않았으므로 木
  이 용신이고 寅중 丙火가 길신이며, 水가 病神이므로 寅중 戊土가 약
  신이고, 金이 흉신이며, 丑土가 水를 막아주기는 커녕, 水를 돕는 구
  조를 가지고 있기 때문에 丑土도 흉신이다.

- 女命에 남편인 官星이 凶神이면 배우자 복이 없고, 특히나 食傷인 木

은 旺한데 官星은 약할 뿐만 아니라 배우자궁인 日支에마저 凶神이
앉아 있고, 子酉鬼門殺을 이루고 있으며, 寅酉怨嗔殺도 적용되므로
이 女命이 남편한테 말을 함부로 하고무시하며, 히스테리, 우울증과
정신질환 기질이 심해서 정상적인 부부생활을 할 수가 없다고 한다.

- 이 命主는 주부이지만 대운이 좋기 때문에 남편이 주식으로 재산증식
  을 많이 해줘서 큰 부자는 아니지만 남부럽지 않게 경제적 여유를 누
  리며 살고 있다고 한다.
  그러나, 己未대운이 오면 새로운 官星인 己土가 오면서 기존에 있던
  丑土官星을 丑未沖으로 파괴하면서 들어오므로 이혼할 가능성이 매
  우 높다.

(2) 雙鬼門殺을 가지면 극심한 우울증 환자다.

(수원 거주)

| 64 | 54 | 44 | 34 | 24 | 14 | 4 | | 時柱 | 日柱 | 月柱 | 年柱 | |
|----|----|----|----|----|----|----|---|------|------|------|------|---|
| 己 | 戊 | 丁 | 丙 | 乙 | 甲 | 癸 | 大 | 庚 | 壬 | 壬 | 丁 | 여 |
| 未 | 午 | 巳 | 辰 | 卯 | 寅 | 丑 | 運 | 子 | 申 | 子 | 酉 | 자 |

- 乙未年 늦여름에 온 여자로 극심한 우울증에 시달린다.
- 사주의 구조는, 닭띠 해의 한겨울에 자신을 나타내는 글자를 강물에
  비유해서 해석하는 壬水로 태어나 도와주는 세력이 너무 많으므로
  매우 신강한 사주다.

- 겨울에 태어난 壬水는 매우 한냉하기 때문에 신강하면 신강 할수록
  쓸모가 없기 때문에 신강하지 않는 것이 좋은데, 이 사주의 경우는
  丁火가 하나 있으나 丁火의 뿌리가 없고, 丁壬合을 해서 온통 水 뿐
  이므로 潤下格인데, 潤下格은 木으로 洩氣를 할 수 있어야 좋으나,
  子月生이고, 온통 얼어있는 바다와 같아서 쓸모가 없는 潤下格이다.

- 따라서, 水가 용신, 木이 길신, 火와 土는 흉신, 金은 길신이고, 사주

에 子酉鬼門殺을 갖고 있는데다가 大運이 나쁘고 歲運마져 火운이
오므로 우울증이나 비관적인 사고를 갖게 된다.

– 이 女命이 우울증을 넘어서 정신병자로까지 보게 된 이유는, 子酉鬼
門殺이 쌍으로 작용하고 있을 뿐만 아니라 뿌리가 없는 용신인 丁火
가 丁壬合으로 쓸 수 없기 때문이다.

– 본인의 진술로는 고등학교 2학년 때 성폭행을 당해 우울증이 왔다고
말하고 있으나, 그 원인도 있겠지만, 사주가 나쁜 이유라고 진단한다.
또한, 이 女命은 평소에도 정신이상증세를 보여 왔다고 지인이 증명
해  줬다.

## 3. 怨嗔殺

子未, 丑午, 寅酉, 卯申, 辰亥, 巳戌.

怨嗔殺은 서로 원망한다 또는 서로 원수지간이라는 뜻이고, 鬼門殺과 같
이 있으면 정신병이다.
子未 원진 = 양은 물을 가장 싫어한다.
丑午 원진 = 소는 적색을 가장 싫어한다.
寅酉 원진
卯申 원진
辰亥 원진
巳戌 원진

## 4. 白虎大殺

甲辰, 乙未, 丙戌, 丁丑, 戊辰, 壬戌, 癸未

1) 白虎大殺은 甲辰, 乙未, 丙戌, 丁丑, 戊辰, 壬戌, 癸未로 日干 대비해
서 地支의 해당 六親 또는 자신의 건강에 액운이 따른다.

### 5. 役馬殺작용(12신살)

| 각 계절이 시작하는 첫 글자를 沖하는 글자 | |
|---|---|
| 申子辰 = 寅 | 寅午戌 = 申 |
| 巳酉丑 = 亥 | 亥卯未 = 巳 |

1) 役馬가 많으면 무역업에 맞다.

2) 時에 印綬가 役馬이면 자식이 외국 간다.

3) 年柱는 외국이라서 年柱에 印綬가 있거나, 地殺, 役馬가 印星이면, 해외 유학을 간다. : 해당 육친으로도 해석한다.

4) 女命에 官星이 役馬이면 외국남자를 만난다.

5) 役馬운이 오면 여행하고 싶고 동분서주한다.

6) 役馬殺 官이 있으면 자신이 외국이나 운수업과 인연을 갖거나, 자식이 외국을 가거나 운수업과 인연일 수 있다.

7) 役馬가 沖하면 교통사고가 날 수 있다.

8) 寅, 申, 巳, 亥가 모두 있으면 안 그런척 하면서 음란할 수 있다.

9) 日支에 華蓋殺을 가지면 고독하여 책을 가까이 한다.

10) 沖을 받은 役馬는 合이 될 때 외국을 가고, 沖이 없는 役馬는 沖을 하는 운에 외국 간다.

11) 女命에 官星이 없어도 役馬와 合을 하면 외국인을 선호한다.

### 6. 地殺(12신살)

| 年 기준 각 계절의 첫 글자 | |
|---|---|
| 申子辰 = 申 | 寅午戌 = 寅 |
| 巳酉丑 = 巳 | 亥卯未 = 亥 |

1) 驛馬殺과 같이 해석하는 殺로 많이 돌아다닌다.

2) 寅, 申, 巳, 亥가 모두 있으면 안 그런척 하면서 음란할 수 있다.

## 7. 亡身殺(12신살)

| 亡身殺<br>(年 기준) | 三合 가운데 字의 이전 글자 | | 망신, 구설, 손재. |
|---|---|---|---|
| | 寅午戌生 = 巳 | 巳酉丑生 = 申 | |
| | 申子辰生 = 亥 | 亥卯未生 = 寅 | |

## 8. 急脚殺

| 급각살 : 수족 이상이나 신경통, 관절염. | | |
|---|---|---|
| 春 | 亥 子 | 水木이 凝結되어 신경이 둔화. |
| 夏 | 卯 未 | 지나치게 건조해서 메말라서 성장에 장애. |
| 秋 | 寅 戌 | 지나치게 건조해서 메말라서 성장에 장애. |
| 冬 | 丑 辰 | 지나치게 과습해서 신경둔화. |

## 9. 斷橋關殺

| 단교 관살 : 수족 이상 | | | | | | | | | | | | |
|---|---|---|---|---|---|---|---|---|---|---|---|---|
| 출생 月 | 1 | 2 | 3 | 4 | 5 | 6 | 7 | 8 | 9 | 10 | 11 | 12 |
| 단교관살 | 寅 | 卯 | 申 | 丑 | 戌 | 酉 | 辰 | 巳 | 午 | 未 | 亥 | 子 |
| 암기법 | 일<br>寅 | 이<br>卯 | 삼<br>申 | 사<br>丑 | 오<br>戌 | 육<br>酉 | 칠<br>辰 | 팔<br>巳 | 구<br>午 | 십<br>未 | 십일<br>亥 | 십이<br>子 |

- 寅月과 卯月生은 斷橋關殺이 있어서 수족이상이나 신경통이 많다.
- 이 殺은 자신뿐만 아니라 해당 육친에도 적용된다.

1) 急脚殺과 斷橋關殺이 겹쳐져서 다리에 소아마비다.

(마포 거주)

| 65 | 55 | 45 | 35 | 25 | 15 | 5 | | 時柱 | 日柱 | 月柱 | 年柱 | |
|---|---|---|---|---|---|---|---|---|---|---|---|---|
| 己 | 庚 | 辛 | 壬 | 癸 | 甲 | 乙 | 大 | 乙 | 甲 | 丙 | 己 | 乾 |
| 未 | 申 | 酉 | 戌 | 亥 | 子 | 丑 | 運 | 亥 | 子 | 寅 | 酉 | 命 |

- 丙申年 巳月에 오랜 단골손님이 가지고 온 남동생 사주로 어렸을 때 소
  아마비를 앓아서 다리불구자라고 하며, 현재 약국을 경영하고 있다.

- 사주의 구조는, 닭띠 해의 초봄에 자신을 나타내는 글자를 큰 나무에
  비유해서 해석하는 甲木으로 태어나 도와주는 세력이강하므로 매우
  신강한 사주다.

- 초 봄에 태어난 甲木이 추운기운인 水가 많고, 木도 많아서 신강 하므
  로 반드시 火를 봐야 하기 때문에 火가 용신이고, 土가 길신이며, 金
  과 水는 흉신이고, 木은 더 이상 필요하지 않으며, 乙木은 흉신이다.

- 봄에 태어난 사람이 亥水와 子水가 있으면 急脚殺로 다리에 이 상이
  오게 되고, 寅月生은 斷橋關殺을 가지고 있으므로 이 두 가지 요소가
  겹쳐졌고, 초년 운마저 나빠서 흉액을 가중시켰기 때문에 이 命主가
  아장 아장 걷기 시작할 무렵 다리에 소아미비에 걸렸다고 한다.

- 진로나 직업은 자기의 사주에 어떤 성분이 필요 하느냐에 따라 결정
  되는데, 이 사주는 懸針殺인 甲木이 있어서 의료분야와 인연이고, 철
  쇄개금살인 酉金이 있어서 의약품과 인연이 있어 직업이 약사다.
  단지 초년 운이 나빠서 학사일정대로 진학을 하지 못하고 늦게서야
  약사가 되었다고 한다.

- 2012년까지는 제약회사원으로 근무를 해다가 그 해에 약국을 개업해
  운영이 잘 되어왔으나, 2016년 들어 金운이 와서 용신의 뿌리를 담고
  있는 寅木을 寅申沖으로 파괴시키므로 지자체에서 약국 인근에 있는 군
  인 아파트를 헐고 공원을 만들 계획이라서 손해를 보고 옮길 계획이다.

## 10. 孤鸞殺

여자에 해당하는 殺로 밤이 외롭다는 뜻.

| 甲<br>寅 | 남편이 申金인데 남편궁에 寅木이 있어서 남편을 거부한다. |
| --- | --- |
| 乙<br>巳 | 남편이 庚金인데 남편궁에 巳火가 있어서 남편을 거부한다. |
| 丁<br>巳 | 남편이 壬水인데 남편궁에 巳火가 있어서 남편을 거부한다. |
| 戊<br>申 | 남편이 乙木인데 남편궁에 申金이 있어서 남편을 거부한다. |
| 辛<br>亥 | 남편이 丙火인데 남편궁에 壬水가 있어서 남편을 거부한다. |

- 이 殺은 자신뿐만 아니라 해당 육친에도 적용된다.
- 여자 사주에서 官星이 길신 작용을 하면 孤鸞殺이 작용하지 않는다.
- 여자 사주에 이혼했거나 바람을 피우는 경우는 大運이나 歲運에서 孤
  鸞殺을 가진 官이 들어오면 홀아비로 해석한다.

### 1) 乙巳 고란살 일주는 부부해로하기 어렵다

(잠실 거주)

| 65 | 55 | 45 | 35 | 25 | 15 | 5 | | 時柱 | 日柱 | 月柱 | 年柱 | |
| --- | --- | --- | --- | --- | --- | --- | --- | --- | --- | --- | --- | --- |
| 乙 | 甲 | 癸 | 壬 | 辛 | 庚 | 己 | 大 | 己 | 乙 | 戊 | 癸 | 坤 |
| 丑 | 子 | 亥 | 戌 | 酉 | 申 | 未 | 運 | 卯 | 巳 | 午 | 巳 | 命 |

- 辛卯年 6월 평범해 보이는 아주머니 방문해 사주를 봐달라고 해서 빼
  봤더니 위와 같았다.
- 한여름 午月에 乙木 꽃나무로 태어났는데, 年支에 巳火, 月支가 午火,
  日支가 巳火가 있어서 가뭄에 찌든 한 떨기 연약한 꽃나무와 같다.
- 따라서, 물이 절실히 필요한데, 年上의 있는 癸水는 뿌리도 없는데다

가 月上의 戊土와 슴을 해서 슴去됐고, 月令이 午月이므로 火勢가 강
해서 水가 증발하므로 母親과 인연이 없는데, 이 命主가 어린나이에
어머니와 이별을 해서 어떻게 사는지 알 수가 없다고 한다.


– 乙巳일주는 孤鸞殺로 밤을 고독하게 보낸다는 것인데, 남편인 巳중
  의 庚金은 火勢에 녹게 되므로 살기가 어렵다.
  따라서, 癸亥대운에 巳亥沖해서 巳중 庚金이 튀어나오고, 火運이 오
  는 해인 본인의 나이 54세인 2006 丙戌年 2월에 午戌火局이 되어 金
  이 녹으므로 남편이 뇌출혈로 쓰러져서 6년째 식물인간으로 생명을
  연명하고 있다고 한다.


– 이 남편이 언제 사망할 것인가를 묻기에 辛卯年인 금년에 乙辛沖해서
  운명할 수도 있겠다고 대답을 했으나, 사람의 수명을 정확히 안다는
  것은 사실상 어려운 일이다.


2) 乙巳 孤鸞殺은 남편하고 살기 어렵다

(삼성동 거주)

| 63 | 53 | 43 | 33 | 23 | 13 | 3 | | 時柱 | 日柱 | 月柱 | 年柱 | |
|---|---|---|---|---|---|---|---|---|---|---|---|---|
| 丙 | 丁 | 戊 | 己 | 庚 | 辛 | 壬 | 大 | 戊 | 乙 | 癸 | 庚 | 坤 |
| 子 | 丑 | 寅 | 卯 | 辰 | 巳 | 午 | 運 | 寅 | 巳 | 未 | 子 | 命 |

– 未月에 乙木이 신약하므로 水가 용신이고, 金이 길신이다.
– 고등학교를 나와서 결혼하고, 40살 99년도에 미국으로 가서 세탁소
  를 하다가 실패를 하고 몇 년 더 머물다가 庚寅年에 귀국했다.
– 남편은 미국에서 혼자 살고 있는데, 乙巳일주는 남편과 해로하기 어
  렵다.

3) 밤에 우는 두견새

(성남 거주)

| 61 | 51 | 41 | 31 | 21 | 11 | 1 | | 時柱 | 日柱 | 月柱 | 年柱 | |
|---|---|---|---|---|---|---|---|---|---|---|---|---|
| 甲 | 癸 | 壬 | 辛 | 庚 | 己 | 戊 | 大 | 丁 | 乙 | 丁 | 己 | 坤 |
| 申 | 未 | 午 | 巳 | 辰 | 卯 | 寅 | 運 | 丑 | 巳 | 丑 | 未 | 命 |

- 사주의 구조는, 양띠 해의 늦겨울에 자신을 나타내는 글자를 꽃나무
에 비유해 해석하는 乙木으로 태어나 자신의 힘을 분산시키는 火와
土가 너무 많아서 약하고, 겨울이라서 춥기 때문에 火가 용신이고,
木이 길신이며, 土가 病神인데, 특히, 丑土가 나쁘다.

- 地支에는 丑土와 未土가 만나서 丑未沖을 하고 있고, 또, 丑土와 巳
火가 만나서 巳酉合을 하고 있다.
이런 구조는, 두 번 충돌을 하므로 두 번 이혼할 수 있고, 두 번 합을
하므로 두 번 결혼할 수 있다는 뜻을 의미한다.

- 乙巳일주는 孤鸞殺인데, 이 말의 뜻은 밤에 우는 두견새와 같이 밤을 혼
자 지샌다는 말로, 대부분 과부로 사는데, 이 여인은 아이를 하나 낳고,
06년에 이혼한 후 혼자 살고 있는데, 재혼하거나 애인을 두고 살 팔자다.

4) 乙巳 孤鸞殺 여자도 부부관계가 좋은 경우가 있다

(대치동 거주)

| 70 | 60 | 50 | 40 | 30 | 20 | 10 | | 時柱 | 日柱 | 月柱 | 年柱 | |
|---|---|---|---|---|---|---|---|---|---|---|---|---|
| 庚 | 辛 | 壬 | 癸 | 甲 | 乙 | 丙 | 大 | 庚 | 乙 | 丁 | 戊 | 여 |
| 戌 | 亥 | 子 | 丑 | 寅 | 卯 | 辰 | 運 | 辰 | 巳 | 巳 | 申 | 자 |

- 사주의 구조는, 원숭이띠 해의 초여름에 자신을 나타내는 글자를 꽃
나무에 비유해 해석하는 乙木(을목)로 태어나 火가 지나치게 많아서
자신의 힘이 매우 약하므로 더위를 식혀주면서 도와주는 水가 용신
이고, 金이 길 신이며, 木도 길신이고, 火가 病神이며, 마른 土인 戊

土는 흉신이나, 습기를 가진 辰土는 길신이다.
- 乙巳 일주는 가장 흔한 孤鸞殺로서 남편과 이혼을 하고 혼자 사는 경
  우가 대부분인데, 이 사주의 경우는 孤鸞殺인데도 잘살고 있다.
  그 이유는, 이 사주의 용신이 水인데, 이 水가 官星인 申金 속에 들어
  있기 때문이다.
- 남편과 대학시절부터 오랜 친구로 지내다 결혼했다고 한다.


남편은 변호사다

| 61 | 51 | 41 | 31 | 21 | 11 | 1 | | 時柱 | 日柱 | 月柱 | 年柱 | |
|---|---|---|---|---|---|---|---|---|---|---|---|---|
| 乙 | 甲 | 癸 | 壬 | 辛 | 庚 | 己 | 大 | 甲 | 乙 | 戊 | 戊 | 남 |
| 丑 | 子 | 亥 | 戌 | 酉 | 申 | 未 | 午 | 申 | 亥 | 午 | 申 | 자 |

- 부인이 가지고 온 40대 중반의 남자 사주다.
- 사주의 구조는, 원숭이띠 해의 한여름에 자신을 나타내는 글자를 꽃
  나무에 비유해 해석하는 乙木으로 태어나 기온이 무더우므로 자신의
  힘이 약하므로 도와주는 水가 藥神 겸 용신이고, 金이 길신이며, 火
  가 病神이고, 土가 흉신이다.


5) 乙巳일주 孤鸞殺은 밤이 외롭다

(성남 거주)

| 61 | 51 | 41 | 31 | 21 | 11 | 1 | | 時柱 | 日柱 | 月柱 | 年柱 | |
|---|---|---|---|---|---|---|---|---|---|---|---|---|
| 乙 | 丙 | 丁 | 戊 | 己 | 庚 | 辛 | 大 | 庚 | 乙 | 壬 | 丙 | 坤 |
| 酉 | 戌 | 亥 | 子 | 丑 | 寅 | 卯 | 運 | 辰 | 巳 | 辰 | 申 | 命 |

- 辰月에 乙木이 月上의 壬水의 生을 받고 있어서 신약하게 보이나 年
  支의 辛金과 月支의 辰土가 申辰合水하고, 時支의 辰土와도 申辰合
  水하므로 신왕해져서 火가 용신이다.
  따라서, 水가 흉신이고, 金도 흉신이다.
- 봄에 乙木이 庚金을 봐서 乙庚合을 하고 있는 것은 마치 아직 크지도

않는 나무에 열매가 달린 것과 같기 때문에 일찍부터 생활전선에서
활동해야하며, 우박이 매달려 있는 것과 같은데, 특히, 庚金은 남편
이기 때문에 남편 때문에 골치 아프거나 골병들게 된다.

- 乙巳일주는 孤鸞殺로 밤이 외로운 사주인데, 年支에 申金 官星이 있
  고, 時上에도 庚金 官星이 있어 남자가 둘이고, 合이 많으며, 年支의
  申金이 日支의 巳火와 巳申合과 刑을 하고 있어서 부부 궁이 불길한
  데, 歲運에서 04(甲申)년을 만나 다시 巳申合刑하므로 남편이 뇌출혈
  로 쓰러져 식물 인간으로 생활하다가 丙戌 年에 사망했다.

- 초년 木운에 교직에 근무했던 부친의 덕으로 유복하게 지냈으나, 21
  세 己丑대운부터는 운이 기울었는데도 남편과 열심히 건어물 장사를
  해서 돈을 모아 가게도 샀으나, 丁亥 대운 들어서 大運 支 亥水가 日
  支에 있는 巳火 용신의 뿌리를 巳亥沖해서 깨므로 남편도 죽었고, 丁
  亥年부터 식당을 운영했으나 己丑 年까지 장사가 되지 않아서 결국
  庚寅年에 식당도 정리하고, 辛卯 年부터는 자리를 옮겨서 또 다시 식
  당을 운영하고 있으나 경영이 시원찮다.

- 丙戌대운이 끝나는 2016(丙申)년부터는 그 것마져 어렵게 될 것이다.

6) 乙巳일주는 孤鸞殺이고 傷官이 왕해서 남편과 살 수 없다

(하남 거주)

| 64 | 54 | 44 | 34 | 24 | 14 | 4 | | | 時柱 | 日柱 | 月柱 | 年柱 | |
|----|----|----|----|----|----|----|----|----|----|----|----|----|----|
| 癸 | 壬 | 辛 | 庚 | 己 | 戊 | 丁 | 大 | | 丙 | 乙 | 丙 | 癸 | 坤 |
| 亥 | 戌 | 酉 | 申 | 未 | 午 | 巳 | 運 | | 戌 | 巳 | 辰 | 巳 | 命 |

- 辰月에 乙木이 年上 癸水가 있고, 月支 辰중 癸水에 癸水가 있어서
  從하지 않고 신약하므로 水가 용신이고, 木이 길신이다.
- 女命에 孤鸞殺일주는 남편과 해로하기 어려운데, 더군다나 傷官이
  지나치게 많아서 더욱 어렵다.

- 이 사주에 남편은 巳중 庚金으로 年支에 있고, 日支에도 있으므로 두 남자와 인연을 맺을 운명이며, 대운에서도 중년에 官星이 등장하므로  운에서 오는 남자도 만나줘야 한다.

- 따라서, 44 辛酉대운 日支에 있는 食傷인 巳火와 官星인 酉金이 巳酉合을 하므로 41세 癸酉年에 자기가 다니던 수영장 코치와 바람이 나서 남편과 헤어졌다.
  헤어지기 전 남편은 인품도 훌륭했고, 부동산 사업을 해서 돈도 많았으나 乙巳孤鸞殺 티를 내느라고 바람이 난 것이다.

## 11. 湯火殺

| 湯火殺<br>(日干기준) | 甲 丙 戊 庚 壬 = 寅. 午 | 염세적. 비관적. |
|---|---|---|
| | 乙 丁 己 辛 癸 = 丑 | 음독. 화상. 독극물 |

○ 乙 ○ ○

○ 酉 丑 ○

: 乙木일간에 丑土가 湯火살로, 염세적이고 비관적이며, 독극물을 음독할 가능성이 있고, 화상흉터도 있다.
鬼門殺이 더해지면 심하다.
또한, 財星이 湯火殺이므로 妻한테도 湯火殺 작용하므로 육친별로 대입해서 해석해야 한다.

## 12. 桃花殺 작용(12신살)

子 午 卯 酉

| 三合 : 年支나 日支 기준. | 도화살 |
|---|---|
| 寅午戌 | 午 |
| 巳酉丑 | 酉 |
| 申子辰 | 子 |
| 亥卯未 | 卯 |

1) 乙木일주가 時 傷官이 용신이고, 地支에 桃花가 있으면 예술성 직업
   에 적합하다.
2) 年支나 日支를 기준해서,
   ① 年에 桃花가 있으면 도화를 거꾸로 놓았다는 뜻의 倒揷桃花(도삽
      도화)로, 남자는 유부녀나 나이 많은 여자와 연애하고, 여자는 유
      부남이나 나이 많은 남자와 연애한다.
   ② 月支 桃花는 남자는 유부녀나 나이 많은 여자와 연애하고, 여자
      는 유부남이나 나이 많은 남자와 연애한다.
   ③ 日支에 桃花는 作妾에 동거한다. 桃花가 日支와 合을 해도 日支
      에 있는 것과 같다.
   ④ 時支에 桃花가 있으면 늙어서도 나이어린 사람과 바람을 피운다.
      남자 사주에 時에 桃花가 있으면 딸 같은 여자와 인연이다.
   ⑤ 印星桃花는 남자는 유부녀나 年上의 여자와 바람을 피우고, 여자
      는 유부남이나 年上의 남자와 바람피운다.
   ⑥ 比劫이 도화이면, 남자는 여자로 인해서 손해보고, 여자는 남자
      로 인해서 손해 본다.
   ⑦ 傷官이 도화이면 남자는 명예에 손상을 입거나, 자식과 인연이
      멀고, 여자는 자식과는 좋지만, 官을 剋하므로 남편과는 인연이
      멀다.
      여자가 食傷 桃花를 가지면 애교가 많다.
   ⑧ 財星이 도화이고 용신이나 길신이면, 남자는 여자로 인해서 부자
      가 되거나 부인이 미녀이고, 여자는 아버지나 시어머니로 인하여
      부자 된다.
   ⑨ 官星이 도화이고, 용신이나 길신이면, 남자는 직업이 좋거나, 자
      식이 잘되고 명예가 있으며, 妾으로 인하여 승진할 수 있고, 여자
      는 남편 덕이 있거나, 미남이고, 명예가 있다.
   ⑩ 殺星이 도화이면, 망신을 당하거나 득병하거나 관재가 따른다.

3) 年에 桃花가 있으면 일찍 연애를 하거나 연상의 여인과 인연이고, 時
   에 桃花는 자기는 연하의 여인을 좋아한다.

4) 地支에 桃花殺을 깔고 있으면 우아하고 화려함을 좋아하고, 쉽게 돈을 벌려고 한다.

5) 天干合 地支刑은 滾浪(곤랑)桃花로 처음에는 좋으나 나중에는 갈등이 심하고, 花柳病을 얻을 수 있다.

6) 사주에 桃花殺이 많으면, 풍파가 많다.

7) 月支에 桃花가 있고 時에 劫財가 있으면 이복형제가 있을 수 있다.

8) 月支에 桃花가 있으면 어머니가 미인이거나 어머니가 재혼할 수 있다.

9) 여자 사주에 官星이 桃花殺이면 남편이 바람둥이다.

10) 子, 午, 卯, 酉 桃花殺이 모두 있으면 들어내 놓고 바람을 피운다.


## 13. 伏吟 작용

1) ① 年支 伏吟이면, 전전긍긍 신음할 일이 생기고,
  ② 月支 伏吟이면, 환경이 답답해서 짜증나고, 부모나 형제로 인하여 짜증나며,
  ③ 日支 伏吟이면, 실수로 손해 볼 일이 생기거나 고뇌할 일이 생기며,
  ④ 時支 伏吟이면, 미래문제, 친구문제, 자식문제로 답답한 일이 생긴다.

2) 怨嗔 운이 오면, 주변사람 또는 가까운 사람등과 불협화음이 생긴다.
  年, 月, 日, 時로 구분해서 통변.

3) 伏吟년은 歲運의 日主와 天干, 地支가 동일할 때인데, 그 五行에 따른 육친과 육신에 따라 통변.

## 14. 空亡작용

1) 日과 時가 空亡이면 자식이 없거나 자식 덕이 없고, 日支가 空亡이면 배우자 덕이 없다.
2) 女命에 食傷이 空亡이면 자식이 없어 업동이를 데려온다.
3) 女命에 官用者는 比劫年에 남편이 바람을 피운다.
4) 年支를 기준해서 日과 時支가 空亡이면 작용력이 큰데, 독수공방이고, 이별 수이며, 대부분 자식이 없다.
5) 食神이 空亡이면 남한테 잘해주고 욕을 먹는다.
6) 華蓋가 空亡이거나 沖하면 스님이고, 官星이 있으면 보살이다.
7) 華蓋가 空亡이면 가정이 공허하고 스님이 되거나 절에 잘 간다.
8) 女命에 官이 空亡이면 밤이 외롭고, 男命은 財가 空亡이면 밤이 외롭거나 돈이 없다.
9) 華蓋가 많으면 고독하고, 華蓋가 空亡이면 가정이 공허하고, 스님이 될 수도 있으나 운이 좋으면 그렇지 않다.
10) 女命에 日支가 空亡이거나 官星이 空亡이면 이성풍파가 따른다.
    男命도 日支가 空亡이거나 財星이 空亡이면 이성풍파가 따른다.
11) 空亡일 때는 沖운이 오면 풀린다.
12) 女命에 官星이 空亡인데, 正官이 空亡이고 偏官은 空亡이 아니면 연하의 남자를 찾는다.
13) 여자 사주에 官이 空亡이면,
    ① 남자의 얼굴이 이상하게 생겼다.
    ② 해공시켜야하므로 空亡 年에 남자를 만난다.
14) 男命에 時가 空亡이면 첫사랑 실패로 여자를 울린다.
15) 男命에 官星이 空亡이면 자식이 없거나 아들과 인연이 없거나 딸만 둘 수 있다.
16) 남녀 모두 官星이 약하거나 空亡이면 아들이 없다.

<table>
<tr><td colspan="11" align="center">日干에 따른 空亡표</td></tr>
<tr><td colspan="11">
- 空은 부실하고 亡은 부존재라는 뜻으로, 사주에 공망이 있으면 그 오행이 무력하게 된다는 의미이며, 고질병에 걸리거나 인덕이 좋지 않은 것을 의미한다.<br>
- 日支를 기준하여 日支 위에 日干을 붙여 순행하여 癸水까지 간 후, 그 다음에 오는 두 글자가 空亡이다.
</td></tr>
<tr><td>甲子</td><td>乙丑</td><td>丙寅</td><td>丁卯</td><td>戊辰</td><td>己巳</td><td>庚午</td><td>辛未</td><td>壬申</td><td>癸酉</td><td>戌亥</td></tr>
<tr><td>甲戌</td><td>乙亥</td><td>丙子</td><td>丁丑</td><td>戊寅</td><td>己卯</td><td>庚辰</td><td>辛巳</td><td>壬午</td><td>癸未</td><td>申酉</td></tr>
<tr><td>甲申</td><td>乙酉</td><td>丙戌</td><td>丁亥</td><td>戊子</td><td>己丑</td><td>庚寅</td><td>辛卯</td><td>壬辰</td><td>癸巳</td><td>午未</td></tr>
<tr><td>甲午</td><td>乙未</td><td>丙申</td><td>丁酉</td><td>戊戌</td><td>己亥</td><td>庚子</td><td>辛丑</td><td>壬寅</td><td>癸卯</td><td>辰巳</td></tr>
<tr><td>甲辰</td><td>乙巳</td><td>丙午</td><td>丁未</td><td>戊申</td><td>己酉</td><td>庚戌</td><td>辛亥</td><td>壬子</td><td>癸丑</td><td>寅卯</td></tr>
<tr><td>甲寅</td><td>乙卯</td><td>丙辰</td><td>丁巳</td><td>戊午</td><td>己未</td><td>庚申</td><td>辛酉</td><td>壬戌</td><td>癸亥</td><td>子丑</td></tr>
</table>

## 15. 沖 작용

| 子午沖 | 辰戌沖 | 丑未沖 |
|---|---|---|
| 卯酉沖 | 寅申沖 | 巳亥沖 |

1) 日과 時를 양쪽에서 沖을 하면 독수공방이다.
2) 月柱를 沖하면 이사, 이동, 변동, 환경변화, 이사문제, 부모문제, 형제 문제가 생긴다.
3) 日支를 沖하면 좌불안석, 부부충돌, 의견대립이다.
4) 時柱를 沖하면 자식 근심이 생긴다.
5) 歲運에서 時를 沖하면 자식이 이혼한다.
6) 月과 日이 刑일 때 月支를 沖하면 형제에게 액운이 따른다.

7) 年支를 沖하면 조상문제가 생긴다. 육친별로도 통변해야 한다.
8) ① 印綬가 刑이나 沖을 하면 공부가 안되고,
   ② 食傷이나 刑이나 沖을 하면 두서가 없고, 머뭇거리다가 기회를
     놓치며,
   ③ 財星이 刑이나 沖을 하면 돈을 모으기 힘들고,
   ④ 官星이 刑이나 沖을 하면 직장변동이 많고 변덕스럽다.
9) 役馬殺이 沖이 되어 있으면 合할 때 외국을 가고, 役馬殺이 沖이 없
   을 때는 沖할 때 외국을 간다.
10) 三合의 작용은 있는 것은 나가고, 없는 것은 들어오므로 변화가 생
   긴다.

## 16. 魁罡殺 작용 : 壬辰, 壬戌, 庚辰, 庚戌

1) 魁罡일주에 魁罡年이 오면 파산이나 부도난다.
2) 여자 魁罡일주가 魁罡 年, 魁罡 日에 남편이 죽고, 남자는 자식한테
   액운이 따른다.
3) 魁罡일주 여자는 생김새는 멀쩡한데 賤한 남자와 어울리고, 賤하게
   행동하며 남편이 妾을 얻는다.
4) 魁罡일주이면서 食神制殺格을 이루면 깡패기질이다.

## 17. 華蓋殺작용 : 三合의 끝 글자. 辰 戌 丑 未

| 三合의 끝 자. | | | |
|---|---|---|---|
| 寅午戌 = 戌 | 巳酉丑 = 丑 | 申子辰 = 辰 | 亥卯未 = 未 |

1) 日支 華蓋는 불교신자가 많다.
2) 華蓋가 空亡이면, 가정이 공허하고, 스님이 되거나 절에 잘 간다.
3) 華蓋가 많으면 고독하고, 스님이 되거나 절에 잘 간다.
4) 華蓋가 沖하거나, 華蓋가 空亡이면 스님인데, 官이 있으면 보살이다.
5) 華蓋殺이 沖을 하면 枯草殺이라서 고독하다.

辰 戌 丑 未

| 方合의 끝 자 | | | |
|---|---|---|---|
| 寅 卯 辰 = 辰 | 巳 午 未 = 未 | 申 酉 戌 = 戌 | 亥 子 丑 = 丑 |

1) 女命에 官星이 庫에 들어가면 결혼기피증이 있다.

2) 用神이 庫에 들어가면 남편이 죽는다.

3) 대운에서 年柱나 月柱가 入墓하면 부모나 형제한테 불상사가 생기는데, 특히, 月柱가 入墓하면 부모의 喪을 당한다.

4) 大運이나 歲運에서 入墓 운이 오면, 그 入墓되는 글자의 육친에 해가 있거나, 젊어서는 부모 喪을 당할 수 있다.

5) 辰, 戌, 丑, 未가 있으면, 무슨 庫인지부터 살펴라. 해당되는 육친이 건강이 약하거나, 그 육친에 恨이 있다.

6) 女命에 日, 時에 食傷이 庫속에 들어있으면 임신이 잘 안되거나 유산이 된다.

7) 초년에 旺神이 入墓하면 부모나 형제가 사망한다.

8) 財庫를 가지면 알뜰한데, 財庫가 길신이면 씀씀이가 크지만, 財庫가 흉신이면 인색하다.

9) 年과 月에 財官이 있거나 사주 어디에든 財庫가 있으면, 유산을 받는다.

10) 운에서 入墓운이 오더라도 三合이나 半合이 이루어지면 入墓작용이 발생하지 않는다.
   예:卯木이 있는 상태에서 未土가 오면 入墓하지 않고, 亥卯木局이 된다.

11) 身弱한 日干이 自庫 운이 오면 믿는 도끼에 발등 찍히고, 官災에 걸리고, 빚을 질 수 있다.
   이 때 신왕하면 덜하지만 신약하면 틀림없다.

12) 財庫 운이 오면,
   ① 의외의 횡재수가 있을 수 있고,

② 남자는 妻가 질병이 있어 골골하거나 사고 근심거리가 생기고,
財가 刑이나 沖을 맞아도 골골한다.
남자사주에 日支에 財庫가 있을 때, 재산이 많으면 財가 入墓되
므로 부인이 죽는다.
③ 여자는 시어머니 질병이나 사고 우려.

13) 官庫 운이 오면,
① 의외의 횡재수가 있거나 돈 융통이 잘되고,
② 남자는 자식이나 형제 재난이 있거나 사망할 수가 있고,
③ 여자는 남편의 질병이나 사고 수가 있다.
④ 여자 사주에 官이 庫에 들어있으면 얼굴에 하자있는 남자가 붙는다.

14) 印綬 庫운이 오면,
① 문서가 막히고, 어머니 질병, 재난이고,
② 남자는 문서사고 수가 있고,
③ 여자는 가정근심, 사고, 문서사고 수가 있다.

15) 比劫 庫年이 오면, 친구나 동업자와 불화가 생기거나 사기를 당한다.

16) 傷官 庫운이 오면,
① 자식문제나 종업원이나, 아랫사람이 속을 석이고, 자궁질환이 생
기고 처녀는 임신중절한다.
② 여자가 時에 食傷 庫가 있으면 유산되거나 못 낳는다.

17) 庫운이 와도 用神이거나 吉神이 되면 괜찮다.

18) 庫 속에 들어있는 육친은 속을 썩인다.


## 19. 天乙貴人 작용

日干 기준

| 甲戊庚 | 乙己 | 丙丁 | 辛 | 壬癸 |
|---|---|---|---|---|
| 丑未 | 申子 | 亥酉 | 寅午 | 卯巳 |

1) 天乙貴人은 조후에 맞아야 제대로 작용한다.
예 : 甲 일간에 丑과 未가 天乙貴人인데, 이때도 조후에 맞아야 귀인

작용을 한다.
2) 天乙貴人이 많으면 연예인이다.

## 20. 天門星

辰 巳 戌 亥

1) 辰巳戌亥 天門星이 있으면 철학이나 종교생활에 인연이고, 영감이
   발달해 있으며, 법률에도 인연이 있다.
2) 男命에 辰과 戌이 있으면 교도소 가기 쉽다.

## 21. 傷妻殺

| 年支를 기준해서 方合 다음 글자 | |
| --- | --- |
| 亥子丑 | 寅 |
| 寅卯辰 | 巳 |
| 巳午未 | 申 |
| 申酉戌 | 亥 |

## 22. 傷夫殺

| 年支를 기준해서 方合 다음 글자 | |
| --- | --- |
| 亥子丑 | 寅 |
| 寅卯辰 | 巳 |
| 巳午未 | 申 |
| 申酉戌 | 亥 |

## 23. 12 神殺

12신살 조견표

| 살<br>년지 | 劫殺<br>이동 | 災殺<br>감옥 | 天殺<br>천재지변 | 地殺<br>이동 | 年殺<br>도화 | 月殺<br>질병<br>무당살 | 亡身<br>망신<br>손재 | 獎星<br>제왕 | 攀鞍<br>출세 | 驛馬<br>이동 | 六害 | 華蓋<br>종교 |
|---|---|---|---|---|---|---|---|---|---|---|---|---|
| 亥卯未<br>(봄) | 申<br>끝자<br>다음 | 酉<br>중간자<br>충 | 戌<br>첫자<br>앞 | 亥<br>삼합<br>첫자 | 子<br>첫자<br>다음 | 丑<br>삼합<br>끝자<br>충 | 寅<br>중간자<br>앞 | 卯<br>중간자 | 辰<br>중간<br>다음자 | 巳<br>첫자<br>충 | 午<br>끝자<br>앞 | 未<br>삼합<br>끝자 |
| 寅午戌<br>(여름) | 亥<br>끝자<br>다음 | 子<br>중간자<br>충 | 丑<br>첫자<br>앞 | 寅<br>삼합<br>첫자 | 卯<br>첫자<br>다음 | 辰<br>삼합<br>끝자<br>충 | 巳<br>중간자<br>앞 | 午<br>중간자 | 未<br>중간<br>다음자 | 申<br>첫자<br>충 | 酉<br>끝자<br>앞 | 戌<br>삼합<br>끝자 |
| 巳酉丑<br>(가을) | 寅<br>끝자<br>다음 | 卯<br>중간자<br>충 | 辰<br>첫자<br>앞 | 巳<br>삼합<br>첫자 | 午<br>첫자<br>다음 | 未<br>삼합<br>끝자<br>충 | 申<br>중간자<br>앞 | 酉<br>중간자 | 戌<br>중간<br>다음자 | 亥<br>첫자<br>충 | 子<br>끝자<br>앞 | 丑<br>삼합<br>끝자 |
| 申子辰<br>(겨울) | 巳<br>끝자<br>다음 | 午<br>중간자<br>충 | 未<br>첫자<br>앞 | 申<br>삼합<br>첫자 | 酉<br>첫자<br>다음 | 戌<br>삼합<br>끝자<br>충 | 亥<br>중간자<br>앞 | 子<br>중간자 | 丑<br>중간<br>다음자 | 寅<br>첫자<br>충 | 卯<br>끝자<br>앞 | 辰<br>삼합<br>끝자 |

1) 三合의 끝 자 다음 자 : 劫煞 : 이동 수.

2) 三合의 가운데 자를 沖 : 災殺(囚獄殺) : 獎星을 패대기쳤으므로 감옥.

3) 三合의 끝 자 沖 : 天殺 : 천재지변.

4) 三合의 첫 자 : 地殺 : 이동 수

5) 三合의 첫 자 다음 자 : 年殺(桃花殺). 끼. 인기. 사치. 연애.

6) 三合의 끝 자와 충 : 月殺(고초살) : 부처님을 沖하면 망한다.

7) 三合의 중간 자 앞 : 亡身 : 망신. 손재.

8) 三合의 가운데 자 : 獎星.

9) 三合의 중간 다음 자 : 攀鞍殺 : 운이 좋으면 승진. 출세.

10) 三合의 첫 자 沖 : 役馬殺 : 이동 수. 변화. 분주.

11) 三合의 끝 자 앞 : 六害 : 병이 재발.

12) 三合의 끝 자 : 華蓋殺 : 종교. 신앙. 학예.

| 十二運星 早見表 | | | | | | | | | | | |
|---|---|---|---|---|---|---|---|---|---|---|---|
| 胞胎<br>日干 | 長生 | 沐浴 | 冠帶 | 建祿 | 帝王 | 衰 | 病 | 死 | 墓 | 絕 | 胎 | 養 |
| 甲 | 亥 | 子 | 丑 | 寅 | 卯 | 辰 | 巳 | 午 | 未 | 申 | 酉 | 戌 |
| 乙 | 午 | 巳 | 辰 | 卯 | 寅 | 丑 | 子 | 亥 | 戌 | 酉 | 申 | 未 |
| 丙戊 | 寅 | 卯 | 辰 | 巳 | 午 | 未 | 申 | 酉 | 戌 | 亥 | 子 | 丑 |
| 丁己 | 酉 | 申 | 未 | 午 | 巳 | 辰 | 卯 | 寅 | 丑 | 子 | 亥 | 戌 |
| 庚 | 巳 | 午 | 未 | 申 | 酉 | 戌 | 亥 | 子 | 丑 | 寅 | 卯 | 辰 |
| 辛 | 子 | 亥 | 戌 | 酉 | 申 | 未 | 午 | 巳 | 辰 | 卯 | 寅 | 丑 |
| 壬 | 申 | 酉 | 戌 | 亥 | 子 | 丑 | 寅 | 卯 | 辰 | 巳 | 午 | 未 |
| 癸 | 卯 | 寅 | 丑 | 子 | 亥 | 戌 | 酉 | 申 | 未 | 午 | 巳 | 辰 |

亥甲, 乙午, 丙寅, 庚巳, 壬申, 癸卯, 辛子, 酉丁. 戊寅
해갑으로(을오) 병인이 경사라서 임신한 계묘, 신자가 유정터라
계절별 포태 암기법 : 앞 계절 = 생, 욕, 대
자기계절 = 녹, 왕, 쇠
다음계절 = 병, 사, 묘
반대계절 = 절, 태, 양

포태법에서는 자기 계절과 같으면 旺地, 자기 계절과 반대이면 絕地, 다음계절이면 病地, 앞 계절이면 生地.

1) 長生 = 발생의 기상으로 사주에서 4개다.
   丙 壬 丁 癸
   寅 申 酉 卯
2) 沐浴 = 사치가 심하다. 목욕을 하려면 옷을 벗어야 하므로 바람기라

고, 부부 궁이 나쁘다.

　甲　庚　辛　乙
　子　午　亥　巳

3) 冠帶 ; 별로 사용하지 않는다.

4) 建祿 = 日支에 比劫을 깔고 앉아서 자기의 힘이 커졌다는 의미다.

　甲　乙　庚　辛
　寅　卯　申　酉

5) 帝王 = 地支에 比劫이 있어서 가장 강한 힘을 갖고 있다는 뜻이다.

　壬　丙　戊
　子　午　午

6) 衰地 = 몰락의 기상이다.

7) 病地 = 신음의 기상이다.

8) 死地 = 종식의 기상이다.

9) 墓地 = 거두어들이고 관리한다는 의미로 수장의 기상이다.

　印綬 庫 = 서고. 어머니의 한. 어머니가 두 분.

　比劫 庫 = 형제의 한. 친구의 한. 배다른 형제.

　食傷 庫 = 여자는 자식의 한. 남의 자식 양육. 배다른 자식. 고아원.

　財星 庫 = 돈 창고. 금고. 묵은 돈. 예사 여자. 늙은 여자. 나이 많은 여자. 여자의 집합이므로 여러 여자. 아주 나쁘게 연결하면  여자의 무덤이므로 상처할 팔자.

　官星 庫 = 여자는 남편의 무덤. 남편의 한. 남편의 질병. 여러 남자를 의미. 남자는 자식의 한.

## 25. 紅艶殺

| 日干을 기준. | | | |
|---|---|---|---|
| 甲, 乙 = 午 | 丙 = 寅 | 丁 = 未 | 호색가로 바람둥이. |
| 戊, 己 = 辰 | 庚 = 戌 | 辛 = 酉 | |
| 壬, 癸 = 申 | | | |

## 26. 鐵鎖開金殺

| 사주 어디에 있어도 작용 | |
| --- | --- |
| 卯. 酉. 戌 | 의료계. 의약계. 역학.<br>법학에 인연. |

## 27. 暗藏論

| 支藏干 分野圖 | | | |
| --- | --- | --- | --- |
| 巳<br>戊 7일<br>庚 7일<br>丙 16일 | 午<br>丙 10일<br>己 10일<br>丁 10일 | 未<br>丁 9일<br>乙 3일<br>己 18일 | 申<br>戊 7일<br>壬 7일<br>庚 16일 |
| 辰<br>乙 9일<br>癸 3일<br>戊 18일 | 月律分野五行造化圖 | | 酉<br>庚 10일<br><br>辛 20일 |
| 卯<br>甲 10일<br>乙 20일 | | | 戌<br>辛 9일<br>丁 3일<br>戊 18일 |
| 寅<br>戊 7일<br>丙 7일<br>甲 16일 | 丑<br>癸 9일<br>辛 3일<br>己 18일 | 子<br>壬 10일<br>癸 20일 | 亥<br>戊 7일<br>甲 7일<br>壬 16일 |

暗藏이란 감추고 있는 것으로 인간사의 비밀인 이성 관계, 남의 자식 양육 관계, 친모냐, 계모냐의 관계 등을 간직하고 있다.

天干은 남자로 노출이 되어 있어서 암장이 없지만, 地支는 여자로 비밀이고 감추는 것이므로 암장법이 있다.

따라서 지지는 각각의 성질에 따라서 주위 환경에 따라 전혀 다른 기운으로 변하기 쉽다.

1) 亥 = 戊 甲 壬이 들어있는데, 戊土는 쓰지 않으므로 壬 甲만 남게 되
   므로 亥水는 푸른색으로 바닷물과 같아서 푸르다.
   또 甲木이 들어있어서 水生木을 하기 때문에 木을 기를 수가 있어
   있어서 10월에 나무를 심는 것이다.
   亥水는 陽이지만 쓸 때는 陰으로 쓴다.
2) 子 = 壬 癸가 들어있어서 雨雷水, 天水, 泉水, 한냉지수다.
   子水는 수극화는 잘하나 수생목은 못한다.
   子水는 陰이지만, 쓸 때는 陽으로 쓴다.
3) 丑 = 癸 辛 己가 들어 있는데, 겨울이고 癸水가 들어 있어서 습토이
   면서 얼어있는 土이고, 辛金이 들어 있어서 철분이 많은 흙이다.
   丑土는 습토라서 토생금은 잘하지만 토극수는 못한다.
4) 寅 = 戊 丙 甲이 들어 있는데, 이중에서 甲木이 있어서 동량지목이다.
   1월 달의 어린 나무라서 嫩木(눈목)이고, 丙火가 들어있어서 건조
   한 나무라서 잘 타는 장작과 같다.
5) 卯 = 甲 乙이 들어 있는데, 乙木의 기운이 강하므로 작은 나무이고,
   습한 나무라서 목생화는 못하나 목극토는 잘한다.
6) 辰 = 乙 癸 戊가 들어 있어서 생명을 기르거나 농사를 짓기 좋은 조
   건을 갖추었으므로 옥토다.
   습토라서 토생금은 잘하지만 토극수는 못한다.
7) 巳 = 戊 庚 丙이 들어 있는데, 여름이고 丙火가 강하므로 용광로이기
   도 하고, 庚金이 들어있어서 서늘한 기운도 있다.
   따라서, 巳火는 바꾸기를 잘한다.
   巳火는 陰이지만, 쓸 때는 陽으로 쓴다.
8) 午 = 丙 己 丁이 들어있는데, 丁火가 들어있으므로 등잔불, 촛불이
   고, 丁火는 홍색이고 도화살이므로 바람둥이다.
   午火는 陽이지만 쓸 때는 陰으로 쓴다.
9) 未 = 丁 乙 己가 들어있는데, 여름 土이고 丁火가 들어있어서 燥土라
   서 토생금은 못하지만 토극수는 잘하다.
10) 申 = 庚 辛이 들어있어서 무쇠이고 申金 속에 壬水가 들어있어서 금
   생수를 잘하고, 금극목도 잘한다.

11) 酉 = 庚 辛이 들어있는데, 辛金 보석이 들어있기 때문에 금, 은, 보
석이라서 잘되면 봉황이고, 못되면 닭이다.
12) 戌 = 申 丁 戊가 들어 있는데, 불(丁火)을 담고 있어서 燥土이고, 戊
土가 들어있어서 왕토라서 토극수는 잘하나 토생금은 못한다.

# 제 10장 : 合과 沖

## 1. 天干 合

合은 陽과 陰의 배합으로, 남자와 여자의 관계라든가  만난다, 모인다, 사이가 좋다 등을 나타낸다.

| 천간 합 | 천간 충 |
| --- | --- |
| 甲己合 | 甲庚沖 |
| 乙庚合 | 乙辛沖 |
| 丙辛合 | 丙壬沖 |
| 丁壬合 | 丁癸沖 |
| 戊癸合 | 己癸는 沖이 아니고 尅이다. |

1) 甲己合 = 中正之合(중정지합)으로 중심이 있는 합을 했다는 의미로, 甲木이 己土를 따랐다.
2) 乙庚合 = 仁義之合(인의지합)으로 乙은 인정이고, 庚은 의리로 庚金 남자가 乙木 여자와 합한다.
3) 丙辛合 = 威制之合(위제지합)으로 강제결혼을 의미하는데 강한 불인 丙火가 辛金을 꼼짝 못하게 합한다.
4) 丁壬合 = 淫亂之合(음란지합)으로, 너 좋고 나 좋으니 부담이 없다. 壬水는 스테미너이고, 丁火는 장정이라서 힘 있는 사람끼리 합을 했으므로 음란지합이다.
5) 戊癸合 = 無情之合(무정지합)으로, 정이 없이 합을 한다는 의미로, 戊土는 남자이고, 癸水는 여자인데, 戊土는 건조해서 십리 밖의 물(水)도 끌어당긴다.
   ① 合은 6합이라서 여섯 번째와 합을 한다.

② 合은 正財와 合하고, 正官과 合을 하기 때문에 부부합니다.
③ 合身 = 日干과 合을 하는 것.
④ 合去 = 日主 외에 다른 것과 合을 하는 것.


## 2. 天干 沖

沖은 陰과 陰이 沖하고, 陽과 陽이 沖한다.
沖은 相沖하므로 서로에게 상처를 입히는데, 강한 오행이 승리한다.
1) 甲庚沖 = 木과 金이 沖을 한다.
2) 乙辛沖 = 木과 金이 沖을 한다.
3) 丙壬沖 = 火와 水가 沖을 한다.
4) 丁癸沖 = 火와 水가 沖을 한다.
5) 己癸는 沖이 아니고 훼이다.


## 3. 地支 合

地支 合은 육체적인 合이요, 비밀이고, 부정한 合이며, 잘못 연결되면
묶이는 것이다.
1) 午未合 = 화생토하면서 合하므로 생합.
2) 巳申合 = 화극금하면서 合하므로 극합
3) 辰酉合 = 토생금하면서 合하므로 생합
4) 卯戌合 = 목극토하면서 合하므로 극합.
5) 寅亥合 = 수생목하면서 合하므로 생합.
6) 子丑合 = 토극수하면서 合하므로 극합.
　　① 극합이 3개이고 생합이 3개로 균형을 이루었다.
　　② 극합은 극하면서 合하므로 나를 패대기치려고 合하므로 한다.


## 4. 地支 沖

沖은 180도로 정 반대의 沖으로, 陰과 陰이 沖하고, 陽과 陽이 沖한다.

沖은 相沖하므로 서로에게 상처를 입히는데, 강한 오행이 승리한다.
1) 子午沖 = 水와 火가 沖한다.
2) 丑未沖 = 土끼리 沖하므로 붕충이다.
3) 寅申沖 = 木과 金이 沖한다.
4) 辰戌沖 = 土끼리 沖하므로 붕충이다.
5) 巳亥沖 = 火와 水가 沖한다.
6) 卯酉沖 = 木과 金이 沖한다.

## 5. 天干 合과 沖, 地支 合과 沖

1) 干合支合 = 찹쌀궁합으로 싸이클이 잘 맞는다.
2) 干合支沖 = 시작은 좋으나 결과가 나쁘다.
3) 干沖支沖 = 정산과 육체 모두가 싸이클이 안맞다.
4) 干沖支合 = 시작은 나쁘나 결과가 좋다.

## 6. 地支 沖 해소법

1) 丑未沖 = 巳, 亥 : 巳丑, 亥未, 亥丑.
2) 寅申沖 = 辰, 戌 : 寅辰, 申辰, 寅戌, 申戌. 子水가 통관시킴.
3) 巳亥沖 = 未, 丑 : 巳丑, 亥未, 巳未, 亥丑.
4) 辰戌沖 = 卯, 酉 : 卯戌, 辰酉.
5) 卯酉沖 = 辰, 戌 : 辰酉, 卯戌. 亥水가 통관시킴.

## 7. 干支合化格

合化格의 구성 원리는 이질과 이질이 만나서 동질이 되는 것으로, 陽과 陰이 합해서 나온 합으로 완전한 합이다.
그러나, 합화했다고 해서 무조건 합이 되는 것이 아니고, 爭合이나 妬合(투합)이 있어서 방해를 받으면 성립이 안되고, 합하는 오행의 뿌리가 있거나, 생해주는 오행이 있거나, 극을 하는 오행이 있어도 성립이 안 되는데, 이런 경우는 合만 되고 化는 안 되는 수가 있다.

### 1) 天干合 化

甲己가 合하여 土가 된 이유는 모든 조화가 寅(호랑이)과 辰(용)으로 인하여 발생했다는데 기인하였기 때문에 甲己는 丙寅月로부터 시작해서 丁卯, 戊辰인데, 辰土(용) 위에 戊土가 있어서 甲己合化土가 되는데, 나머지 合化도 마찬가지다.

### 月柱 干支 도표

| 절기 | 입춘 | 경칩 | 청명 | 입하 | 망종 | 소서 | 입추 | 백로 | 한로 | 입동 | 대설 | 소한 |
|---|---|---|---|---|---|---|---|---|---|---|---|---|
| 甲己年 | 丙寅 | 丁卯 | 戊辰 | 己巳 | 庚午 | 辛未 | 壬申 | 癸酉 | 甲戌 | 乙亥 | 丙子 | 丁丑 |
| 乙庚年 | 戊寅 | 己卯 | 庚辰 | 辛巳 | 壬午 | 癸未 | 甲申 | 乙酉 | 丙戌 | 丁亥 | 戊子 | 己丑 |
| 丙辛年 | 庚寅 | 辛卯 | 壬辰 | 癸巳 | 甲午 | 乙未 | 丙申 | 丁酉 | 戊戌 | 己亥 | 庚子 | 辛丑 |
| 丁壬年 | 壬寅 | 癸卯 | 甲辰 | 乙巳 | 丙午 | 丁未 | 戊申 | 己酉 | 庚戌 | 辛亥 | 壬子 | 癸丑 |
| 戊癸年 | 甲寅 | 乙卯 | 丙辰 | 丁巳 | 戊午 | 己未 | 庚申 | 辛酉 | 壬戌 | 癸亥 | 甲子 | 乙丑 |

### 2) 地支合 化

① 午未合 火

② 巳申合 水

③ 辰酉合 金

④ 卯戌合 火

⑤ 寅亥合 木

⑥ 子丑合 火는 土가 아니고, 겨울이라서 水로 본다.

## 8. 三合

1) 三合의 구성원리는 天 : 圓(원) : 一 : ○

地 : 方(방) : 二 : □ : 동서남북

人 : 各(각) : 三 : ▽

2) 원이 360도인데, 三合의 원리는 120도이므로 120도에서 만나고, 120도에서 헤어진다.

3) 三合은 모두 3각형으로 구성되어 있다.

三合 = 生 旺 墓로써,

亥 卯 未 = 木

寅 午 戌 = 火

巳 酉 丑 = 金

申 子 辰 = 水

墓는 庫라고도 하는데, 고는 사물이나 물건을 보관할 때 쓰는 창고의 개념이고, 墓는 사람으로 치면 무덤과 같은 개념이며, 辰 戌 丑 未가 모두 庫인데, 절이나, 부처님, 스님과의 인연으로 본다.

4) 三合의 변화관계는, 예를 들어서 比劫이 변해서 財가 되었다고 가정할때 변화된 육신이 길신이면, 친구나 형제로 인하여 돈을 벌었다고 해석하므로 다른 육신도 길흉에 따라서 해석을 달리해야 한다.

5) 三合의 3글자가 모두 있어야 三合이 성립되는 것은 아니고, 두 글자만 있어도 三合이 성립하는데 이를 準 三合이라고 한다.

이때 각 계절의 중심이 되는 글자가 합을 해야 그 힘이 강하다.

6) 歲運에서 日支와 三合 운이 오면 변화가 생기는데, 이사, 직장이동, 여행할 수 있는 운이 온다.

또 日支가 삼합 운이 오면 마음이 분주하고 다사하다.

7) 三合은 무조건 변화하는 것이라서 없는 것은 들어오고, 있는 것은 나간 것이므로,

年支 = 조상관계,

月支 = 부모나 형제관계,

日支 = 배우자관계,

時支 = 자식관계 등 위치별로 그 변화의 운을 살펴야 하고,

육친이나 육신별로도 해석을 해야하는데,

印綬 = 이사 수나 모친의 변화 문제,

比劫 = 친구나 형제와의 변화 문제,

食傷 = 조모나 종업원 등의 변화 문제,

財星 = 부친이나 부인의 변화 문제,

官星 = 남편이나, 자식 또는 직장의 변동 문제다.

8) 寅午戌火局 = 조열하기 때문에 화생토를 잘하고,

巳酉丑金局 = 금생수는 잘 하지만 물이 너무 깨끗해서 고기가 못산다.

申子辰水局 = 꽁꽁 얼어있는 물이라서 수생목은 못하지만 수극화는 잘한다.

亥卯未木局 = 묘미는 목생화를 잘하고, 해미도 목생화를 잘하며, 해묘는 습목이라서 목생화를 못한다.

9) 三合중에서도 金局은 열매라서 가장 강하고, 水局은 태평양이라서 두 번째로 강하며, 木局은 세 번째로 강하고, 火局은 분산하고 흩어지는 것이므로 가장 약하다.

## 9. 方合

1) 方合은 형제의 合이고, 계절의 合이다.

寅卯辰 = 合해서 木이 되므로 봄이고,

巳午未 = 合해서 火가 되므로 여름이며,

申酉戌 = 合해서 金이 되므로 가을이고,

亥子丑 = 合해서 水가 되므로 겨울이다.

2) 三合은 이질과 이질이 만나서 동질이 되고, 方合은 동질과 동질이 만나서 동질이 되는 것이다.

3) 三合과 方合은 움직이고 변화하는 것은 동일하다.

4) 三合은 하나의 부피로 봐야하므로 큰 하나의 덩어리이고,

方合은 하나의 덩어리가 아니므로 각각으로 해석한다.

예를 들어 寅午戌火局이라면 三合이라서 火라는 하나의 큰 덩어리이고, 巳午未火局은 세력은 크지만 각각으로 봐야 하므로 3개의 객체가 있는 것으로 본다.

5) 三合과 方合을 비교하면, 예를 들어서 寅卯가 있다면 方合이라서 木局이고, 寅午가 있다면 三合이라서 火局인데, 三合의 힘이 더 크므로 三合이 우선한다.

10. 暗合

暗合은 暗藏끼리 合하는 것으로, 비밀스런 合이고, 몰래 하는 合이다.
亥未 = 甲己 暗合. 巳丑 = 戊癸暗合, 丙辛暗合. 寅戌 = 丙辛暗合.
申辰 = 庚乙暗合.

# 제11장 : 英才와 정신불안자는 한 끝 차이다

## 1. 英才 사주

### 1) 극신약 사주로 아이큐가 140이다

(문정동 거주)

| 68 | 58 | 48 | 38 | 28 | 18 | 8 | | 時柱 | 日柱 | 月柱 | 年柱 | |
|----|----|----|----|----|----|---|--|------|------|------|------|--|
| 庚 | 辛 | 壬 | 癸 | 甲 | 乙 | 丙 | 大 | 乙 | 辛 | 丁 | 己 | 乾 |
| 申 | 酉 | 戌 | 亥 | 子 | 丑 | 寅 | 運 | 未 | 巳 | 卯 | 卯 | 命 |

- 乙未年 한 겨울에 엄마가 가지고 온 아들 사주로 대원외고 1학년생이다.
- 사주의 구조는, 토끼띠 해의 중 봄에 자신을 나타내는 글자를 보석 金에 비유해 해석하는 辛金으로 태어나 도와주는 세력이 약하므로 매우 신약한 사주다.

- 봄에 태어난 보석 金은 자신의 힘이 균형을 이루어야 성격이나 체력 등이 원만한데, 이 사주의 경우는 뿌리가 전혀 없고, 己土와 未土가 있으나, 사실상 未土는 열토라서 土生金이 안되므로 己土의 生을 받고 있어서 매우 약한 보석 金이 자기가 가장 싫어하는 火가 바로 옆 月上에서 火克金을 해 오고 있고, 강한 세력을 갖고 있는 時上의 乙木이 乙辛沖을 하므로 辛金이 고립무원으로, 이렇게 되면 辛金은 살아남아야 하므로 자기 보호 본능에서 이기주의자가 되고, 겁이 많으며, 매우 예민하므로 부모 입장에서는 아들이 아이큐는 매우 높기 때문에 좋으나 성격이 원만치 않으므로 지도하는데 많은 어려움을 겪는다.

- 따라서, 이런 사주는 감명하기가 매우 어려운데, 자칫 從格으로 볼 수 있지만, 분명히 이 사주는 身弱사주이므로 土가 용신이고, 金이 길신이며, 운에서 오는 水는 火를 잡아주므로 藥神도 되지만, 일정부분 木을 생해주므로 凶神도 되고, 火와 木은 病神이다.

- 이 男命은 대원외고 1학년생으로, 두뇌가 좋아서 좋은 학교를 갔지만, 乙未年에 乙辛沖을 하므로 실력이 나오지 않아 고민이 되어 상담을 받으러 온 것이다.
  丙申年, 丁酉年에 干上의 丙火, 丁火가 나쁘긴 하지만 地支가 金이므로가 乙未年보다는 좋다.

- 진로나 직업은 자기의 사주에 어떤 성분이 필요 하느냐에 따라 결정되는데, 이 사주는 아이큐가 높기 때문에 오행이나 殺로 진로를 보지 않고, 특별하게 보는데, 법관이나 의사에 인연이 있다고 했더니 로스쿨 갈 예정이라고 대답했다.

## 2) 극 신약 사주로 천재성이 보인다

(잠실 거주)

| 64 | 54 | 44 | 34 | 24 | 14 | 4 | | 時柱 | 日柱 | 月柱 | 年柱 | |
|---|---|---|---|---|---|---|---|---|---|---|---|---|
| 丙 | 乙 | 甲 | 癸 | 壬 | 辛 | 庚 | 大 | 戊 | 癸 | 己 | 甲 | 남 |
| 子 | 亥 | 戌 | 酉 | 申 | 未 | 午 | 運 | 午 | 卯 | 巳 | 申 | 자 |

- 乙未年 한가을에 엄마가 가지고 온 12살 아들 사주로 이 아이 때문에 눈물을 많이 흘리고 있다고 한다.
- 사주의 구조는, 원숭이띠 해의 초여름에 자신을 나타내는 글자를 빗물에 비유해 해석하는 癸水로 태어나 도와주는 세력이 너무 약해서 매우 신약한 사주다.

- 여름에 태어난 癸水는 더위를 식혀야 하므로 水가 많이 필요하나, 水가 1개 밖에 없고, 金도 하나 밖에 없는데다 그 申金 마져 巳申합과

刑을 불안정한데, 더운 기운을 가지고 있는 木, 火, 土가 많을 뿐만
아니라  日干을 사이에 두고 양 옆에 己土와 戊土가 剋을 하고 있으
므로 日干 癸水가 버티기가 너무 어렵기 때문에 水와 金이 더 필요하
고, 火와 土가 病神이고 木도 흉신이다.


- 이렇게 日干이 태약 한 상태에서 刑과 剋을 당하고 있기 때문에 일반
  사주 통변론으로는 해석하기가 매우 어렵다.
  이런 사주는, 한마디로 말해서 머리가 비정상이다.
  따라서, 어떤 대는 정상적인 것 같지만, 종잡을 수 없이 수시로 변덕
  을 부리기 때문에 부모가 힘이 들고, 또 어느 때는 천재적인 소질을
  보이게 되므로 이런 사주 구조의 특성을 모르는 부모 입장에서는 황
  당할 때가 많다.
  그래서, 어떤 때는 이 아이가 천재인가? 하다가도 또 어떤 때는 정신
  질환인가? 하고 생각하게 된다.


- 결국은 엄마입장에서 하도 답답해서 사주를 보러왔는데, 필자가 앞
  에서 설명한대로 아이의 성향에 대하여 설명하자 "선생님이 마치 우
  리 아이를 보시고 이야기 하시는 것 같아서 놀랍다."라고 말했다.


- 이런 아이에 대한 처방은 신경정신과 의사의 도움을 받아야 하지만,
  우리 정서적으로는 그렇게 하기가 어렵기 때문에 무조건 "품어 안아
  주어 신경을 안정시켜 주시라."고 조언해 주었더니, 그 다음날 다시
  엄마가 방문해서 "어제 선생님 말씀대로 아이를 칭찬해주고 보듬어
  주었더니 무척 편안해 하고 고마워하더라."고 말을 하더라면서 "선
  생님, 정말 고맙습니다."라고 하면서 인사를 여러 번 하고 갔다.

3) 극 신약인데도 정신질환자가 아니고 수재다

(가락동 거주)

| 62 | 52 | 42 | 32 | 22 | 12 | 2 | | 時柱 | 日柱 | 月柱 | 年柱 | |
|---|---|---|---|---|---|---|---|---|---|---|---|---|
| 庚 | 辛 | 壬 | 癸 | 甲 | 乙 | 丙 | 大 | 戊 | 癸 | 丁 | 己 | 남 |
| 申 | 酉 | 戌 | 亥 | 子 | 丑 | 寅 | 運 | 午 | 亥 | 卯 | 卯 | 자 |

– 사주의 구조는, 토끼띠 해의 중 봄에 자신을 나타내는 글자를 빗물에
  비유해 해석하는 癸水로 태어나 도와주는 세력이 약하므로 매우 신
  약한 사주다.

– 봄에 태어난 癸水가 나무에 물을 주고 있는 격이라 바쁘고 분주하며,
  성실하나, 매우 신약하고, 丁癸沖을 하면서 戊癸合까지 하고 있고, 日
  支 亥水는 亥未合木을 하므로 너무 신약하기 때문에 水가 우선 더 필요
  하고, 그 다음에 金도 필요하며, 火와 土가 病神이고 木도 흉신이다.

– 현재 고등학교 1학년인데, 공부를 전혀 안한다고 하는데, 그 이유는
  癸巳, 甲午, 乙未年이 火운으로 흐르기 때문이다.
– 이렇게 극 신약사주는 정신 정신질환자가 되거나 수재가 많은데, 이
  아이의 경우는 정신질환자가 아니고 아이큐가 140 정도 되는 수재라
  고 한다.

– 진로나 직업은 자기의 사주에 어떤 성분이 필요하느냐에 따라 결정되
  는데, 이 사주는 水가 우선 필요하므로 水와 관련된 직업은 물이나,
  음식류와 가장 가까운데, 이 아이는 요리에 관심이 많다고 한다.

4) 수재 사주

(양재동 거주)

| 67 | 57 | 47 | 37 | 27 | 17 | 7 | | 時柱 | 日柱 | 月柱 | 年柱 | |
|---|---|---|---|---|---|---|---|---|---|---|---|---|
| 庚 | 辛 | 壬 | 癸 | 甲 | 乙 | 丙 | 大 | 丙 | 癸 | 丁 | 己 | 남 |
| 午 | 未 | 申 | 酉 | 戌 | 亥 | 子 | 運 | 辰 | 未 | 丑 | 卯 | 자 |

- 乙未年 한 여름에 엄마가 가지고 온 아들 사주로 아이큐가 145라고
  한다.
- 사주의 구조는, 토끼띠 해의 늦겨울에 자신을 나타내는 글자를 빗물
  에 비유해 해석하는 癸水로 태어나 도와주는 세력이 많지 않으므로
  신약한 사주다.

- 늦겨울에 태어난 癸水가 신약하지만 기온이 매우 낮기 때문에 火가
  우선 필요하고, 그 다음에 木도 필요하며, 土가 病神이기도 하지만,
  丑土와 辰土 속에 水가 들어있어 일부 吉神의 작용도 하며, 木이 吉
  神이고, 金이 오면 흉신이다.

- 이 사주는 乙未年 현재 17살로 고등학교 1학년생인데, 아이큐가 145라
  고 하며, 수학이나 문리에 탁월한 소질과 관심을 갖고 있다고 한다.
  이 사주가 수재인데, 왜 수재가 되는가를 살펴보자.
  日干인 癸水가 신약한 가운데 日干인 癸水를 중심으로 月上의 丁火
  가 丁癸沖을 하고, 時上의 丙火가 水剋火, 火剋水를 하고 있으며, 水
  를 剋하는 土가 많아서 土克水하므로 癸水는 剋 속에서 살아남아야
  하므로 매우 예민해지면서 아이큐가 높게 나타난다.

- 만약에 이런 구조의 사주가 겨울 생이 아니고 여름 생이어서 日干이
  지나치게 剋을 받는 다면 정신질환자가 될 수 있을 것인데 이 사주의
  경우는 겨울 생이라 그렇지 않다.

5) 수재 사주 - 변호사

(은평구 거주)

| 67 | 57 | 47 | 37 | 27 | 17 | 7 | | 時柱 | 日柱 | 月柱 | 年柱 | |
|----|----|----|----|----|----|----|----|----|----|----|----|----|
| 乙 | 甲 | 癸 | 壬 | 辛 | 庚 | 己 | 大 | 乙 | 己 | 戊 | 壬 | 乾 |
| 卯 | 寅 | 丑 | 子 | 亥 | 戌 | 酉 | 運 | 丑 | 卯 | 申 | 子 | 命 |

- 사주의 구조는, 쥐띠 해의 초가을에 자신을 나타내는 글자를 야산의

흙에 비유해 해석하는 己土로 태어나 도와주는 세력이 약하므로 매우 신약한 사주다.

- 가을에 태어난 己土가 태양 火가 나타나서 신강 해야 木을 잘 키울 수 있는데 이 사주는 水氣가 많고, 木이 나타나있어서 신약한 己土를 木剋土하고 있으므로 比劫인 戊土가 용신이고 火가 길신이며, 金과 水가 흉신이며, 木이 病神이다.

- 日干인 己土가 木의 剋을 강하게 받고 있으므로 성격이 매우 예민한데 卯申鬼門殺을 가지고 있어 더욱 예민하다.
사주가 이런 구조가 되면, 아이큐가 140 이상이 되므로 수재 소리를 듣게 되고, 명문대학을 나오게 되는데, 이 命主는 서울대를 졸업했고 현재 변호사로 활동하고 있는 상장기업가 집안의 둘째 사위다.

- 대운이 약하기 때문에 독자적인 사무실을 내기가 어려우므로 월급생활을 하는 것이 유리한데 현재 그런 상태를 유지하고 있다.

## 2. 정신불안자 사주

### 1) 망상에 젖어 의사가 꿈이다

(마포구 거주)

| 67 | 57 | 47 | 37 | 27 | 17 | 7 | | 時柱 | 日柱 | 月柱 | 年柱 | |
|----|----|----|----|----|----|----|----|----|----|----|----|----|
| 戊 | 己 | 庚 | 辛 | 壬 | 癸 | 甲 | 大 | 壬 | 己 | 乙 | 辛 | 乾 |
| 子 | 丑 | 寅 | 卯 | 辰 | 巳 | 午 | 運 | 申 | 亥 | 未 | 未 | 命 |

- 초등학교 때부터 庚寅年까지 4번에 걸쳐서 심장수술을 했다.
- 未土와 亥水가 亥未木局을 하고 있고, 乙木이 干上에 나타나있으므로 土가 강한 힘을 가진 木의 극을 받아서 시달리므로 망상에 젖어있다.
- 사주에 의료가 인연이라 의사가 꼭 되고 싶고 의사가 안되면 삶을 포기하고 싶은 심정이란다.

그래서, 신경정신과 치료를 받아보라고 권유했다.

– 고등학교 때 공부를 안 해서 수원에 있는 ○○대학교에 다니고 있는
데, 현침살이 많아 의료업과 인연이라 응급구조학과에 다닌다.


2) 과대망상증 사주

(화곡동 거주)

| 65 | 55 | 45 | 35 | 25 | 15 | 5 | | | 時柱 | 日柱 | 月柱 | 年柱 | |
|---|---|---|---|---|---|---|---|---|---|---|---|---|---|
| 戊 | 丁 | 丙 | 乙 | 甲 | 癸 | 壬 | 大 | | 己 | 甲 | 辛 | 辛 | 여 |
| 申 | 未 | 午 | 巳 | 辰 | 卯 | 寅 | 運 | | 巳 | 辰 | 丑 | 酉 | 자 |

– 乙未年 늦여름에 온 여자 사주로 몹시 불안한 모습으로 방문했다.
– 사주의 구조는, 닭띠 해의 늦여름에 자신을 나타내는 글자를 큰 나무
에 비유해 해석하는 甲木으로 태어나 도와주는 세력이 없으므로 매
우 신약한 사주다.


– 겨울에 태어난 甲木이 추위에 떨고 있는 형상이고 木을 剋하는 金이
많으며, 습한 기운을 가지고 있는 辰土와 丑土가 있어 습하고 춥기
때문에 신약한 것 보다는 추운 것이 더 나쁘므로 火가 우선 더 필요
하고, 木도 필요하며, 金이 病神이고 濕土도 흉신이라서 火가 藥神도
겸한다.


– 이 사주는 金이 病神이므로 남자 덕이 없으며, 직장복도 약한 사주
로, 사주가 이렇게 생기면, 자기 마음에 드는 남자가 쉽게 나타나지
않으며, 직장 생활도 불만이 매우 많게 되는데, 극 신약하므로 더욱
나쁘다. 따라서, 필자가 말하기를 "손님은 아직 결혼을 하지 않았을
것 같고, 직장에 불만이 많으며, 올해 직장변동이나 이사를 해야 할
것 같습니다."라고 말하고 "무슨 문제로 오셨습니까?"라고 묻자, 손
님이 대답하기를 "직장에서 바로 옆자리에서 일하는 남자 직원이 자
신을 괴롭혀서 생활을 할 수가 없습니다."라고 하면서 눈알을 이리

굴리고 저리 굴리는 불안한 증세를 보였다.

- 구체적으로 남자 직원이 어떻게 괴롭히는지는 정확하게 알 수 없으
  나, 필자의 판단은 사주의 구조로 봐서 정신병의 일종인 과대망상증
  에 해당한다고 확신한다.


3) 官殺의 공격이 심하면 정신질환자가 된다

(신정동 거주)

| 64 | 54 | 44 | 34 | 24 | 14 | 4 | | 時柱 | 日柱 | 月柱 | 年柱 | |
|----|----|----|----|----|----|----|---|----|----|----|----|---|
| 丁 | 丙 | 乙 | 甲 | 癸 | 壬 | 辛 | 大 | 庚 | 甲 | 庚 | 戊 | 乾 |
| 卯 | 寅 | 丑 | 子 | 亥 | 戌 | 酉 | 運 | 午 | 寅 | 申 | 辰 | 命 |

- ○○대 재료공학과를 다니다가 庚寅年에 군에서 제대를 했는데, 복
  학을 하지 않고, 무언가 분노를 많이 한단다.
  그 이유는 日主를 가운데 두고 양 옆에서 甲庚沖, 寅申沖으로 충돌을
  했기 때문이다.

- 辛卯年에는 卯申鬼門官殺이 작용하므로 우울증으로 학교를 안가겠다
  고 하고, 집에서 소일하고 지낸다.
- 고등학교 때 歲運을 보면, 甲申, 乙酉, 丙戌로 3학년 때만 좋았는데
  도 워낙 머리가 좋아서 서울대를 갈수 있었다.
- 머리가 좋은 이유는 甲庚沖, 寅申沖으로 金의 공격이 심하기 때문이다.

4) 官殺의 공격을 당하면 妄想이다

(중구 거주)

| 63 | 53 | 43 | 33 | 23 | 13 | 3 | | 時柱 | 日柱 | 月柱 | 年柱 | |
|----|----|----|----|----|----|----|---|----|----|----|----|---|
| 甲 | 癸 | 壬 | 辛 | 庚 | 己 | 戊 | 大 | 庚 | 庚 | 丁 | 甲 | 乾 |
| 戌 | 酉 | 申 | 未 | 午 | 巳 | 辰 | 運 | 辰 | 申 | 卯 | 子 | 命 |

- 卯月에 庚金이 신약한데, 신약하게 된 원인이 財가 왕해서 財生殺하

기 때문으로 比劫이 용신이고, 火가 病神, 木도 흉신이다.

- 대게, 日干이 官殺의 공격이 심한사주는 예민해서 두뇌는 좋지만 망상에 젖어있기 때문에 노력을 하지 않으며, 가족과의 소통이 되지 않는다.


- 歲運이 나빠도 예민해서 머리가 좋아서 중위권 대학을 나와서 庚寅年에 취업했으나 곧 퇴사하고, 辛卯年에 놀고 있단다.
- 이런 사주가 財多身弱사주인데, 술집을 하고 싶어한다고 해서 대운이 나빠서 돈 대주면 까먹으므로 돈 대주지 말라고 했다.


5) 官殺의 剋이 심하면 정신질환자다

(학동 거주)

| 62 | 52 | 42 | 32 | 22 | 12 | 2 | | 時柱 | 日柱 | 月柱 | 年柱 | |
|---|---|---|---|---|---|---|---|---|---|---|---|---|
| 甲 | 癸 | 壬 | 辛 | 庚 | 己 | 戊 | 大 | 丙 | 辛 | 丁 | 丙 | 乾 |
| 辰 | 卯 | 寅 | 丑 | 子 | 亥 | 戌 | 運 | 申 | 未 | 酉 | 子 | 命 |

- 모친이 이 아이의 사주를 봐달라고 해서 사주를 세워보니까 官殺인 丙, 丁火의 剋이 너무 심했다.


- 내가 하는 말이 "재미있게 설명을 해 보겠습니다." 하면서 먼저 전제를 해놓고, "더럽게 잘생겼는데, 성질은 더럽게 까다롭네요." 했더니 사주를 보려고 온 모친과 누나가 "선생님 정말 그렇습니다."라고 대답했다.
이어서 필자의 말이 "庚寅年에 머리가 아프다고 안 하던가요?"라고 물었더니 그 어머니 대답이 "그렇지 작년에 머리가 아프다고 하고, 몸이 여기저기 아프다고 해서 병원에 가서 MRI도 찍어봤으나 별다른 이상이 없다"고 했다.
그래서, 내가 하는 말이 "머리가 아프고 정신적으로 히스테리현상을 보이는 것이 사주에 타고났습니다."라고 말해줬다.


- 사주 구조를 한번 보자.

이 사주가 신왕한가 신약한가?

아마, 대부분 신왕한 사주로 볼 것이지만 이 사주는 신약하다.

이유는 日支에 未土가 있고, 年, 月, 時上에 丙, 丁火가 나타나 있기 때문으로 官殺이 病이다.

따라서, 官殺이 干上에 나타나 剋을 심하게 하므로 몸이 아프고 정신 적으로 히스테리 증상이 나타나게 되는데, 그 해년이 庚寅年부터다.

이유는 寅木이 옴으로써 火가 더 왕해지기 때문이다.

- 그런데, 이렇게 剋을 심하게 받는 사주들은 예민하기 때문에 아이큐 는 높은 경우가 많은데, 이 命主도 머리는 좋다고 한다.

- 또한, 성격을 보면, 辛金의 성격은 어떠한가?

  까칠한데다가 酉金을 가져서 정확한 것을 좋아하나, 官殺의 剋이 심 하므로 까칠한 정도를 넘어서 히스테리 증상이 나타나게 된다.

- 따라서, 고등학교 2학년 때와 3학년 때 辛巳, 壬午로 火운이 오게 되 면, 그 때 히스테리가 이만 저만이 아닐 것이므로 대학 진학하는데, 애로가 많을 것이라고 진단했다.

## 6) 官星의 剋이 심하면 망상이다

(천호동 거주)

| 61 | 51 | 41 | 31 | 21 | 11 | 1 | | 時柱 | 日柱 | 月柱 | 年柱 | |
|----|----|----|----|----|----|----|----|----|----|----|----|----|
| 辛 | 壬 | 癸 | 甲 | 乙 | 丙 | 丁 | 大 | 乙 | 戊 | 戊 | 乙 | 乾 |
| 未 | 申 | 酉 | 戌 | 亥 | 子 | 丑 | 運 | 卯 | 戌 | 寅 | 未 | 命 |

- 寅月의 戊土가 月上에 戊土가 있고, 年支에 未土, 日支에 戌土가 있 는데, 未土는 時支 卯木과 비록 멀지만 卯未合木을 하고, 戌土는 寅 木과 합하여 火局으로 변하므로 신약한데, 힘이 강하여 病神인 木이 木剋土하므로 정신적인 문제가 있거나 망상이다.

- 초년대운이 水운으로 病神인 木을 도와주므로 운이 없었던 사람으로 인도네시아로 가서 아내가 하는 일을 도와주면서 산다.

– 이 命主는 모친이 신기가 있었고, 자식도 정신적인 문제가 많다.


부인 사주

| 68 | 58 | 48 | 38 | 28 | 18 | 8 | | | 時柱 | 日柱 | 月柱 | 年柱 | |
|----|----|----|----|----|----|----|---|---|-----|-----|-----|-----|---|
| 甲 | 乙 | 丙 | 丁 | 戊 | 己 | 庚 | 大 | | 癸 | 壬 | 辛 | 丙 | 坤 |
| 午 | 未 | 申 | 酉 | 戌 | 亥 | 子 | 運 | | 卯 | 寅 | 丑 | 申 | 命 |

– 인도네시아에서 남편과 함께 회사원 생활을 하고 있다.
– 丑月에 壬水가 신왕하므로 財星인 火가 용신인데, 대운이 나빠 운이
  없다.


– 官星인 남편 丑土가 흉신인데, 다행히 日支에 있는 寅木이 길신이므로
  남편이 운은 없는 사람이지만 부인인 자기의 말은 잘 듣는다고 한다.
  그런데, 印星인 申金과 멀지만 寅申沖을 하고 있어 나쁘다.


과대망상인 아들사주

| 65 | 55 | 45 | 35 | 25 | 15 | 5 | | | 時柱 | 日柱 | 月柱 | 年柱 | |
|----|----|----|----|----|----|----|---|---|-----|-----|-----|-----|---|
| 戊 | 己 | 庚 | 辛 | 壬 | 癸 | 甲 | 大 | | 庚 | 己 | 乙 | 癸 | 乾 |
| 申 | 酉 | 戌 | 亥 | 子 | 丑 | 寅 | 運 | | 午 | 酉 | 卯 | 亥 | 命 |

– 卯月에 己土가 午火에 겨우 의지하고 있어서 태약 한 사주다.
– 卯木은 亥未合木을 해서 木剋土를 하고 있기 때문에 官殺의 剋이 심
  해서 망상인데, 거의 정신질환 수준이다.


– 어려서 정신병원에 입원을 한 적이 있었으며, 그래도 외국에서 살다온
  관계로 특례로 모 지방대 수의학과에 입학했는데, 공부를 안 한다.
– 이 命主가 수의학과에 입학하게 된 연유는 卯, 酉 鐵鎖開金殺이 있기
  때문에 의료와 인연이라서 수의학과에 가게 되었다.

7) 官星의 剋이 심해서 신약하면 정신적인 질병자다

(성내동 거주)

| 61 | 51 | 41 | 31 | 21 | 11 | 1 | | | 時柱 | 日柱 | 月柱 | 年柱 | |
|---|---|---|---|---|---|---|---|---|---|---|---|---|---|
| 辛 | 壬 | 癸 | 甲 | 乙 | 丙 | 丁 | 大 | | 丁 | 壬 | 戊 | 辛 | 남 |
| 卯 | 辰 | 巳 | 午 | 未 | 申 | 酉 | 運 | | 未 | 戌 | 戌 | 酉 | 자 |

- 乙未年 중 봄에 서초구에 사는 모친이 가지고 온 김씨 남자 사주로, 간질병환자다.
- 사주의 구조는, 닭띠 해의 늦가을에 자신을 나타내는 글자를 강물에 비유해서 해석하는 壬水로 태어나 도와주는 세력이 약하므로 신약한 사주다.
- 가을에 태어난 壬水가 官星인 土가 너무 많아서 신약하므로 金과 水가 필요하고, 土가 病이고, 火가 凶神이다.
- 대게, 病神인 官星이 日干을 바로 剋하면, 두뇌는 좋으나, 성격이 예민하고, 정신질환자가 많은데, 이 男命은 2011년 辛卯年에 卯酉沖해서 신약을 더욱 신약하게 하면서 양인살이 沖을 하므로 택시를 타고 가다가 대형 교통사고를 당한 후 간질병이 생겨서 고생을 하고 있다고 한다.

- 日支 처궁이 戌未刑이 되어 있어서 부부 궁이 불안한데다가 乙未대운에서 戌未刑을 또 다시 하므로 사귀던 애인과도 헤어졌다고 하는데, 2015 乙未年에 日支 처 궁을 戌未刑으로 흔들어서 움직이므로 또 다시 애인을 사귀어 결혼을 준비하고 있다고 한다.

- 진로나 직업은 자기의 사주에 어떤 성분이 필요 하느냐에 따라 결정되는데, 이 사주는 현침살인 辛酉 金이 있어서 호텔과 인연인데, 모 처 유명한 호텔의 카지노에서 근무하고 있다고 한다.

(수원 거주)

| 62 | 52 | 42 | 32 | 22 | 12 | 2 |  | 時柱 | 日柱 | 月柱 | 年柱 |  |
|---|---|---|---|---|---|---|---|---|---|---|---|---|
| 丁 | 戊 | 己 | 庚 | 辛 | 壬 | 癸 | 大 | 丁 | 甲 | 甲 | 丁 | 남 |
| 酉 | 戌 | 亥 | 子 | 丑 | 寅 | 卯 | 運 | 卯 | 申 | 辰 | 丑 | 자 |

- 사주의 구조는, 소띠 해의 늦봄에 자신을 나타내는 글자를 큰 나무에 비유해 해석하는 甲木으로 태어나 도와주는 세력이 약하므로 신약한 사주다.

- 봄에 태어난 甲木이 약간 신약하지만 기온이 아직 낮고 습하므로 火가 우선 필요하고 그 다음에 木이 필요하며, 金과 丑土가 흉신이지만, 같은 습토라도 辰土는 옥토이므로 吉神이다.

- 이 사주에는 卯申鬼門殺을 갖고 있는데, 이 殺의 작용은 주로 정신적인 문제를 일으키는 殺로, 변태나 우울증 또는 집착증 같은 행태로 나타나는데, 이 殺이 좋게 작용한다면 오히려 좋은 일에 집착을 하게 되므로 성공의 지름길이 될 수도 있다.

- 그러나, 이 男命은 올해 고등학교 3학년생인데, 주로 자기의 외모와 관련된 집착증 때문에 방황한다고 한다.
그 예로, 자신의 몸이 약간 뚱뚱한 편으로 젖가슴에 살이 쪄서 약간 돌출한 것을 두고 고민을 해서 乙未年에 성형수술을 했다고 하며, 성격이 이상해졌다고 엄마가 고민을 하고 있다.

- 진로나 직업은 자기의 사주에 어떤 성분이 필요 하느냐에 따라 결정되는데, 이 사주는 火가 우선 필요하므로 컴퓨터 공학에 관심이 있고, 이 사주에 懸針殺인 甲木과 申金이 있기 때문에 의료분야와 인연으로, 어려서는 가장 하고 싶은 직업이 의사여서 부모가 이 男命에게 인체의 해부도를 사다주기도 했다고 한다.

9) 극신약 사주로 두뇌는 좋으나 정신적으로 어렵다고 한다

(시흥 거주)

| 68 | 58 | 48 | 38 | 28 | 18 | 8 |   |  | 時柱 | 日柱 | 月柱 | 年柱 |   |
|----|----|----|----|----|----|----|----|----|----|----|----|----|----|
| 乙 | 甲 | 癸 | 壬 | 辛 | 庚 | 己 | 大 |  | 丙 | 癸 | 戊 | 丙 | 乾 |
| 巳 | 辰 | 卯 | 寅 | 丑 | 子 | 亥 | 運 |  | 辰 | 未 | 戌 | 子 | 命 |

- 乙未年 한 가을에 엄마가 2015 甲午年에 이어 두 번째로 가지고 온
  남자사주로 두뇌는 좋으나 정신적으로 어렵다고 한다.
- 사주의 구조는, 쥐띠 해의 늦가을에 자신을 나타내는 글자를 빗물에
  비유해 해석하는 癸水로 태어나 도와주는 세력이 약하므로 매우 신
  약한 사주다.


- 늦가을에 태어난 癸水지만, 水를 극하는 土가 너무 많고, 火도 水를
  극하므로 매우 신약하므로 水가 우선 더 필요하고, 金도 필요하며,
  土가 病神이고, 火가 구신이며, 운에서 오는 金이 길신이고, 운에서
  오는 濕木이 藥神이다.
- 이 男命은 현재 엄마를 따라 미국에서 공부를 하고 있는데, 아이큐가
  매우 높으나, 정신적으로 불안 증세를 보여서 엄마를 힘들게 한다고
  한다.
  이 男命은 시험을 보면 성적은 잘 나오지만, 공부는 하지 않는다고
  하는 데, 언제쯤 좋아지겠느냐고 상담을 왔다.
  그래서 내년 丙申年부터는 안정을 찾을 것이기 때문에 좋아질 것이
  라고 설명해줬다.


10) 너무 예민해서 엄마가 고민한다

(하남 가주)

| 68 | 58 | 48 | 38 | 28 | 18 | 8 |   |  | 時柱 | 日柱 | 月柱 | 年柱 |   |
|----|----|----|----|----|----|----|----|----|----|----|----|----|----|
| 戊 | 己 | 庚 | 辛 | 壬 | 癸 | 甲 | 大 |  | 辛 | 乙 | 乙 | 乙 | 乾 |
| 寅 | 卯 | 辰 | 巳 | 午 | 未 | 申 | 運 |  | 巳 | 丑 | 酉 | 亥 | 命 |

- 辛卯年 17세로 고등학교 1학년이다.
- 酉月에 乙木이 年, 月上에 比肩이 있고, 年支에 印星인 亥水가 있으
  나 신약한데, 地支에 巳酉丑金局이 있으며, 時上에 辛金이 乙辛沖을
  하고 있어서 더욱 약하다.
  따라서, 金이 病이고, 土도 흉신이며, 水도 흉신이고, 火剋金해주는
  火가 약용신이며, 木이 길신이다.

- 사주에서 官星이 흉신이 되면 殺이라고 불리는데, 殺이 지나치게 왕해
  서 日干이 剋을 심하게 받으면 정신적인 불안 증세를 나타내게 된다.
  따라서, 이런 구조의 사주는 학운기에 공부를 안 하게 되므로 큰 애
  로사항이다.

- 이 男命은 巳火가 용신인데, 巳酉丑金局으로 변질되었고, 또, 年支에
  있는 모친인 亥水가 멀지만 巳亥沖을 하므로 엄마와 사이가 나쁜데,
  특히, 辛卯年에 卯木이 巳酉丑金局의 중심인 酉金을 沖하므로 더욱
  심하며 자칫 사고가 생길 수 있는 운이지만, 申月까지는 큰 일이 생
  기지 않았다고 하나, 앞으로 오는 酉月이 문제다.
- 부모의 입장에서는 아이가 신경이 불안정하므로 신경정신과 치료를
  받았으면 하지만 앞으로의 삶에 부정적인 영향을 우려해서 가지 못
  한다고 한다.

11) 신경과민 사주

(성남 거주)

| 66 | 56 | 46 | 36 | 26 | 16 | 6 | | 時柱 | 日柱 | 月柱 | 年柱 | |
|----|----|----|----|----|----|---|---|----|----|----|----|---|
| 乙 | 甲 | 癸 | 壬 | 辛 | 庚 | 己 | 大 | 丁 | 辛 | 戊 | 丙 | 乾 |
| 巳 | 辰 | 卯 | 寅 | 丑 | 子 | 亥 | 運 | 酉 | 卯 | 戌 | 子 | 命 |

- 辛卯年 16살이며, 중학교 2년생이다.
- 戌月에 辛金이 時支에 酉金이 있고, 月柱에 戊戌土가 있지만 戌土는
  火庫라서 土生金이 안되고, 酉金도 卯酉沖되어 깨져서 辛金이 태약

하므로 比劫이 용신으로 官殺이 왕 해서 官印相生으로 土를 쓰는 것
이 좋지만 戌土라서 못쓴다.

그런데, 年上에 丙火와 時上의 丁火가 戌土에 근기를 갖고 있으며, 卯
戌火까지 있어서 火가 旺한데, 旺한 火가 辛金을 剋하므로 매우 흉한
사주다.

- 辛卯年에 卯木이 桃花 財이기 때문에 이 命主는 작년(庚寅年)부터 공
부는 안하고 여자한테만 신경을 쓰고 있다.


- 이 命主는 가을 보석으로 태어났는데, 火가 너무 많아서 공격을 강하
게 당하기 때문에 정신적으로 큰 혼란을 겪고 있어서 정상적인 생활
이 어렵고, 주관이 뚜렷하지도 않으며, 변덕스럽기 때문에 부모나 교
사의 입장에서 보면, 다루기가 굉장히 힘들다.


- 이렇게, 官星인 火에 자신인 金이 剋을 심하게 받으면 정신적으로 과
민해 지기 때문에 사회적응력이 매우 떨어지며, 심하면 정신분열증
으로까지 발전하는 경우도 있는데, 초등학교 때부터 학우들과 어울
리지 못해서 따돌림이 극심했고, 학교에서 말썽을 피워 06(丙戌)年부
터 07(丁亥) 年까지 1년 반 동안 신경정신과 치료를 받았다.


12) 辛卯年 16세로 히스테리현상을 보인다

(용산 거주)

| 65 | 55 | 45 | 35 | 25 | 15 | 5 | | 時柱 | 日柱 | 月柱 | 年柱 | |
|---|---|---|---|---|---|---|---|---|---|---|---|---|
| 己 | 戊 | 丁 | 丙 | 乙 | 甲 | 癸 | 大 | 乙 | 丁 | 壬 | 丙 | 乾 |
| 亥 | 戌 | 酉 | 申 | 未 | 午 | 巳 | 運 | 巳 | 亥 | 辰 | 子 | 命 |

- 辛卯년 16세로 庚寅년부터 운은 좋아졌으나 官殺의 剋이 심하므로
히스테리 현상을 보인다.

대게, 官殺의 공격이 심하면 신경과민증이 되기 쉬운데, 이 사주의
경우는 辰亥鬼門과 怨嗔殺이 작용하므로 더욱 그런 현상이 심하게
나타난다.

- 또한, 아이들의 경우 대게 사춘기 전에는 부모의 지도력 등 관심의 여하에 따라서 공부를 잘하고 못하고 하지만 사춘기 이후부터는 자기운대로 살아가게 된다.

- 이 아이도 庚寅年부터 공부를 잘 안하고, 학교에 가지 않으려 하고, 친구들과의 교우관계도 나쁘단다.

## 13) 신약사주가 尅이나 沖을 받으면 정신불안자다

(화곡동 거주)

| 61 | 51 | 41 | 31 | 21 | 11 | 1 | | 時柱 | 日柱 | 月柱 | 年柱 | |
|----|----|----|----|----|----|----|----|----|----|----|----|----|
| 乙 | 甲 | 癸 | 壬 | 辛 | 庚 | 己 | 大 | 丁 | 癸 | 戊 | 乙 | 여 |
| 酉 | 申 | 未 | 午 | 巳 | 辰 | 卯 | 運 | 巳 | 巳 | 寅 | 亥 | 자 |

- 사주의 구조는, 돼지띠 해의 초봄에 자신을 나타내는 글자를 빗물에 비유해 해석하는 癸水로 태어나 도와주는 세력으로 亥水 밖에 없으므로 매우 신약한 사주다.

- 초봄 생이라서 기온이 낮아 水가 많이 필요한 계절은 아니지만, 日干인 癸水가 지나치게 약하기 때문에 초봄이라도 水가 가장 필요하고, 金이 그 다음으로 필요하며, 火와 土가 病神이고, 寅木은 凶神이나 乙木은 戊土를 잡아주므로 길신이다.

- 이 命主는 水가 필요하기 때문에 水와 인연이 직업인 식음료 계통으로 가거나 金도 필요하기 때문에 금속과 관련된 직업군에 인연인데, 미술공부를 하고 있다고 하므로 그렇다면 미술을 기초로 해서 귀금속 디자인이나, 쥬얼리 디자인전문가로 가도록 권유했고, 癸巳年에 대학을 가지 못하고 재수를 했는데, 甲午年에도 본인이 가고 싶은 대학은 가지 못할 것이라고 진단했다.

- 사주가 극 신약한데다 日干인 癸水를 戊土가 尅을 하고 丁火가 沖을

하는데, 이런 구조가 되면, 사춘기를 겪으면서부터 불안심리가 강하
게 작용하기 때문에 노이로제 같은 증상이 나타나게 되고, 자기 혼자
서는 무슨 일을 못하고 엄마나 형제들한테 의지하려는 성향을 보이
게 되는데, 이 命主  역시 매사 불안해하고 남한테 의지하려고만 한
다고 한다.

14) 身弱한 日干이 剋을 강하게 받으면 신경과민이다

(신정동 거주)

| 70 60 50 40 30 20 10 | | 時柱 日柱 月柱 年柱 | |
|---|---|---|---|
| 甲 乙 丙 丁 戊 己 庚 大 | | 己 甲 辛 辛 | 乾 |
| 申 酉 戌 亥 子 丑 寅 運 | | 巳 辰 卯 未 | 命 |

- 사주의 구조는, 양띠 해의 중 봄에 자신을 나타내는 글자를 큰 나무
  에 비유해서 해석하는 甲木으로 태어나 도와주는 세력이 약하므로
  매우 신약한 사주다.

- 봄에 태어난 甲木은 더 자라야하는데 두 개의 辛金이 金克木을 하므
  로 나무의 성장을 방해하고 있어서 金이 病神이고, 水가 通關 용신이
  며, 木이 길신이고, 干上의 火는 藥神이며, 土가 흉신이다.

- 어떤 日干이든지 신약한 日干이 官의 剋을 과도하게 받으면 정신불
  안이나 정신이 과민하게 되므로 일반인의 개념으로 보면 도라이다.
  이 男命의 경우 甲木이 신약한 상태에서 3개의 土로부터 生을 받은 두
  개의 辛金이 日干이 甲木을 金克木하고 있어서 정신불안이 심하다.

- 이 男命의 증산은, 유아기 때는 조금만 체열이 높아도 수시로 경끼를
  일으켜서 무척 고생을 했다고 하며, 고등학교 3학년 때인 己丑年에
  공부를 하지 않았었다고 하며, 대학 1학년 시기에 초기 갑상선암이
  발견되어 수술과 치료를 받느라고 늦어져서 2011년에 지방대학을 들
  어갔으며, 게임에 중독되어 한 달에 PC방 게임비로 60만원씩을 준다

고 한다.

15) 신약한 日干이 剋을 심하게 받으면, 정신적인 문제가 있다

(목동 거주)

| 69 | 59 | 49 | 39 | 29 | 19 | 9 | | | 時柱 | 日柱 | 月柱 | 年柱 | |
|----|----|----|----|----|----|---|---|---|----|----|----|----|---|
| 乙 | 丙 | 丁 | 戊 | 己 | 庚 | 辛 | 大 | | 辛 | 乙 | 壬 | 己 | 남 |
| 丑 | 寅 | 卯 | 辰 | 巳 | 午 | 未 | 運 | | 巳 | 丑 | 申 | 巳 | 자 |

- 乙未年 초가을에 분당에서 엄마가 온 아들 사주로 16살 甲申年에 대형 자동차 사고를 냈다고 한다.
- 사주의 구조는, 뱀띠 해의 초가을에 자신을 나타내는 글자를 꽃나무에 비유해 해석하는 乙木으로 태어나 도와주는 세력이 작으므로 매우 신약한 사주다.

- 가을에 태어난 乙木은 국화나 코스모스와 같아서 연약하므로 신강하냐 신약하냐보다는 추위를 싫어하는데, 火가 두 개나 있음에도 불구하고 巳申合, 巳丑合을 해서 제 기능을 하지 못한데다가 時上의 辛金이 연약한 乙木을 金克木하기 때문에 金이 病神이므로 火가 용신이고, 乾土가 길신 이며, 濕土는 흉신, 水도 흉신이다.

- 이 사주는 멀쩡해 보이지만 극 신약한 乙木이 辛金의 剋을 받고 있어서 매우 예민해서 아이큐는 높으나 정신이 매우 불안정해서 가정생활이나 사회 생활을 하기가 힘들다.
  또한, 이 命主는 財星이 年에 있어서 癸巳年에 자기보다 11살 많은 여자와 결혼을 해서 2015년에 자식을 낳았는데 2013 乙未年에 日支 처궁에 있는 丑土 처를 丑未沖하므로 이별수가 와서 妻가 이혼하자고 한다.

- 사주에 용신인 年支의 巳火가 巳申合을 해서 변질이 되었고, 時支의 巳火는 巳丑合을 해서 변질이 되어 나쁘기 때문에 흐르는 大運이나

歲運에서 운에서 寅巳申三刑을 하는 운이 오면 매우 나쁘다.

따라서, 16살 중학교 3학년 때 남의 자동차를 운전하다가 최고급 외제차를 들이받아서 견적이 4억이 나왔는데, 피해자가 미성년자라서 청구를 하지 않고 있다가 이 命主가 사회활동 할 나이가 되는 2013년 癸巳年에 또다시 巳申刑을 하므로 4억 원대 민사소송을 제기당했다고 한다.

– 또 한 가지 재미있는 얘기는, 이 命主가 어렸을 때 부모가 이혼을 해서 엄마와 따로 살다가 2014년에 만났는데, 모처럼 모자지간에 바람이나 쏘이자며 단 둘이서 필리핀여행을 갔었는데, 여행지의 호텔에서 엄마는 다른 방에 자도록 하고 자기는 다른 방에서 현지 여자를 불러 잠을 잤다고 한다.

16) 日干이 剋을 심하게 당하면, 정신적인 문제가 있다

(목동 거주)

| 61 | 51 | 41 | 31 | 21 | 11 | 1 | | 時柱 | 日柱 | 月柱 | 年柱 | |
|----|----|----|----|----|----|----|----|----|----|----|----|----|
| 丙 | 乙 | 甲 | 癸 | 壬 | 辛 | 庚 | 大 | 丙 | 壬 | 己 | 壬 | 남 |
| 辰 | 卯 | 寅 | 丑 | 子 | 亥 | 戌 | 運 | 午 | 戌 | 酉 | 戌 | 자 |

– 사주의 구조는, 개띠 해의 한가을에 자신을 나타내는 글자를 강물에 비유해 해석하는 壬水로 태어나 비록 한가을에 태어났다고 하지만 도와주는 세력이 많지 않으므로 신약한 사주다.

가을과 겨울 물(水)은 너무 많으면 쓸모가 없지만, 그렇다고 너무 적어도 불편하다.

따라서, 水와 金이 더 필요하고, 火와 土가 病이다.

– 이 사주의 구조를 보면, 壬水 日干을 두 개의 戌土에 뿌리를 둔 己土가 바로 옆에서 剋을 하고 있고, 午火에 뿌리를 둔 丙火가 바로 옆에서 剋을 하고 있어 신약한 壬水가 불안하기 짝이 없다.

그래서, 이 命主는 어려서부터 정신질환의 일종인 강박증이 심해서

병원 치료를 받았다고 하며, 고등학교 때 공부를 제대로 잘하지 못해
서 외국에서 공부를 마치고 돌아왔다고 한다.

– 이 命主는 아직 미혼으로, 직장을 나타내는 官星이 病이므로 아직 직
장이 없고, 여자를 나타내는 財星도 病이므로 사귀는 여자 친구도 없
고, 장가 갈 생각도 안한다고 한다.
印星인 金이 필요하므로 아직도 엄마한테 의지하려 한다고 한다.

# 1. 이사나 이동수?

1) 印綬와 合이 되면 순리대로 이동하고 印綬와 沖하면 불리한 이사 수.
2) 年支와 三合이 되거나,
3) 日支와 三合,
4) 月支와 三合이 되거나,
5) 月支를 沖해도 이사 수가 생기고,
6) 偏官年이 와도 이사 수가 생긴다.
7) 月柱를 沖하면 환경변화나 이사, 이동수가 생기므로 청소년은 가출하고, 처녀는 결혼한다.

(1) 印綬 운이 오므로 이사를 하고 싶어 한다.

(송파 거주)

| 69 | 59 | 49 | 39 | 29 | 19 | 9 | | 時柱 | 日柱 | 月柱 | 年柱 | |
|---|---|---|---|---|---|---|---|---|---|---|---|---|
| 己 | 庚 | 辛 | 壬 | 癸 | 甲 | 乙 | 大 | 庚 | 壬 | 丙 | 丁 | 乾 |
| 亥 | 子 | 丑 | 寅 | 卯 | 辰 | 巳 | 運 | 子 | 戌 | 午 | 巳 | 命 |

– 뱀띠 한 여름에 태어난 壬水가 子水에 뿌리를 두고 庚金의 도움을 받고 있으나, 火가 너무 많아 매우 신약하므로 火가 病이라서 水가 約用神이고, 金이 길신이며, 戌土는 흉신이고, 운에서 濕土가 오면 길신이며, 운에서 木이 오면 흉신이다.

– 2016 丙申年에 歲運의 地支 申金 印綬 운이 오므로 친정의 도움을 받아 지금 살고 있는 집을 이사하고 싶어서 안달이 났다.

– 지금이 39 壬寅 대운이므로 대운이 나쁘고, 丙申年의 天干 丙火가 病
  神작용을 하므로 나쁘지만, 地支 申金이 좋으므로 가능성이 높다고
  진단했다.


2. 소송, 관재 수?

  1) ① 三刑殺 가중년,
     ② 天羅地網 가중년,
     ③ 傷官見官년,
     ④ 偏官이 많은데 偏官이 오는 해,
     ⑤ 身旺 사주에 羊刃 劫財년에 官災나 시비 수가 따른다.

  2) 官災 訟事를 당하는 해.
     ① 囚獄殺 되는 해.
     ② 天羅地網 가중년.
     ③ 身太弱 사주는 官殺 年에 생기는데 결과는 다음 해의 운이 용신
       이나 길신이면 이기고 흉신이면 진다.


  (1) 官災 수 사주

(용인 거주)

| 62 | 52 | 42 | 32 | 22 | 12 | 2 | | 時柱 | 日柱 | 月柱 | 年柱 | |
|---|---|---|---|---|---|---|---|---|---|---|---|---|
| 辛 | 庚 | 己 | 戊 | 丁 | 丙 | 乙 | 大 | 庚 | 戊 | 甲 | 戊 | 남 |
| 未 | 午 | 巳 | 辰 | 卯 | 寅 | 丑 | 運 | 申 | 辰 | 子 | 午 | 命 |

– 서초동에서 모친이 가지고 온 아들 사주다.
– 사주의 구조는, 말띠 해의 한겨울에 자신을 나타내는 글자를 큰 산에
  비유해 해석하는 戊土로 태어나 도와주는 세력이 약하므로 신약한
  사주다.

– 한겨울에 태어난 戊土는 火를 충분히 가지고 있지 않는 한 나무(木)

를 기를 수 없기 때문에 木이 나타나 있어 나쁘고, 또 金과 水가 많은
것도 나쁜데, 申子辰水局을 이루고 있어서 매우 나쁘므로 우선적으
로 火가 더 많이 필요하고, 乾土도 필요하며, 木이 病神이고, 金과 水
가 흉신이다.
- 외국에 거주하고 있는 사람으로, 2010년(庚寅년)에 외국에서 불미스
  런일로 경찰과 다투다가 공무집행방해죄로 5년 동안 집행유예를 받
  아 올해(乙未年)에 풀렸다고 한다.

  이와 같은 일이 생긴 것은 사주에 있는 甲木이 病神인데, 庚寅年에
  食神인 庚金과 甲木이 寅木 뿌리를 얻게 되면서 甲庚沖 寅申沖을 한
  때문이고, 대운에서도 辰辰自刑을 이루므로 나쁘기 때문이다.

- 지금까지 미혼이었는데, 2015년에 결혼할 여자를 만나 교제중이라고
  한다.

## (2) 癸巳年에 강간범이 되었다

(성남 거주)

| 66 | 56 | 46 | 36 | 26 | 16 | 6 |  |  | 時柱 | 日柱 | 月柱 | 年柱 |
|----|----|----|----|----|----|----|----|----|----|----|----|----|
| 丁 | 丙 | 乙 | 甲 | 癸 | 壬 | 辛 | 大 |  | 乙 | 壬 | 庚 | 丙 | 남 |
| 酉 | 申 | 未 | 午 | 巳 | 辰 | 卯 | 運 |  | 巳 | 午 | 寅 | 子 | 자 |

- 乙未年 늦여름에 모친이 가지고 온 아들 사주로 18세인 癸巳年
  (2013)에 강간을 저질렀다.
- 사주의 구조는, 쥐띠 해의 초봄에 자신을 나타내는 글자를 강물에 비유
  해 해석하는 壬水로 태어나 도와주는 세력이 약하므로 신약한 사주다.

- 초봄에 태어난 壬水가 나무에 물을 주고 있는 격이라 바쁘고 분주하
  며, 성실하나, 火가 너무 많아 신약하므로 水가 우선 더 필요하고, 그
  다음에 金도 필요하며, 火가 病神이고 木도 흉신이다.

– 고등학교는 졸업을 했으나, 공부를 안 해서 대학을 못 갔으며, 그 이
유는 사주에 火와 木이 病神과 凶神인 상태에서 寅巳刑을 이루고 있
는데, 고등학교 2학년 때인 癸巳年에 또 다시 寅巳刑을 이루므로 같
은 또래의 여학생과 성관계를 했는데, 이것이 강간사건으로 번져 고
소를 당하여 방문한 건으로, 이 사건에 관하여 손님이 말을 하기 전
에 필자가 정확하기 예측을 했고, 대학도 못갔을 것이라고 진단했는
데, 정확하게 맞았다.


(3) 官災수를 만난 부부

(수원 거주)

남편 사주

| 66 | 56 | 46 | 36 | 26 | 16 | 6 | | 時柱 | 日柱 | 月柱 | 年柱 | |
|----|----|----|----|----|----|----|----|----|----|----|----|----|
| 甲 | 乙 | 丙 | 丁 | 戊 | 己 | 庚 | 大 | 癸 | 己 | 辛 | 辛 | 남 |
| 午 | 未 | 申 | 酉 | 戌 | 亥 | 子 | 運 | 酉 | 巳 | 丑 | 卯 | 자 |

– 乙未年 초가을에 부인이 가지고 온 남편 사주로 건축업을 한다고 한다.
– 사주의 구조는, 토끼띠 해의 늦겨울에 자신을 나타내는 글자를 야산
에 비유해 해석하는 己土로 태어나 도와주는 세력이 매우 약하므로
신약한 사주다.


– 겨울에 태어난 己土가 丑土에 뿌리를 두었고, 巳火가 도와줄 것이라
서 믿었으나, 巳酉丑金局이 되어 배신을 했으므로 추운 기운인 金과
水의 기운이 강하기 때문에 시급하게 火가 필요하고, 乾土도 필요하
며, 金, 水, 木은 모두 흉신이다.


– 또한, 이 사주가 너무 추워서 나무를 기를 조건이 전혀 아닌데도 불
구하고 卯木이 나타나 있어 나쁘고, 巳, 酉, 丑이 있어서 완전한 金局
이 될것이냐가 중요한 문제인데, 필자는 巳火가 日支에 있어서 완전
한 金局으로 보지 않았다.

만약, 이 사주가 완전한 巳酉丑金局이 되었다면 己土가 金으로 從을
해야 하는데, 그동안의 운의 흐름을 풀어본 바 金운에 어렵게 살아왔
다는 것이 증명되었다.
따라서, 火운인 2013년부터 2015년까지 운이 좋아 사업이 잘 되어
돈을 벌었다고 한다.

- 그러나, 甲午年부터 乙未年까지 돈은 벌었었으나, 官星인 甲木과 乙
  木이 오므로 집과 관련해서 재판이 진행되고 있어 고심 중인데, 乙未
  年인 올해까지 잘 진행될 것이라고 예측한다.


부인 사주

| 66 | 56 | 46 | 36 | 26 | 16 | 6 |  |  | 時柱 | 日柱 | 月柱 | 年柱 |
|----|----|----|----|----|----|----|----|----|----|----|----|----|
| 辛 | 庚 | 己 | 戊 | 丁 | 丙 | 乙 | 大 |  | 丁 | 己 | 甲 | 癸 | 여 |
| 酉 | 申 | 未 | 午 | 巳 | 辰 | 卯 | 運 |  | 卯 | 亥 | 寅 | 巳 | 자 |

- 乙未年 초가을에 온 위 男命의 부인 사주다.
- 사주의 구조는, 뱀띠 해의 초봄에 자신을 나타내는 글자를 야산에 비유
  해 해석하는 己土로 태어나 도와주는 세력이 약하므로 신약한 사주다.

- 봄에 태어난 己土는 火가 충분해야 나무를 키울 수 있어 좋은데, 이
  사주에는 土와 火의 세력은 약한데 나무가 너무 많아 나쁘므로 火가
  우선 더 필요하고, 乾土도 필요하며, 木이 病神이고, 水가 흉신이다.
- 木이 病神라서 甲午, 乙未年에 地支가 좋은 운임에도 불구하고 사는
  집과 관련하여 재판이 걸려 고심 중라고 했다.


(4) 訴訟관련 상담을 왔다

(길동 거주)

| 63 | 53 | 43 | 33 | 23 | 13 | 3 |  |  | 時柱 | 日柱 | 月柱 | 年柱 |
|----|----|----|----|----|----|----|----|----|----|----|----|----|
| 丁 | 戊 | 己 | 庚 | 辛 | 壬 | 癸 | 大 |  | 丙 | 戊 | 甲 | 癸 | 남 |
| 巳 | 午 | 未 | 申 | 酉 | 戌 | 亥 | 運 |  | 辰 | 申 | 子 | 未 | 자 |

- 乙未年 늦여름에 소송문제를 상담하기 위해서 온 남자다.
- 사주의 구조는, 양띠 해의 한겨울에 자신을 나타내는 글자를 큰 산에
  비유해 해석하는 戊土로 태어나 도와주는 세력이 약하므로 신약한
  사주다.

- 겨울 산(戊土)에 甲木 나무가 한그루 서 있어 마치 값나가는 산으로
  보이지만 水(물)는 많은데, 丙火 하나와 未土에 들어있는 불(火)에 의
  지하고 있어서 나무를 키울 구조가 아니므로 이런 구조에서는 차라
  리 나무가 없는 것이 좋기 때문에 나무로 인한 고통이 따를 것이다.
  여기서, 나무로 인한 고통이라 함은 관재수와 자식문제다.

- 이 사주는 겨울에 태어나 물이 많아서 매우 추우므로 火가 우선 필요하
  고, 乾土도 필요하나 濕土는 흉신이고, 金과 水, 木이 모두 흉신이다.

- 여기서, 특기할 사항은, 財多身弱사주라서 돈이 없을 것이라고 판단
  하면 안된다는 것이다.

- 사주 원국에서는 돈이 없게 보이지만, 43세부터 72세까지 火운으로
  흘렀으므로 그동안의 운의 흐름이 매우 좋았기 때문에 강남 요지에
  300여평의 부지에 연면적 3,000여 평의 큰 건물을 짓던 중 건설회사
  와 분쟁이 생겼는데 어떻게 해결을 해야 하느냐고 묻기에 소송을 하
  라고 했다.
  이 사주에 소송문제는, 필자가 써놓은 래정법에 나와 있기 때문에 더
  이상 언급할 필요가 없다.

- 또한 이 사주에 官星인 자식이 흉신이므로 자식이 속을 썩일 것이라
  고 했더니 "그렇다."고 하면서 자식사주를 가지고 다시 방문하겠다
  고 했다.

(5) 食傷이 官星을 보면 큰 흉액이 생긴다

(천호동 거주)

| 69 | 59 | 49 | 39 | 29 | 19 | 9 | | | 時柱 | 日柱 | 月柱 | 年柱 | |
|---|---|---|---|---|---|---|---|---|---|---|---|---|---|
| 癸 | 壬 | 辛 | 庚 | 己 | 戊 | 丁 | 大 | | 癸 | 癸 | 丙 | 戊 | 남 |
| 亥 | 戌 | 酉 | 申 | 未 | 午 | 巳 | 運 | | 亥 | 亥 | 辰 | 子 | 자 |

- 乙未年 한 여름에 온 남자 사주로 甲午年부터 官災가 발생했다 .
- 사주의 구조는, 쥐띠 해의 늦봄에 자신을 나타내는 글자를 빗물에 비유해서 해석하는 癸水로 태어나 도와주는 세력이 약하므로 신약한 사주다.

- 봄에 태어난 癸水가 나무를 길러야 좋은 구조를 이루는데, 너무 많은 비가 내려 태양을 가렸으므로 매우 신강하므로 균형이 맞지 않기 때문에 火가 우선 더 필요하고, 그 다음에 木도 필요하며, 水가 病神이므로 戊土 가 藥神이나 辰土는 흉신이다.

- 丁巳, 戊午, 己未 대운은 좋았으나, 庚申, 辛酉 대운이 나빠서 해멨으며, 壬戌 대운 癸巳, 甲午, 乙未年에 火운이 왔으므로 좋은 가운데, 甲午年에 藥神으로 쓰는 戊土를 歲運에서 온 甲木이 木剋土하므로 흉액이 따르고, 乙未년에도 木剋土하므로 官災가 생겼다.
  그러나, 地支가 좋으므로 흉액의 정도가 약할 것이다.


## 3. 승진운, 직업 이동 수

1) 승진은,
   ① 用神과 合身년.
   ② 用神年이나 吉神年
2) 직업 이동 운은,
   ① 大運이나 歲運에서 凶神운이 올 때 변동하고,
   ② 운이 나쁘면 마음이 불안해서 스트레스를 받아 직장을 옮기고,

③ 食傷이 官을 剋하면 상사한테 욕을 먹어 불평불만이 생긴다.
④ 官星이 沖을 받으면 타의에 의해서 변동이 생기고,
⑤ 食傷이 沖을 받아도 변동 수가 생기고,
⑥ 天干에 있는 偏印이 食傷을 剋할 때도 변동이 생기고,
⑦ 月支를 沖할 때도 변동이 생기며,
⑧ 官星이 入墓운이 와도 변동이나 사표를 낸다.

## 4. 시험이나 매매운

1) 用神과 印綬의 작용을 보는데 用神 年이 좋고,
2) 吉神인 印綬가 年이 좋으며,
3) 吉神인 印綬 달이 좋고,
4) 食神이나 傷官이 용신일 때 食神이나 傷官년에 좋다.
5) 正官이 용신일 때 正官이 年이 대길하고,
6) 比劫이 용신인데 比劫이 年년이 좋고,
7) 凶神이 오는 年년이 흉하고,
8) 正官이 있는데 偏官이 오는 해에는 대흉하고, 偏官이 있는데 正官운
   이 오면 보통이고,
9) 印綬가 많을 때 印綬운이 오면 흉하므로 시험 운이 없고, 매매는 손
   재수다.
10) 운에서 온 印綬가 月支와 슴을 하면 반드시 문서계약할 일이 생긴다.

## 가. 通辯論

1) 月은 계절이고, 時는 밤과 낮이다.
　　① 남자는 時가 처갓집이고, 여자는 時가 시갓집니다.
　　② 남, 여 모두 時를 친구관계로 본다.
　　③ 月柱에 比劫이 없고 時에 比劫이 있으면 時의 比劫을 형제로 본다.
2) 사주에 酉가 있으면 시간을 알리는 닭의 성질로 시간개념이 강하며,
　　몸에 수술이나 부상을 조심해야 한다.
3) 대운을 볼 때는 陽 포태를 쓰고, 歲運은 陰, 陽 포태를 모두 쓴다.
4) 여자사주가 陰八通이면 陰多陽死로 남편과 인연이 없어서 혼자산다.
5) 沖中逢合은 四孟인 寅申巳亥와 辰戌丑未에만 해당한다.
6) 財多身弱사주의 여자가 시집을 오면 多者無者로 시댁이 망한다.
7) 丑土가 많으면 金이 땅속에서 녹이 쓸므로 폐나 기관지가 나쁘다.
8) 男, 女 모두 金이 있어야 결단력이 있다.
9) 사주에 土가 많으면 당뇨병을 조심하고,
　　여자 사주에 水가 病神이면 신장이나 자궁이 약하며,
　　남자 사주에 水가 病神이면 신장이나 정력이 약하다.
10) 여자 사주에 官星이 약하고 時에 印綬가 있으면 官星이 더 약해지
　　고, 食傷을 극하므로 딸이 많다.
11) 子卯刑, 子午沖은 성격이 까다롭다.
12) 寅, 丑, 午 湯火殺이 있으면 인생을 비관한다.
13) 日支나 時間에 官星이나 印綬가 있거나 時柱에 官星이나 印綬가 있
　　어도 자식이 공부를 잘하고 총명하다.
14) 歲運은 합부터 먼저 하므로 合, 沖, 刑부터 살펴야 한다.

15) 歲運의 天干은 약 30%, 歲運의 地支는 약 70%으 작용력을 갖고 있다.

16) 申, 酉, 戌月生이 寅과 午가 있으면 隔脚殺로 다리에 이상이 있다.

17) 사주에 火가 많아서 調候가 안되면 성격이 원만하지 못하다.

18) 여자 從革格은 남편인 火 官星이 들어오지 못하기 때문에 과부이거나 남편이 바람을 피운다.

19) 天干에 忌神이 있으면 불평불만이 많다.

20) 金木相戰은 骨病이 오고, 水火相戰은 정서가 불안하고 피부병이 있다.

21) 天干의 글자는 地支가 근거지이므로 地支에 어떤 글자를 달고 있는지를 살펴봐야 한다.

    12운성 또는 役馬, 殺 등등.

    예 : 女命에 壬水일간이 戊土가 官인데 戊土 밑에 申金을 깔고 있으면, 申金이 役馬殺이라서 格이 나쁘면 운전사이고 格이 좋으면 운수업이나 무역업, 외교관이다.

22) 남자 사주에 食神과 財가 합이 되어 있으면 장모를 모시고 산다.

23) 癸水일간은 身弱하면 성격이 과격하고, 태약하면서 운이 나쁘면, 싸이코 기질이 있다.

24) 凶神이냐 吉神이냐를 막론하고 天干에 官이 뜨면 직장생활을 하고, 天干에 財가 뜨면 사업한다.

25) 用神이 여러 개이면 갈팡질팡한다.

26) 調候가 안 맞으면 貴가 없다.

27) 大運, 歲運에서 天干에 凶神작용을 하면 사회문제이고, 地支에 凶神작용을 하면 집안문제다.

28) 사주에 懸針殺인 甲, 辛, 未, 申이 있으면 의료분야에 인연이고, 卯, 酉, 戌은 鐵鎖開金殺로 의약품과 인연이다.

29) 乙木일주가 甲木을 보아 藤蘿契甲하면, 남에게 의지하려 하고 요행을 바란다.

30) 女命에 地支 食傷이 沖을 하면 속궁합이 안맞거나 유산시키거나 제왕절개해서 애를 낳는다.

31) 己土 일주는 壬水가 투간 되면 己土濁壬이 되므로 나쁘다.

32) 戊土 일주는 癸水가 나타나면 戊癸합으로 스님과 인연이다.

33) 日干이 신약한데 살인상생하면 국록지인이다.

34) 男命에 丁 日干이 庚金을 보면 庚金이 부인인데, 이 庚金이 地支에
무슨 글자를 달고 있느냐에 따라서 육친적으로도 해석하고 직업적
으로도 해석한다.
예:庚子 時라면 食傷은 예술이므로 부인이 예술을 하던지 그렇지
않으면 재혼이라면 자식 딸린 여자로 본다.

35) 사주가 한습하면 춥고 배고프며 고독하다.

36) 丙火일주가 戌月에 태어나면 이복형제가 있다.
月支가 桃花殺이고, 劫財가 나타나 있으면 이복형제가 있다.

37) 男命 丙火나 戊土일주가 時에 財가 있으면 부하 여직원을 건드린다.

38) 乙木 일주가 甲木을 보면 藤蘿契甲으로 남에게 의지하려 하고 요행
을 바란다.

39) 쌍 丁火가 뜨면 靈感이 있고 선견지명이 있다.

40) 卯酉戌중 두 글자 이상이 있으면 역술에 인연이 많다.

41) 남자 사주에 時干에 吉神이 있으면 부인이 돈을 번다.

42) 庚 日干에 丁火가 떠있으면 달과 별이 함께 떠 있으므로 예쁘다.

43) 天干에 凶神이 많은 사람은 불평불만이 많다.

44) 남, 여 모두 金水傷官格에만 正, 偏官을 가리지 않고 쓴다.
여자 金水傷官格은 火가 필요하므로 남자 없이는 못살고,
여자 金水傷官格이 水가 旺하여 冷하면 생리가 불순하며,
남자 金水傷官格도 火가 필요하므로 명예를 추구한다.

45) 사주에 같은 글자가 2개가 있는 상태에서 沖하는 글자가 있거나 운
에서 沖하는 운이 오면 2자 不沖이라서 沖이 안된다.

46) 사주에 合을 하고 있는 상태에서 運에서 또 合하는 운이 오면 妬合
이 되어 합이 풀린다.

47) 水와 火가 相戰을 하면 혈압이 높다.

48) 火가 旺하고, 金이 弱하면 火克金하므로 피부가 약하고, 폐와 기관
지, 대장이 약하며, 여자 직업으로는 피부관리사가 좋다.

49) 女命이 財와 官이 旺하고 신약하면 이혼하기 쉽다.

50) 사주에 水가 用神이고, 木이 있으면 木은 긴 것을 의미하므로 분식

집이나 중국음식점을 하면 좋다.

51) 사주에 合이 많아서 合多사주가 되면 다정다감하고 사교성이 좋다.

52) 여자사주에 劫煞과 亡身이 있으면 겁탈당한다.

53) 吉神이나 凶神이냐를 막론하고 天干에 官이 뜨면 직장생활을 하고, 財가 뜨면 사업을 한다.

54) 財나 官이 용신인자는 호화롭게 살려고 하므로 돈이 없으면 빚을 내서라도 호화롭게 살려고 한다.

55) 사주에 辰戌丑未가 모두 있으면 얼굴에 귀티가 난다.

56) 사주에 火는 급한 것이고, 水는 느린 것이기 때문에 火가 많으면 성격이 급하고, 水가 많으면 성격이 느리고 게으르다.

57) 日支와 時支가 隔脚殺이면 주말부부나 떨어져서 산다.
   隔脚殺은 중간에 한 자가 빠진 것.

58) 女命 사주에 用神이 남편이다.

59) 사주에 木이 剋을 받거나 약하면 간경화나 간이 약하다.

60) 사주에 戊癸合이 있으면 무당집을 자주가고, 戊, 丁, 午, 癸 日干은 산에 촛불 켜는 것이라서 점을 보러 잘 간다.

61) 사주에 丁壬合이 있으면 음란지합이라서 음란한 짓을 하거나 이성을 지나치게 찾는다.

62) 寅亥, 卯戌, 辰酉, 巳申, 午未, 子丑은 六合으로, 男, 女간 연애운으로 보는 것인데, 이중에서 子丑合은 方合으로 본다.

63) 六親別 通辯法
   (1) 正官은 體面을 象徵하므로 用神이면 젊잖하나 凶神이면 체면이고 나발이고 없고,
   (2) 偏官은 權威를 象徵하므로 用神이면 권력직이고, 凶神이면 머슴이나 종업원이며,
   (3) 食神은 養命之神으로 衣食住를 象徵하며, 흉신이면 허풍이 쎄고 거짓말을 잘하고,
   (4) 傷官은 표현력이므로 용신이면 예술이나 써비스이고, 흉신이면 오만과 오기(傲氣)이며,
   (5) 偏財는 눈 먼 돈으로 부위기에 약하므로 용신이면 英雄豪傑의 기

질이나 흉신이면 빚을 지고,

(6) 正財는 알뜰하며, 흉신이면 수전노이며,

(7) 比肩은 同志愛이며, 흉신이면 돈을 모으지 못하고,

(8) 劫財는 눈치이며, 흉신이면 약삭빠르고, 도둑심보이며, 손버릇이
   나쁘고,

(9) 正印은 體面을 象徵하며, 흉신이면 체면을 모르고 게으르고,

(10) 偏印은 好奇心이 많고 기술성이며, 흉신이면 變德스럽고 잔머
   리를 굴린다.

(11) 天干은 表面이고, 地支는 內面이다.


## 나. 通辯 실증 사례

### 1. 무슨 띠와 인연인가?

1) 天干. 地支 모두 用神 띠나 吉神 띠를 만나야 좋다.

2) 半合일 때 三合으로 채워주는 띠를 만난다.
   공협도 마찬가지로 채워주는 띠가 인연이다.

3) 사주에 病이 있을 때 藥神띠를 만난다.

4) 日과 時가 空亡이면,
   ① 解空시켜주는 沖하는 띠를 만나거나,
   ② 空亡 띠를 만나고,

5) 財나 官이 空亡이면 解空시켜주는 財나 官을 沖하는 띠를 만난다.

6) 傷官이 많으면 傷官을 合去하는 띠를 만난다.
   女命에 偏官이 많으면 偏官을 合去하는 띠를 만난다.

7) 자기 사주의 해당 대운의 띠를 만난다.

8) 宮合은 調候로 봐야 잘 맞다.
   좋은 궁합은 용신궁합으로, 서로에게 부족한 오행을 채워줘야 좋은
   궁합이다.

9) 운이 좋을 때는 좋은 사주를 가진 상대와 만나고,
   운이 나쁘면 나쁜 사주를 가진 상대와 만난다.

10) 배우자 띠가 자신의 日支를 沖하면 싸운다.

## 2. 궁합

이 자료는, 양력으로 2012년 1월 17일 오전에 약 3시간에 걸쳐서 동아
방송(채널 A)에서 궁합과 자녀 운 등에 관하여 인터뷰 및 촬영을 해갔고,
이어서 다음날인 1월 18일에는 같은 방송사에서 殺에 관하여 인터뷰를
해갔는데, 이를 계기로 더 체계적인 이론을 정립해야겠다는 생각으로 만
들었다.

### 1) 궁합은 무엇인가?

어떤 사람에게나 각자가 기운을 갖고 있는데, 이를 사주학에서는 오
행 또는 육십갑자로 나타낸다.

따라서, 이 기운은 사람의 눈에는 보이지 않지만, 서로에게 전달되기
마련이기 때문에 어떤 사람에 대하여 호감과 비호감으로 분류할 수
있는데, 호감이 가면 궁합이 좋다고 말 할 수 있고, 비호감이면 궁합
이 안좋다고 말 할 수 있다.

만약, 일상생활 중에서 어떤 기회에 어떤 사람을 처음 만났는데도 어
떤 사람은 마치 10년 지기처럼 가깝고 친근하게 느껴지는 경우가 있
고, 또, 어떤 사람은 왠지 싫은 사람이 있을 수 있다.

따라서, 친근하게 느껴졌다면, 나한테 필요한 좋은 기운을 상대방이
강하게 갖고 있는 경우일 것이고, 비호감으로 느껴졌다면, 상대방이
나한테 필요없는 성분을 강하게 갖고 있음을 알 수 있다.

### 2) 궁합은 왜 필요한가?

앞에서 설명한 것처럼, 궁합은 호감과 비호감을 구분지어 주기 때문
에 모든 인간관계에서 필요한 것이다.

그러나 일반인들은 궁합하면, 마치 결혼할 때 남, 녀 간에만 필요한
것으로 알고 있다.

그렇지 않다.

부부가 될 남녀 간에는 물론이고, 가족 간, 심지어는 부모와 자식간에도 궁합의 법칙이 작용한다.

예를 들면, 부모의 입장에 자식을 이야기 할 때, "다섯 손가락 깨물어서 안 아픈 손가락이 있느냐?"라고 하면서 자식은 모두 똑 같은 자식이라고 말은 하지만, 사실은 자식들 중에도 호감과 비호감이 작용하기 때문에 더 귀하게 생각되는 자식이 있을 수 있고, 덜 귀하게 생각되는 자식이 있을 수 있다.

다만, 현대 사회는 자식을 많이 낳지 않기 때문에 굳이 구분짓는 것이 무의미할 수도 있다.

만약, 혼인관계를 하루나 이틀 유지하다가 말 것이라면, 그 중요성이 덜하다고 말할 수 있겠지만, 결혼이라는 것은 일생을 같이 할 배우자를 선택해야 하는데, 당연히 호감 가는 배우자를 선택해서 서로 사랑하고, 공경하고, 배려하면서 일생을 살아야 하기 때문에 반드시 궁합을 봐야 한다는 것이다.

3) 결혼은 왜 하는가?

쉬우면서도 어려운 질문이다.

여러분들은 왜 결혼했습니까?

아마도 대답은 가지각색일 것입니다.

사랑하니까 결혼했다고 하는 사람도 있을 것이고, 자식을 낳아 대를 이어야하니까 결혼을 한다고도 할 것이고, 등 등 여러 가지가 있을 수 있다.

물론, 이 대답들은 모두 맞는 말이다.

그러나, 왜 결혼하는 가에 대하여 한마디로 정의를 하다면, 필요하기 때문에 결혼한다는 것이다.

즉, 나한테 없는 것을 상대방한테서 구하는 활동이다.

만약, 자기한테 필요치 않다면, 아마도 결혼을 하지 않을 것이다.

그러나, 조물주는 남, 녀 각자에게 상대가 필요하도록 만들어 놓았다
는 것이다.

비약해서 말한다면, 각자에게 필요치 않아서 결혼을 하지 않는다면,
이 세상은 존재가치가 없다는 것이다.
다시 말해서 세상의 존재가치는 우리 인간이 살고 있기 때문이다.

4) 결혼상대자로서의 좋은 궁합은 어떤 조건을 갖추어야 하는가?
   대부분의 역술인들이 궁합을 논할 때, 남, 여 양쪽 사주를 비교하는
   것으로부터 출발한다.
   그러나 필자는 견해를 약간 달리한다.
   그렇다고 해서, 각자의 사주를 무시한다는 뜻은 전혀 아니다.
   본 필자가 보는 결혼 궁합은, 이미 자기 사주 속에 정해져 있다는 사실
   이다.

   즉, 남, 여의 사주에 따라서,
   ① 각 각 배우자를 나타내는 글자가 유력하게 나타나있으면서, 그
      글자가 본인한테 길한 작용을 해야 하고,
   ② 배우자궁인 日支에 吉한 작용을 하는 글자가 있어야 하며,
   ③ 吉한 작용을 한 글자가 合이나 沖을 하지 않아서 그 본성을 그대
      로 유지해야 하며,
   ④ 각자의 사주가 조화와 균형을 잘 이루고, 대운이 좋아서 자기의
      일이 잘 되어야 한다는 것이다.

   결론적으로, 이 외에도 각자의 생김새나, 체격조건, 학력, 성격, 부
   모의 재산유무, 취미생활 등 여러 가지 조건들이 궁합에 영향을 미치
   는데, 각자의 나이 대에 따라서 그 기준이 달라질 수 있다.
   예를 들어, 청소년기라면, 얼굴생김새나 체격조건 등을 우선시하다
   가, 나이가 들면서 경제적인 면이나 능력 면을 더 중시하게 되는 등
   의 조건이 점점 까다로워지기 때문에 늦은 결혼이 힘들어진다.

5) 男女 宮合의 吉凶은 자신이 갖고 태어난다

(성내동 거주)

총각 사주

| 68 | 58 | 48 | 38 | 28 | 18 | 8 | | 時柱 | 日柱 | 月柱 | 年柱 | |
|----|----|----|----|----|----|----|----|----|----|----|----|----|
| 辛 | 庚 | 己 | 戊 | 丁 | 丙 | 乙 | 大 | 壬 | 庚 | 甲 | 甲 | 乾 |
| 巳 | 辰 | 卯 | 寅 | 丑 | 子 | 亥 | 運 | 午 | 辰 | 戌 | 子 | 命 |

- 필자의 친구인 이 男命의 아버지가 아들의 宮合을 봐달라고 가지고 왔다.
- 사주의 구조는, 쥐띠 해의 중 봄에 자신을 나타내는 글자를 무쇠에 비유해 해석하는 庚金으로 태어나 도와주는 세력이 약하므로 신약한 사주다.

- 가을에 태어난 庚金이 온도는 맞으나 신약하므로 土가 용신이고 金이 길신이며, 火가 용신을 도와주므로 길신이고, 水와 木은 흉신이다.

- 이 男命의 여자인 財星에 대하여 분석해보자.
  甲木이 財星인데 두 개로, 年上의 甲木은 子水 위에 앉아있으면서 日支辰土와 子辰水局을 이루고 있고, 月上의 甲木은 戌土 위에 있는데, 日支辰土와 辰戌沖을 해서 깨지게 된다.
- 日干인 庚金에서 볼 때 財星인 甲木이 같은 陽이라서 팽팽히 맞서려 하다가 甲庚沖으로 깨질 것이므로 불안한데다가 日支가 辰戌沖으로 깨져있어서 부부 궁이 불안함을 가중하고 있는데, 歲運에서 戌土나 辰土가 와서 辰戌沖을 하면 戌土 위에 서 있는 甲木이 넘어지게 되고, 운에서 丑土나 未土가 와서 丑戌刑이나 戌未刑을 해도 戌土 위에 서 있는 甲木이 넘어지게 되므로 이혼할 것이다.
  또한 庚金의 正 부인은 乙木인데, 日支 辰土 속에 들어있어서 이 乙木을 만날 것이지만, 이 역시 辰戌沖을 하면 깨지게 된다.

- 따라서, 이런 사주를 가지면 여자를 보는 눈이 까다롭거나 여자에 대
  해서 선뜻 호감을 갖지 않기 때문에 연애하기가 매우 힘들어 배우자
  찾기가어렵다.
  그런데, 丙申年이 오자 日支 辰土와 申子辰三合을 이룰 뿐만 아니라
  歲運에서 온 申金이 日干을 도와주므로 자신감이 생겨 연애를 하게
  되지만, 자신의 운명에 부부 운이 나쁘기 때문에 만나는 상대 여자의
  부부운도 나쁘므로 피장파장이다.

- 그러면, 상대 여자의 부부 운은 어떠한지 보자.

(여의도 거주)

처녀 사주

| 70 | 60 | 50 | 40 | 30 | 20 | 10 |  | 時柱 | 日柱 | 月柱 | 年柱 |  |
|----|----|----|----|----|----|----|----|----|----|----|----|----|
| 壬 | 辛 | 庚 | 己 | 戊 | 丁 | 丙 | 大 | 戊 | 辛 | 乙 | 己 | 坤 |
| 午 | 巳 | 辰 | 卯 | 寅 | 丑 | 子 | 運 | 戌 | 未 | 亥 | 巳 | 命 |

- 앞의 총각과 사귀는 상대 처녀의 사주다.
- 사주의 구조는, 범띠 해의 초겨울에 자신을 나타내는 글자를 보석에
  비유해 해석하는 辛金으로 태어나 도와주는 土가 많으므로 신강한
  사주다.

- 초 겨을에 태어난 辛金이지만 건조하고 온도가 다소 높기 때문에 낮
  춰줘야 좋고, 또, 土가 너무 많아 보석을 덮고 있기 때문에 木으로 土
  를 걷어내 줘야 하므로 木이 용신이고, 水가 길신이며, 土가 병신, 金
  이 흉신, 火도 흉신이다.

- 이 女命의 부부관계를 보자.
  日干 辛金의 正官인 남편은 巳중의 丙火이므로 결국 巳火가 남편으
  로, 月支 亥水와 巳亥沖을 해서 깨졌으므로 부부이별인데, 그 시기는
  亥水가 자식이므로 亥水 자식을 낳고 나서 이혼하게 될 것이므로 亥

年이 오면 巳亥沖, 巳年이 와도 巳亥沖하므로 이혼이고, 또한, 日支
未土와 時支 戌土 속에도 偏官인 丁火가 들어있어서 이 남자들을 만
나게 될 것이나, 이 남자들 역시 戌未刑으로 깨졌으므로 戌年이나 未
年, 그리고 丑年이 올때 이혼하게 된다.

- 또 한 가지 중요한 것은 사주가 이렇게 구성이 되면 결혼 초부터 갈
  등을 일으켜 끊임없이 다투다가 마음이 변해서 결국은 헤어질 것이
  기 때문에 언제 헤어질 것인가는 크게 의미가 없다.

- 위 두 사람의 사주로 볼 때, 자신의 부부궁합은 이미 본인의 사주 속
  에 갖고 태어나기 때문에 사주가 나쁘면 상대도 나쁜 사주를 만날 수
  밖에 없으므로 서로가 나쁜 구조를 가진 상대와 연연이 된다.

6) 궁합이 별로다

(잠실 거주)

| 67 | 57 | 47 | 37 | 27 | 17 | 7 |  |  | 時柱 | 日柱 | 月柱 | 年柱 |  |
|----|----|----|----|----|----|----|----|----|----|----|----|----|----|
| 戊 | 丁 | 丙 | 乙 | 甲 | 癸 | 壬 | 大 |  | 乙 | 己 | 辛 | 癸 | 坤 |
| 辰 | 卯 | 寅 | 丑 | 子 | 亥 | 戌 | 運 |  | 丑 | 酉 | 酉 | 亥 | 命 |

- 酉月에 己土가 신약한데, 믿었던 己土가 丑酉金局으로 변해서 도와
  주지 않으므로 金으로 從하는 수밖에 없으므로 從兒格이다.
- 특히, 從兒格은 잘생겼는데, 그것도 辛金 보석으로 從을 했고, 水로
  설기를 잘하고 있는데, 이렇게 되면, 잘생겼고, 깔끔한 성격이며, 정
  확하고, 까칠함도 갖고 있다.

- 대게, 여자 從兒格은 개성이 강해서 자기의 감성이 움직여야 몸이 움
  직이지 감성이 움직이지 않으면 몸이 움직이지 않기 때문에 중매결
  혼은 어렵고 연애결혼을 해야 한다.

- 또, 여자 從兒格은 부부 궁이 나쁜데, 從하기 전의 남편이 乙木이지

만, 金으로 從을 했으므로 火가 남편이지만 火가 없기 때문에 원래의
남편인 乙木을 남편으로 보고 감명해야 한다.
그런데, 남편성인 乙木을 辛金 보석 金이 乙辛冲해서 자르려고 하기
때문에 부부생활하기가 어려워진다.

- 또한, 궁합측면에서 이 女命에서 보면, 자기가 필요한 성분은 水와
  金인데, 아래에 남자사주에는 火와 木이 너무 많기 때문에 남자를 좋
  아하지 않게 된다.

- 從兒格이면서 그것도 보석 金이므로 두뇌는 좋으나 성격이 까칠하
  고, 개성이 강한 성격인데, 학운기의 운이 별로라서 ○○대학교 항공
  과를 나와서 스튜어디스가 되려했으나 적성에 맞지 않는 학과였고,
  辛卯年까지 취업도 안되어 프리렌서 일을 하고 있다고 한다.

- 辛卯年에 결혼을 하기 위해서 준비 중인데, 卯酉冲하므로 고민이 있
  겠다고 했더니 결혼할 예정인 남자의 여동생이 이 女命의 친구인데,
  그 여동생이 질투를 해서 고민이라고 했다.

결혼할 남자 사주

| 64 | 54 | 44 | 34 | 24 | 14 | 4 | | | 時柱 | 日柱 | 月柱 | 年柱 | |
|----|----|----|----|----|----|----|---|---|----|----|----|----|---|
| 丁 | 戊 | 己 | 庚 | 辛 | 壬 | 癸 | 大 | | 乙 | 丙 | 甲 | 辛 | 乾 |
| 亥 | 子 | 丑 | 寅 | 卯 | 辰 | 巳 | 運 | | 未 | 寅 | 午 | 酉 | 命 |

- 午月에 丙火가 신왕 하므로 金이 용신이고, 火가 病이며, 木이 흉신
  이고, 土도 흉신이다.
- 여름 丙火가 신왕하여 열기가 대단하기 때문에 조후가 우선인데, 조
  후를 해주는 水가 없고, 金만 있어서 金의 입장에서 보면, 火氣 때문
  에 견딜수가 없다.
  따라서, 여자가 남자를 회피하게 될 것이므로 훗날 불행해진다.

이런 이유로 서로 안 맞는 사람끼리 인연이 된다.
- 현침살이 있어 일반대학을 졸업했지만 제약회사에 근무 중이다.

이 두 사람의 궁합을 보면,
남자한테는 金과 水가 필요한데, 여자 사주에 金과 水가 많기 때문에
여자를 좋아하지만, 여자 사주에는 水가 필요한데, 남자 사주에 木과
火가 너무 많아서 무덥기 때문에 좋은 궁합이 아니다.
또한, 여자사주에서 보면, 官星인 乙木을 辛金이 극하고 있기 때문에
부부관계가 나쁘고, 남자사주에서 보면, 木, 火가 왕 해서 辛金을 극
하고 있으므로 남자한테서 역시 부부관계가 나쁘다.
따라서 궁합을 볼 때는 우선, 본인의 사주가 좋아야 하고, 두 번째는
상호 보완적인 관계라야 하며, 세 번째는 서로의 대운이 좋아야 한다.

## 7) 나쁜 궁합

(마포구 거주)

여자사주

| 67 | 57 | 47 | 37 | 27 | 17 | 7 | | | 時柱 | 日柱 | 月柱 | 年柱 | |
|----|----|----|----|----|----|---|---|---|------|------|------|------|---|
| 壬 | 癸 | 甲 | 乙 | 丙 | 丁 | 戊 | 大 | | 戊 | 甲 | 己 | 壬 | 坤 |
| 寅 | 卯 | 辰 | 巳 | 午 | 未 | 申 | 運 | | 辰 | 寅 | 酉 | 戌 | 命 |

- 이 女命의 모친이 궁합을 보려고 왔다.
- 酉月에 甲木이 年上에 壬水가 있고, 日支에 寅木이 있으며, 辰중에
  癸水와 乙木이 들어있어 다소 신약하긴 해도 더 자라야 할 木이라서
  木과 火가 필요하고, 水가 와도 괜찮으며, 土와 金이 흉신이다.

- 사주에 土가 너무 많아서 財多身弱사주이므로 흉신이지만, 甲己合을
  하고 있어서 財와 인연이라 명문대에서 어문학을 전공하고, 庚寅年
  에 외국계 증권회사에 근무하고 있다.
- 이 女命의 官星은 酉金인데, 흉신이며, 日支 寅木과 寅酉元嗔殺을 구

성하고 있으며, 官星인 酉金을 기준해서 日支가 空亡이므로 부부 궁
이 좋지 않다.

– 그런데, 이 女命의 모친이 필자에게 궁합을 보려고 온 이유는, 자신
  의 딸과 총각이 사귄지가 7-8년 되었는데 최근에 총각 측 엄마가 궁
  합을 보고 와서는 딸의 사주가 아들보다 못해서 안 맞다고 했다는 소
  리를 듣고 무슨 이유인지를 알기 위해서 왔다고 한다.
  그러면, 총각 사주를 보자.


총각사주

| 62 | 52 | 42 | 32 | 22 | 12 | 2 | | 時柱 | 日柱 | 月柱 | 年柱 | |
|----|----|----|----|----|----|----|----|----|----|----|----|----|
| 乙 | 甲 | 癸 | 壬 | 辛 | 庚 | 己 | 大 | 甲 | 丁 | 戊 | 壬 | 乾 |
| 卯 | 寅 | 丑 | 子 | 亥 | 戌 | 酉 | 運 | 辰 | 亥 | 申 | 戌 | 命 |

– 申月에 태어난 인공불인 丁火가 오직 時上에 甲木의 生을 받고 있어
  서 태약 하므로 木이 용신이고, 水가 病이며, 金도 흉신이고, 土는 흉
  신이지만 水를 막아주는 길신역할도 한다.

– 가을은 나무에 달린 곡식을 익혀야 하고, 또, 익은 곡식을 말려야 하
  므로 火가 많이 필요한데, 이 사주는 金과 水의 성분이 많아서 냉하
  고 우중충하다.

– 혹자들은 木을 용신이라고 하니까 水가 길신이라고 생각하는 사람도
  있을 수 있는데, 그것은 어불성설이다.
  이 사주에서는 水가 病神임에 틀림없다.

– 필자가 왜 이렇게 이야기를 하는가 하면, 위의 처녀의 엄마가 말하기
  를 이 총각의 엄마가 철학원 3군데에 가서 궁합을 봤는데, 처녀 사주
  가 안좋아서 궁합이 안 맞다고 했다고 해서 하는 말이다.

– 자연의 이치대로 살펴보자.

이 사주를 보면, 앞에서도 설명했지만 金과 水가 많아서 태약해진 것이 아닌가?

그런데, 가을은 서늘해지기 시작한 계절인데, 무슨 水와 金이 많이 필요하단 말인가?

그 3군데의 철학원에서 무슨 근거로 그렇게 말을 했는지는 알 수 없으나  이 두 사람의 사주를 보면, 남자의 사주가 더 안 좋다.

단지 이 총각의 좋은 점은 신약해서 印星을 용신으로 쓰므로 인간성이 좋다는 점이다.


– 이 男命은 명문대 축산학과를 나와서 ○○우유에 근무하고 있다고 있으며, 이 男命의 부모가 지방에서 큰 목장을 운영하고 있다고 한다.


– 이 두 사람의 궁합을 종합해 보면, 아래의 조건을 충족하지 않았으므로 별로 좋은 궁합이 아니다.

궁합을 볼 때의 중요한 핵심이 있다.

첫째 : 우선 자기의 사주가 좋아야 한다.

둘째 : 용신이 건왕해야 하고 서로 일치해야 한다.

셋째 : 서로에게 필요한 오행을 상대가 많이 갖고 있어야 좋다.

넷째 : 서로 자기의 운이 좋아야 한다.

다섯째 : 서로의 사주에서 배우자를 나타내는 글자가 좋아야 한다.


8) 나이가 많이 어린 남자와 결혼할 여자

(용산 거주)

| 67 | 57 | 47 | 37 | 27 | 17 | 7 | | | 時柱 | 日柱 | 月柱 | 年柱 | |
|---|---|---|---|---|---|---|---|---|---|---|---|---|---|
| 丁 | 戊 | 己 | 庚 | 辛 | 壬 | 癸 | 大 | | 甲 | 壬 | 甲 | 庚 | 여 |
| 丑 | 寅 | 卯 | 辰 | 巳 | 午 | 未 | 運 | | 辰 | 甲 | 甲 | 甲 | 자 |

– 엄마가 가지고 온 딸의 사주로 미국에서 영업관리직으로 근무를 하고 있는데, 9살 작은 남자와 궁합을 보려고 왔다.

- 사주의 구조는, 원숭이띠 해의 초가을에 자신을 나타내는 글자를 강물에 비유해 해석하는 壬水로 태어나 도와주는 세력이 많으므로 매우 신강한 사주다.

- 초가을은 기온이 낮아지므로 이 계절에 태어난 壬水는 신강하면 신강할수록 냉하고, 가을은 곡식을 거두고 거둔 곡식을 말리는 계절이기 때문에 많은 물이 필요하지 않는데도 많기 때문에 우선 火가 필요하나 없으므로 木을 쓰고, 金이 病神이며, 辰土는 습한 土인데다가 申金과 申辰合을 해서 水로 변하므로 결국 남편 덕이 약한 사람이다.

  따라서, 결혼이 늦어지게 되고, 또 남편 덕이 없는 여자들은 자기보다 나 이가 아주 많거나, 그렇지 않으면, 나이가 어린 남자와 인연이라서 36세에 9살이나 어린 27살 남자와 결혼을 하려고 한다.

- 진로나 직업은 자기의 사주에 어떤 성분이 필요 하느냐에 따라 결정되는데, 이 사주는 木이 우선 필요하므로 木과 관련된 직업은 말에 해당 하므로 교육직이나 영업직종에 맞는데, 이 女命은 미국에서 영업관리직으로 근무하고 있다고 한다.

9) 부부궁합은 이미 각자의 사주 속에 들어있다

(수원 거주)

남자사주

| 66 | 56 | 46 | 36 | 26 | 16 | 6 | | 時柱 | 日柱 | 月柱 | 年柱 | |
|----|----|----|----|----|----|----|---|----|----|----|----|---|
| 庚 | 己 | 戊 | 丁 | 丙 | 乙 | 甲 | 大 | 癸 | 己 | 癸 | 壬 | 乾 |
| 戌 | 酉 | 申 | 未 | 午 | 巳 | 辰 | 運 | 酉 | 亥 | 卯 | 戌 | 命 |

- 卯月에 己土가 신약하므로 比劫이 용신이고, 戌중 丁火가 길신이며, 財星인 水가 왕하여 病이고, 木도 흉신이며, 酉金이 약신이다.
- 초년 대운이 나쁘지 않았으나, 고등학교 때의 歲運이 98 戊寅, 99 己

卯, 2000 庚辰年으로 歲運도 나빠서 지방대학에서 컴퓨터공학을 공부했다고 하며,

- 사주가 너무 신약하면 건강도 나쁜데, 이 命主는 16살 때부터 고등학교 때까지 간질병을 앓아왔었다고 하나 지금은 완치되었다고 한다.
- 이 사주는 財星이 病으로, 財星은 부친이요, 돈이며, 妻에 해당하기 때문에 妻福과 돈복, 부친 복이 없다.
  또한, 日支 妻宮에 病神인 水가 앉아있어서 부부관계에 있어서 고난을 예고하고 있다.
- 필자가 사주를 배울 때, 부부궁합에 있어서는 男 女가 서로 상대방한테 필요한 성분의 글자를 많이 갖고 있으면 궁합이 좋고, 그렇지 않을 경우는 나쁘다고 배웠는데, 그 말이 틀린 말은 아니다.
  그러나, 많은 실증을 통해서 얻은 결론은, 앞에서 말한 대로 자기한테 필요한 성분이 상대방한테 많이 갖고 있어야 하지만 이 요건만 갖추었다고 해서 궁합이 좋은 것만은 아니다.

- 더 중요한 것은, 자기 사주가 좋아야 한다는 사실이다.
  만약, 男 女 양쪽 사주에서 서로 필요한 글자들을 많이 갖고 있더라도 각자 본인들의 사주가 나쁘다면, 궁합이 좋다고 볼 수 없다.
- 결론적으로 男女 궁합은 각자 본인 자신에게 이미 정해져있다는 사실을 알아야 한다.

- 그러면, 이 男命의 사주가 財多身弱사주로 妻福이 없을 것임이 분명한데, 자기한테 잘 맞는 부인과 결혼을 할 것인가?
  결론은 아니다.

- 그런데, 이 男命은 아래 여자와 결혼 날짜를 잡으려고 왔는데, 결혼하면 부인 덕이 있겠는가를 살펴보자.

| 65 | 55 | 45 | 35 | 25 | 15 | 5 | | | 時柱 | 日柱 | 月柱 | 年柱 | |
|---|---|---|---|---|---|---|---|---|---|---|---|---|---|
| 庚 | 辛 | 壬 | 癸 | 甲 | 乙 | 丙 | 大 | | 丙 | 庚 | 丁 | 丙 | 坤 |
| 寅 | 卯 | 辰 | 巳 | 午 | 未 | 申 | 運 | | 子 | 午 | 酉 | 寅 | 命 |

– 酉月에 庚金이 신약한데, 신약해진 요인이 火가 많아서 신약해졌으므로 火가 病이며, 比劫이 용신이고, 水가 약신이다.

– 대게, 官星이 왕하여 病이 되면, 너무 예민하여 정신질환 성향을 보이는 경우가 많은데, 이 女命은 확인할 수가 없어서 아쉽다.
그러나, 극을 심하게 받는 사주들은 두뇌는 좋은 경우가 많은데, 이 女命은 ○○○대학에서 심리학을 공부했다고 한다고 한다.
火는 정신적인면이 강한데, 火가 많은 연유로 심리학을 공부한 것으로 보인다.

– 女命에 火가 남편인데, 남편이 너무 왕해서 病이 되면 남편 덕이 있겠는가?
전혀 아니다.

– 그 病이 되는 午火가 日支 남편 궁에 앉아있으면서, 時支 子水와 子午沖까지 하고 있으므로 부부사이가 나쁘다는 것은 불을 보듯 뻔하다.
그러나, 결혼하기 위해서 궁합을 보기 위해서 온 사람한테 나쁜 말을 할 수가 없어 답답할 뿐이다.
– 이와같이 부부궁합은, 男女의 사주를 비교해 보기 전에 이미 각자의 사주에 궁합의 길흉이 정해져있다는 사실이 확인되었다.
분명한 사실은 자기의 사주가 좋아야 좋은 배필을 만난다는 것이다.

10) 부부궁합은 내 사주에 정해져 있다

(용인 거주)

부인 사주

| 66 | 56 | 46 | 36 | 26 | 16 | 6 |   |   | 時柱 | 日柱 | 月柱 | 年柱 |   |
|----|----|----|----|----|----|----|----|----|------|------|------|------|----|
| 壬 | 癸 | 甲 | 乙 | 丙 | 丁 | 戊 | 大 |   | 乙 | 丁 | 己 | 戊 | 坤 |
| 子 | 丑 | 寅 | 卯 | 辰 | 巳 | 午 | 運 |   | 巳 | 亥 | 未 | 午 | 命 |

– 사주의 구조는 未月에 丁火가 신왕하므로 火가 병신이고, 土가 흉신
  이며, 木이 약신이고, 水가 용신이다.
  地支에 巳午未火局이 있고, 日支가 巳亥沖되어 부부궁이 깨졌고, 官星인
  水가 너무 약하며, 食傷이 강해서 부부관계를 유지하기가 매우 어렵다.
– 용신인 亥水가 日支 배우자궁에 있다고 해도 왕한 食傷이 土克水를 하
  고 巳午未火局에 水가 증발되고 있으며, 巳亥沖되어 官星이 깨졌다.
  따라서, 부부 궁이 나쁘기 때문에 사흘이 멀다하고 부부싸움을 한다
  고 하며, 한번 싸우면 쉽게 풀어지지를 않는다고 한다.

– 이 女命은 초년 대운이 나빴으나, 丙辰 대운 04년(28세, 甲申年)부터
  운이 좋아져서 05년 29세에 한전에 입사했으며,
– 여름에 水가 약하므로 자궁과 신장계통이 나빠서 고생을 한다고 한다.

남편 사주

| 68 | 58 | 48 | 38 | 28 | 18 | 8 |   |   | 時柱 | 日柱 | 月柱 | 年柱 |   |
|----|----|----|----|----|----|----|----|----|------|------|------|------|----|
| 壬 | 辛 | 庚 | 己 | 戊 | 丁 | 丙 | 大 |   | 戊 | 丁 | 乙 | 甲 | 乾 |
| 午 | 巳 | 辰 | 卯 | 寅 | 丑 | 子 | 運 |   | 申 | 巳 | 亥 | 寅 | 命 |

– 사주의 구조는 亥月에 丁火가 신왕해 보이나 木이 너무 많아서 열량
  을 오히려 빼앗기므로 신약해서 水, 木, 金이 흉신이고, 戊土는 흉신
  이지만 일부분 약신 작용도 한다.
  地支로는 巳亥沖, 巳申合하여 日支 巳火가 변질되고 깨져서 부부궁

이 나쁘다.


- 丁火는 인공불로서 약하기 때문에 甲乙木이 너무 많으면, 火生木을
  하기 때문에 신왕 한 것이 아니라 오히려 신약한 것으로 봐야한다.
- 그렇지 않아도 신약한 丁火를 月支 亥水가 巳亥沖하여 깨고, 時支 申
  金이 巳申合해서 변질시키므로 부부 궁이 매우 불안하다.


- 09년까지는 중소건설사에 근무를 하다가 庚寅年부터 운이 들어오므
  로 대형 건설사로 옮겨서 근무를 하고 있는데, 앞에서 설명한 것처럼
  부부 싸움이 매우 잦다고 한다.
- 위 두 사람의 궁합을 볼 때, 이미 본인들 사주에 부부관계가 나쁘기 때
  문에 부부궁이 나쁜 사람들끼리 인연이 되어 서로 싸우고 있는 것이다.


11) 여자가 손해 보는 결혼

(수지 거주)

남자사주

| 62 | 52 | 42 | 32 | 22 | 12 | 2 | | 時柱 | 日柱 | 月柱 | 年柱 | |
|----|----|----|----|----|----|----|---|----|----|----|----|---|
| 丙 | 丁 | 戊 | 己 | 庚 | 辛 | 壬 | 大 | 丙 | 乙 | 癸 | 丁 | 乾 |
| 午 | 未 | 申 | 酉 | 戌 | 亥 | 子 | 運 | 子 | 亥 | 丑 | 巳 | 命 |

- 丑月에 乙木이 干上에 癸水가 나타나있고, 地支에 亥子丑水局을 이
  루고 있어서 태왕하므로 추위에 벌벌 떨고 있고, 겨울나무라서 추위
  를 녹여주는 火가 용신이다.
- 신왕사주이므로 아집이 강하지만 日干이 乙木 꽃나무이며, 食傷이 용
  신이고, 조후용신이므로 사람이 착하고 부드러운 성격이며 잘생겼다.


- 초년대운이 나빠서 어렵게 지방대학을 나와서 취업을 못하고 헤메다
  가 庚寅年이 되어 해동이 되고, 寅중에 丙火가 있어서 중소기업에 취
  업했으며, 7-8년 전부터 사귀어 오던 공무원인 여자와 결혼을 하려

고 한다.

- 이 사주의 財星을 보면, 巳중에 戊土가 있고, 丑중에 己土가 있는데, 丑土는 亥子丑水局이 되어 크게 변질되었고, 巳중에 戊土도 巳丑金局이 되어 변질되었으며, 日支 亥水가 巳火를 巳亥沖하므로 妻福과 돈복이 없는 사주다.

- 대운에서는 戊 대운이 좋고, 좋은 歲運인 庚寅年을 만나서 그나마도 중소기업에 취업을 했으나 앞으로의 대운이 51세까지는 좋지 못하므로 큰 발전을 기대하기는 어렵고, 직장도 여기 저기 옮겨 다니게 될 것이나, 52대운부터는 좋아진다.

여자사주

| 62 | 52 | 42 | 32 | 22 | 12 | 2 | | 時柱 | 日柱 | 月柱 | 年柱 | |
|---|---|---|---|---|---|---|---|---|---|---|---|---|
| 壬 | 辛 | 庚 | 己 | 戊 | 丁 | 丙 | 大 | 癸 | 戊 | 乙 | 癸 | 坤 |
| 戌 | 酉 | 申 | 未 | 午 | 巳 | 辰 | 運 | 丑 | 午 | 卯 | 亥 | 命 |

- 卯月에 戊土가 신약한데, 財星이 많아서 水生木하여 官殺인 木이 官星이 왕해서 病이므로 官印相生으로 火가 용신이다.
- 女命에 官星이 病이므로 남편 덕이 없는데, 다행히 日支에 용신이 있고, 印星을 쓰므로 좋다.

- 초년 대운이 좋았으며, 좋은 歲運인 丙戌年을 만났고 鐵鎖開金殺이 있으며, 官星이 鐵鎖開金殺이므로 보건직 공무원 시험에 합격했으며, 7-8년 전부터 사귀어 오던 위 남자와 辛卯年에 결혼하려고 한다.

이 두 사람의 사주를 비교해보면, 남자사주보다 여자 사주가 훨씬 좋고, 남자의 대운이 나쁘기 때문에 좋은 궁합이 못되지만, 용신을 같은 火를 쓰므로 좋은 점이 있지만 여자가 손해 보는 결혼으로, 연애한지가 오래(7-8년) 되었으므로 이것저것 따질 필요도 없고, 이 궁합을 보려고 온 남자의 누나에게 남자(동생)입장에서는 동생은 내 놓을 것이 없는 사람이므로 보험을 든 것과 같으니 빨리 결혼시키라고 했다.

이 여자의 입장에서 보면, 이 남자의 성격이 부드럽고 착하고, 잘생겼기 때문에 오랫동안 사귀어 온 것이고, 결혼까지 하려고 한다.

12) 총각이 마음에 안끌린다

(용산 거주)

| 63 | 53 | 43 | 33 | 23 | 13 | 3 | | 時柱 | 日柱 | 月柱 | 年柱 | |
|---|---|---|---|---|---|---|---|---|---|---|---|---|
| 癸 | 壬 | 辛 | 庚 | 己 | 戊 | 丁 | 大 | 己 | 己 | 丙 | 辛 | 坤 |
| 卯 | 寅 | 丑 | 子 | 亥 | 戌 | 酉 | 運 | 巳 | 卯 | 申 | 酉 | 命 |

- 사주 구조를 보면, 초가을에 己土가 신약하므로 火에 의지하기 때문에 공부와 인연이고, 火는 印星이라서 엄마와도 인연이기 때문에 엄마와 잘 지내며, 성품도 고우나 食傷이 많아서 자기 마음에 안 들면 傷官星으로 변하므로 까다로운데가 있다.

- 학운기인 戊戌대운이 좋았고, 印星을 쓰므로 공부를 할 수 있었으나 고등학교 歲運이 나빠 좋은 성적은 아니었지만 미국에서 심리학전공 했다.

- 04년부터 09년까지 歲運이 金水운으로 흘러서 나쁜데, 07 丁亥年을 맞아서 한국에서 운전을 하는데, 뒤에서 다른 차가 들이받아서 목뼈를 크게 다쳐서 취업을 생각도 못해보고 건강 회복에만 신경을 써 왔단다.

- 2-3년 전부터 아래 남자가 사귀자고 몇 차례 선을 봤는데 마음에 안 들어 더 이상 진행이 안됐으나 辛卯年 들어 남자 쪽에 적극적으로 나오므로 궁합을 보려고 온 것이다.

- 그러면, 왜 이 처녀는 남자가 마음에 안든지 살펴보자.
- 아래 총각의 사주를 보면, 자기한테 필요 없는 金水가 너무 많고, 木이 없으므로 표현력이 부족해서 유머감각이 없으며, 자기는 인물이 잘생겼다고 생각하는데, 남자는 왜소하기 때문이란다.

상대 남자

| 63 | 53 | 43 | 33 | 23 | 13 | 3 | | 時柱 | 日柱 | 月柱 | 年柱 | |
|---|---|---|---|---|---|---|---|---|---|---|---|---|
| 乙 | 甲 | 癸 | 壬 | 辛 | 庚 | 己 | 大 | 丁 | 癸 | 戊 | 庚 | 乾 |
| 未 | 午 | 巳 | 辰 | 卯 | 寅 | 丑 | 運 | 巳 | 酉 | 子 | 申 | 命 |

- 子月에 癸水가 金水가 왕해서 신강한 사주이므로 조후를 해주는 火와 土가 용신이다.
  이런 구조에서 土가 더 유용하지만 뿌리가 약하므로 火를 우선한다.
- 명문대 공대를 나와서 대기업 기획실에 근무하고 있다.
- 그러면, 이 총각은 왜 위 처녀를 좋아하는지 보자.

- 처녀는 丙火를 쓰고 辛金이 반사시켜서 키도 클 분만 아니라 아름다운데, 자기는 신강한데 설기시키는 木도 없고, 체격도 왜소한데다가 처녀가 갖고 있는 丙火가 木이 욕심이 나기 때문에 직장도 없이 지내는 처녀를 쫓아다니게 된다.

- 처녀 쪽이나 총각 쪽이나 辛卯年에 卯酉冲을 하고 있는데, 처녀 쪽은 食神과 官星이 충돌하므로 나쁜데다가 日支에 있는 卯木이 冲을 하기 때문에 나쁘고, 총각 쪽에서 보면, 日支 酉金을 歲運의 卯木이 冲을 하므로 이 결혼이 꼭 이루어진다고는 보기 힘들다.

## 3. 언제 연애하고, 결혼하는가?

1) 남여 모두 日支와 같은 글자가 오면 연애를 하거나 결혼한다.

2) 여자는 언제 결혼하는가?
  - 女命에 官이 오거나,
  - 傷官이 合되거나, 日支나 月支가 合하거나, 沖하면 결혼한다.
  - 여자는 正官이 흉신이라도 正官과 合身年에 남자를 만나거나 결혼을 하고,
  - 女命에 官星이 空亡이면 沖하거나 合하거나 해서 脫空운이 오는 해에 남자를 만난다.
  - 財와 官이 旺하면 劫財운에 결혼하고, 比肩운에는 안한다.
  - 食傷과 合身年에도 결혼하는데, 食傷合身年에 결혼하면, 풍파곡절이 많다.
  - 官殺이 混雜하면 偏官을 제거할 때 결혼한다.
  - 傷官이 官을 剋할 때나 傷官을 合할 때 결혼한다.
  - 身旺한 女命은 官星이 合이나 沖, 刑을 하면 官이 움직이므로 결혼하고 기혼자는 이런 운에 이혼할 수 있다.

3) 남자가 결혼하는 운은,
  ① 男命에 財가 나타나거나, 正財나 偏財가 日干과 合하는 年에 결혼.
  ② 日主가 合하거나 沖하거나,
  ③ 月支가 合하거나 沖을 해도 결혼한다.
  ④ 財와 合되는 年에 여자를 만나고,
  ⑤ 사주에 偏官이 있는데, 正官이 들어오면 결혼.
  ⑥ 用神이 合하는 年에 결혼.
  ⑦ 正財와 偏財가 혼잡하면 偏財가 合去되는 해에 결혼.
  ⑧ 여자는 官이 오는 날이나, 日主와 合하는 年에 남자를 만난다.

4) 남여 모두 배우자 띠가 日支를 沖하면 싸운다.

5) 女子가 일찍 연애하는 사주는,
  ① 地支에 桃花가 있는 사주,
  ② 年이나 月에 官殺이 혼잡한 사주이고,
  ③ 반대로 年上과 月上에 傷官이 투출해있으면, 남자를 사귀지만 금방 깨진다.

6) 財를 沖하는 年에는,

① 사귀는 여자가 없으면 여자를 만나고,

② 사귀는 여자가 있으면 헤어진다.

7) 役馬殺이 오는 운에도 해외여행이므로 결혼할 수 있다.

8) 女命에 食傷과 官星이 同柱하거나 日干과 合을 하면 속도위반으로 혼전 임신을 한다.

9) 女命에 傷官운에 연애하면 꼭 집에서 반대한다.

10) 女命에 印綬가 용신이면 官이 흉신이므로 결혼을 늦게 한다.

11) 신약한 사주는 比劫이나 祿이 와서 신왕하게 해주면 자신감이 생겨 財나 官을 감당할 수 있어서 결혼한다.

12) 女命에 官이 空亡이면, 탈공하는 해에 만나는데, 만약에 亥水가 官인데 空亡이면 탈공되는 亥년에 남자를 만난다.

13) 여자 사주에 年에 官星이 있으면,

① 나이가 많은 남자와 인연이 되거나 後妻가 되고,

② 그렇지 않으면 해외에서 남자를 만난다.

14) 男, 女 모두 日支가 空亡이면 空亡을 해공시키기 위해서 空亡 띠를 만나는데 아래로 3년, 위로 5년으로 空亡 띠를 만난다.

15) 여자는 食傷운에 결혼할 수도 있는데, 食傷은 자식을 의미하기도 하고, 性을 의미하기 때문이다.


(1) 乙未年에 만나 丁酉年에 결혼할 예정이다.

(영등포 거주)

| 68 | 58 | 48 | 38 | 28 | 18 | 8 | | 時柱 | 日柱 | 月柱 | 年柱 | |
|---|---|---|---|---|---|---|---|---|---|---|---|---|
| 辛 | 庚 | 己 | 戊 | 丁 | 丙 | 乙 | 大 | 己 | 庚 | 甲 | 甲 | 乾 |
| 巳 | 辰 | 卯 | 寅 | 丑 | 子 | 亥 | 運 | 卯 | 辰 | 戌 | 子 | 命 |

- 쥐띠 늦가을에 무쇠로 해석하는 庚金으로 태어나 印星인 土가 3개 있으므로 신왕하게 보이지만, 月支 戌土와 日支 辰土가 辰戌沖으로 깨졌고, 木이 3개인데다가 辰土가 일부 卯辰木局으로 가므로 약간 신약하기 때문에 金이 용신이고, 土가 길신, 木이 흉신, 水도 흉신, 운에서 오는 火도 흉신이다.

- 丙申年에 歲運 地支의 申金이 申子辰水局을 해서 日干의 힘을 洩氣하지만 金이라서 기본적으로는 日干을 도와주므로 크게 나쁘지 않으므로 사업이 잘된다고 했다.
- 이 命主는 火가 없어 직장생활을 하는 것 보다는 많은 木을 다스리려고 하므로 사업인데, 건축설계를 한다고 했다.

- 乙未年에 日干 庚金과 財星인 乙木이 乙庚合을 하므로 연애를 시작했고, 丁酉(2017)년에 日支 辰土와 合을 하므로 결혼할 예정이라고 한다.
- 그런데 이 사주는 財多身弱이고, 桃花 財星인 卯木을 가지고 있으며, 日支가 辰戌冲으로 깨졌으므로 재혼격임에 틀림이 없는데, 그 시기는 58 庚辰대운이다.

상대 여자

| 66 | 56 | 46 | 36 | 26 | 16 | 6 | 大 |  | 時柱 | 日柱 | 月柱 | 年柱 |  |
|----|----|----|----|----|----|----|----|----|----|----|----|----|----|
| 庚 | 辛 | 壬 | 癸 | 甲 | 乙 | 丙 | 運 |  | 辛 | 甲 | 丁 | 丙 | 坤 |
| 寅 | 卯 | 辰 | 巳 | 午 | 未 | 申 |  |  | 未 | 戌 | 酉 | 寅 | 命 |

- 범띠 한 가을에 큰 나무에 비유해 해석하는 甲木으로 태어났는데, 도와 주는 세력으로는 寅木 하나뿐이므로 신약한 사주라서 木이 용신이고, 水가 길신이며, 金이 病神이고, 土가 흉신이며, 火가 약신이다.

- 이 사주는 水가 필요하므로 교육과 인연이라서 교육계에 종사를 한다고 하며, 官星으로 남편을 나타내는 金이 두 개이고, 日支가 戌未刑으로 깨졌으므로 이 命主 역시 재혼할 사주다.
따라서, 위 남자가 재혼격인 것처럼 이 女命도 똑 같은 재혼격으로 피장파장이라서 인연에 따라서 상대를 만나게 되어있다.

- 또한 이 사주는 자식을 나타내는 傷官인 丁火와 남편으로 官星인 酉金이 한기둥을 이루고 있어 아기를 잉태한 후 결혼할 것으로 본다.

## 4. 노처녀 사주

### 1) 35세 노처녀로 연애 한 번 못해봤다

(흑석동 거주)

| 65 | 55 | 45 | 35 | 25 | 15 | 5 | | 時柱 | 日柱 | 月柱 | 年柱 | |
|---|---|---|---|---|---|---|---|---|---|---|---|---|
| 癸 | 甲 | 乙 | 丙 | 丁 | 戊 | 己 | 大 | 丁 | 丁 | 庚 | 丙 | 坤 |
| 巳 | 午 | 未 | 申 | 酉 | 戌 | 亥 | 運 | 未 | 未 | 子 | 辰 | 命 |

- 子月에 丁火로 신약하므로 더 많은 火가 필요하다.
- 庚寅年 35세인데, 여태까지 한 번도 연애를 못해봤다고 한다.

- 이 사주에서 子水의 모양새를 보면, 子水는 辰土와 合을 해서 半 水局을 만들므로 子水가 辰土 庫속에 入墓하므로 안 좋다.

  어떤 글자든지 合하거나 沖을 해서 변질이 되어 흉신으로 변하면 나쁜데, 이 사주는 겨울이므로 많은 水가 필요하지 않다.

### 2) 36세 미혼 여

(대방동 거주)

| 66 | 56 | 46 | 36 | 26 | 16 | 6 | | 時柱 | 日柱 | 月柱 | 年柱 | |
|---|---|---|---|---|---|---|---|---|---|---|---|---|
| 乙 | 甲 | 癸 | 壬 | 辛 | 庚 | 己 | 大 | 丙 | 壬 | 戊 | 乙 | 坤 |
| 酉 | 申 | 未 | 午 | 巳 | 辰 | 卯 | 運 | 午 | 辰 | 寅 | 卯 | 命 |

- 수학 사설학원을 언제 낼까 궁금해서 왔다.
- 寅月에 壬水가 신약하므로 從을 할 것 같은데 辰중에 癸水가 있어서 從을 하지 않고, 태약한 사주다.
- 36세인 庚寅年까지 미혼이고, 그동안 남자를 만났으나 맘에 안 들어 헤어졌다.

- 時가 空亡이고, 時에서 年支를 空亡시켜 자식이 없을 팔자이고, 壬辰

魁罡殺에 戊土가 剋을 심하게 받아 결혼생활이 어려울 팔자다.
- 金 印星이 사주에 없는데, 이 命主가 어려서 친어머니인데도 어머니
  의 구박을 심하게 받고 자랐으며, 財가 흉신이라서 아버지도 자기한
  테 잘해주지 않았다고 한다.


3) 37세 노처녀

(신길동 거주)

| 66 | 56 | 46 | 36 | 26 | 16 | 6 |  | 時柱 | 日柱 | 月柱 | 年柱 |  |
|----|----|----|----|----|----|----|----|----|----|----|----|----|
| 乙 | 甲 | 癸 | 壬 | 辛 | 庚 | 己 | 大 | 乙 | 己 | 戊 | 乙 | 坤 |
| 未 | 午 | 巳 | 辰 | 卯 | 寅 | 丑 | 運 | 丑 | 亥 | 子 | 卯 | 命 |

- 土용신 火 길신, 木이 병신, 水가 흉신이다.
  꽁꽁 얼어있는 나무라 향기가 없어서 얼굴은 예쁜데도 남자들한테 인
  기가 없다.
- 명문대학교에서 피아노를 전공했다.

- 辛卯年 初로 37세인데, 庚寅年에 결혼하려다가 못했고, 결혼이 안 이
  루어진다.
- 얼어있는 나무라 몸이 냉하고, 수족이 차며, 子卯刑이 있어서 자궁검
  사를 받아보도록 권했다.

4) 46세 노처녀

(성남 거주)

| 65 | 55 | 45 | 35 | 25 | 15 | 5 |  | 時柱 | 日柱 | 月柱 | 年柱 |  |
|----|----|----|----|----|----|----|----|----|----|----|----|----|
| 甲 | 癸 | 壬 | 辛 | 庚 | 己 | 戊 | 大 | 癸 | 戊 | 丁 | 丁 | 坤 |
| 寅 | 丑 | 子 | 亥 | 戌 | 酉 | 申 | 運 | 亥 | 子 | 未 | 未 | 命 |

- 사주의 구조는, 양띠 해의 늦여름에 자신을 나타내는 글자를 큰 산의
  土에 비유해 해석하는 戊土로 태어나 자신의 힘이 강하고 건조하므
  로 水가 용신이고, 土가 病神이고, 火가 흉신이다.

- 地支에 子水와 未土가 만나 서로 미워하고 원망하는 子未怨嗔殺을 이루고 있는데, 戊土의 남자를 품고 있는 未土와 원진을 이루고 있으며, 未土가 비어있다는 의미의 空亡이라 40대 중반이 되도록 결혼을 하지 않고 있다.

- 또한, 사주에 남편을 나타내는 글자가 나타나 있지 않고, 자식을 나타내는 글자도 나타나 있지 않으며, 10년간씩 구분해서 보는 大運에서는 65세 甲寅大運이 되어야 남자 운이 들어온다.

- 이 여자는 S 여대 미술과를 졸업했고, 영상디자인 대학원 출신으로, 사업을 하고 있다.

5) 54세 노처녀 사주

(하남 거주)

| 63 | 53 | 43 | 33 | 23 | 13 | 3 | | | 時柱 | 日柱 | 月柱 | 年柱 | |
|---|---|---|---|---|---|---|---|---|---|---|---|---|---|
| 庚 | 己 | 戊 | 丁 | 丙 | 乙 | 甲 | 大 | | 甲 | 甲 | 癸 | 己 | 坤 |
| 辰 | 卯 | 寅 | 丑 | 子 | 亥 | 戌 | 運 | | 子 | 寅 | 酉 | 亥 | 命 |

- 이 命主의 언니가 가지고 온 54세 여자 사주로, 사주의 구조는 酉月에 甲木이 태왕하므로 寅중 丙火가 용신이고, 木이 길신이며, 水가 病神이고, 己土가 약신이며, 金은 흉신이다.
  日主가 甲寅으로 孤鸞殺이고, 官星인 酉金과 寅酉怨嗔殺이고, 年支가 空亡이다.

- 印星이 病이고, 月柱에 病神과 흉신이 자리를 잡고 있어서 공부 복도 없고, 부모덕도 없다.
- 甲寅일주는 孤鸞殺이고, 남편을 나타내는 酉金과는 寅酉怨嗔殺을 구성하고 있어서 설령, 결혼을 한다고 해도 남편과 갈등 구조를 가지고 있다.

- 이 命主가 결혼을 못한 이유를 분석해 보면, 日主가 孤鸞殺이고, 官星인 酉金과 寅酉怨嗔殺이고, 時支에서 年支가 空亡이다.
- 이 命主의 실제 인물은 보지 못했으나, 언니의 말대로라면, 인물도 곱고 마음씨도 착한데, 시집을 못가고 있다고 한다.

## 6) 58세 노처녀

(분당 거주)

| 63 | 53 | 43 | 33 | 23 | 13 | 3 |  | 時柱 | 日柱 | 月柱 | 年柱 |  |
|---|---|---|---|---|---|---|---|---|---|---|---|---|
| 庚 | 己 | 戊 | 丁 | 丙 | 乙 | 甲 | 大 | 甲 | 癸 | 癸 | 癸 | 坤 |
| 午 | 巳 | 辰 | 卯 | 寅 | 丑 | 子 | 運 | 寅 | 未 | 亥 | 巳 | 命 |

- 亥月에 癸水가 신왕하므로 土를 우선하여 써야 하나 木이 살아있으므로 火가 용신이다.
- 15세 때 부친이 사망하였고, 초년 운이 나빠서 고생했으며, 대학을 못 갔다.
- 巳중 戊土가 남편인데, 巳亥冲맞아서 23세 때 파혼한 후 혼자살았으며, 자식궁인 時가 劫煞이고, 남편궁도 空亡이라서 남편도 자식도 없다.
- 戊 대운 46세 때 남자친구를 만나서 丙戌年부터는 친하게 지내고 있다.

### 애인 사주

| 63 | 53 | 43 | 33 | 23 | 13 | 3 |  | 時柱 | 日柱 | 月柱 | 年柱 |  |
|---|---|---|---|---|---|---|---|---|---|---|---|---|
| 己 | 庚 | 辛 | 壬 | 癸 | 甲 | 乙 | 大 | 丙 | 乙 | 丙 | 己 | 乾 |
| 未 | 申 | 酉 | 戌 | 亥 | 子 | 丑 | 運 | 戌 | 亥 | 寅 | 丑 | 命 |

- 寅月에 乙木이 신약하므로 比劫이 용신이다.
- 건설업을 하고 있으며, 가정 궁이 나쁘다.

## 7) 시집못간 노처녀

| 62 | 52 | 42 | 32 | 22 | 12 | 2 |  |  | 時柱 | 日柱 | 月柱 | 年柱 |  |
|----|----|----|----|----|----|----|---|---|------|------|------|------|---|
| 癸 | 甲 | 乙 | 丙 | 丁 | 戊 | 己 | 大 |  | 壬 | 庚 | 庚 | 甲 | 여 |
| 亥 | 子 | 丑 | 寅 | 卯 | 辰 | 巳 | 運 |  | 午 | 子 | 午 | 午 | 자 |

- 여자로 성악을 공부한 62세 노처녀다.
- 사주의 구조는, 말띠 해의 한여름에 자신을 나타내는 글자를 무쇠에 비유해 해석하는 庚金으로 태어나 도와주는 세력이 약하므로 매우 신약한 사주다.

- 여름에 태어난 庚金이 매우 신약한데, 火가 너무 많아서 庚金이 녹을 지경이므로 金운을 만나 자신의 힘을 키워야 하고, 濕土가 좋으며, 火가 病神이므로 水가 藥神이다.
- 女命 庚金 日干에 火가 남편인데, 이와 같이 火가 너무 많아서 病이 되면, 남자는 많으나, 남편이 없는 격이므로 결혼을 못하거나 결혼을 한다해도 이혼하게 된다.
  그런데, 이 命主는 40대까지 외국에 가서 성악공부를 하느라고 결혼을 하지 못했다는 본인의 설명이지만, 이 사주의 구조를 볼 때 남자와의 인연 이 없기 때문에 결혼을 못한 것이다.

- 또한, 庚金 日干이 官星인 남자가 많기 때문에 食傷인 水로 불을 꺼야 하기 때문에 몸을 팔수도 있었으나, 그것 까지는 알 수가 없다.

- 직업은 자기의 사주에 어떤 성분이 필요 하느냐에 따라 결정되는데, 이 사주는 食傷이 우선 필요한데, 食傷은 기술이고 표현력이므로 성악을 공부를 했으나, 운이 따라주지 않았으므로 대학에서 시간강사로 일해 왔다고 한다.

8) 33세 노처녀가 보내온 사연

(방배동 거주)

| 74 | 64 | 54 | 44 | 34 | 24 | 14 | 4 | | 時柱 | 日柱 | 月柱 | 年柱 | |
|---|---|---|---|---|---|---|---|---|---|---|---|---|---|
| 癸 | 壬 | 辛 | 庚 | 己 | 戊 | 丁 | 丙 | 大 | 甲 | 丁 | 乙 | 己 | 여 |
| 未 | 午 | 巳 | 辰 | 卯 | 寅 | 丑 | 子 | 運 | 辰 | 酉 | 亥 | 未 | 자 |

『저의 성격이 사람들 시선을 잘 의식하고 활발하면서도 소심하고 눈치보는 습관이 있어 스스로를 힘들게 만듭니다.

그리고, 병으로는 겨드랑이 다한증이 좀 심해서(긴장하거나, 눈치 보는 조바심 내는 마음 때문인 것 같습니다.)

수술까지 하였으나 아직도 남아있습니다.

잘 붓고요...

연애를 잘 못하는... 이성을 만나기 힘들어서...

딱 한번 연애 후 현재 7년째 솔로로 지내고 있습니다...ㅠ.ㅠ

성명학 공부를 해서 스스로 지어보려 했지만..

사주를 볼 줄 몰라서...ㅠ.ㅠ 벌써 개명을 유명하다하는 여러군데 의뢰했다가 마음에 안 들어 선생님을 찾아뵙게 되었습니다...

부디 저한테 잘 맞는 좋은 이름 부탁드립니다...』

9) 결혼안하고 혼자살겠다고 한다

(수원 거주)

| 63 | 53 | 43 | 33 | 23 | 13 | 3 | | 時柱 | 日柱 | 月柱 | 年柱 | |
|---|---|---|---|---|---|---|---|---|---|---|---|---|
| 丙 | 丁 | 戊 | 己 | 庚 | 辛 | 壬 | 大 | 戊 | 壬 | 癸 | 壬 | 坤 |
| 午 | 未 | 申 | 酉 | 戌 | 亥 | 子 | 運 | 申 | 寅 | 丑 | 戌 | 命 |

- 丑月에 壬水가 신약으로 보이나 季節이 겨울이므로 춥기 때문에 官星인 土가 용신이고, 火가 길신이다.
- 공부도 잘했다고 하며 좋은 대학을 나왔다고 한다.

- 중국에서 회사원으로 근무하고 있는데, 결혼은 안하고 혼자살겠다고

생각한다.

남편인 官星이 깨졌고, 부부 궁 마져 寅申沖으로 깨졌기 때문이다.


10) 잘생긴 노처녀

(용인 거주)

| 68 | 58 | 48 | 38 | 28 | 18 | 8 | | 時柱 | 日柱 | 月柱 | 年柱 | |
|---|---|---|---|---|---|---|---|---|---|---|---|---|
| 壬 | 辛 | 庚 | 己 | 戊 | 丁 | 丙 | 大 | 丙 | 乙 | 乙 | 癸 | 여 |
| 戌 | 酉 | 申 | 未 | 午 | 巳 | 辰 | 運 | 戌 | 卯 | 卯 | 卯 | 자 |

- 잘생긴 노처녀 사주다.
- 사주의 구조는, 토끼띠 해의 한봄에 자신을 나타내는 글자를 꽃나무
  에 비유해서 해석하는 乙木으로 태어나 도와주는 세력이 많으므로
  신강한 사주다.
  중봄생이라서 기온이 아직 낮고, 봄 꽃나무는 火를 좋아하므로 火가
  가 필요하고, 열기를 품고 있는 戌土가 그 다음으로 필요하며, 水와
  木은 흉신이다.

- 꽃나무는 원래가 부드럽고 유연하지만, 比劫이 이렇게 많으면, 경쟁
  심리가 강 해져서 부드럽다기 보다는 드세다고 말할 수 있다.
  꽃나무는 火를 보면 꽃으로 해석하기 때문에 아름답고, 향기가 넘치
  는데 다 봄에 필요한 태양인 丙火를 보았으니 더욱 눈부시므로 이 여
  인은 아름다웠다.

- 이 命主가 아름다운만큼 행복한 운명인가를 보자.
  사주에서 丙火를 봐서 자기의 능력은 있지만, 여자는 남편 덕이 있어
  야 더욱 행복한 법인데, 이 사주의 남편은 戌土 속에 들어있는 辛金
  으로 나타나 있지 않고 숨어있으므로 보잘 것 없는 남자이고, 설령
  나타나 있다해도 傷官인 丙火 때문에 남자로서의 힘을 쓰지 못할 뿐
  만 아니라 너무 많은 比劫인 木과 남자인 金이 金木相爭하여 버틸 수
  가 없으므로 남자가 도망가고 혼자 살게 된다.

따라서, 이런 사주의 경우는 자기 마음에 드는 남자를 만나기가 힘들 뿐만 아니라 혹시 만난다 해도 곧 도망 가버린다.

– 또한, 여자 木일주가 時에 자식을 의미하는 丙戌이 있을 경우, 자식을 앞세우는 경우를 2명을 봤는데, 이 사주의 경우는 결혼을 안했기 때문에 자식을 두지 못했다고 한다.

– 또한, 초, 중년 대운이 흉운인 火운이라서 부동산사업을 해서 수십억을 벌었는데, 48 庚申대운 2012년 壬辰年에 사기를 당해서 30억 원을 날리게 되었다고 한다.

이 사주에는 돈 글자인 戊土 하나를 두고 5명의 比劫이 군겁쟁재를 하고 있는 상이라서 돈 복이 약하다고 할 수 있다.

11) 재벌 집안의 큰 딸인데 결혼을 안한다

(시흥 거주)

| 61 | 51 | 41 | 31 | 21 | 11 | 1 | | | 時柱 | 日柱 | 月柱 | 年柱 | |
|---|---|---|---|---|---|---|---|---|---|---|---|---|---|
| 壬 | 癸 | 甲 | 乙 | 丙 | 丁 | 戊 | 大 | | 癸 | 甲 | 己 | 壬 | 坤 |
| 寅 | 卯 | 辰 | 巳 | 午 | 未 | 申 | 運 | | 酉 | 辰 | 酉 | 子 | 命 |

– 사주의 구조는, 쥐띠 해의 한 가을에 자신을 나타내는 글자를 큰 나무에 비유해 해석하는 甲木으로 태어나 도와주는 세력이다소 약하므로 신약한 사주다.

– 한 가을에 태어난 甲木이라서 기온이 낮기 때문에 많은 水가 필요하지 않는데, 水가 3개 있고 金이 2개 있어 사실상 水가 많은 것과 같기 때문에 신약해도 火가 우선 더 필요하나 없으므로 자신인 木이 용신이고, 火가길신이며, 土도 길신, 金과 水는 흉신이다.

– 이 사주에 官星인 金이 두 개이고, 흉신이므로 결혼하기가 힘들뿐만

아니라 결혼을 한다고 해도 재혼할 팔자다.

왜냐하면, 月支의 酉金은 日支 辰土와 辰酉合하였고, 時支酉金과도 辰酉 合을 하였으므로 두 번 결혼할 팔자인데, 이 사주를 가지고 온 당사자의 어머니의 말은 "딸이 아직 결혼을 하지 않았고 또 결혼할 생각이 없다."고 말했으나 필자의 생각은 巳 대운에 巳酉合金이 되어 官星 운이 들어왔으므로 이 때 결혼을 했다가 실패했을 것으로 판단한다.

- 이 命主는 상장기업의 큰 딸로 태어나 부친이 재벌기업인이라 경영에 참여하고 있는데, 이는 己土가 부친이고 돈인데 甲己合하였으므로 운명과 부합한다.


## 5. 노총각 사주


### 1) 36세 노총각 사주

(영등포 거주)

| 61 | 51 | 41 | 31 | 21 | 11 | 1 | | 時柱 | 日柱 | 月柱 | 年柱 | |
|----|----|----|----|----|----|----|----|----|----|----|----|----|
| 丁 | 丙 | 乙 | 甲 | 癸 | 壬 | 辛 | 大 | 壬 | 壬 | 庚 | 丙 | 乾 |
| 未 | 午 | 巳 | 辰 | 卯 | 寅 | 丑 | 運 | 寅 | 戌 | 子 | 辰 | 命 |

- 辛卯年 戌月에 36세 노총각으로 모친이 가지고 온 사주다.
- 이 사주의 구조는 子月에 壬水가 신왕하고, 냉하며, 寅木이 살아있기 때문에 寅木을 키워야 하므로 火가 용신이고, 木이 길신이며, 水가 病이고, 乾土가 약신이다.
- 이 사주에서 丙火는 偏財이고, 戌中 丁火가 正財로 마누라인데, 正財가 들어있는 戌土를 멀리 年支의 辰土가 沖하려 하는 것이 안좋다.

- 11 壬寅 대운부터 좋은 운이고, 21 癸卯 대운도 좋은데, 고등학교 때의 歲運이 壬申, 癸酉, 甲戌로 고등학교 1-2학년의 운이 좋지 않았으나 3학년 때는 甲戌년으로 좋아서 명문대 심리학과에 수석으로 입학했다고 한다.

이 命主에게 가장 잘 맞는 전공학과는 경영학이나 경제학이 더 잘 맞
으나, 심리학도 맞지만 심리학 전공자는 나중에 취업할 때, 문이 좁
아서 어려움이 있게 된다.

- 또한, 이 命主가 심리학을 전공하게 된 이유는 火를 용신으로 쓰기
  때문인데, 火는 정신세계를 추구하므로 심리학전공자가 많다.

- 甲辰 대운이 나쁘기 때문에 큰 발전이 없게 되는데, 06 丙戌年에 전
  공과는 다소 거리가 먼 게임개발업체에 취업했다가, 09 己丑年에 丑
  戌刑하여 官을 刑하므로 변동이 생겨서 직장을 옮겼다.

- 아직까지 연애를 안 해봤다고 하나, 2013 癸巳年부터 財星인 火運이
  오므로 결혼하리라고 본다.


2) 43세 노총각

(여의도 거주)

| 66 | 56 | 46 | 36 | 26 | 16 | 6 |  | 時柱 | 日柱 | 月柱 | 年柱 | |
|----|----|----|----|----|----|----|----|----|----|----|----|----|
| 壬 | 癸 | 甲 | 乙 | 丙 | 丁 | 戊 | 大 | 丁 | 庚 | 己 | 己 | 乾 |
| 戌 | 亥 | 子 | 丑 | 寅 | 卯 | 辰 | 運 | 丑 | 子 | 巳 | 酉 | 命 |

- 巳月에 庚金이 신왕하므로 火가 용신이다.
- 신장 190센치이고 체중은 95키로이며, 미남형으로 학교 다닐 때 씨
  름선수여서 부모가 천하장사를 시키기 위해서 많은 노력도 했고, 큰
  돈을 투자했으나 너무 힘들다고 해서 결국 씨름선수생활을 접었다.

- 부친이 건설업을 해서 수백억 대의 돈을 갖고 있어서 아버지의 뒤를
  이어 사업을 했으나, 36대운인 乙丑대운부터는 용신인 火氣가 식으
  므로 하는 일마다 실패를 했고, 결혼도 하지 못해서 辛卯年 현재 43
  세 노총각이다.

- 庚寅年에 寅巳刑하여 용신을 刑하였고, 辛卯年에 卯酉冲해서 日干의
 뿌리이면서 巳酉丑金局의 중심인 酉金을 冲하므로 교통사고를 당해
 서 목 디스크를 앓고 있기 때문에 여자와 선볼 생각도 안하고 있다.

- 이 男命은 巳酉丑金局이 있는데도 배다른 형제가 없으며, 사주에 財
 星이 없는데도 부친이 巨富다.

3) 다자무자(多者無者)로 장가를 못갔다

(용산 거주)

| 67 | 57 | 47 | 37 | 27 | 17 | 7 | | 時柱 | 日柱 | 月柱 | 年柱 | |
|----|----|----|----|----|----|----|----|----|----|----|----|----|
| 丙 | 乙 | 甲 | 癸 | 壬 | 辛 | 庚 | 大 | 甲 | 己 | 己 | 庚 | 남 |
| 申 | 未 | 午 | 巳 | 辰 | 卯 | 寅 | 運 | 子 | 亥 | 丑 | 戌 | 자 |

- 壬辰年 한 여름에 지인이 가지고 온 40대 초반의 남자 사주다.

- 사주의 구조는, 개띠 해의 늦겨울에 자신을 나타내는 글자를 야산의
 土에 비유해 해석하는 己土로 태어나 자신의 힘이 매우 약하므로 土
 가 용신이고, 운에서 오는 火가 길신이며, 水가 病神이고, 木이 흉신
 이며, 金도 흉신이다.

- 地支에는 亥水와 子水와 丑土가 만나면 물바다를 이루는 亥子丑水
 局이 있고, 丑土와 戌土가 만나면, 서로에게 상처를 입히는 丑戌刑
 이 있다.

- 이 男命은 초년부터 흉신인 木운에서 시작했기 때문에 초년 운이 나
 빴으며, 하필이면, 마누라를 나타내는 水가 다자무자(多者無者)이므
 로 43살인 壬辰年까지도 장가를 가지 못했고, 직장을 나타내는 甲木
 이 흉신이므로 직장도 별 볼일 없이 들락날락거린다고 한다.

## 4) 노총각

(수원 거주)

| 68 | 58 | 48 | 38 | 28 | 18 | 8 | | | 時柱 | 日柱 | 月柱 | 年柱 | |
|---|---|---|---|---|---|---|---|---|---|---|---|---|---|
| 庚 | 己 | 戊 | 丁 | 丙 | 乙 | 甲 | 大 | | 己 | 戊 | 癸 | 甲 | 乾 |
| 辰 | 卯 | 寅 | 丑 | 子 | 亥 | 戌 | 運 | | 未 | 午 | 酉 | 寅 | 命 |

- 酉月에 戊土가 신약하므로 印星인 火가 용신인데 초년 운이 水운이라서 운이 없다.

- 대학을 나와 개인회사에 다니고 있으며, 38세 辛卯年까지 미혼이다.

## 5) 5살 年上의 여자를 좋아한 남자

(송파동 거주)

| 69 | 59 | 49 | 39 | 29 | 19 | 9 | | | 時柱 | 日柱 | 月柱 | 年柱 | |
|---|---|---|---|---|---|---|---|---|---|---|---|---|---|
| 癸 | 甲 | 乙 | 丙 | 丁 | 戊 | 己 | 大 | | 辛 | 庚 | 庚 | 癸 | 乾 |
| 丑 | 寅 | 卯 | 辰 | 巳 | 午 | 未 | 運 | | 巳 | 戌 | 申 | 卯 | 命 |

- 전북 남원에 사는 사람이다.
- 己丑年 시외 전화로 감명한 사주인데, 己丑年 현재 놀고 있으면서 사주 공부를 하고 있다.

- 두 명의 자녀를 둔 유부남으로 5살 연상의 戊戌생과 열애중인데, 서로 좋아서 죽고 못 산다.
  특히, 유부녀인 여자가 더 좋아한다.

### 상대 여자 사주

| 62 | 52 | 42 | 32 | 22 | 12 | 2 | | | 時柱 | 日柱 | 月柱 | 年柱 | |
|---|---|---|---|---|---|---|---|---|---|---|---|---|---|
| 丙 | 丁 | 戊 | 己 | 庚 | 辛 | 壬 | 大 | | 戊 | 乙 | 癸 | 戊 | 坤 |
| 辰 | 巳 | 午 | 未 | 申 | 酉 | 戌 | 運 | | 寅 | 未 | 亥 | 戌 | 命 |

- 己丑年 53세 유부녀인데, 5살 연하의 유부남을 좋아한다.
- 남자보다 이 여자가 남자를 더 좋아한다.
- 세무사 사무실 경리다.
- 사주 공부를 하고 싶어한다.


## 6) 7살 아래 영국 남자와 결혼했다

(방이동 거주)

| 70 | 60 | 50 | 40 | 30 | 20 | 10 | | 時柱 | 日柱 | 月柱 | 年柱 | |
|---|---|---|---|---|---|---|---|---|---|---|---|---|
| 丁 | 戊 | 己 | 庚 | 辛 | 壬 | 癸 | 大 | 癸 | 丙 | 甲 | 壬 | 坤 |
| 酉 | 戌 | 亥 | 子 | 丑 | 寅 | 卯 | 運 | 巳 | 申 | 辰 | 子 | 命 |

- 고등학교는 한국에서 졸업했고, 영국에서 유학했으며, 그곳에서 직
  장생활을 하다가 늦은 나이인 37세에 7살 아래 영국 남자와 결혼해
  서 아들을 낳았다.
- 사주에 官星인 水가 病이므로 남편과 뜻이 안 맞아서 싸우다가 庚寅
  年에 한국으로 아들만 데리고 나왔다.
- 영국에 있는 남자는 직장이 없이 아버지가 운영하는 가게를 돕고 있
  다고 한다.


## 7) 12살 아래의 남자를 빼앗으려한 여자

(마포 거주)

| 63 | 53 | 43 | 33 | 23 | 13 | 3 | | 時柱 | 日柱 | 月柱 | 年柱 | |
|---|---|---|---|---|---|---|---|---|---|---|---|---|
| 丙 | 乙 | 甲 | 癸 | 壬 | 辛 | 庚 | 大 | 辛 | 丁 | 己 | 乙 | 坤 |
| 戌 | 酉 | 申 | 未 | 午 | 巳 | 辰 | 運 | 丑 | 亥 | 卯 | 未 | 命 |

- 잘생긴 여자가 와서 사주를 봐달라고 한다.
- 이 여인은 49세 癸未年에 남편과 헤어졌다고 한다.
- 亥卯未木局에 대해서 엄마가 두 분이거나 배다른 형제가 있느냐고 물
  었더니 없다고 했으며, 조카들을 자기가 키우느라고 무척 힘들었다
  고 했다.

- 자신이 처녀 때 아래 사주의 남자와 결혼을 약속했었으나 다른 남자
  와 결혼했는데, 결국 그 남자와 헤어진 후 이 남자와 재혼하려고 했
  더니 다른여자와 사귀고 있으며, 그 여자가 떨어지지 않으려고 한단
  다. 그래서, 어떻게 하면 좋겠느냐고 물어왔다.
  난감한 질문이다.
  이 命主는 참 욕심이 과한 여자인 것같다라고 생각하면서도 사랑하
  는 데는 어쩔 수 없는 모양이다.

- 아래 사주가 그 남자다.


남자 사주

| 67 | 57 | 47 | 37 | 27 | 17 | 7 | | | 時柱 | 日柱 | 月柱 | 年柱 | |
|----|----|----|----|----|----|----|---|---|------|------|------|------|---|
| 甲 | 癸 | 壬 | 辛 | 庚 | 己 | 戊 | 大 | | 癸 | 庚 | 丁 | 庚 | 乾 |
| 午 | 巳 | 辰 | 卯 | 寅 | 丑 | 子 | 運 | | 未 | 子 | 亥 | 戌 | 命 |

- 미국 하버드대학을 나와서 무슨 연구원으로 일하고 있다고 한다.
- 본 부인과의 사이에 자식 둘을 낳았고, 하나는 유산되었는데, 그 부인
  과 헤어지고, 庚寅年 현재 아래 사주의 연인과 사귀고 있다고 했다.
- 그런데, 맨 위에 있는 命主가 첫사랑이라면서 결혼하자고 졸라대니
  이 남자는 고민에 빠졌겠다.
  이 남자는 두 여자 모두 좋다고 한단다.


8) 이혼녀와 결혼

(여의도 거주)

| 65 | 55 | 45 | 35 | 25 | 15 | 5 | | | 時柱 | 日柱 | 月柱 | 年柱 | |
|----|----|----|----|----|----|----|---|---|------|------|------|------|---|
| 辛 | 庚 | 己 | 戊 | 丁 | 丙 | 乙 | 大 | | 壬 | 戊 | 甲 | 甲 | 乾 |
| 巳 | 辰 | 卯 | 寅 | 丑 | 子 | 亥 | 運 | | 戌 | 戌 | 戌 | 寅 | 命 |

- 그동안 몇 차례 여자를 만났으나 헤어졌고, 34세에 아이가 있는 이혼

녀와 결혼했으며, 사주가 水가 약해서 편고 되어 매우 건조하다.

- 役馬가 官이므로 여기 저기 돌아다니며 하는 영업직이다.
- 사주가 건조하여 먼지가 풀 풀 나는 직업이라고 했더니 광고간판 만 지느라 먼지가 많다고 했다.

- 水가 약해서 비뇨기나 방광이 약해서 젊을 나이에 소변이 시원찮다고 했고, 위장도 약한데 病이 있다고 할까봐 무서워서 병원에 안 간다고 했다.

부인 사주

| 70 | 60 | 50 | 40 | 30 | 20 | 10 | | | 時柱 | 日柱 | 月柱 | 年柱 | |
|---|---|---|---|---|---|---|---|---|---|---|---|---|---|
| 壬 | 癸 | 甲 | 乙 | 丙 | 丁 | 戊 | 大 | | 丁 | 丁 | 己 | 甲 | 坤 |
| 戌 | 亥 | 子 | 丑 | 寅 | 卯 | 辰 | 運 | | 未 | 未 | 巳 | 寅 | 命 |

- 26세에 남자를 만나 아들을 낳았으나 헤어지고, 丁亥年 34세에 위의 총각과 재혼했다.

- 己丑年에 丑未沖하므로 자궁 수술을 해서 저체중 아이를 출산했다.
- 건조하여 위장도 나쁘다고 하고, 방광도 안 좋다고 했다.

9) 52세에 18세 때의 첫사랑과 재회하다

(강동 거주)

| 61 | 51 | 41 | 31 | 21 | 11 | 1 | | | 時柱 | 日柱 | 月柱 | 年柱 | |
|---|---|---|---|---|---|---|---|---|---|---|---|---|---|
| 丁 | 丙 | 乙 | 甲 | 癸 | 壬 | 辛 | 大 | | 壬 | 癸 | 庚 | 庚 | 乾 |
| 亥 | 戌 | 酉 | 申 | 未 | 午 | 巳 | 運 | | 子 | 巳 | 辰 | 子 | 命 |

- 辰月에 癸水가 金과 水가 많아서 신왕한데, 洩氣하는 木이 없어서 아쉽고, 火가 용신이다.

대게, 洩氣하는 기운이 없거나 약할 경우에는 표현력이 약하다.

– 어려서는 운이 좋았으나, 31대운부터 운이 나빠졌으며, 18세에 지금
  결혼한 여인과 연애를 하다가 다른 여인과 결혼을 했으나, 결혼하자
  마자 헤어진 후 52세가 되도록 홀로 지내다가 52세에 18세 때 만났
  던 바로 그 여인을 다시 만나 결혼했다.
– 상대 여인은 아이 둘을 둔 이혼녀다.


## 6. 의처증을 가진 남자

(강동 거주)

| 66 | 56 | 46 | 36 | 26 | 16 | 6 | | | 時柱 | 日柱 | 月柱 | 年柱 | |
|----|----|----|----|----|----|----|---|---|----|----|----|----|---|
| 丁 | 丙 | 乙 | 甲 | 癸 | 壬 | 辛 | 大 | | 乙 | 戊 | 庚 | 壬 | 乾 |
| 巳 | 辰 | 卯 | 寅 | 丑 | 子 | 亥 | 運 | | 卯 | 寅 | 戌 | 戌 | 命 |

– 사주의 구조는, 개띠 해의 늦가을에 자신을 나타내는 글자를 큰 산의
  흙에 비유해 해석하는 戊土로 태어나 도와주는 세력이 약하므로 신
  약한 사주다.
– 가을에 태어난 戊土가 比劫이 많지 않아서 신약하게 보이나 두 번에
  걸쳐서 寅戌火局을 하고, 卯戌火를 하므로 신강한 것과 같은데 水와
  金이 각 하나씩 밖에 없기 때문에 건조하므로 水가 용신이고 金이 길
  신이며, 土가 병신, 火가 흉신, 乙木이 약신이고, 寅木은 흉신이다.

– 이 命主는 의처증이 있는데, 이 의처증이 어디에서 왔는지를 살펴보
  자. 대게의 경우에 의처증은 주로 鬼門關殺에서 오게 되는데, 이 사주
  의 경우는 財星인 水의 환경에서 찾을 수 있다.
  年上의 壬水가 부인인데, 이 壬水가 比肩인 戊土 위에 위치해 있는데
  가가 壬水의 입장에서 보면 남자 글자가 戊土, 戊土, 戊土, 寅중 戊土
  까지 도합 4개가 있기 때문에 日干인 戊土가 볼 때는 壬水가 여러 남
  자와 관계를 하는 것으로 보이기 때문에 의처증이 된다.

- 이렇게 比劫이 많고, 財星이 하나밖에 없을 경우를 群劫爭財사주라고 하는데, 이럴 경우 부인이 잘생겼는데, 실제로 이 命主의 부인이 미녀였다.

- 이 사주에는 印星인 未土와 丑土가 있는데, 丑未沖으로 깨졌는데, 이 현상을 필자는 엄마가 재혼을 하거나 그렇지 않으면 공부를 하다가 제대로 마치지 못하고 중단했을 것이라고 했더니,"사실은 대학원 공부를 마치기도 전에 남자를 만나 결혼을 했고, 현재까지 엄마가 재혼하지는 않았습니다"라고 대답했고, 또 한 가지 확인 할 것은 財星으로 부친인 乙木이 두 개라서 두 아버지를 모실 수 있겠다고 했더니 현재는 그렇지 않지만 어머니의 사주를 보니까 이혼할 확률이 매우 높기 때문에 사주대로 맞을 것이라고 확신한다.

- 그러면, 부인의 사주는 어떠한지 보자.

부인 사주

| 63 | 53 | 43 | 33 | 23 | 13 | 3 | | 時柱 | 日柱 | 月柱 | 年柱 | |
|----|----|----|----|----|----|----|----|----|----|----|----|----|
| 庚 | 己 | 戊 | 丁 | 丙 | 乙 | 甲 | 大 | 乙 | 庚 | 癸 | 乙 | 坤 |
| 寅 | 丑 | 子 | 亥 | 戌 | 酉 | 申 | 運 | 酉 | 午 | 未 | 丑 | 命 |

- 사주의 구조는, 소띠 해의 늦여름에 자신을 나타내는 글자를 무쇠 金에 비유해서 해석하는 庚金으로 태어나 도와주는 세력이 약하므로 신약한 사주다.

- 여름에 태어난 庚金은 比劫이 많아야 火(불)에 견딜 수 있을 것인데, 印星인 未土가 도움이 안 되기 때문에 신약하므로 金이 용신이고, 습한 土가 길신이며, 火가 病이므로 水가 약신이고, 木은 흉신이다.
여자사주에 官星인 火가 남편인데, 官星이 病神인데다가 그 病神이 日支 남편 궁에 앉아있기 때문에 결혼함과 동시에 남편과 갈등을 겪게 된다.

- 이 女命은 2009 戊子年에 子午沖으로 결혼을 한 후 2010 庚寅年부터 화세가 강화되므로 남편과 각방을 쓰고 있는데, 남편이 의처증이 심해서 도저히 살 수가 없어서 이혼을 하려고 한다고 했다.

- 또한, 印星이 未土와 丑土가 沖未沖으로 깼졌고, 年上과 時上에 乙木 財星이 두 개가 나타나서 日干인 庚金과 乙庚合을 하고 있는데, 이는 부모가 이혼한 후 재혼한다는 것을 암시하고 있다.
- 실제로 이 命主의 모친은 이 命主의 아버지이면서 모친의 남편이 결혼초부터 구타가 심해서 살 수가 없기 때문에 이제는 더 이상 참지 않고 이혼을 준비 중이라고 한다.


## 7. 남편한테 매맞는 여인

(하남 거주)

| 64 | 54 | 44 | 34 | 24 | 14 | 4 | | 時柱 | 日柱 | 月柱 | 年柱 | |
|----|----|----|----|----|----|---|---|----|----|----|----|---|
| 壬 | 癸 | 甲 | 乙 | 丙 | 丁 | 戊 | 大 | 己 | 癸 | 己 | 庚 | 坤 |
| 申 | 酉 | 戌 | 亥 | 子 | 丑 | 寅 | 運 | 未 | 卯 | 卯 | 子 | 命 |

- 사주의 구조는, 쥐띠 해의 한 봄에 자신을 나타내는 글자를 봄비에 비유해 해석하는 癸水로 태어나 도와주는 세력이 약하므로 신약한 사주다.

- 봄에 태어난 봄비인 癸水는 생명체인 木을 길러야 하므로 지극히 유용한 비라서 성실한데, 아직 기온이 낮기 때문에 지나치게 많은 비는 나무의 생장에 해를 주지만 이 사주의 경우는 比劫이 많지 않아 신약한데다가 신약하게 된 주된 원인이 官星인 土와 食傷인 木이 많기 때문으로, 水가 용신이고, 金이 길신이며, 土가 병신이고, 火가 흉신이며, 木이 약신 겸 흉신이다.

- 여자사주에 남편인 官星이 病神이 되면 부부생활을 할 수가 없는데,

이 사주의 구조는 日干인 癸水를 가운데 두고 양 옆에 있는 己土 官星이 土克水로 剋을 하고 있는 구조인데, 이는 남편으로부터 자신이 폭행을 당하고 있는 것으로 해석한다.

## 8. 妾 팔자

### 1) 23살 위 남편의 妾으로 살고 있단다

(분당 거주)

| 65 | 55 | 45 | 35 | 25 | 15 | 5 | | 時柱 | 日柱 | 月柱 | 年柱 | |
|----|----|----|----|----|----|----|---|----|----|----|----|---|
| 壬 | 癸 | 甲 | 乙 | 丙 | 丁 | 戊 | 大 | 庚 | 戊 | 己 | 戊 | 여 |
| 子 | 丑 | 寅 | 卯 | 辰 | 巳 | 午 | 運 | 申 | 寅 | 未 | 辰 | 자 |

- 癸巳年 초여름에 남편의 본부인이 가지고 온 20대 중반의 여자 사주다.

- 사주의 구조는, 용띠 해의 늦여름에 자신을 나타내는 글자를 큰 산의 흙에 비유해서 해석하는 戊土로 태어나 土의 뿌리가 강하고, 여름이므로 水를 용신으로 써야 하나 나타나있지 않으므로 木이 용신이고, 申金 속에 들어있는 壬水가 길신이며, 土가 흉신이고, 干上 庚金은 흉신이지만, 地支의 申金은 길신작용과 흉신작용도 겸하고 있다.

- 地支의 寅木이 용신인데, 時支의 申金이 寅申沖으로 용신인 寅木을 손상시켰고, 申金속에 들어있는 壬水도 손상을 입어서 나쁘며, 이런 구조로 태어나면 부부 궁이 나쁘다.

- 따라서, 사주가 이런 구조이면, 남편과 이혼하거나, 그렇지 않으면 떨어져 살다가 주말부부로 만나거나, 해외 등 장기 출장을 자주 간다거나, 그것도 아니면, 나이차이가 많은 남편과 혼인을 하게 되는데, 이 여자의 경우는 자기보다 23세 위의 남편과 자식 두 명을 낳은 체 본부인 몰래 妾으로 살고 있단다.
- 남편과 만난 시기는 18살 경부터라고 한다.

2) 妾으로 살게 된 사연

(용인 거주)

본인 사주

| 65 | 55 | 45 | 35 | 25 | 15 | 5 | | | 時柱 | 日柱 | 月柱 | 年柱 |
|---|---|---|---|---|---|---|---|---|---|---|---|---|
| 乙 | 甲 | 癸 | 壬 | 辛 | 庚 | 己 | 大 | | 甲 | 壬 | 戊 | 己 | 여 |
| 亥 | 戌 | 酉 | 申 | 未 | 午 | 巳 | 運 | | 辰 | 申 | 辰 | 亥 | 자 |

딸 사주

| 67 | 57 | 47 | 37 | 27 | 17 | 7 | | | 時柱 | 日柱 | 月柱 | 年柱 |
|---|---|---|---|---|---|---|---|---|---|---|---|---|
| 乙 | 丙 | 丁 | 戊 | 己 | 庚 | 辛 | 大 | | 丙 | 壬 | 壬 | 戊 | 여 |
| 卯 | 辰 | 巳 | 午 | 未 | 申 | 酉 | 運 | | 午 | 寅 | 戌 | 子 | 자 |

남편 사주

| 68 | 58 | 48 | 38 | 28 | 18 | 8 | | | 時柱 | 日柱 | 月柱 | 年柱 |
|---|---|---|---|---|---|---|---|---|---|---|---|---|
| 癸 | 甲 | 乙 | 丙 | 丁 | 戊 | 己 | 大 | | 壬 | 戊 | 庚 | 辛 | 남 |
| 巳 | 午 | 未 | 申 | 酉 | 戌 | 亥 | 運 | | 子 | 戌 | 子 | 丑 | 자 |

- 부산에서 온 여자로, 8세 먹은 여자아이 사주를 봐달라고 왔다.
- 사주의 구조는, 돼지띠 해의 늦봄에 자신을 나타내는 글자를 강물에
  비유해 해석하는 壬水로 태어나 도와주는 세력이 약하므로 신약한
  사주다.
  늦봄에 태어난 壬水가 신약하므로 水가 더 필요하고, 그 다음에 金도
  필요하며, 土가 病神이기 때문에 木이 藥神이다.

- 8살 먹은 아이 사주를 봐달라고 해서 아이의 엄마로 보기에는 엄마의
  나이가 너무 많고, 아이 사주에 부모와 인연이 없는 구조라서 가장
  먼저 필자가 묻기를 "아이와 어떤 관계입니까?"라고 물었더니 엄마
  의 대답하기를 "사실은 저희 남편이 저 몰래 바람을 피워서 낳은 아
  이입니다."라고 대답했다.

- 아이의 사주에 寅午戌火局중 戌중에 들어있는 辛金이 엄마인데, 불
  속에 들어있어서 너무 약한데다가 아버지인 財星이 火인데, 火局을
  이루고 있어서 두 아버지와 인연이기 때문에 필자의 말이 " 아 아이
  는 엄마와도 인연이 없고, 아버지도 두 분이 될 것 같습니다."라고 한
  것이다.


- 본인 사주에서 남편과의 인연을 보면, 官星이 너무 많아서 病神이기
  때문에 남편 덕이 없는 사주이고,
- 남편 사주를 보면, 자기를 중심으로 양쪽에 여자인 水를 두고 있기
  때문에 두 여자를 볼 운명이다.


- 남편이 이 아이를 두게 된 연유는, 남편의 직업 때문에 영국에서 살
  게 되었는데, 그 동안 남편은 한국으로 돌아왔으나, 본인은 아이들
  교육 때문에 외국에 그대로 남아 있다가 12년 만에 한국으로 돌아와
  보니까 그동안 남편이 바람을 피워서 이 아이를 낳아서 기르고 있었
  다고 한다.


## 9. 언제 이혼하는가?

1) 用神에 상반되는 운이 오면, 가장 가까운 사람을 원망하므로 이혼하
   기 쉽다.
2) 女命에 官星이 있는데, 歲運에서 官星이 또 들어오면 官殺混雜으로
   이혼한다.
   예를 들어 신왕 한 女命 己土 일주에 甲木이 官인데 운에서 또 甲木이
   오면 기존에 있던 남자가 헌 시원찮게 보이기 때문에 이혼한다.
3) 女命 甲申일주는 남편자리에 偏官인 남의 남자가 들어와 있어서 이
   혼한다.
4) 男, 女 공히 日支가 刑이나 沖을 하면 거의 이혼하거나 별거생활을
   많이 하고, 怨嗔, 魁罡일주도 이혼하기 쉽다.
5) 남편을 憎惡하는 운은,

(1) 官이 약하고 傷官년이 오면 부부싸움을 한다.

　　傷官이 官을 치면 官이 日干을 친다.

　　반대로 官이 왕하면 傷官年에 애교만점이다.

(2) 正官이 있는데 偏官이 오면 증오가 생긴다.

　　官이 흉신인데 偏官이 오면 서로 대립한다.

(3) 日, 時가 沖하면 불화가 생기는데 이때 이사를 하면 면할 수 있다.

　　時支를 沖하면 각방을 쓴다. 時支가 사랑방이다.


(4) 官을 沖하는 운이 오면 남편과 마찰이 생긴다.

(5) 天干에 있는 官星과 比肩, 劫財가 合되는 年에 疑夫症이 생긴다.

　　또, 比劫이 많은데 官星이 오면 疑夫症이 생긴다.

6) 남자는 印綬년에 印綬가 財星을 剋하므로 여자와 헤어질 수 있다.

(1) 女命에 食神이 官을 剋하고, 官끼리 沖하는 운이 오므로 남편이 직
　　장을 놓았고, 본인은 이혼하고 싶다고 한다.


(수지 거주)

| 64 | 54 | 44 | 34 | 24 | 14 | 4 | | | 時柱 | 日柱 | 月柱 | 年柱 |
|----|----|----|----|----|----|----|----|----|------|------|------|------|
| 丙 | 乙 | 甲 | 癸 | 壬 | 辛 | 庚 | 大 | | 甲 | 癸 | 己 | 辛 | 여 |
| 午 | 巳 | 辰 | 卯 | 寅 | 丑 | 子 | 運 | | 寅 | 亥 | 亥 | 丑 | 자 |

– 사주의 구조는, 소띠 해의 초겨울에 자신을 나타내는 글자를 빗물에
　비유해 해석하는 癸水로 태어나 도와주는 세력이 강하므로 신강한
　사주다.


– 겨울에 태어난 癸水는 차기 때문에 그 크기가 클수록 쓸모가 없는데,
　이 사주는 크기 때문에 차고 냉하다.

　따라서 이런 겨울 물(水)은 土로 제방을 쌓아서 가두어두어야 좋으므
　로 土 용신, 木 길신, 金 흉신, 水 병신, 木이 한신이다.


– 그러나, 이 女命의 생각은 土가 弱하기 때문에 土를 믿지 않고, 木을

더 중요시하므로 남편은 우습게 보이고, 자식이 우선이라는 생각을
갖게 되므로 남편과 불화가 있고, 또 日支 남편 궁에 病神인 水가 앉
자있으므로 더욱 남편을 싫어한다.


- 더군다나 寅중에 戊土가 들어있어서 日干인 癸水와 戊癸明暗合하므
  로 유부남과 인연을 맺을 수 있는 사주이고, 乙未年에 天干에는 歲運
  에서 온 乙木이 官星인 己土를 剋하고, 地支에서는 官星인 丑土와 歲
  運에서 온 未土가 丑未沖하므로 남편과 이별하고 싶어진다.


(2) 여자 사주에 官星이 病인데도 부부관계가 좋단다

(삼전동 거주)

| 65 | 55 | 45 | 35 | 25 | 15 | 5 |   |   | 時柱 | 日柱 | 月柱 | 年柱 |   |
|----|----|----|----|----|----|----|----|----|------|------|------|------|----|
| 甲 | 乙 | 丙 | 丁 | 戊 | 己 | 庚 | 大 |   | 丙 | 乙 | 辛 | 戊 | 여 |
| 寅 | 卯 | 辰 | 巳 | 午 | 未 | 申 | 運 |   | 子 | 未 | 酉 | 申 | 자 |

- 사주의 구조는, 원숭이띠 해의 한가을에 자신을 나타내는 글자를 꽃
  나무에 비유해 해석하는 乙木으로 태어나 도와주는 세력으로 子水가
  1개 있으므로 매우 신약한 사주다.
  한가을 생이라서 기온이 떨어졌고, 가을 꽃 나무는 火를 좋아하므로
  火가 가장 필요하고, 木이 그 다음으로 필요하며, 水는 필요하지 않
  으며, 金이 病이고, 戊土는 한신이지만 未土는 길신이다.


- 이 女命은 火를 가장 필요로 하므로 직업이 교사다.


- 여자 사주에서 남편을 나타내는 官星이 病이고, 그 병세가 매우 중한
  데도 불구하고 이 여자는 남편하고의 관계가 나쁘지 않다고 하니 특
  별한 경우다.


- 여자 사주에서 남편하고의 관계를 보는 척도는 세 가지 측면에서 봐
  야 하는데,

① 첫째는 官星이 흉신이냐, 길신이냐를 보고,
② 두 번째는 日支 남편 궁에 길신이 앉아 있느냐 흉신이 앉아있느냐를 보고,
③ 세 번째는 대운이 좋은가 나쁜가를 보는데, 이 女命의 사주의 경우는 官星이 病神이라서 나쁘지만, 日支 남편 궁에 丁火와 乙木을 품은 未土가 있어서 좋고, 大運이 좋아서 자기의 하는 일이 잘되므로 남편한테 짜증을 낼 일이 상대적으로 적다.
- 또, 중요한 것이 남편의 사주를 보니까 공기업에 다니는데 대운이 좋아서 남편의 하는 일이 잘되고 있다는 것이다.

(3) 여자 사주에 天干에 官星이 있을 때 地支가 깨지면 天干의 官星도 깨진다

(용인 거주)

| 62 | 52 | 42 | 32 | 22 | 12 | 2 | | | 時柱 | 日柱 | 月柱 | 年柱 | |
|----|----|----|----|----|----|----|----|----|----|----|----|----|----|
| 辛 | 壬 | 癸 | 甲 | 乙 | 丙 | 丁 | 大 | | 辛 | 庚 | 戊 | 丙 | 坤 |
| 卯 | 辰 | 巳 | 午 | 未 | 申 | 酉 | 運 | | 巳 | 子 | 戌 | 辰 | 命 |

- 여자 사주로 학원 강사다.
- 사주의 구조는, 용띠 해의 늦가을에 자신을 나타내는 글자를 무쇠에 비유해 해석하는 庚金으로 태어나 도와주는 세력이 많으므로 매우 신강한 사주다.

- 신강한 무쇠는 火로 녹이든지 水로 설기를 해야 좋은데, 이 사주의 경우는 丙火로 녹일 수 없고, 건조하므로 水가 용신이고, 金이 길신이며, 土와 火는 흉신이다.

- 女命에 官星이 여러 개이면 나쁜데다가 특히 時柱에 있으면 더욱 나쁘다.
또한, 時干에 官星이 있는데 地支가 辰戌沖으로 깨져 불안한 상태에서 2012 壬辰年에 辰戌沖을 하므로 이혼했고, 2016 丙申年에 官星

이 나타나자 재혼여부를 묻기 위해서 온 것이다.

壬辰年은 干上의 壬水가 官星인 丙火와 丙壬沖하고, 地支가 辰戌沖하므로 年上의 丙火가 깨진 것이다.


## (4) 官星이 두 명인 여자

(종로 거주)

| 66 | 56 | 46 | 36 | 26 | 16 | 6 | | 時柱 | 日柱 | 月柱 | 年柱 | |
|---|---|---|---|---|---|---|---|---|---|---|---|---|
| 癸 | 甲 | 乙 | 丙 | 丁 | 戊 | 己 | 大 | 辛 | 庚 | 庚 | 戊 | 여 |
| 丑 | 寅 | 卯 | 辰 | 巳 | 午 | 未 | 運 | 巳 | 申 | 申 | 午 | 자 |

- 엄마가 가지고 온 딸의 사주로, 캐나다에 살고 있다고 했다.
- 사주의 구조는, 말띠 해의 초가을에 자신을 나타내는 글자를 무쇠에 비유해 해석하는 庚金으로 태어나 도와주는 세력이 많으므로 신강한 사주다.

- 가을에 태어난 무쇠가 신강하면 큰 무쇠라서 용광로 불로 제련을 해야 하므로 火가 우선 필요하고 그 다음에 木이 필요하며, 金이 흉신이다.

- 이 사주는 너무 큰 무쇠라서 큰 용광로에 넣어서 제련을 해야 격이 맞는데, 사주에 있는 火는 무쇠의 크기에 비해서 상대적으로 약하고, 두 개로 분산되어 있고, 화력을 높여줄 木이 없기 때문에 늘 양에 차지 않는 火다.

- 庚金일주 여자 사주에 火가 남편인데, 이런 구조가 되면 마음에 들지 않는 남편과 결혼하게 되는데, 日支 남편 궁이 巳申刑으로 흔들리고 있으므로 필히 재혼할 팔자다.
  36 辰 대운이 특히 위기라서 이제 더 이상 참지 못하고 이혼직전에 왔다고 한다.
  이에 관해 본 필자의 진단은 巳申刑이 되는 내년에는 끝낼 것이라고 진단했다.

1) 남편이 무능한 사주
　① 官星이 入墓되었거나,
　② 暗葬 속에 官星이 있을 때.
　③ 官星이 刑이나 沖을 당할 때.

(1) 再婚같지 않는 再婚이고, 마음에 안 드는 남자가 내 남편인 사주
(여의도 거주)

| 61 | 51 | 41 | 31 | 21 | 11 | 1 | | 時柱 | 日柱 | 月柱 | 年柱 | |
|----|----|----|----|----|----|----|----|----|----|----|----|----|
| 癸 | 壬 | 辛 | 庚 | 己 | 戊 | 丁 | 大 | 丙 | 庚 | 丙 | 戊 | 乾 |
| 亥 | 戌 | 酉 | 申 | 未 | 午 | 巳 | 運 | 戌 | 辰 | 辰 | 戌 | 命 |

－ 사주의 구조는, 개띠 해의 중 봄에 자신을 나타내는 글자를 무쇠에
비유해 해석하는 庚金으로 태어나 도와주는 세력이 너무 많으므로
매우 신강한 사주다.

－ 봄에 태어난 庚金인 무쇠가 土가 너무 많아서 흙에 묻힐 지경으로 신
강하므로 木이 나타나서 土를 극해줘야 좋을 것이나, 木이 없고, 水
도 없으므로 이런 구조에서는 태왕해도 土多埋金을 막아야하므로 金
이 용신이고, 土와 火는 病神이며, 水가 길신이다.

－ 이 命主에게 태어난 年 月 日 時를 물어본 바 대답은 "어머니께서 정
확한 시간을 모르시고 저녁때 저를 낳았다고 했습니다"라고 하길래,
그 때 해가 지는 시각이 19시경으로, 酉時이거나 그렇지 않으면 戌時
가 될 것인데, 내가 손님의 얼굴 생김새를 보건대는 戌時가 맞을 것
같은데, 만약 戌時라면 재혼을 했을 것인데, 어떻습니까?라고 묻자,
그에 대한 정확한 대답은 하지 않고, "어디에서 봤더니 酉時일 것이리
고 하던데요?"라고만 했다.
그래서 필자가 말하기를 "손님은 얼굴이 잘생겼는데, 이렇게 생기면 火

가 많아야 하는데 戌時라야 火가 많으므로 戌時가 분명할 것이니, 戌
時로 풀겠습니다."라고 하면서 사주를 설명했다.


- 여기서, 사주의 구조를 살펴보자.
  첫 남자인 丙火는 辰土 위에 있는데, 年支 戌土와 辰戌沖을 했고, 日
  主는 庚辰魁罡殺이면서 日支 辰土가 月支 辰土와 辰辰自刑을 했으
  며, 時柱에 있는 또 다른 丙火는 戌土 위에 있으면서 日支 辰土와 辰
  戌沖을 했다.


- 또한 무쇠 金을 녹여줄 火는 태양 火라서 무쇠를 녹일 수 없는불(火)이
  기 때문에 마음에 안 드는 남자인데가 日干을 중심으로 양쪽에 있고,
  日支辰土를 辰辰自刑하고 辰戌沖하므로 재혼격 구조를 갖고 있다.
  따라서, 이 사주는 두 번 결혼할 팔자임에 틀림이 없는데도 당사자는
  재혼했다는 말을 안 하고 있다.


- 한참 후에야 실토를 했는데, 사실은 대학 다닐 때 사랑에 빠져서 아
  들 하나를 낳고 그 남자와 헤어진 후, 지금의 남편을 만나서 결혼을
  해서 살고 있다고 했다.
  따라서, 손님 입장에서는 비록 아들은 낳았어도 결혼을 한 것이 아니
  기 때문에 굳이 재혼했다고 밝히고 싶지 않았던 것이다.


- 또한, 남편이 40대 초반 일찍부터 발기불능이라서 성생활을 하지 못
  하고 있다고 하면서 남편에 대한 불만을 표시함으로써 火가 흉신이
  고, 모친인 印星이 너무 많고, 辰戌沖으로 깨졌기 때문에 "모친과 인
  연이 없는데 어떻습니까?"라고 물었더니 자기가 "고등학교 2학년 때
  어머니가 돌아가셨다"고 대답함으로써 辰戌沖의 작용을 증명했다.


  (2) 고독한 여형제(자매), 이복형제가 있다.

(영등포 거주)

| 69 | 59 | 49 | 39 | 29 | 19 | 9 | | 時柱 | 日柱 | 月柱 | 年柱 | |
|---|---|---|---|---|---|---|---|---|---|---|---|---|
| 戊 | 丁 | 丙 | 乙 | 甲 | 癸 | 壬 | 大 | 己 | 乙 | 辛 | 己 | 坤 |
| 寅 | 丑 | 子 | 亥 | 戌 | 酉 | 申 | 運 | 卯 | 未 | 未 | 亥 | 命 |

- 未月에 乙木이 地支에 亥卯未木局을 형성하고 있어서 신왕하므로 火가 용신인데, 官星인 辛金 남편은 뿌리가 없어 공중에 떠있으며, 年上의 己 土와 時上의 己土는 地支에 未土가 있다지만 木局으로 변질되었기 때문 에 뿌리 없이 공중에 떠있는 것과 같아 군겁쟁재를 당하고 있다.
  따라서, 辛金 남편이 뿌리도 없으면서 土의 生도 받지 못해서 안절부절 하다 없어지게 되는 형상과 같으므로 남편이 없는 여인이고, 돈도없다.

- 이 女命은 月上에 辛金 官星이 있고, 초년 대운에 官星인 金이 왔으 므로 남자가 있었는데, 처녀 때인 25세 전후로 몇몇 남자와 사귀었으 나 모두 떠나고 결혼은 안 해봤다고 한다.

- 地支에 亥卯未木局이 있어 이복형제가 있을 수 있음을 나타내고 있는 데, 사실을 확인해본 바, 부친이 총각 때 연애를 해서 자식을 낳았는 데, 그 자식을 첫 여자가 데리고 시집을 갔기 때문에 같이 살지는 않 지만 따진다면 이복 오빠가 있는 것이 맞다.

- 여자 팔자에 남편이 없으니 남편 덕을 볼 수도 없고, 財星인 돈도 比 劫 위에 떠 있는 것과 같으므로 돈 복이 있을 수 없다.
- 대운에서 戌 대운에 자영업을 해서 다소간의 돈을 만져보고는, 39세 이후의 대운이 水운이 와서 木(病神)만 자라므로 群劫爭財를 했기 때 문에 돈을 벌어보지 못했다고 한다.

함께 살고 있는 동생사주를 보자.


**동생(자매) 사주**

| 68 | 58 | 48 | 38 | 28 | 18 | 8 | |   | 時柱 | 日柱 | 月柱 | 年柱 | |
|---|---|---|---|---|---|---|---|---|---|---|---|---|---|
| 乙 | 甲 | 癸 | 壬 | 辛 | 庚 | 己 | 大 |   | 癸 | 甲 | 戊 | 乙 | 坤 |
| 酉 | 申 | 未 | 午 | 巳 | 辰 | 卯 | 運 |   | 酉 | 午 | 寅 | 巳 | 命 |

- 寅月에 甲木이 신왕하나 건조하므로 水가 용신이고, 金이 길신인데,
  火가 왕해 水와 金이 타격을 받게 된다.

- 火가 많아서 水가 증발하므로 공부와 인연이 없어 어려서 공부를 하
  지 못했으며, 또한, 火가 왕해서 火克金하므로 남편이 견뎌낼 수 없
  기 때문에 떠나게 된다.

- 이 女命의 첫 남자는 巳중 庚金인데, 食傷인 巳火 속에 들어있으면서
  寅巳刑까지 당하므로 庚金이 버텨낼 수가 없는데, 대운에서 庚金 남
  편을 안고 있는 巳火가 와서 寅巳刑을 하는데, 歲運에서 2001 辛巳
  년에 또 巳火를 만나 寅巳刑을 하므로 남편과 이혼하고 아들 하나를
  데리고 혼자 사는 언니와 한집에 같이 살고 있다.

- 이 女命은 巳중 庚金은 이미 떠났고, 時支 酉金은 대문 밖의 남자라
  서 미래에 만날 남자인데, 寅午火局을 지어 가상의 자식을 만들므로
  씨 다른 자식을 키울 수 있음을 나타내고 있다.

- 이 女命은 하는 일이 없이 놀고 있는데, 앞으로의 직업에 대해서 자
  매 모두 木일간인데, 木은 긴 것을 의미하므로 의류계통 또는 의료에
  맞지만 돈도 없고, 나이도 먹어서 할 일이 없으므로 긴 것인 국수종
  류나 또는 어묵 그렇지 않으면 김밥 장사를 해보라고 권해줬다.

(3) 남편이 없는 것이 행복하다는 과부자매

(강동 거주)

| 65 | 55 | 45 | 35 | 25 | 15 | 5 |  |  | 時柱 | 日柱 | 月柱 | 年柱 |  |
|----|----|----|----|----|----|----|----|----|----|----|----|----|----|
| 乙 | 丙 | 丁 | 戊 | 己 | 庚 | 辛 | 大 |  | 甲 | 戊 | 壬 | 庚 | 坤 |
| 亥 | 子 | 丑 | 寅 | 卯 | 辰 | 巳 | 運 |  | 寅 | 子 | 午 | 寅 | 命 |

- 午月에 戊土가 신약하지만 더우므로 水가 용신이고, 金이 길신인데, 子午沖해서 용신이 깨졌으며, 官星인 木이 왕해서 病神이므로 부부 관계에 고난을 예고하고 있다.

- 子午沖되어 부부 궁이 나쁜데, 대운에 病운으로 흘러갔으므로 남편 과 헤어지고 혼자 산다.
- 결혼직후부터 남편과 갈등을 빚다가 90 庚午年부터 子午沖되어 남편 과 별거중이다.

과부 동생 사주

| 65 | 55 | 45 | 35 | 25 | 15 | 5 |  |  | 時柱 | 日柱 | 月柱 | 年柱 |  |
|----|----|----|----|----|----|----|----|----|----|----|----|----|----|
| 乙 | 甲 | 癸 | 壬 | 辛 | 庚 | 己 | 大 |  | 壬 | 癸 | 戊 | 癸 | 坤 |
| 丑 | 子 | 亥 | 戌 | 酉 | 申 | 未 | 運 |  | 戌 | 卯 | 午 | 巳 | 命 |

- 午月에 癸水가 태약하고, 뿌리가 없어서 從殺格인데, 대운이 거꾸로 흐르므로 운이 없다.
- 남편은 공무원이었는데 결혼직후부터 남편과 갈등을 겪어오다가 바 람이 나서 집을 나갔고, 자신은 자식들 하고 산단다.
- 이 女命은 남편 없는 것이 오히려 행복하다고 말한다.

(4) 58세 재혼하고 싶은 마음이 간절한 과부

(풍납동 거주)

| 64 | 54 | 44 | 34 | 24 | 14 | 4 |  | | 時柱 | 日柱 | 月柱 | 年柱 | |
|----|----|----|----|----|----|----|----|---|------|------|------|------|---|
| 辛 | 壬 | 癸 | 甲 | 乙 | 丙 | 丁 | 大 | | 庚 | 甲 | 戊 | 甲 | 坤 |
| 酉 | 戌 | 亥 | 子 | 丑 | 寅 | 卯 | 運 | | 午 | 辰 | 辰 | 午 | 命 |

- 辰月에 甲木이 신약하므로 木이 용신이고 水가 길신이다.
- 子 대운 37세 庚午年에 은행에 다니던 갑자기 남편이 암으로 사망했다.
- 대운이 좋은데, 사망한 남편의 유산으로 잘살아 왔다.
- 사주의 육친관계를 살펴보면, 日支 배우자궁이 辰辰自刑을 이루고 있어 불안하다.

- 남편인 庚金은 뿌리가 없는데다가 午火 官殺위에 올라앉아있어서 불안한데, 土生金해줄 土가 自刑을 하고 있어 土生金이 어려운데다 甲子대운 子午沖해서 時柱를 흔들고 있는 상태에서 庚午年을 만나 甲庚沖하므로 남편이 사망했다.
- 대문 밖인 時上에 官星이 있어서 재혼할 것이다.

(5) 넘치는 강물을 土로 막지 못하면 범람한다

(천호동 거주)

| 61 | 51 | 41 | 31 | 21 | 11 | 1 |  | | 時柱 | 日柱 | 月柱 | 年柱 | |
|----|----|----|----|----|----|----|----|---|------|------|------|------|---|
| 戊 | 丁 | 丙 | 乙 | 甲 | 癸 | 壬 | 大 | | 壬 | 壬 | 辛 | 己 | 여 |
| 寅 | 丑 | 子 | 亥 | 戌 | 酉 | 申 | 運 | | 寅 | 子 | 未 | 酉 | 자 |

- 사주의 구조는, 닭띠 해의 늦여름에 자신을 나타내는 글자를 강물에 비유해 해석하는 壬水로 태어나 도와주는 세력이 많으므로 신강한 사주다.
  늦여름이라 기온은 높지만 신강한 강물을 地支에 未土가 있기 때문에 戊土로는 제방을 막을 수 있지만, 己土로는 제방을 막기 어려운 구조이므로 乾土가 더 필요하고 火도 필요하며, 寅木은 火를 암장하

고 있으므로 필요하며, 水와 金은 흉신이다.

- 이 사주의 구조를 보면, 남편인 土가 己土와 未土로 2개이고, 寅중 戊
 土가 있으므로 寅중 戊土를 만날 팔자다.
 또, 己土는 멀리 떨어져 있고, 未土와는 자미원진살을 이루고 있으며,
 日支 子水가 대운에서 온 子水와 子子自刑을 이루고 있는 상태에서 甲
 午年 歲運에서 온 午火와 子午沖을 하므로 남편과 이혼하고 싶어졌다.
 그래도 지금은 이혼할 생각이 크지 않지만, 자신의 운이 나쁜데다가
 남편이 직장을 다니지 않고 도박에 빠져있기 때문에 앞으로 오는 丑
 대운에 丑未沖을 하면 그때는 이혼할 것이다

(6) 보잘 것 없는 남편이 내 남편이다

(길동 거주)

| 68 | 58 | 48 | 38 | 28 | 18 | 8 | | 時柱 | 日柱 | 月柱 | 年柱 | |
|----|----|----|----|----|----|----|----|----|----|----|----|----|
| 戊 | 丁 | 丙 | 乙 | 甲 | 癸 | 壬 | 大 | 甲 | 丁 | 辛 | 辛 | 여 |
| 申 | 未 | 午 | 巳 | 辰 | 卯 | 寅 | 運 | 辰 | 巳 | 丑 | 卯 | 자 |

- 부동산 매매 운을 보기 위해 온 여자 사주로, 경기도 양평에 전원주
 택을 지었는데, 자금사정이 좋지 않아서 팔려고 한다.
- 사주의 구조는, 토끼띠 해의 늦겨울에 자신을 나타내는 글자를 인공
 불에 비유해 해석하는 丁火로 태어나 도와주는 세력이 적으므로 신
 약하고, 겨울생이라 기온이 낮다.

- 겨울에 태어난 丁火가 신약하므로 기온이 매우 낮고 습한 기운이 많
 기 때문에 추위를 느끼고 있어서 시급히 火가 필요하고 그 다음에 木
 이 필요하며, 金과 濕土인 辰土, 丑土는 흉신이다.

- 58 丁未 대운중 乙未年이 오므로 대운의 未土와 歲運의 未土가 사주
 年支 卯木과 亥未合木해서 木이 되므로 문서 운이 왔고, 乙未年의 乙
 木이 木으로 문서 운이고, 未土가 月支인 丑土와 丑未沖하므로 이동

수나 변화 수  그리고 문서 운이 왔으므로 현재 짓고 있는 전원주택을 팔려고 하는데, 필자의 진단은 금년 운이 좋고, 움직일 운이 왔으므로 팔리겠다고 진단했다.

- 이 女命의 남편은 丑土 속의 癸水와 辰土 속의 癸水로 2명인데, 모두 쓸모없는 남자로, 일찍 연애결혼하였으나, 10여 년만인 辰土운에 헤어지고  혼자 산다고 하나 필자는 반드시 또 다른 남자를 만날 것이라고 진단했다.

(7) 남자 애인을 구합니다

(수원 거주)

남편 사주

| 61 | 51 | 41 | 31 | 21 | 11 | 1 | | 時柱 | 日柱 | 月柱 | 年柱 | |
|---|---|---|---|---|---|---|---|---|---|---|---|---|
| 丙 | 乙 | 甲 | 癸 | 壬 | 辛 | 庚 | 大 | 戊 | 丙 | 己 | 壬 | 乾 |
| 辰 | 卯 | 寅 | 丑 | 子 | 亥 | 戌 | 運 | 子 | 子 | 酉 | 寅 | 命 |

- 부인이 가지고 온 남편 사주다.
- 사주의 구조는, 범띠 해의 한 가을에 자신을 나타내는 글자를 태양에 비유해 해석하는 丙火로 태어나 도와주는 세력이 작아서 매우 신약한 사주다.

- 가을에 태어난 丙火라서 그렇지 않아도 화력이 약한데, 金과 水가 강해서 매우 신약하므로 寅木이 용신이고 火가 길신이며, 水가 병신, 土가 약신, 金이 흉신이다.

- 財星인 金이 흉신이고, 妻 궁이 子子自刑을 하고 있어서 부부관계가 나쁘므로 10여년 이전부터 각방을 쓰면서 성생활을 전혀 하지 않는다고 한다.
- 진로나 직업은 자기의 사주에 어떤 성분이 필요하느냐에 따라 결정되

는데, 이 사주는 印星이 우선 필요하므로 印星과 관련된 직업인 교수이고, 丙火가 말인데, 日干이면서 吉神이므로 41세 甲寅대운부터 국문학 교수직에 있다고 한다.

부인 사주

| 61 | 51 | 41 | 31 | 21 | 11 | 1 |  | 時柱 | 日柱 | 月柱 | 年柱 |  |
|----|----|----|----|----|----|----|----|----|----|----|----|----|
| 丙 | 乙 | 甲 | 癸 | 壬 | 辛 | 庚 | 大 | 己 | 辛 | 己 | 癸 | 坤 |
| 寅 | 丑 | 子 | 亥 | 戌 | 酉 | 申 | 運 | 亥 | 巳 | 未 | 卯 | 命 |

- 토끼띠 해의 늦여름에 자신을 나타내는 글자를 보석에 비유해 해석하는 辛金으로 태어나 도와주는 세력이 약하므로 약간 身弱한 사주다.

- 보석은 아주 추운 겨울을 제외하고는 거의 火를 가장 싫어하는데, 이 사주는 未月에 태어났으므로 火氣가 강하고 日支에 火를 갖고 있어서 신약하고 더우며 건조하고, 더군다나 보석 金은 水를 가장 좋아하기 때문에 水가 우선 더 필요하고, 金이 길신이며, 火가 흉신이고, 木도 흉신이며, 土도 흉신이다.

- 辛金 日干 女命에 官星인 火가 흉신인데, 그 흉신이 日支 남편 궁에 앉아 있어서 더욱 나쁘다.
  따라서, 결혼하자마자 부부관계가 나빴으나 31세부터 자신의 하는 일은 잘되었기 때문에 남편의 나이 41세 이전까지 참고 별 볼일 없이 지내는 남편의 뒷바라지를 하며 살았다고 한다.

- 부부가 한 지붕 아래서 살긴하지만 각방을 쓰면서 자식 하나를 낳고 나서는 성생활을 전혀 하지 않기 때문에 너무 외롭고 쓸쓸하던 중에 2012년 壬辰年이 食傷운이라서 사랑으로 해석하는 壬水 운이 오므로 미국에 사는 남자와 교제중인데, 수개월에 한 번씩 만나는 사이라서 자주 볼 수 있는 애인을 구한다고 한다.

2) 배우자가 사망하는 운.

    ① 官殺이 刑이나 沖하는 운이나 死, 墓, 絶이 되는 大運과 歲運이 들어올 때.

    ② 傷官見官 사주이면 傷官이 旺해질 때나, 官이 旺하면 官이 入墓할때.

    ③ 官이 약한데 官운이 올 때.

    ④ 傷官일에 남편이 죽는다.

    ⑤ 용신이 入墓하거나 官이 入墓하면 남편이 죽는다.

    ⑥ 官星이 白虎大殺이면서 刑이나 沖이 될 때.

    ⑦ 水多金沈사주.


(1) 甲午年에 남편이 사망했다

(송파 거주)

| 61 | 51 | 41 | 31 | 21 | 11 | 1 | | | 時柱 | 日柱 | 月柱 | 年柱 | |
|---|---|---|---|---|---|---|---|---|---|---|---|---|---|
| 丙 | 乙 | 甲 | 癸 | 壬 | 辛 | 庚 | 大 | | 乙 | 甲 | 己 | 庚 | 여 |
| 申 | 未 | 午 | 巳 | 辰 | 卯 | 寅 | 運 | | 丑 | 子 | 丑 | 子 | 자 |

– 사주의 구조는, 쥐띠 해의 늦겨울에 자신을 나타내는 글자를 큰 나무에 비유해 해석하는 甲木으로 태어나 도와주는 세력이 많지 않으므로 신약한 사주다.

사주는 신약하나 늦겨울 생이라 기온이 매우 낮아서 춥기 때문에 火가 가장 필요하고, 木이 그 다음으로 필요하며, 己土는 水를 막는 데만 쓸 수 있고, 丑土는 흉신이며, 庚金과 子水도 흉신이다.

– 사주가 습하고 차므로 손과 발이 차고, 남편인 庚金이 흉신이고, 남편 궁에 子水가 앉아있어 남편 복이 약하다.

– 남편을 나타내는 글자가 庚金인데 이 庚金은 丑土에 뿌리를 갖고 있으며, 丑土는 日支 子水와 子丑合을 하고 있는데, 51세 乙未 대운 들어서 丑未沖을 하므로 깨졌으며, 甲午年 들어 두 개의 子水와 歲運의

午火가 子午沖을 하므로 甲午년 양력 11월에 남편이 암으로 사망했다고 한다.

이 사주에 남편 또는 남자를 나타내는 글자가 時支 丑중 辛金이 또 있고, 日支 子水와 子丑合을 하므로 훗날 時支 丑중 辛金을 만날 것이다.


## (2) 官星을 沖하여 남편이 죽었다

(방이동 거주)

| 69 | 59 | 49 | 39 | 29 | 19 | 9 | | 時柱 | 日柱 | 月柱 | 年柱 |
|---|---|---|---|---|---|---|---|---|---|---|---|
| 壬 | 癸 | 甲 | 乙 | 丙 | 丁 | 戊 | 大 | 戊 | 戊 | 己 | 庚 | 여 |
| 申 | 酉 | 戌 | 亥 | 子 | 丑 | 寅 | 運 | 午 | 辰 | 卯 | 寅 | 자 |

- 자신의 운세를 보기 위해서 온 여자로 7~8년 전에 남편과 사별을 했다고 한다.

- 사주의 구조는, 범띠 해의 중 봄에 자신을 나타내는 글자를 큰 산에 비유해 해석하는 戊土로 태어나 도와주는 세력이 많은 것 같으나 태어 난 계절이 중 봄이라 아직 기온이 낮고, 辰土는 日干이 戊土를 도와주는 것이 아니고 寅卯辰木局으로 木으로 변하였기 때문에 신약하므로 火가 용 신이고 木이 흉신이며, 土가 길신이고, 金이 흉신이며, 운에서 오는 水는 흉신이다.


- 이 사주의 특징은 日干인 戊土가 봄에 태어났고, 火를 갖고 있기 때문에 木을 길러야 하나 年上에 庚金이 나타나있어서 서리로 작용하므로 木의 생장에 방해가 되고, 또, 官星으로 寅木과 卯木이 있으며, 辰중에도 乙木이 숨어있어서 인물은 잘 생겼으나 官星이 여러 개라서 남편 덕이 없으며, 또 官星으로 남편인 寅木은 庚金 아래에 있고, 卯木은 劫財 아래에 있으면서 桃花殺 남편이고, 辰중 乙木은 比肩인 辰土 속에 있으므로 살아 있었다면 바람을 필 수 있는 구조를 가지고 있다.

- 필자가 진단하기를 54세부터 58세 사이에 남편과 이별 수가 왔었다

고 했더니 그 손님 하는 말이 "남편이 7~8년 전에 돌아가셨습니다."
라고 대답했는데, 이는 辰戌沖을 염두에 두고 한 말이었다.
그래서, 歲運을 살펴보니 戊子年에 용신인 午火를 子午沖해서 남편
이 사망했을 것으로 추정한다.


(3) 戊子年에 남편과 사별했다

| 67 | 57 | 47 | 37 | 27 | 17 | 7 | | 時柱 | 日柱 | 月柱 | 年柱 | |
|---|---|---|---|---|---|---|---|---|---|---|---|---|
| 庚 | 辛 | 壬 | 癸 | 甲 | 乙 | 丙 | 大 | 辛 | 壬 | 丁 | 甲 | 여 |
| 申 | 酉 | 戌 | 亥 | 子 | 丑 | 寅 | 運 | 亥 | 午 | 卯 | 午 | 자 |

– 송파구에서 온 여자 사주로 55세 戊子年에 남편과 사별했다고 한다.
– 사주의 구조는, 말띠 해의 중 봄에 자신을 나타내는 글자를 강물에 비유
  해 해석하는 壬水로 태어나 도와주는 세력이 약하므로 신약한 사주다.


– 태어난 계절이 중 봄이라 기온이 낮기 때문에 너무 많은 水(물)는 필
  요하지 않으나 이 사주에는 火가 많아서 더우므로 水가 더 필요하고,
  金이 그 다음으로 필요하며, 火가 病神이고 木이 흉신이다.
  남편인 官星은 나타나지 않고, 病神인 午火 속에 들어있으므로 덕을
  주지 못하는 남편이다.

– 46세까지는 대운이 亥, 子, 丑 水운으로 흘렀으므로 편하게 살았으
  나, 47세 甲戌대운에 건조한 土운이 등장해서 화세를 가중시키므로
  나쁜데, 이때부터 남편이 병에 걸려 고생을 하다가 2008년 戊子年에
  사망해서 이제껏 아들 하나를 데리고 살아왔다고 한다.

남편이 사망한 원인은, 歲運 戊子年의 子水와 日支 배우자궁의 午火
가 沖을 해서 깨졌는데, 문제는 이런 유형의 사주가 많은데 日支를
沖해서 支藏干 속에 들어있는 남편이 사망까지 했다는 것을 명쾌하
게 설명할 수는 없는 것이 아쉽다.

- 남편인 官星이 戊土와 己土인데, 己土는 病神인 두 개의 午火 속에
들어 있으므로 덕을 못주는 남편이고, 時支 亥水 속에 戊土가 들어있
으나 亥水에 들어있는 戊土는 약해 못써먹기 때문에 없는 것과 같으
므로 이 여인은 재혼에 관심이 없거나 재혼을 한다고 해도 덕을 보지
못할 것 인데, 본인은 재혼에 관심이 없다고 했다.


(4) 좋은 운인데 마누라가 죽었단다

(여의도 거주)

| 62 | 52 | 42 | 32 | 22 | 12 | 2 |  |  | 時柱 | 日柱 | 月柱 | 年柱 |  |
|---|---|---|---|---|---|---|---|---|---|---|---|---|---|
| 丙 | 丁 | 戊 | 己 | 庚 | 辛 | 壬 | 大 |  | 甲 | 戊 | 癸 | 丁 | 남 |
| 午 | 未 | 申 | 酉 | 戌 | 亥 | 子 | 運 |  | 寅 | 子 | 丑 | 酉 | 자 |

– 솔로로 살고 있는 단골 고객인 여자 손님이 자신과의 궁합을 보려고
가지고 온 남자 사주로, 이 남자는 수산시장 중매인으로 일하고 있다
고 한다.


– 사주의 구조는, 닭띠 해의 늦겨울에 자신을 나타내는 글자를 큰 산의
흙에 비유해 해석하는 戊土로 태어나 도와주는 세력이 약하고 기온
이 낮으므로 신약한 사주다.


– 겨울에 태어난 土가 신약하므로 기온이 매우 낮고 냉하기 때문에 시
급히 火가 필요하고 그 다음에 土가 필요하며, 財星인 水가 病이고,
金이 凶神이며, 濕土인 丑土도 흉신이고, 甲木은 흉신이나 寅木은 길
신이다.


– 돈을 나타내는 水가 病神이긴 하나 戊癸合을 하고 있으므로 여자와
돈에 관심을 갖게 되므로 이렇게 되면 일찍 결혼을 하는 경향이 있
고, 사업을 하게 되나 결혼을 함과 동시에 부인과 갈등이 생기고, 돈
을 벌어도 저축할 돈은 없는데, 이 남자는 실제로 돈이 없다고 한다.
– 또한 官星인 甲木을 바로 옆에 둠으로써 성격이 올바르고 정직하나,

성격이 예민하고 두뇌가 좋다.

- 처음 만난 남자의 사주라 이 사주를 가지고 온 손님이 이 남자의 삶
  을 구체적으로 알지 못한다고 하나, 이 남자는 초혼에 실패했고,
  2014 甲午年에 두 번째 부인이 암으로 사망했다고 한다.
  여기서 시사하는 점은, 甲午年이 분명히 좋은 운으로 일반적으로 흔
  히 말하는 용신운인데, 왜 부인이 죽는 큰일을 당했느냐하는 것이다.
  바로 日支에 있는 子水를 歲運에서 등장한 午火가 子午沖을 했기 때
  문으로, 이런 경우 보통은 부부 이별수가 있다라고 말은 할 수 있어
  도 부인이 죽었다라고 단정 지을 수는 없다.
  따라서, 좋은 운이 왔다고 해서 무조건 좋은 일이 있을 것이라고만
  감명해서는 틀릴 수 있다는 것이다.

- 진로나 직업은 자기의 사주에 어떤 성분이 필요 하느냐에 따라 결정
  되는데, 이 사주는 火가 우선 필요하므로 火와 관련된 직업을 선택하
  야하나 水와 관련된 수산물을 취급하고 있어서 직업이 안 맞다.

3) 남편이 부정한 사주
　　① 比劫이 太旺한 사주.
　　② 官殺이 比劫과 合하는 사주.
　　③ 比劫이 太旺에 劫財가 官星과 合하면 남편이 바람난다.

(1) 여러 여자와 연인을 맺을 팔자

(송파 거주)

| 67 | 57 | 47 | 37 | 27 | 17 | 7 |  | 時柱 | 日柱 | 月柱 | 年柱 |  |
|----|----|----|----|----|----|----|---|----|----|----|----|---|
| 戊 | 丁 | 丙 | 乙 | 甲 | 癸 | 壬 | 大 | 丁 | 丙 | 辛 | 丙 | 乾 |
| 申 | 未 | 午 | 巳 | 辰 | 卯 | 寅 | 運 | 酉 | 戌 | 丑 | 申 | 命 |

- 丙申年 辰月에 온 남자 사주로 여러 여자와 인연을 맺을 팔자다.
- 원숭이띠 해의 늦겨울에 자신을 나타내는 글자를 태양에 비유해 해석

하는 丙火로 태어나 도와주는 세력이 약하므로 신약한 사주다.

– 겨울에 태어난 丙火라서 그렇지 않아도 열량이 낮은데다가 신약하므로 춥기 때문에 온도를 높이기 위해서 火가 우선 더 필요하고, 木이 길신이며, 金이 병신이고, 濕土가 凶神이고 건토는 길신이며, 운에서 오는 水는 흉신이다.

– 이 사주에는 여자인 財星이 나타난 것은 3개이고, 숨어있는 여자가 2개라서 총 5개인데, 남자 사주에 여자가 이렇게 많으면 대단히 나쁘다.

또한, 年支의 申金 여자는 比肩인 年上의 丙火가 차지하고 있고, 月上의 辛金은 年上의 丙火와 日干인 丙火를 가운데 두고 이중 플레이를 하고 있는 형상이고, 月支와 日支의 丑중의 辛金과 戌중의 辛金은 丑戌刑이 되면서 파괴되었으며, 時支의 劫財 밑에 있는 財星인 酉金이 있는데, 이 여성은 남자가 있는 여자이거나 그렇지 않으면, 남자가 있었던 여자인데, 이 여자가 대문 밖 또는 집 밖에서 기다리고 있는 형상을 하고 있다.

– 이 命主는 本妻와 2006년 丙戌年에 丑戌刑되면서 이혼을 하고, 2009 己丑年에 새로운 여자를 만나서 동거를 해오고 있는 중에 2016 丙申年에 또다른 여자를 만나서 결혼을 할 생각이라고 하면서 궁합을 보려고 왔었다.

– 진로나 직업은 자기의 사주에 어떤 성분이 필요 하느냐에 따라 결정되는데, 이 사주는 火가 우선 필요하므로 火와 관련된 직업을 갖게 되는데, 火는 시각적인 것이라서 화장품 유통업을 하고 있다.

4) 남편이 질병이 많은 사주
　　① 官星이 空亡이 되거나 刑이나 沖이 된 사주
　　② 官星이 급각살이나 단교관살인 사주

③ 日支가 沖된 사주


5) 남편이 혼외득자한 사주
   ① 日과 時가 空亡인 사주
   ② 傷官이 太旺하고 官星이 미약한 사주
   ③ 傷官이 空亡인 사주
   ④ 傷官이 용신인데 官星이 없는 사주


6) 남편이 美男인 사주
   ① 官星이 뿌리가 있는 사주
   ② 比劫이 많은데, 合이 된 사주
   ③ 官星이 桃花인 사주


7) 남편이 부도가 나는 운.
   ① 여자 사주에 役馬 食傷이 官을 沖하면 남편이 길을 가다가 교통
      사고가 발생하거나 봉변을 당한다.
   ② 여자사주에 官殺이 亡身이나 劫煞을 달고 오는 해.


8) 남편과 부부화합, 해로하는 사주
   ① 官星 正官이 日支와 합하는 사주
   ② 日과 時에 合이 있는 사주는 부부가 다정하다.
   ③ 官星이 용신인 사주


9) 부부가 무정한 사주
   ① 日과 時가 刑이나 沖이 있는 사주
      그러나, 官星이 유력하면 면할 수 있다.
   ② 官星이 凶神일 때.
   ③ 比劫이 太旺하고 財星이 弱한 사주 = 財生官을 못해주므로.

10) 홀아비 살, 과부살
　　① 日과 時에 財星이 空亡인 사주는 여자 혼자산다.
　　② 日과 時에 傷官이 많거나 太旺사주는 남편을 떠나 보내고 자식
　　　　과 산다.
　　③ 日과 時에 隔脚殺. 官星과 隔脚殺.
　　　　隔脚殺는 계절의 방향으로 볼 때 중간글자가 빠져있는 것.


11) 남녀 宮合은 調候가 으뜸이고, 日支끼리 沖하면 잘 싸운다.
12) 여자 사주에 官殺이 혼잡하면 두 번 결혼하거나 드물게는 안하는 여
　　자도 있다.
13) 日支에 白虎殺을 가지면 배우자 덕이 없고, 부부관계가 나쁘다.
　　年, 月, 日 時支의 白虎殺도 육친별로 살펴라.


14) 부인과 死別하는 사주.
　　① 財星을 刑, 沖하거나 魁하는 운에 마누라가 도망간다.
　　② 財星이 死, 墓, 絕이 운이 오거나 三刑殺 되는 해.
　　③ 사주에 比劫이 태왕한데 比劫年.
　　　　이 때 대운이 나빠도 歲運이 좋으면 비껴갈 수 있다.
　　④ 日支를 沖하면 부인이 사망할 수 있다.


15) 干與之同이면서 鬼門關殺이 있으면 동성애 기질이 있다.
　　戊辰일주에 亥水가 있으면 干與之同이면서 辰亥怨嗔殺이다.


16) 외국 남자와 인연은,
　　① 女命에 官이 年에 있거나,
　　② 地支에서 役馬와 合을 하거나,
　　③ 年支의 役馬 支藏干에 官이 暗藏해 있거나,
　　④ 官星이 驛馬殺이어도 외국남자와 인연이다.

(1) 日支에 있는 財星이 寅申沖을 하므로 부인이 사망했다

(평창동 거주)

| 63 | 53 | 43 | 33 | 23 | 13 | 3 | | 時柱 | 日柱 | 月柱 | 年柱 | |
|---|---|---|---|---|---|---|---|---|---|---|---|---|
| 庚 | 辛 | 壬 | 癸 | 甲 | 乙 | 丙 | 大 | 庚 | 丙 | 丁 | 丁 | 남 |
| 子 | 丑 | 寅 | 卯 | 辰 | 巳 | 午 | 運 | 寅 | 申 | 未 | 亥 | 자 |

- 남자 사주로 기계관련 무역업을 하고 있다.

- 사주의 구조는, 돼지띠 해의 늦여름에 자신을 나타내는 글자를 태양
  에 비유해 해석하는 丙火로 태어나 도와주는 세력이 약하므로 약간
  신약 하나 태어난 계절이 여름이라 기온이 높으므로 조후로 봐야할
  사주다.

- 여름에 태어난 丙火가 무덥고 건조하므로 열기를 식혀주는 水가 우선
  더 필요하고, 그 다음에 金도 필요하며, 火와 土가 病神이고 木도 흉
  신이다.

- 부인인 財星이 길신인데, 財星이 부인자리인 日支에 위치해 있으나,
  時支의 寅木과 寅申沖을 이루어 깨졌고, 時上에 財星인 庚金이 나타
  나 있어서 재혼사주임에 틀림이 없다.
  그런데, 이 命主의 경우는 2007년에 부인이 사망을 함으로써 재혼을
  했다고 하므로 재혼운명임이 증명되었는데, 문제는 왜 2007 丁亥年
  에 사망을 했는지는 알 수가 없다.

- 진로나 직업은 자기의 사주에 어떤 성분이 필요하느냐에 따라 결정되
  는데, 이 사주는 水가 우선 필요하므로 水와 관련된 직업은 물이나,
  음식류 또는 무역이나 조직성 직장생활에 인연인데, 이 命主는 재벌
  회사에서 무역 업무를 하다가 퇴직을 한 후에 기계에 사용되는 약품
  을 수입한다고 하므로 자기 운명에 부합하는 직업을 가졌다.

⑵ 日支에 있는 財星이 寅申沖을 하므로 부인이 사망했다.

(종로 거주)

| 63 53 43 33 23 13 3 | | 時柱 日柱 月柱 年柱 |
|---|---|---|
| 庚 辛 壬 癸 甲 乙 丙 大 | | 庚 丙 丁 丁 남 |
| 子 丑 寅 卯 辰 巳 午 運 | | 寅 申 未 亥 자 |

- 남자 사주로 기계관련 무역업을 하고 있다.
- 사주의 구조는, 돼지띠 해의 늦여름에 자신을 나타내는 글자를 태양
  에 비유해 해석하는 丙火로 태어나 도와주는 세력이 작으므로 약간
  신약하나 태어난 계절이 여름이라서 기온이 높으므로 조후로 봐야할
  사주다.

- 여름에 태어난 丙火가 무덥고 건조하므로 열기를 식혀주는 水가 우선
  더 필요하고, 그 다음에 金도 필요하며, 火와 土가 病神이고 木도 흉
  신이다.

- 부인인 財星이 길신인데, 財星이 부인자리인 日支에 위치해 있으나,
  時支의 寅木과 寅申沖을 이루어 깨졌고, 時上에 財星인 庚金이 나타
  나 있어서 재혼사주임에 틀림이 없다.
  그런데, 이 命主의 경우는 2007년에 부인이 사망을 함으로써 재혼을
  했다고 하므로 재혼운명임이 증명되었는데, 문제는 왜 2007 丁亥年
  에 사망을 했는지는 알 수가 없다.

- 진로나 직업은 자기의 사주에 어떤 성분이 필요 하느냐에 따라 결정
  되는데, 이 사주는 水가 우선 필요하므로 水와 관련된 직업은 물이
  나, 음식류 또는 무역이나 조직성 직장생활에 인연인데, 이 命主는
  재벌회사에서 무역 업무를 하다가 퇴직을 한 후에 기계에 사용되는
  약품을 수입한다고 하므로 자기 운명에 부합하는 직업을 가졌다.

17) 여자가 나이 많은 남자와 인연인 사주

(1) 여자사주에 官星이 年에 있으면 나이 많은 남자와 인연이다

| 62 | 52 | 42 | 32 | 22 | 12 | 2 | | 時柱 | 日柱 | 月柱 | 年柱 | |
|---|---|---|---|---|---|---|---|---|---|---|---|---|
| 丁 | 丙 | 乙 | 甲 | 癸 | 壬 | 辛 | 大 | 辛 | 丙 | 庚 | 癸 | 坤 |
| 卯 | 寅 | 丑 | 子 | 亥 | 戌 | 酉 | 運 | 卯 | 戌 | 申 | 酉 | 命 |

- 닭띠 해의 초가을에 자신을 나타내는 글자를 태양 불에 비유해서 해
  석하는 丙火로 태어나 도와주는 세력이 약하므로 신약한 사주다.
- 초가을에 태어난 丙火가 신약하므로 木이 용신이고 火가 길신이며,
  金이 病神이고, 水가 흉신이며, 건토인 戌土는 길신이다.

- 3수를 해서 2013년에 대학을 들어갔으며, 회계사 자격증을 따기 위
  해서 휴학 중이라고 한다.

- 여자사주에 官星이 年에 있으면 나이 많은 남자와 인연인데, 자신보
  다 10살 위인 남자를 만나서 사귀고 있다고 한다.

## 11. 발기불능인 사주

1) 40대 초반에 발기불능인 남자 사주

(용산 거주)

| 69 | 59 | 49 | 39 | 29 | 19 | 9 | | 時柱 | 日柱 | 月柱 | 年柱 | |
|---|---|---|---|---|---|---|---|---|---|---|---|---|
| 己 | 庚 | 辛 | 壬 | 癸 | 甲 | 乙 | 大 | 壬 | 乙 | 丙 | 丁 | 乾 |
| 亥 | 子 | 丑 | 寅 | 卯 | 辰 | 巳 | 運 | 午 | 亥 | 午 | 酉 | 命 |

- 부인이 가지고 온 남편 사주로 42살 경부터 발기불능이 되어 성생활
  을 하지 못했다고 한다.

- 사주의 구조는, 닭띠 해의 한여름에 자신을 나타내는 글자를 꽃나무
  에 비유해 해석하는 乙木으로 태어나 도와주는 세력이 약하므로 신
  약한 사주다.

- 여름에 태어난 乙木은 날씨가 덥기 때문에 水(물)가 충분해야 함에도
  이 사주에는 火가 지나치게 많아서 극심한 갈등을 느끼고 있으므로
  水가 용신이고, 木은 한신, 金이 길신이며, 火가 病神이고, 운에서 오
  는 乾土가 흉신이다.

- 이 사주 구조에서는 火가 水를 말리고 있어서 水가 매우 약한데, 水
  는 인체에서 신장과 방광 등 비뇨기를 의미하므로 비뇨기가 약하다
  는 것을 알 수 있다.
  따라서, 2001년 辛巳年경부터 발기불능이 되었다고 진술하므로 이
  론에 맞다.

2) 부부 성생활을 피하는 남자

(영등포 거주)

| 61 | 51 | 41 | 31 | 21 | 11 | 1 | | 時柱 | 日柱 | 月柱 | 年柱 |
|----|----|----|----|----|----|----|----|----|----|----|----|
| 壬 | 辛 | 庚 | 己 | 戊 | 丁 | 丙 | 大 | 戊 | 癸 | 乙 | 丙 | 남 |
| 寅 | 丑 | 子 | 亥 | 戌 | 酉 | 申 | 運 | 午 | 亥 | 未 | 辰 | 자 |

- 부인이 가지고 온 가지고 남편의 사주로 부부 성생활을 피한다고 한다.
- 사주의 구조는, 용띠 해의 늦여름에 자신을 나타내는 글자를 빗물에
  비유해서 해석하는 癸水로 태어나 도와주는 세력이 약하므로 매우
  신약한 사주다.

- 늦여름 태어난 癸水라 물이 많이 필요한 계절인데, 木, 火, 土가 많아
  서 매우 신약하므로 자신을 지키기에 바쁜 사람이다.
  더군다나, 時上의 戊土는 자신인 癸水와 슴을 하고, 丙火가 극하며,
  乙木이 설기를 하므로 水가 우선 더 많이 필요하고, 金도 많이 필요

하며, 土가 病神이고, 火와 木도 흉신이다.

- 이 사주는 官星이 病神이므로 자식과 인연이 멀고, 財가 흉신이라서
  마누라와도 좋은 궁합이라고 할 수 없는데, 남자 사주에서 官星이 病
  神인 사람들은 딸만 두거나, 아들을 두면 골치 아픈데, 이 집에는 딸
  하나만을 두었기 때문에 부인이 자식을 하나 더 낳으려고 하나, 이
  男命이 피곤하다는 이유로 잠자리를 거부해서 아이를 낳을 수 없다
  고 하소연한다.

- 진로나 직업은 자기의 사주에 어떤 성분이 필요하느냐에 따라 결정되
  는데, 이 사주는 金과 水가 필요하므로 水와 관련된 직업은 물이나,
  해외와 인연이라서 외국업체의 건강기구 판매회사의 사원으로 근무
  한다고 한다.

3) 男命에 食傷과 水가 弱하거나, 沖을 받아 깨지면 성불구자가 된다

| 67 | 57 | 47 | 37 | 27 | 17 | 7 |  | 時柱 | 日柱 | 月柱 | 年柱 |  |
|---|---|---|---|---|---|---|---|---|---|---|---|---|
| 丙 | 丁 | 戊 | 己 | 庚 | 辛 | 壬 | 大 | 甲 | 乙 | 癸 | 丁 | 남 |
| 午 | 未 | 申 | 酉 | 戌 | 亥 | 子 | 運 | 申 | 巳 | 丑 | 酉 | 자 |

- 강동구에서 부인이 가지고 온 남편의 사주로 젊어서부터 성불구자라
  고 한다.
- 사주의 구조는, 닭띠 해의 늦겨울에 자신을 나타내는 글자를 꽃나무
  에 비유해 해석하는 乙木으로 태어나 도와주는 세력이 많지 않으므
  로 신약한 사주다.

- 늦겨울에 태어난 乙木으로 사주에 金과 水가 강해 추우므로 따뜻하게
  해주는 火가 우선 필요하고, 그 다음에 木도 필요하며, 水가 病神이
  기 때문에 건토는 약신이며, 金은 凶神이다.
- 性은 食傷으로 나타내는데, 이 사주는 食傷인 火를 용신으로 쓰고

있으며, 표면상으로는 火가 두 개나 있다.

그러나, 火의 역량을 살펴보면 年上의 丁火는 癸水에 剋을 받고 있고, 日支의 巳火는 巳酉丑金局으로 변해있어서 火의 기능이 충실하지 못함을 알 수 있다.

그러나, 이런 사유만으로 성 불구자가 된다는 것을 아직 알 수가 없기 때문에 데이터를 구축하고 있는데, 이 사주가 필자가 만난 성불구 사주다.

– 진로나 직업은 자기의 사주에 어떤 성분이 필요하느냐에 따라 결정되는데, 이 사주는 火가 우선 필요하므로 火와 관련된 직업인 전자사업을 하고 있다.

## 4) 男命에 食傷과 水가 弱하거나, 沖을 받아 깨지면 성불구자가 된다

(용인 거주)

| 64 | 54 | 44 | 34 | 24 | 14 | 4 | | 時柱 | 日柱 | 月柱 | 年柱 | |
|---|---|---|---|---|---|---|---|---|---|---|---|---|
| 乙 | 丙 | 丁 | 戊 | 己 | 庚 | 辛 | 大 | 戊 | 甲 | 壬 | 己 | 남 |
| 丑 | 寅 | 卯 | 辰 | 巳 | 午 | 未 | 運 | 辰 | 戌 | 申 | 亥 | 자 |

– 부인이 가지고 온 56세 남자 사주다.

– 사주의 구조는, 돼지띠 해의 초가을에 자신을 나타내는 글자를 큰 나무에 비유해 해석하는 甲木으로 태어나 도와주는 세력인 水가 2개 있으므로 신약한 사주다.

초가을에 태어난 큰 나무는 어느 정도 자란 성목라고 할 수 있으나, 土가 많아서 자신의 힘이 약하므로 木이 가장 필요하고, 水도 필요하며, 土는 病神에 해당하고 金도 필요하지 않으므로 흉신이다.

– 이 사주에서 土가 돈이요, 부인이며, 부친을 의미하는데, 흉신에 해당하므로 돈 복과 처복이 없는 사주이고, 더군다나 처 궁에 있는 戌土와 時支에 있는 辰土가 辰戌沖을 하므로 처 궁이 깨져있어서 이혼하기 쉬운 팔자이나, 같이 생활할 때는 각방을 써왔다고 하며, 2014

년 현재 남편이 사업상 지방에서 생활을 하고 있다고 한다.

- 이 命主는 결혼을 하고 난 후 신혼 첫날밤부터 발기가 되지 않아서
  부인과 한 번도 성관계를 갖지 못하고 살아왔다고 한다.
  남녀간에 상관없이 성이 食傷인데, 이 사주에는 食傷이 나타나 있지
  않았고, 戌중 丁火가 있으나 辰戌沖으로 깨졌으므로 丁火가 깨졌다
  는 것을 알 수 있다.

  그러나, 이렇게 食傷이 없다거나, 支藏干속에 들어있는 食傷이 깨졌
  다고 성 불구자가 된다는 것만으로는 이해하기 힘들다.
  왜냐하면, 이런 사주가 많은데, 다른 사람들은 괜찮은 사람도 있다.

## 12. 자식을 언제낳는가?

1) 용신대운에 자식 낳는다.
2) 여자 사주에 食傷이 庫에 들어갔거나, 食傷이 沖을 받아서 깨지면
   자식이 없다.
3) 여자사주에 時柱나 食傷이 空亡인가를 봐라.
4) 남자 무자식 사주에는 用神이 자식이고, 희신이 妻다.
5) 陰이 많은 사주는 陽운으로 들어갈 때 자식을 낳는다.
6) 日과 時가 空亡이면 자식 낳기가 어렵거나 자식 수가 적다.

7) 사주가 냉하면 따뜻해지는 운에 낳고, 사주가 더우면 시원해질 때
   낳는다.
8) 신왕한 남자는 官殺年에 자식을 낳고, 身旺한 여자는 食傷년에 애를
   낳는다.
9) 食傷이 용신인 여자는 애를 잘 낳고, 時에 食傷이 있어도 애를 잘 낳
   는다.
10) 남자가 時에 食傷이 있는 사람은 자식이 적다.
11) 여자가 印綬가 많으면 딸을 많이 낳는다.

## 13. 자식이 없는 팔자는?

### 1) 이혼녀로 자식이 없다

(분당 거주)

| 69 | 59 | 49 | 39 | 29 | 19 | 9 | 大 | | 時柱 | 日柱 | 月柱 | 年柱 | |
|----|----|----|----|----|----|----|----|----|----|----|----|----|----|
| 庚 | 己 | 戊 | 丁 | 丙 | 乙 | 甲 | 運 | | 癸 | 己 | 癸 | 丁 | 坤 |
| 戌 | 酉 | 申 | 未 | 午 | 巳 | 辰 | | | 酉 | 卯 | 卯 | 酉 | 命 |

- 卯月에 己土가 地支에 뿌리가 없고, 年上의 丁火에 의지하려했으나 丁癸沖을 당해서 깨져서 믿을 수 없으므로 從할 수밖에 없는데, 月令의 세력이 가장 강하므로 木으로 從해야 한다.
- 93년 癸酉年 37살부터 남편이 바람을 피워 갈등을 겪다가 39세에 호적 정리했다.

- 從을 해서 木이 体가 되었기 때문에 官星이 되는 金이 病이라서 남자에 대한 그리움이 전혀 없고, 卯酉沖, 卯酉沖해서 자연유산이 된 후로는 자식이 안 생겨서 없는데, 불우한 아이들을 도와주려고 마음먹고 있다.

- 식당을 하고 또 다른 사업도 하고 있으며, 건물도 가지고 있다.
- 자기는 오후 4시-5시 사이 즉, 申時라고 하는데, 이렇게 되면 卯申 双鬼門이 발동할 것이나 酉時가 되면 鬼門殺이 작동을 안 하므로 酉時가 맞다.
- 남편은 酉金이라서 바람을 피워서 이혼하게 됐다.

### 2) 이혼녀로 자식이 없단다.

(하남 거주)

| 61 | 51 | 41 | 31 | 21 | 11 | 1 | 大 | | 時柱 | 日柱 | 月柱 | 年柱 | |
|----|----|----|----|----|----|----|----|----|----|----|----|----|----|
| 丁 | 丙 | 乙 | 甲 | 癸 | 壬 | 辛 | 運 | | 甲 | 庚 | 庚 | 己 | 坤 |
| 丑 | 子 | 亥 | 戌 | 酉 | 申 | 未 | | | 申 | 辰 | 午 | 酉 | 命 |

- 이 사주의 구조는 닭띠 한 여름에 무쇠에 비유해서 해석하는 庚金으로 태어났는데 印星인 土와 比劫인 金이 너무 많아서 태왕한 사주다. 태왕한 庚金은 火로 제련을 해야 좋으나, 이 많은 金을 午火로 녹이기는 불충분하므로 水로 설기함이 좋기 때문에 申중 壬水가 용신이고, 火가 病이며, 木이 흉신이다.

- 日干인 庚金과 時上의 甲木이 甲庚沖을 하므로 이 女命은 두뇌가 매우 좋아서 시험만 보면 합격을 한다고 한다.

- 이 女命은 魁罡일주라서 고집이 세고 태왕한데다가 食傷이 없으므로 융통성이 부족하기 때문에 일의 추진력은 강해서 업무적으로는 좋을 수 있으나, 인간관계에 있어서는 원만하지 못하다.

- 庚辰일주이므로 日支에 辰土를 31 甲戌대운에 戌土가 와서 辰戌沖을 하므로 부부 궁이 깨졌다.
  그런데, 이 사주를 가지고 온 사람이 재혼할 남자의 어머니 즉 시어머니 될 사람이 갖고 왔기 때문에 구체적 사항은 알 수가 없으나, 사실은 언제 이혼했느냐가 중요하지 않고, 이런 사주는 결혼을 함과 동시에 갈등이 시작될 수 있는 사주이고, 더군다나 31 대운이면 결혼초기이므로 32살 庚辰年이나, 38살 丙戌年에 이혼을 했을 것으로 추정한다.

- 이 女命은 水가 자식인데, 나타나지 않았고, 水가 食傷 庫인 辰土 속에 들어있으므로 자식이 없는 팔자이고, 만약 이런 사주가 자식을 둔다면 자식과의 인연이 박하기 때문에 골치를 앓게 된다.
  그런데, 본 남편하고의 사이에서 아이가 없다고 하니까 재혼을 한다고 해도 자식을 둘 가능성이 희박하다.
  따라서, 재혼할 남편의 자식을 키우던지, 그렇지 않으면, 남의 자식을 키워야 한다.

3) 자식 궁에 있는 傷官이 空亡을 맞아 자식을 낳지 않아서 입양을 했다

(용인 거주)

| 68 | 58 | 48 | 38 | 28 | 18 | 8 | | 時柱 | 日柱 | 月柱 | 年柱 | |
|----|----|----|----|----|----|----|----|----|----|----|----|----|
| 甲 | 癸 | 壬 | 辛 | 庚 | 己 | 戊 | 大 | 己 | 丙 | 丁 | 辛 | 乾 |
| 辰 | 卯 | 寅 | 丑 | 子 | 亥 | 戌 | 運 | 亥 | 寅 | 酉 | 巳 | 命 |

- 뱀띠 한 가을에 태양에 비유해 해석하는 丙火로 태어났는데, 比劫이 두개 있고, 印星인 寅木이 하나있으나 가을생이므로 신약해서 火가 용신이고, 木이 길신이며, 金, 水, 土는 흉신이다.

- 8 대운인 17세까지는 운의 흐름이 좋았으나 己亥 대운 18세부터 47 대운 辛丑 대운까지가 약해 고생을 했으나, 48 대운 寅 대운부터는 남편의 하는 일이 잘 돼서 잘살아왔다고 한다.

- 이 사주에 官星인 남편이 亥水로 흉신이나, 日支 寅木과 寅亥合을 해서 水生木을 해주므로 눈높이에는 차지 않지만 남편을 수용할 수밖에 없으므로 4살 어린 남편을 만나서 결혼을 한 후, 보잘 것 없는 남편을 출세시키기 위해서 이 女命이 뒷바라지를 해주어 전문직을 갖게 되어 돈을 잘 벌었다고 한다.

- 時上의 己土가 傷官으로 자식이라서 자식이 있을 것으로 보이나 己土가 衰地인 亥水 위에 앉아있고, 日主를 기준해서 時가 空亡이므로 이 女命이 남편의 공부 뒷바라지를 하느라고 경제적 여유가 없어서 12 번에 걸쳐서 유산을 시킨 후 자식을 낳지 않아서 결국 남자아이를 입양해서 길렀는데, 애당초 자식 운이 없으므로 입양해서 길러준 자식이 속을 섞인다고 한다.

4) 아이없는 부부

(강동 거주)

| 62 | 52 | 42 | 32 | 22 | 12 | 2 | | 時柱 | 日柱 | 月柱 | 年柱 | |
|----|----|----|----|----|----|----|----|----|----|----|----|----|
| 辛 | 庚 | 己 | 戊 | 丁 | 丙 | 乙 | 大 | 乙 | 甲 | 甲 | 庚 | 乾 |
| 卯 | 寅 | 丑 | 子 | 亥 | 戌 | 酉 | 運 | 丑 | 申 | 申 | 戌 | 命 |

- 庚寅년 11월 12일 부인이 운을 보려고 왔다.
- 회사원인데, 부모로부터 상속을 많이 받았다.
- 官이 病이라서 결혼한지 4년째인데, 자식이 안 생긴다.


부인 사주

| 65 | 55 | 45 | 35 | 25 | 15 | 5 | | 時柱 | 日柱 | 月柱 | 年柱 | |
|----|----|----|----|----|----|----|----|----|----|----|----|----|
| 甲 | 癸 | 壬 | 辛 | 庚 | 己 | 戊 | 大 | 己 | 壬 | 丁 | 丁 | 坤 |
| 寅 | 丑 | 子 | 亥 | 戌 | 酉 | 申 | 運 | 酉 | 午 | 未 | 巳 | 命 |

- 공무원을 하다가 결혼한지 4년이 됐는데 자식이 안 생긴다.
- 너무 조열하고 食傷이 없다.
- 시댁에서 상속을 많이 받아서 돈 걱정은 없지만 노니까 무료해서 학
  원사업을 해볼까 한다.


5) 무자식인 여자

(여의도 거주)

| 70 | 60 | 50 | 40 | 30 | 20 | 10 | | 時柱 | 日柱 | 月柱 | 年柱 | |
|----|----|----|----|----|----|----|----|----|----|----|----|----|
| 甲 | 乙 | 丙 | 丁 | 戊 | 己 | 庚 | 大 | 辛 | 庚 | 辛 | 壬 | 坤 |
| 辰 | 巳 | 午 | 未 | 申 | 酉 | 戌 | 運 | 巳 | 戌 | 亥 | 寅 | 命 |

- 亥月에 庚金이 신약하지만 추운계절이므로 火가 용신이다.
- 庚寅年 50세인데, 두 번 이혼한 남자의 내연녀다.
- 비록 食傷이 유력한데도 病神이기 때문에 현재까지 무자식이다.

- 火가 용신이므로 분명한 성격을 가진 여자인데, 庚戌 魁罡星으로 남
 자보다 억세서 내연의 남자도 손을 들었다고 한다.


6) 무자식인 남자

(영등포 거주)

| 61 | 51 | 41 | 31 | 21 | 11 | 1 | | | 時柱 | 日柱 | 月柱 | 年柱 | |
|----|----|----|----|----|----|----|----|----|----|----|----|----|----|
| 庚 | 己 | 戊 | 丁 | 丙 | 乙 | 甲 | 大 | | 癸 | 戊 | 癸 | 壬 | 乾 |
| 戌 | 酉 | 申 | 未 | 午 | 巳 | 辰 | 運 | | 丑 | 寅 | 卯 | 辰 | 命 |

- 마포에 사는 노처녀가 가지고 온 사주다.
- 일본인인데, 庚寅年 48세로 일본에서 식당업을 한다고 한다.
- 이 命主와의 관계는 알 수 없으나 아마도 사귀는 사람 같아보였다.


- 사주의 구조를 보면, 卯月에 戊土가 丑土와 辰土에 뿌리를 하고 있어
 신약하다.
 그런데, 辰土는 寅卯辰木局으로 변하여 배신한 형제라서 丑土에 의지
 하는 수밖에 없다.


- 초년에 직장생활을 하다가 결혼한 이후에는 사업을 한단다.
- 사주가 이렇게 구성되면, 財가 흉신이고, 官이 病이다.
 따라서, 아내와 행복하기 힘들고, 자식 덕 보기 힘들게 되는데, 이 命
 主는 자식이 없다고 한다.
 아마도, 아들이 있었다면 불구이거나 속을 많이 썩이는 자식일 것인
 데, 없어서 그럴 일은 없다.


7) 여자사주에 食傷이 너무 많아서 흉신이 되면 자식이 없다

| 63 | 53 | 43 | 33 | 23 | 13 | 3 | | | 時柱 | 日柱 | 月柱 | 年柱 | |
|----|----|----|----|----|----|----|----|----|----|----|----|----|----|
| 丁 | 戊 | 己 | 庚 | 辛 | 壬 | 癸 | 大 | | 壬 | 壬 | 甲 | 甲 | 여 |
| 卯 | 辰 | 巳 | 午 | 未 | 申 | 酉 | 運 | | 寅 | 辰 | 戌 | 寅 | 자 |

- 甲午年 늦여름에 수원에 출장을 가서 봐준 41세 여자 사주다.

- 사주의 구조는, 범띠 해의 늦가을에 자신을 나타내는 글자를 강물에
  비유해 해석하는 壬水로 태어나 도와주는 세력으로 또 하나의 壬水
  가 있고, 辰土중에 癸水가 있으나 戌土와 辰戌沖하여 壬水의 뿌리가
  손상을 입었으므로 매우 신약한 사주 사주다.

- 한 가을 壬水는 본래가 많이 필요로 하지 않지만, 이 사주에는 성장
  하고 있는 많은 木이 있어 壬水의 힘을 지나치게 빼가고 있으므로 水
  가 가장 필요하고, 金도 필요하며, 木이 病이고, 辰土는 좋으나, 戌土
  도 病이며, 운에서 火가 오면 흉신이다.

- 이 사주의 특징은 남편을 나타내는 官星인 辰土와 戌土가 辰戌沖해서
  깨진데다가 너무 많은 食神으로, 자식에 해당하는 木이 남편인 土를
  심하게 木剋土하므로 土가 견디기 어렵게 생겼다.
  따라서, 이 女子는 남편이 2013년 교통사고를 크게 당하여 사망했
  고, 결 혼 생활을 수년간 해왔으나, 자식을 두지 못했다고 하나 당사
  자에게 크나 큰 불행이며, 사주학적으로 볼 때는 과연 팔자는 속일
  수 없다는 것을 세삼 깨닫게 된다.

8) 여자사주에 食傷이 너무 많아서 흉신이면 자식이 없다

(용산 거주)

| 62 | 52 | 42 | 32 | 22 | 12 | 2 | | 時柱 | 日柱 | 月柱 | 年柱 |
|---|---|---|---|---|---|---|---|---|---|---|---|
| 乙 | 甲 | 癸 | 壬 | 辛 | 庚 | 己 | 大 | 戊 | 丙 | 戊 | 己 | 여 |
| 亥 | 戌 | 酉 | 申 | 未 | 午 | 巳 | 運 | 子 | 子 | 辰 | 酉 | 자 |

- 甲午年 늦여름에 필자의 지인과 결혼을 하려고 생각중인 46세 여자
  사주다.
- 사주의 구조는, 닭띠 해의 늦봄에 자신을 나타내는 글자를 태양에 비
  유해 해석하는 丙火로 태어나 도와주는 세력이 전혀 없으나 극 태약

사주 사주다.

– 우선, 이 사주가 태약사주인가 그렇지 않으면 종격사주인가부터 짚
고 넘어가야 해석을 할 수 있다.
언뜻 보면, 아무리 陽干인 丙火라 할지라도 도와주는 세력이 전혀 없
고, 土가 너무 많아 從兒格으로 보기 쉬우나 이 女命의 생일이 양력
으로 5월 1일이라서 입하절기 5-6일전이라서 기온이 낮지 않아서
辰중 乙木을 얼마  든지 키울 수 있는 계절이고, 日干이 陽干인 경우
從하지 않으려는 성질이 있으며, 특히 중요한 것을 日干이 이렇게 하
나뿐일 경우는 계절을 잘  봐서 日干에게 도움이 되는가 안 되는가를
종합적으로 검토를 해야 신약인지 종격사주인지를 알 수가 있다.

– 결론적으로 이 사주는 분명 태약사주였다.
따라서, 火가 가장 많이 필요하고, 운에서 온 木도 좋으며, 水가 病이
고, 이렇게 많은 土도 불필요하며, 金도 필요치 않다.

– 이 女命은 46세 甲午年까지 미혼으로 그 이유는 官星이 水가 病이고,
더군다나 病인 水가 日支 남편 궁에 있으면서 子子自刑까지 하고 있
어서 정상적인 결혼을 할 수가 없기 때문에 이런 사주는 남자의 나이
가 10여살  많거나, 그렇지 않으면, 많이 어리거나, 그것도 아니면,
외국인과 결혼 하면 좋으며, 결혼을 안했으므로 당연히 자식이 없다.

## 14. 자식이 먼저 죽는 팔자

1) 年支의 正官과 月支의 傷官이 沖하여 자식을 잃었다

(용산 거주)

| 61 | 51 | 41 | 31 | 21 | 11 | 1 | | 時柱 | 日柱 | 月柱 | 年柱 | |
|----|----|----|----|----|----|----|----|----|----|----|----|----|
| 甲 | 乙 | 丙 | 丁 | 戊 | 己 | 庚 | 大 | 甲 | 戊 | 辛 | 癸 | 남 |
| 寅 | 卯 | 辰 | 巳 | 午 | 未 | 申 | 運 | 寅 | 午 | 酉 | 卯 | 자 |

- 사주의 구조는, 토끼띠 해의 중 봄에 자신을 나타내는 글자를 큰 산
  에 비유해 해석하는 戊土로 태어나 도와주는 세력이 약하므로 신약
  한 사주다.

- 가을에 태어난 戊土가 나무를 기르고 있는 중이나 신약하므로 자신의
  힘은 약한데 나무가 너무 많아 버거우므로 火가 용신이고, 土가 길신
  이며, 寅木은 戊土가 長生을 하기 때문에 길신이고, 甲木과 卯木은 病
  神이므로 金이 病神인 卯木을 제거해주기 藥神이며, 水가 흉신이다.

- 年支의 正官과 月支의 傷官이 卯酉沖을 하고 있는데, 이는 傷官과 正
  官이 싸우는 형상으로, 태어난 계절이 金운이라 金氣가 강해서 연약
  한 卯木이 잘리게 되므로 결국 자식이 태어나자마자 죽었다고 한다.

- 진로나 직업은 자기의 사주에 어떤 성분이 필요 하느냐에 따라 결정
  되는데, 이 사주는 火가 우선 필요하므로 火와 관련된 직업이지만 그
  렇지 않는 대신 더운 나라인 베트남에서 驛馬殺 官星인 木과 관련된
  의류를 제조하고 있다고 한다.

2) 여자 木 일주가 丙戌 時를 보면, 자식을 잃는다

(수원 거주)

| 69 | 59 | 49 | 39 | 29 | 19 | 9 | | 時柱 | 日柱 | 月柱 | 年柱 | |
|----|----|----|----|----|----|----|----|----|----|----|----|----|
| 甲 | 乙 | 丙 | 丁 | 戊 | 己 | 庚 | 大 | 丙 | 乙 | 辛 | 戊 | 여 |
| 寅 | 卯 | 辰 | 巳 | 午 | 未 | 申 | 運 | 戌 | 卯 | 酉 | 戌 | 자 |

- 癸巳年 늦겨울에 온 57세 여자 사주다.

- 사주의 구조는, 개띠 해의 한가을에 자신을 나타내는 글자를 꽃나무
  에 비유해 해석하는 乙木으로 태어나 도와주는 세력이 약해 신약한
  사주다.

- 한 가을 꽃나무는 본래가 연약한데다 곧 서리가 올 것이고, 사주에 金氣가 강해 기온이 차므로 더운 기운을 가진 火가 가장 필요하고, 木도 필요하며, 열토는 길신에 해당하나, 습토는 흉신이며, 이 사주에서는 金이 가장 큰 흉신이고, 水가 와도 흉신이다.
- 官星인 月支 酉金과 日支 卯木이 卯酉충을 하므로 부부 궁이 깨져있고, 특히, 여자 사주에 자식을 나타내는 食傷을 쓰는 사주는 대부분 부부궁이 나쁜데, 이런 사주의 경우 결혼해서 자식을 낳은 후 이혼하게 되는데, 자식을 낳고, 93(癸酉年)에 남편과 헤어졌다고 한다.

- 이 女命은 자신의 출생시간이 오후 7시 30분이라고 말을 했는데, 이렇게 경계를 이루는 시간일 경우 사전 진단을 한 후 감명에 들어가는데, 이 사주에서는 시간의 丙戌을 중시해야 한다.

- 그 동안의 경험으로 볼 때, 여자 木 일주가 丙戌 時를 보면, 자식을 나타내는 丙火가 戌土에 入墓하는 구조인데, 이렇게 될 경우 자식을 일찍 잃게 된다.
따라서, 이 女命은 2010(辛卯年)에 자식을 떠나보냈다고 한다.


## 15. 언제 죽는가?

1) 用神이 陰이라도 포태법으로 볼 때는 陽으로 바꿔서 病, 死, 墓 운중 특히, 死 대운에 죽거나, 用神 入墓운에 죽는다.
2) 旺神入墓운이,
　　① 초년에 오면 부모가 죽고,
　　② 중년에 오면 부인이 죽고,
　　③ 말년에 오면 본인이 죽는다.
3) 凶神 대운에 죽는다.
4) 地支에 吉神이나 用神을 冲하는 운.
5) 旺한 凶神을 冲하는 운(예 : 火가 旺한데 水가 들어오면 죽고, 반대로 水가 旺한데 火가 들어와도 죽는다.)

6) 歲運에서 흉신년에 죽는다.

7) 말년에 용신이 入墓하거나 死地나 絶地가 되는 해에 죽는다.

8) 日과 時가 三刑殺 되는 년.

9) 나이가 들어서는 日干이 旺해지면 죽는다.


10) 남편 사망하는 운

    ① 官殺이 刑이나 沖하는 운이나 死, 墓, 絶이 되는 大運과 歲運이 들어올 때.

    ② 傷官見官 사주이면 傷官이 旺해질 때나 官이 旺하면 官이 入墓할 때.

    ③ 官이 약한데 官운이 올 때.

    ④ 傷官일에 남편이 죽는다.

    ⑤ 용신이 入墓하거나 官이 入墓하면 남편이 죽는다.


(1) 日支에 있는 財星이 寅申沖을 하므로 부인이 사망했다

(분당 거주)

| 63 | 53 | 43 | 33 | 23 | 13 | 3 | | | 時柱 | 日柱 | 月柱 | 年柱 | |
|---|---|---|---|---|---|---|---|---|---|---|---|---|---|
| 庚 | 辛 | 壬 | 癸 | 甲 | 乙 | 丙 | 大 | | 庚 | 丙 | 丁 | 丁 | 남 |
| 子 | 丑 | 寅 | 卯 | 辰 | 巳 | 午 | 運 | | 寅 | 申 | 未 | 亥 | 자 |

- 남자 사주로 기계관련 무역업을 하고 있다.

- 사주의 구조는, 돼지띠 해의 늦여름에 자신을 나타내는 글자를 태양에 비유해 해석하는 丙火로 태어나 도와주는 세력이 작으므로 약간 신약하나 태어난 계절이 여름이라서 기온이 높으므로 조후로 봐야할 사주다.


- 여름에 태어난 丙火가 무덥고 건조하므로 열기를 식혀주는 水가 우선 더 필요하고, 그 다음에 金도 필요하며, 火와 土가 病神이고 木도 흉신이다.


- 부인인 財星인 길신인데, 財星이 부인자리인 日支에 위치해 있으나,

時支의 寅木과 寅申沖을 이루어 깨졌고, 時上에 財星인 庚金이 나타
나 있어서 재혼사주임에 틀림이 없다.
그런데, 이 命主의 경우는 2007년에 부인이 사망을 함으로써 재혼을
했다고 하므로 재혼운명임이 증명되었는데, 문제는 왜 2007 丁亥年
에 사망을 했는지는 알 수가 없다.


– 진로나 직업은 자기의 사주에 어떤 성분이 필요 하느냐에 따라 결정
  되는데, 이 사주는 水가 우선 필요하므로 水와 관련된 직업은 물이나,
  음식류 또는 무역이나 조직성 직장생활에 인연인데, 이 命主는 재벌
  회사에서 무역 업무를 하다가 퇴직을 한 후에 기계에 사용되는 약품을
  수입한다고 하므로 자기 운명이 어느 정도 부합하는 직업을 가졌다.


## 16. 급사하는 사주

### 1) 왕신출발하여 사망했다

(서초 거주)

| 70 | 60 | 50 | 40 | 30 | 20 | 10 | 大 | | 時柱 | 日柱 | 月柱 | 年柱 | |
|----|----|----|----|----|----|----|----|---|----|----|----|----|---|
| 戊 | 丁 | 丙 | 乙 | 甲 | 癸 | 壬 | | | 庚 | 癸 | 辛 | 壬 | 남 |
| 午 | 巳 | 辰 | 卯 | 寅 | 丑 | 子 | 運 | | 申 | 卯 | 亥 | 子 | 자 |

– 甲午年 늦여름에 기흥에 출장을 가서 봐준 사주로 이 命主의 부인이
  내놓은 남편의 사주로, 생존 나이 41세에 사망한 남자 사주다.


– 사주의 구조는, 쥐띠 해의 초겨울에 자신을 나타내는 글자를 빗물에
  비유해 해석하는 癸水로 태어나 도와주는 세력인 水와 金이 너무 많
  아서 태강한 사주다.
  그래서, 이 사주를 자연현상에 빗대어 설명한다면, 마치 겨울 장마가
  진 모양새다.

  그렇다면, 이 사주의 日干인 癸水를 무엇에 써 먹겠는가?

별로 용도가 없는 癸水다.

그러나, 생명체인 卯木이 살아있으니 이 卯木을 살려야 하는데, 그렇다면 어떻게 해야 이 卯木을 기를 수 있겠는가?

그 해답은 火다.

난로를 피워줘야 이 卯木을 살릴 수 있다.

따라서, 火가 가장 필요하고, 木도 필요하며, 마른 土도 필요하고, 金과 水, 그리고 습토는 필요치 않다.

- 이 命主는 2013년 癸巳年에 대형 교통사고를 당해서 사망했다고 하는데, 그 원인을 살펴보면, 王神인 역마살인 亥水를 歲運에서 온 또 다른 역마살인 巳火가 巳亥冲했기 때문에 교통사고로 본다.

그러면, 위 사주를 내놓은 당사자인 부인의 사주는 어떻게 생겼을까?

부인 사주

| 63 | 53 | 43 | 33 | 23 | 13 | 3 | | 時柱 | 日柱 | 月柱 | 年柱 | |
|---|---|---|---|---|---|---|---|---|---|---|---|---|
| 丁 | 戊 | 己 | 庚 | 辛 | 壬 | 癸 | 大 | 壬 | 壬 | 甲 | 甲 | 여 |
| 卯 | 辰 | 巳 | 午 | 未 | 申 | 酉 | 運 | 寅 | 辰 | 戌 | 寅 | 자 |

- 甲午年 늦여름에 기흥에 출장을 가서 봐준 41세에 여자 사주다.

- 사주의 구조는, 범띠 해의 늦가을에 자신을 나타내는 글자를 강물에 비유해 해석하는 壬水로 태어나 도와주는 세력으로 같은 壬水가 하나 있고, 日支에 있는 辰土 중에 癸水가 들어있어서 그 뿌리 역할을 하므로 태약한 사주다.

- 이 사주는 비록 늦가을에 태어난 壬水라서 많은 물이 필요하지 않는 계절임을 감안하더라도 食神인 木이 4개나 있고, 건조한 戌土가 하나

있어서 어서 물이 더 필요하고, 金도 필요하며, 木과 건토는 필요치
않으며, 사 주에 나타나있지 않는 火는 더욱 필요치 않다.

– 또한, 남편을 나타내는 辰土와 戌土가 만나 辰戌沖으로 日支가 깨졌
으므로 남편과 해로하기는 애시당초 틀린 사주이고, 더군다나, 여자
팔자에서 食傷이 지나치게 발달하면 남편이 안 되는데, 이 사주에는
食神인 木이 너무 많을 뿐만 아니라 그렇지 않아도 辰戌沖으로 상처
를 입은 土를 木剋土를 하고 있어서 남편이 살아남기 어렵게 생겼다.

– 大運에서 흉신인 火운이 왔고, 癸巳年에 歲運에서 또 다시 火운이 와
서 나쁘므로 남편을 잃고, 돈도 모두 없어졌다고 한다.

## 2) 왕신충발하면 사망한다

(음력 57. 12. 31생)

| 68 | 58 | 48 | 38 | 28 | 18 | 8 | 大 | | 時柱 | 日柱 | 月柱 | 年柱 | |
|----|----|----|----|----|----|----|----|----|----|----|----|----|----|
| 乙 | 丙 | 丁 | 戊 | 己 | 庚 | 辛 | | | 庚 | 丁 | 壬 | 丁 | 남 |
| 巳 | 午 | 未 | 申 | 酉 | 戌 | 亥 | 運 | | 戌 | 丑 | 子 | 酉 | 여 |

– 甲午年 초에 급성 백혈병으로 그해 양력 5월 달에 사망한 당시 58세
여자 사주다.
– 사주의 구조는, 닭띠 해의 한겨울에 자신을 나타내는 글자를 인공불
에 비유해 해석하는 丁火로 태어나 도와주는 세력으로 또 하나의 丁
火가 있고, 戌土중에 丁火가 들어있으나, 丑土와 丑戌刑을 해서 戌중
丁火가 손상을 입었고, 金과 水가 많아 매우 신약한 사주다.

– 한겨울 丁火는 자신을 불태워 세상을 따뜻하게 해주므로 남들로부터
환영받는 사람으로, 이 命主는 필자와 지인이라서 성격을 잘 아는데,
무척정이 많은 사람이었다.

– 이 사주는 火가 약하므로 火가 더 많이 필요하고, 木도 필요하며, 습

토는 필요 없지만, 건토는 필요하다.

– 47세까지의 대운이 나빠서 어려서부터 어려운 환경에서 성장했으며, 48세 丁未대운부터는 운이 좋아서 남편이 많은 돈을 벌었으나, 58 丙午대운에 들어와 대운인 午火가 사주의 王神인 子水를 子午沖하고 있는 상태에서 甲午年 歲運에서 온 午火가 또 다시 子午沖하므로 백혈병에 걸린지 5개월 만에 사망하고 말았다.

따라서, 이 사주에서 얻을 수 있는 교훈은 火가 비록 가장 필요한 성분이 라고 할지라도 사주의 旺神을 충돌하면 매우 나쁘다는 것이다.

## 17. 부모 喪을 언제당하는가?

1) 부친 喪
  ① 比劫은 旺하고 財가 弱한데 財가 死宮 墓宮 絕운이 올 때.
  ② 財星이 태왕한데 財年이 올 때.
  ③ 年干이나 月干이 尅을 당하는 해.

2) 모친 喪
  ① 상문살이나 조객살이 오는 해.
  ② 印綬가 길신인데 印綬를 沖하는 해.
  ③ 年支, 月支가 길신이나 용신인데 沖하는 해에 喪을 당한다.
  ④ 財가 旺하고 印綬가 弱한데 印綬가 死宮, 墓宮, 絕운이 올 때.

(1) 財星이 尅을 당해서 시어머니가 돌아가셨다

(강동 거주)

| 67 | 57 | 47 | 37 | 27 | 17 | 7 | | | 時柱 | 日柱 | 月柱 | 年柱 | |
|----|----|----|----|----|----|---|---|---|------|------|------|------|---|
| 戊 | 己 | 庚 | 辛 | 壬 | 癸 | 甲 | 大 | | 庚 | 辛 | 乙 | 戊 | 坤 |
| 午 | 未 | 申 | 酉 | 戌 | 亥 | 子 | 運 | | 寅 | 丑 | 丑 | 申 | 命 |

- 丑月에 辛金이 신왕 하므로 木이 용신이다.
- 용신인 乙木이 乙辛沖을 하고 있는데, 辛酉대운으로 또 다시 乙辛沖
  을 하고 있는 상태에서 43세 庚寅年 1월에 財가 乙庚合을 당해서 기
  반 되므로 財星인 시어머니가 돌아가셨다.

- 辛卯年 음력 3월 己丑일에 왔는데 乙辛沖하므로 財星인 木이 없어지
  고, 己丑은 印星으로 문서이므로 부동산을 사려고 한다.

- 여기서, 陰일간은 偏財가 시부모이고, 正財가 고모이므로 乙木은 시
  부모이고, 寅木은 고모인데, 庚寅年에 시어머니가 죽었으므로 乙木
  이 죽었는데, 굳이 財星을 시아버지와 시어머니로 구분해서 보는 것
  보다 시부모로 같이 보는 게 맞출 확률을 높일 수 있는 방법이다.
- 이 사주에 寅중에 丙火가 남편인데, 대운에서 27세 壬戌대운중 戌중
  에 丁火 官星이 있으므로 27세에 결혼했다.


3) 형제 액운
    ① 比劫이 沖을 당하는 해.
    ② 比劫이 月支와 沖을 하는 해.


4) 자식의 근심이 많은 해
    ① 時柱를 沖하는 해.
    ② 時柱를 刑이나 沖하거나, 怨嗔殺이 올 때.
    ③ 나이가 든 여자는 傷官운이 올 때 자식 걱정이 생긴다.
    ④ 남자는 官殺 운에 자식 걱정한다.


5) 旺한 凶神이 入墓되면 사고가 생기거나 喪을 당하는데, 초년에 入墓
   되면 부모 喪, 중년이면 부인 喪을 당한다.

## 18. 언제 바람을 피우는가?

1) 桃花운에 바람을 피운다.
　그러나, 桃花殺이 刑이나 冲이 되면, 바람도 못피우고 말썽만 생긴다.
2) 食傷운에도 바람을 피우는데 食傷은 性을 의미하기 때문이다.


(1) 남편이 본인 몰래 자식을 두 명이나 두었답니다

(분당 거주)

| 70 | 60 | 50 | 40 | 30 | 20 | 10 | | 時柱 | 日柱 | 月柱 | 年柱 | |
|----|----|----|----|----|----|----|---|----|----|----|----|---|
| 丁 | 戊 | 己 | 庚 | 辛 | 壬 | 癸 | 大 | 戊 | 乙 | 甲 | 乙 | 남 |
| 丑 | 寅 | 卯 | 辰 | 巳 | 午 | 未 | 運 | 寅 | 丑 | 申 | 巳 | 자 |

– 癸巳年 초여름에 본 부인이 가지고 온 40대 말의 남자 사주다.

– 사주의 구조는, 뱀띠 해의 초가을에 자신을 나타내는 글자를 꽃나무
　에 비유해 해석하는 乙木으로 태어나 약간 신약한 사주로, 태어난 계
　절이 초가을이라 시원해지기 시작하고, 丑土도 있어서 습하며, 신약
　하므로 자신의 힘을 북돋아 주는 木이 용신이고, 꽃나무는 火를 보아
　꽃이 피어야 아름다울 뿐만 아니라 한기를 없애야 하므로 火가 藥神
　겸 길신이고, 土가 흉신이며, 木을 극하는 金이 病神(병신)이다.

– 남자 사주에 土가 부인인데, 이 사주에는 日支에 丑土가 있고, 時上
　에 戊土가 있는데, 丑土는 토질이 나쁜 자갈땅인데다 한기를 품고 있
　어서 싫어하게 되고, 戊土는 마른 土인 데다가 木의 뿌리역할을 하는
　寅木에 長生을 하고 있어서 丑土보다는 戊土 예쁘게 보인다.


•••••

필자 : 사주를 보시려고 오셨습니까?
고객 : 선생님, 제 남편 사주 좀 봐주세요?

필자: 남편의 생년월일과 출생시간을 말씀해주세요?
고객: 몇 년, 몇 월, 몇 일생이고, 태어난 시간은 새벽 4시에서 5시경이라
　　　고 합니다.


필자: 남편은 성격이 착하고 부드러운 분이시네요?
고객: 예. 마음씨가 착합니다.


필자: 그런데, 남편 사주에는 부인이 두 명인데, 본 부인인 丑土와는 성격
　　　이 안 맞겠고, 두 번째 부인이거나 애인인 대문 밖에 있는 戊土 여자
　　　한테 관심을 갖게 될 것입니다.
고객: 남편이 바람둥이인가 봐주세요?


필자: 남편 사주에 桃花殺이 없어서 바람둥이라고까지는 말씀드릴 수 없지
　　　만, 여자가 두 명이라서 두 여자를 만날 운명입니다.
　　　두 번째 만날 여자는 남편나이 40세부터 오는 大運에서 여자로 해석
　　　하는 辰土가 들어왔으므로 이 시기에 다른 여자를 만나게 됩니다.
　　　혹시, 남편이 바람을 피우셨습니까 ?
고객: 남편이 40세경에 나이가 무척 어린 딸 같은 여자를 만나서 저 몰래
　　　아이를 두 명이나 낳았다고 합니다.


필자: 그러세요?
　　　그 여자는 지금 몇 살이나 됩니까?
고객: 남편하고 나이 차이가 20년도 더 되니까, 여자 나이는 겨우 20대 중
　　　반입니다.


필자: 그 여자 나이 몇 살 때 만났답니까?
고객: 그 여자 나이 18살인가 19살 때 만났다고 합니다.


필자: 이혼은 안하셨습니까?
고객: 고등학교에 다니는 우리 아이들이 두 명이나 있고, 이혼을 해달라고

해도 해주지 않습니다.

그리고, 저가 주부로만 생활을 해 와서 아무런 생계대책도 없기 때문에 사실은 저도 강력하게 주장을 못하고 있습니다.

필자 : 고통이 심하시겠습니다.

고객 : 지금은 거의 포기한 상태입니다.

필자 : 그러면, 남편하고 부부관계는 하고 삽니까?

고객 : 남편은 변함없이 성생을 하자고 합니다만 저는 관심이 없어졌습니다. 저는 앞으로 어떻게 하는 것이 좋을 것 같습니까?

필자 : 이혼말씀입니까?

고객 : 예.

필자 : 굉장히 어려운 문제네요?

이혼을 하시려면 생계대책이 있어야 하는데요?

고객 : ..........

## 19. 바람을 피우다가 언제 들통이 나는가?

1) 남자가 바람을 피우면, 正財 年은 그냥 넘어가지만 偏財年이 오면 들통이 난다.

2) 남자는 財星이 沖을 하거나 刑을 하면 들통난다.

3) 여자는 官운이 오면 들통난다.

## 20. 출생시간 잡는 법?

1) 出生時間을 전혀 모를 경우는?

나이를 먹은 사람들은 출생시간을 모르는 경우가 많기 때문에 난감할 때가 많다.

출생시간을 전혀 모를 때는 알 수 있는 방법이 없기 때문에 시간을 특 정지을 수가 없으므로 사주의 구조와 대운의 흐름을 보고 당사자에게 문진을 해서 판단을 내려야 한다.


2) 出生時間이 이 時間인지 저 時間인지 모를 경우는?
　　① 당사자의 성격을 보고 판단해야 한다.
　　② 당사자의 육친관계 즉, 부부관계, 자식관계, 부모관계, 형제관계
　　　 등을 물어봐서 판단해야 한다.
　　③ 刑이나, 沖, 刑 등 殺로 인하여 성격이 나타날 수도 있고, 직업도
　　　 나타날 수가 있으며, 부부관계나 가족관계가 나타날 수가 있기
　　　 때문에 어떤 殺이 형성되는지를 살펴서 時를 잡아야 한다.


　(1) 초등학생들 소풍갈 시간에 자신을 낳았다고 합니다

(분당 거주)

| 69 | 59 | 49 | 39 | 29 | 19 | 9 | | 時柱 | 日柱 | 月柱 | 年柱 | |
|----|----|----|----|----|----|----|---|------|------|------|------|---|
| 癸 | 壬 | 辛 | 庚 | 己 | 戊 | 丁 | 大 | 乙 | 戊 | 丙 | 乙 | 坤 |
| 巳 | 辰 | 卯 | 寅 | 丑 | 子 | 亥 | 運 | 卯 | 戌 | 戌 | 巳 | 命 |

- 이 女命은 양력으로 65년 10월 11일 생으로, 丙申年에 52세로 시골에서 출생을 했다고 하며, 어머님께서 알려주시기를 자신을 아이들 소풍갈 시간쯤에 낳았다고 말했다.


- 그 당시 해 뜨는 시간이 아침 6시 33분 경이었고, 시골이라서 집에서 학교까지의 거리가 멀기 때문에 도시보다 일찍 학교에 등교해야 한다는 점을 생각해야 한다.


- 이 사주의 구조를 살펴보면, 뱀띠 늦가을에 큰 산으로 해석하는 戊土로 태어나 신강하고, 건조하므로 水가 가장 필요함에도 水가 없기 때문에 木을 용신으로 쓰고 水를 길신으로 쓰며, 火와 土는 흉신이다.

- 이 女命의 첫 남자는 年上에 乙木인데, 사주에 水가 巳火 불에 탔고,
  巳火와 日支 戌土가 邪術鬼門殺을 형상하므로 결혼이 성립할 수 없
  고, 본 남편은 時柱의 乙木이다.

- 이 사주가 만약 辰時라면 日支 戌土와 辰戌沖을 해서 깨졌으므로 이
  별했을 것인데, 당사자는 남편과 잘 지내고 있다고 했다.
  辰時가 아니고 卯時라면 卯木이 桃花이므로 남편이 잘생겼을 것이
  고, 바람기가 있을 것이라고 했더니 남편이 바람을 피우는 것을 몇
  번 잡았다고 했다.

- 성격은 乙卯 時가 되면 正官이므로 성격이 정직하고, 정직하다 못해
  고지식할 것이라고 했더니 맞다고 했다.
- 또한 卯時가 틀림이 없기 때문에 乙卯 木인 남편이 잘 자라야 잘 살
  것인데, 대운이 水운에서 木운으로 흘렀기 때문에 잘 살 것이라고 했
  더니 그것도 맞다고 했다.

- 그런데 乙木 남편에 대한 이 女命의 생각은 어떨까?
  좋으면서도 불만이다.
  왜냐하면, 자신은 큰 산이라서 큰 나무를 길러야 하는데, 자기 사주
  속에 있는 꽃나무라서 자신의 눈높이에 맞지 않는 남편이 이 여인의
  현재 남편이다.

- 건강으로는 이 사주에 水가 없고, 金이 녹았으므로 비뇨기가 약할 것
  이고, 호흡기도 약할 것이라고 했더니 방광이 약해서 치료를 받았다
  고 했다.
- 이로써 틀림없는 卯時다.

## 21. 남, 녀 모두 日干이 丁壬合을 이루면 색을 밝힌다

### 1) 丁일간이나 壬일간이 여러번 合을 하면 색을 밝힌다

(종로구 거주)

| 64 | 54 | 44 | 34 | 24 | 14 | 4 | | 時柱 | 日柱 | 月柱 | 年柱 | |
|---|---|---|---|---|---|---|---|---|---|---|---|---|
| 己 | 庚 | 辛 | 壬 | 癸 | 甲 | 乙 | 大 | 丁 | 壬 | 丙 | 丙 | 坤 |
| 丑 | 寅 | 卯 | 辰 | 巳 | 午 | 未 | 運 | 未 | 子 | 申 | 午 | 命 |

- 말띠 해의 초가을에 자신을 나타내는 글자를 강물에 비유해 해석하는 壬水로 태어나 도와주는 세력이 약하므로 신약한 사주다.

- 초가을에 태어난 壬水 日干이 火가 많아서 신약하므로 金이 용신이고, 水가 길신, 火가 병신이며, 土가 흉신이고, 운에서 오는 木이 흉신이다.
- 이 女命은 火가 病神이므로 6살 때 부친이 돌아가셔서 집안 경제가 어려웠었다고 하며, 역시 초년 운에서 病神운인 火운이 왔었으므로 그 사실을 확인 할 수가 있다.

- 日干이 壬水이거나 丁火이거나 간에 丁壬合을 여러번 하면면 색을 밝히는데, 이 女命은 자신이 색을 밝힌다고는 말하지 않았지만 남편하고 스킨쉽을 자주하고 싶은데, 그렇지 못해서 불만이라고만 했는데, 필자가 판단하기는 日干인 壬水가 여러 번에 걸쳐서 明暗合을 하므로 바람을 필 수 있는 사주로 진단했다.

### 2) 丁일간이나 壬일간이 여러번 合을 하면 색을 밝힌다

(판교 거주)

| 63 | 53 | 43 | 33 | 23 | 13 | 3 | | 時柱 | 日柱 | 月柱 | 年柱 | |
|---|---|---|---|---|---|---|---|---|---|---|---|---|
| 甲 | 癸 | 壬 | 辛 | 庚 | 己 | 戊 | 大 | 庚 | 壬 | 丁 | 丁 | 坤 |
| 寅 | 丑 | 子 | 亥 | 戌 | 酉 | 申 | 運 | 戌 | 寅 | 未 | 酉 | 命 |

- 닭띠 해의 늦여름에 자신을 나타내는 글자를 강물에 비유해서 해석하
  는 壬水로 태어나 火가 많고 도와주는 세력이 약하므로 신약한 사주다.
- 日干이 여러 번 丁壬合을 이루면 색을 밝히는데, 이 女命은 남편하고
  이별을 한 후 나이가 60이 되어도 남자와 성생활이 하고 싶어서 혼자
  서는 살 수가 없다고 말한다.

- 여러 번의 선을 통해서 남자를 찾고 있는 중인데, 애초에 官星이 흉신
  이므로 딱히 자기 입맛에 맞는 남자를 찾지 못해서 애를 태우고 있다.

3) 丁일간이나 壬일간이 여러번 合을 하면 색을 밝힌다

(성동구 거주)

| 70 | 60 | 50 | 40 | 30 | 20 | 10 | | 時柱 | 日柱 | 月柱 | 年柱 | |
|----|----|----|----|----|----|----|---|----|----|----|----|---|
| 丙 | 丁 | 戊 | 己 | 庚 | 辛 | 壬 | 大 | 丁 | 壬 | 癸 | 丁 | 乾 |
| 午 | 未 | 申 | 酉 | 戌 | 亥 | 子 | 運 | 未 | 子 | 丑 | 酉 | 命 |

- 이 男命은 火를 용신으로 쓰므로 성동구에서 아이티 사업을 하고 있
  는 사업가다.

- 닭띠 해의 늦여름에 자신을 나타내는 글자를 강물에 비유해서 해석하
  는 壬水로 태어나 火가 많고 도와주는 세력이강하므로 신강한 사주
  라서 이 사주를 자연현상에 빗대어 설명한다면 겨울 눈보라가 강하
  게 내리치고 있는 형상이므로 매우 춥다.
  따라서, 火가 용신이고, 운에서 오는 木이 길신이며, 水가 병신이고,
  未土가 약신이며, 金이 흉신이다.

- 比劫이 病神이므로 형제와 인연이 없고, 印星인 金이 흉신이므로 모
  친과 인연이 없는데 본인이 어머니와 맞지 않다고 증명했으며, 부친
  이 丁癸沖을 맞아서 인연이 없기 때문에 부친이 일찍 돌아가실 수 있
  는데, 실제로 일찍 돌아가셨다고 한다.

- 年上의 丁火가 부친이기도 하지만 여자에 해당하는데 壬水 일간이 여러번 丁壬合을 하므로 일찍부터 수많은 여자와 인연을 맺었었다고 말했다.

## 22. 年과 月上에서 여러 번 丁壬合을 하면 祖父가 妾을 얻거나 재혼한다

(수지 거주)

| 63 | 53 | 43 | 33 | 23 | 13 | 3 | | 時柱 | 日柱 | 月柱 | 年柱 | |
|----|----|----|----|----|----|---|---|----|----|----|----|---|
| 己 | 戊 | 丁 | 丙 | 乙 | 甲 | 癸 | 大 | 壬 | 庚 | 壬 | 丁 | 坤 |
| 未 | 午 | 巳 | 辰 | 卯 | 寅 | 丑 | 運 | 午 | 辰 | 子 | 亥 | 命 |

- 사주의 구조는, 돼지띠 해의 한 겨울에 자신을 나타내는 글자를 무쇠金에 비유해 해석하는 庚金으로 태어나 도와주는 세력이 약하므로 신약한 사주다.

- 한겨울에 태어난 庚金이 辰土의 生을 받고 있으므로 日干으로서의 자기 기능을 하고 있으므로 신약하고, 傷官 月에 태어났고, 傷官에 뿌리를 둔 食神이 干上에 나타나 있어서 食神格으로 보이나, 사실은 이 食神이 病神 역할을 하기 때문에 傷官格이라고 하고, 金水傷官格은 반드시 火가 필요하기 때문에 火가 용신이고, 운에서 오는 木이 길신이며, 金이 흉신이고, 濕土도 흉신이다.

- 年上의 丁火와 月上의 壬水가 丁壬合을 하고 있는데, 여러 번에 걸쳐서 丁壬合을 하고 있는데, 年에 있는 丁火는 官星으로 남자이기도 하지만 조상 궁이므로 祖父로 해석하는데 조상이 부정지합을 어려 번 한 꼴이 되므로, 필자의 경험으로는 약 70%가 祖父가 妾을 얻는 경우였는데, 이女命의 祖父는 4명의 妾을 얻었다고 한다.
그 원인은, 年支에 亥水 속에 들어있는 壬水와 丁壬合을 했고, 月上의 壬水와 丁壬合, 月支 子중 壬水와 丁壬合, 時上의 壬水와 丁壬合을 해서 도합 4번이다.

- 또한 丁火가 官星으로 남자인데, 이 남자는 여러번 丁壬合을 하므로
  천하의 바람둥이 일 가능성이 매우 높으나, 이 女命과 연애를 하다가
  결혼 전에 헤어졌기 때문에 확인할 수가 없다.
  따라서, 이 女命의 남편은 時支의 午火다.

- 이 女命의 자식관계를 보면 자식이 病神으로 속을 썩일 것이 분명한데,
  큰 딸이 42살인데 아직 미혼이고, 큰 아들이 40살에야 결혼을 했고, 둘
  째 아들은 38살인데, 아직 결혼을 하지 않아서 고민이라고 했다.

## 23. 남자 사주에서 官星이 病神이 되면 자식과 불화한다

(용산 거주)

| 63 | 53 | 43 | 33 | 23 | 13 | 3 | | 時柱 | 日柱 | 月柱 | 年柱 | |
|----|----|----|----|----|----|---|---|------|------|------|------|---|
| 乙 | 甲 | 癸 | 壬 | 辛 | 庚 | 己 | 大 | 己 | 壬 | 戊 | 庚 | 乾 |
| 酉 | 申 | 未 | 午 | 巳 | 辰 | 卯 | 運 | 酉 | 辰 | 寅 | 寅 | 命 |

- 사주의 구조는, 범띠 해의 초봄에 자신을 나타내는 글자를 강물에 비유
  해 해석하는 壬水로 태어나 도와주는 세력이 약하므로 신약한 사주다.

- 초봄에 태어난 壬水가 약간 신약하지만 태어난 계절이 초봄이라서
  기온이 낮으므로 火가 용신이고, 木이 길신이며, 金과 水는 흉신이
  고, 土는 너무 많아서 病神이다.

- 남자 사주에서 官星이 자식인데, 자식인 官星이 病神이 되면 자식과
  불화를 겪는데, 특히 아들과는 그 정도가 심하다.
  그 이유는 아들은 혈통으로 보는데, 官星을 혈통으로 보기 때문이다.

- 이 사주는 부인이 가지고 온 것으로 남편과 자식이 싸우기 때문에 아
  들이 결혼하기 전부터 따로 살고 있다고 한다.

**24.** 자기 사주에 印星이 없으면 엄마와 인연이 멀거나 반대로 엄마한테
　　　의지하려 한다

(잠실 거주)

| 66 | 56 | 46 | 36 | 26 | 16 | 6 | | 時柱 | 日柱 | 月柱 | 年柱 | |
|----|----|----|----|----|----|----|----|----|----|----|----|----|
| 庚 | 己 | 戊 | 丁 | 丙 | 乙 | 甲 | 大 | 戊 | 丙 | 癸 | 壬 | 乾 |
| 申 | 未 | 午 | 巳 | 辰 | 卯 | 寅 | 運 | 戌 | 午 | 丑 | 戌 | 命 |

— 사주의 구조는, 개띠 해의 늦겨울에 자신을 나타내는 글자를 태양 불
에 비유해서 해석하는 丙火로 태어나 도와주는 세력이 약하므로 신
약한 사주다.

— 늦겨울에 태어난 丙火가 신약하므로 열양이 낮고, 干上에 壬, 癸水가
많아 더욱 신약해졌으므로 매우 추우므로 火가 용신이고, 운에서 오
는 木이 길신이며, 水는 病神이고, 乾土는 일부 藥神이 되어주지만
濕土는 흉신이이며, 운에서 金이 오면 흉신이다.

— 이 사주처럼 火가 신약하기 때문에 印星인 木이 절실하게 필요한데
나타나지 않았는데, 어떤 경우는 엄마와 인연이 없는 경우도 있지만,
이 사주의 경우는 木이 있어야 水와 火 사이를 通關도 시켜주고, 너
무 많이 있는 土를 눌러줄 수 있기 때문에 木이 절실히 필요한데 없
는 경우라서 이 男命은 마마보이와 같다.

— 이 사주가 마마보이라는 것을 모친이 증명한 것으로, 이 男命은 무엇
이든지 엄마한테 의하면서 살아간다고 한다.

## 25. 年이나 月에 財星이 있으면, 부모가 부자이거나 상속을 받는다

### 1) 年이나 月에 財星이 있으면, 부모가 부자다

(신림동 거주)

| 69 | 59 | 49 | 39 | 29 | 19 | 9 | 大 | | 時柱 | 日柱 | 月柱 | 年柱 | |
|---|---|---|---|---|---|---|---|---|---|---|---|---|---|
| 庚 | 己 | 戊 | 丁 | 丙 | 乙 | 甲 | 運 | | 壬 | 辛 | 癸 | 壬 | 남 |
| 戌 | 酉 | 申 | 未 | 午 | 巳 | 辰 | | | 辰 | 卯 | 卯 | 戌 | 자 |

- 부인이 가지고 온 남편 사주다.
- 사주의 구조는, 개띠 해의 한봄에 자신을 나타내는 글자를 보석에 비유해 해석하는 辛金으로 태어나 도와주는 세력으로 辰土와 戌土가 있으므로 신약한 사주다.
  따라서, 金이 가장 필요하고, 그 다음 土가 필요하며, 水와 木은 흉신이다.

- 원래가 보석은 火를 좋아하지 않으나, 이 사주에는 水가 많아서 습하므로 약간의 火는 괜찮지만, 강한 火는 싫어한다.

- 또, 남자 사주에 돈과 부인 그리고 아버지를 나타내는 財星인 木이 강해서 흉신이 되면, 일반적으로 해석할 때는 돈 복도 없고, 아버지 木도 없 고, 마누라 복도 없다고 해석을 하게 되는데, 돈 만큼은 다른 각도에서 봐야한다.

  즉, 여자가 필요이상으로 많아서 강해지면, 공처가가 되지만, 아버지가 강하다는 것은 아버지가 능력이 많다는 의미이므로 돈이 많은 것과 같기 때문에 유산상속을 받을 수 있다.
  따라서, 이 사주처럼 자기의 운이 약해도 아버지가 부자이기 때문에 내년(乙未年)에 妻와 두 명의 자식을 데리고 유학을 하려고 한다.
  또, 유학을 결심하게 된 이유 중에는 甲午年 歲運에서 강한 火가 들어와서 직장에 실증이 나기 때문이다.

- 그리고, 부인을 나타내는 財星이 강하므로 자기보다 더 잘난 부인을
  만나서 기죽어 살게 되는데, 이 命主도 잘난 의사 부인을 만나서 기
  죽어 살고 있다.

2) 年이나 月에 財星이 있어서 친정 아버지가 갑부였다

(잠실 거주)

| 70 | 60 | 50 | 40 | 30 | 20 | 10 | | 時柱 | 日柱 | 月柱 | 年柱 | |
|----|----|----|----|----|----|----|----|----|----|----|----|----|
| 癸 | 甲 | 乙 | 丙 | 丁 | 戊 | 己 | 大 | 乙 | 癸 | 庚 | 甲 | 坤 |
| 亥 | 子 | 丑 | 寅 | 卯 | 辰 | 巳 | 運 | 卯 | 亥 | 午 | 午 | 命 |

- 말띠 해의 한 여름에 癸水로 태어나 日支에 亥水에 의지하고, 月上의
  庚金이 도와주고 있으나 태어난 계절이 여름인데다가 木과 火가 많
  아 매우 신약한 사주로, 水가 용신이고, 金이 길신이며, 火가 丙神이
  므로 水는 약신도 겸하며, 木이 흉신이고, 운에서 오는 濕土는 길신
  이지만 乾土가 오면 흉신이다.

- 대부분의 경우 用神과 吉神으로 吉凶을 논하게 되는데, 그렇지만은
  않다.
  설령, 財星이 病神이라 하더라도 月에 있을 경우는 月은 부모 궁이므
  로 부모가 부자인데, 이 사주의 경우도 午火가 病神인데다가 午午自
  刑을 하고 있어서 財多身弱과 같으므로 부모가 도움이 안 된다고 감
  명할 것이다.

- 그러나 전혀 그렇지 않다.
  이 命主한테는 財星이 病神이고 自刑을 하므로 주식을 해서 큰 손실을
  봤지만, 친정 아버지가 고위 공직자였고 큰 부자라서 많은 돈을 유산
  으로 받았으며, 그 돈으로 남편이 사업을 일으켜 준 재벌이 되었다.

- 그러나, 官星이 病神인 午火 속에 들어있어서 흉신이고, 食神인 乙木
  과 傷官인 甲木이 발달해 있어서 木剋土로 官星을 剋하므로 남편과

의 관계는 좋다고 평할 수 없다.

또한 傷官인 甲木이 死地 위에 앉아있어서 여러 번 유산을 시켰다고
한다.


3) 年에 財星이 있어서, 부모로부터 상속 받을 재산이 있다

(송파동 거주)

| 61 | 51 | 41 | 31 | 21 | 11 | 1 | | 時柱 | 日柱 | 月柱 | 年柱 | |
|----|----|----|----|----|----|----|----|----|----|----|----|----|
| 戊 | 丁 | 丙 | 乙 | 甲 | 癸 | 壬 | 大 | 甲 | 甲 | 辛 | 辛 | 坤 |
| 戌 | 酉 | 申 | 未 | 午 | 巳 | 辰 | 運 | 子 | 子 | 卯 | 丑 | 命 |

– 사주의 구조는, 토끼 띠 해의 한 봄에 자신을 나타내는 글자를 큰 나
  무에 비유해 해석하는 甲木으로 태어나 도와주는 세력이 많으므로
  신강한 사주다.
  따라서, 土가 용신이고, 火가 길신이며, 金, 水, 木은 흉신이다.


– 나무는 기본적으로 火를 봐야 좋고, 나무에서 볼 때 火가 있어야 꽃이
  피어 있는 것으로 보기 때문에 더욱 좋으며, 이 사주처럼 신강하고 습
  한 사주는 火가 필수인데, 없기 때문에 능력이 없다고 봐야 한다.
– 이 사주에는 金이 남편인데, 木을 다룰 수 없는 金이므로 능력이 없
  는 남편인데, 年柱의 辛金 남편은 丑土에 앉아있으므로 녹이 쓴 상
  태이고, 月上의 辛金은 桃花 卯木 위에 앉자있어서 바람을 피울 수
  있는 남자이면서 이 남자 역시 능력이 없는 남자다.


– 또한, 日支 남편 궁에 子水가 子子自刑을 하고 있고, 子卯刑을 하고
  있으므로 이 女命은 이혼 할 수 있는 조건을 모두 갖추고 있는 상태
  에서 1999 己卯年에 日支 남편 궁과 子卯刑을 하면서 木이 더욱 왕
  해져서 남편인 金에 반항하므로 이혼하였다.


– 年支에 丑土가 있는데, 丑土는 財星이라서 아버지이므로 비록 丑土
  이긴 하지만 年이나 月에 財星이 있으면 부모로부터 물려받을 재산

이 있는데, 이 女命도 물려받을 재산이 많다고 한다.
그 시기는 61 戊戌대운이 오면 실행이 될 것으로 본다.


26. 사주에 巳申刑殺을 갖고 있고, 懸針殺과 鐵鎖開金殺을 갖고 있어서
마약을 취급한다

(인천 거주)

| 63 | 53 | 43 | 33 | 23 | 13 | 3 | | 時柱 | 日柱 | 月柱 | 年柱 | |
|---|---|---|---|---|---|---|---|---|---|---|---|---|
| 甲 | 乙 | 丙 | 丁 | 戊 | 己 | 庚 | 大 | 戊 | 丁 | 辛 | 癸 | 乾 |
| 寅 | 卯 | 辰 | 巳 | 午 | 未 | 申 | 運 | 申 | 巳 | 酉 | 丑 | 命 |

- 사주의 구조는, 소띠 해의 한 가을에 자신을 나타내는 글자를 인공
불에 비유해 해석하는 丁火로 태어나 도와주는 세력이 약하므로 신
약한 사주이므로 火가 약신 겸 용신이고, 운에서 오는 木이 길신이
며, 金이 病神, 水가 흉신이다.


- 사주에 금이 여기 저기 널려있으므로 모두가 돈과 여자로 착각하지만
사주가 신약해서 돈을 다룰 수 없기 때문에 그림의 떡이고 재혼 팔자
인데, 이 命主는 2013년에 歲運에서 온 巳火와 財星인 金과 巳酉丑
을 하면서 巳申刑도 작용하므로 이혼한 후 2014년에 재혼을 하였다.


- 사주에 印星으로 공부인 木이 없는데, 이런 경우 엄마와 인연이 멀거
나, 반대로 엄마를 찾게 되고, 그렇지 않으면 공부에 지장을 주므로
학력이 짧은데, 이 命主는 학력이 짧다.


- 이 사주에 나타나 있는 財星인 金이 懸針殺도 되고 鐵鎖開金殺도 되
는데, 이럴 경우 사주가 좋고 고등학교 다닐 때 운이 좋았다면 의사
가 될 수도 있으나. 이 男命은 학력이 짧아서 의료계와 인연이 없는
대신 마약에 손을 댔다가 巳申刑殺이 작용하는 2013년에 刑을 살고
나왔다고 한다.

27. 여자 사주에 **比劫**이 많고 **官星**이 하나뿐이면, 남편이 잘생겼고
　　바람둥이다

(가락동 거주)

| 63 | 53 | 43 | 33 | 23 | 13 | 3 | | 時柱 | 日柱 | 月柱 | 年柱 | |
|---|---|---|---|---|---|---|---|---|---|---|---|---|
| 戊 | 己 | 庚 | 辛 | 壬 | 癸 | 甲 | 大 | 癸 | 己 | 乙 | 戊 | 坤 |
| 午 | 未 | 申 | 酉 | 戌 | 亥 | 子 | 運 | 酉 | 丑 | 丑 | 申 | 命 |

- 사주의 구조는, 원숭이 띠 해의 늦 겨울에 자신을 나타내는 글자를
  야산의 흙에 비유해 해석하는 己土로 태어나 도와주는 세력이 많으
  므로 신강한 사주이나, 겨울 생이라서 기본적으로 추운데다가 酉金
  과 丑土가 合을해서 酉丑金局이 되어 더욱 춥게 하므로 火가 용신이
  나 없기 때문에 木이 용신이며, 火가 길신이며, 金과 水가 흉신이고,
  乾土는 길신이나, 濕土는 흉신이다.

- 이 여자의 사주에 남편인 官星이 乙木인데, 이 乙木 남편이 이 환경
  에서 성장을 잘 할 수 있겠는가를 먼저 봐야한다.
  즉, 乙木 입장에서 보면 겨울이라 춥고, 干上에는 戊土와 己土가 있
  고, 地支에 濕土가 2개가 더 있어서 도합 4개로, 이렇게 되면 여자와
  돈에 둘러 쌓여 있는 남자라서 바람둥이고, 능력이 없는 남자다.

- 그런데, 이 여자의 입장에서 보면 이 乙木이 없으면 아무짝에도 쓸모
  없는 겨울 산이고 민둥산이므로 이 乙木이 소중하다.

- 이런 사주의 환경 속에서 자기의 대운에서 金운으로 전개 되어 金克
  木을 하므로 되는 일이 하나도 없고, 남편과 갈등을 일으킨다.
  따라서, 乙未年에 丑未沖하므로 이별 수가 와서 서로가 이혼을 하자
  고 했으나 이혼을 하지 않고 丙申年에 남편이 짐을 싸들고 집을 나갔
  다고 한다.

- 이렇게 比劫이 왕하고 官星이 하나뿐이면 남편이 잘생겼는데, 실제로

이 남편의 사진을 보니까 잘생겼었다.
또한, 남편의 사주를 보니까 日干이 여러 번 부정지합을 하므로 바람
둥이가 분명했다.


- 이 여자의 입장에서 보면, 乙木이 남편이면서 용신이므로 이 乙木이
 없어지면 안 되기 때문에 설령 남편이 바람둥이라고 해도 돌아오기
 만을 간절히 바라면서 눈물을 흘렸다.


그러면 위 여자의 바람둥이 남편 사주를 보자.

(가락동 거주)

| 70 | 60 | 50 | 40 | 30 | 20 | 10 | | 時柱 | 日柱 | 月柱 | 年柱 | |
|---|---|---|---|---|---|---|---|---|---|---|---|---|
| 己 | 庚 | 辛 | 壬 | 癸 | 甲 | 乙 | 大 | 丁 | 壬 | 丙 | 丁 | 乾 |
| 亥 | 子 | 丑 | 寅 | 卯 | 辰 | 巳 | 運 | 未 | 申 | 午 | 未 | 命 |

- 이런 유형의 사주의 丁壬合부분에서 설명을 한 바 있다.


- 사주의 구조는, 양띠 해의 한여름에 자신을 나타내는 글자를 강물에
 비유해 해석하는 壬水로 태어나 火가 너무 많고 日干을 도와주는 세
 력이 약하므로 매우 신약한 사주로 金이 용신이고, 火가 病神이므로
 水가 약신이며, 土는 흉신이나, 운에서 오는 濕土는 길신이고, 운에
 서 木이 와도 흉신이다.


- 日干인 壬水가 年上의 丁火와 丁壬合을 하고, 月上의 丙火와는 剋을
 하며, 時上의 丁火와도 丁壬合을 하고 있어서 결론은 여러 여자와 合
 을 하는 형국이다.
 또한, 月上의 丙火는 桃花殺인 午火 위에 앉아있어서 유흥업소의 여
 자와 인연이다.
- 이런 구조를 갖고 있으면, 반드시 바람둥이고, 또 남자사주에 財星이
 많으면 자신이 잘 생겼다.

## 28. 食傷이 많으면 祖母가 두 분이다

| 64 | 54 | 44 | 34 | 24 | 14 | 4 | | 時柱 | 日柱 | 月柱 | 年柱 | |
|---|---|---|---|---|---|---|---|---|---|---|---|---|
| 戊 | 丁 | 丙 | 乙 | 甲 | 癸 | 壬 | 大 | 己 | 己 | 辛 | 癸 | 坤 |
| 辰 | 卯 | 寅 | 丑 | 子 | 亥 | 戌 | 運 | 巳 | 酉 | 酉 | 酉 | 命 |

- 사주의 구조는, 닭띠 해의 한가을에 자신을 나타내는 글자를 야산의 흙에 비유해 해석하는 己土로 태어나 도와주는 세력이 약하므로 신약한 사주다.

- 한가을에 태어난 己土가 金이 너무 많아서 신약하므로 火가 용신이고, 土가 길신이며, 金이 병신, 水가 흉신이며, 운에서 오는 木도 흉신이다.

- 산에 나무(木)가 없어서 민둥산과 같으므로 남와 인연 맺기가 어려울 뿐만 아니라 운에서 남자(木)이 나타난다 해도 金이 木을 극하므로 木이 존재하기 어렵다.

- 또한, 용신인 巳火가 巳酉金局을 이루어 변질이 되어 나쁜데, 이렇게 사주 구조가 나쁘다 하더라도 대운이라도 좋아야 할 텐데 대운도 나쁘므로 24살인데도 직업이 없이 빈둥대기만 하면서 집에만 있으려고 하니까 鬼門殺 같은 나쁜 殺이 없는데도 불구하고 우울증을 치료받고 있다고 했다.

- 食神인 辛金과 酉金을 合하여 모두 4개이고, 印星인 巳火와 酉金이 합해져서 金이 만들어 지는데, 食傷은 자식에도 해당하지만 아직 미혼이므로 할머니로 해석해야 하는데, 이 사주의 경우는 조부가 妾을 얻어서 조모가 두 분이라고 한다.

- 이 사주에 食傷이 필요 이상으로 많고, 官星과는 인연이 없으므로 결혼

을 한 이후에 자식이 없거나, 또는 남의 자식을 키워줘야 할 운명이다.

## 29. 合. 沖. 刑은 큰 환경변화다

<table>
<tr><td colspan="7">66 56 46 36 26 16 6</td><td></td><td>時柱 日柱 月柱 年柱</td></tr>
<tr><td>己</td><td>戊</td><td>丁</td><td>丙</td><td>乙</td><td>甲</td><td>癸</td><td>大</td><td>丁 丁 壬 丁　坤</td></tr>
<tr><td>酉</td><td>申</td><td>未</td><td>午</td><td>巳</td><td>辰</td><td>卯</td><td>運</td><td>未 亥 寅 丑　命</td></tr>
</table>

- 사주의 구조는, 소띠 해의 초봄에 자신을 나타내는 글자를 인공 불에
  비유해 해석하는 丁火로 태어나 도와주는 세력이 약하지 않으나 이
  른 초봄이라서 기온이 낮으므로 신약한 사주와 같다.

- 초봄에 태어난 丁火가 생명체인 木(나무)을 길러야 하므로 더 많은
  열량이 필요하나 火氣가 약하므로 火가 용신이고, 木이 길신이며, 水
  가 병신이고, 운에서 오는 金이 흉신, 열토인 未土는 길신이지만 습
  토인 丑土는 흉신이다.
- 比劫을 용신으로 쓰는 사람들은 대체로 성실하고, 日干이 丁火라서
  마음씨가 여리고 착하며, 감성적이다.

- 甲辰 대운에 辰土가 습토라서 운이 좋지 않으나, 고등학교 때의 歲運
  이 좋고 성실하며, 용신을 火를 쓰는데 火는 시각적인 직업과 인연이
  라서 명문여대 미대에 입학하였으나, 丙申年이 오자 歲運의 地支의
  申金이 月支의 寅木과 寅申沖을 하므로 큰 변화가 일어났다.

- 사주에서 合. 沖. 刑은 주변 환경의 변화가 오는데, 그 해석은 육신론
  과 육친론을 중심으로 해서 변화 여부를 확인해야 하고, 또, 무슨 宮
  에 해 당하는가를 봐서 적정한 통변을 해야 한다.

- 歲運의 天干 丙火는 용신에 해당하므로 아무 문제가 없지만, 歲運 地
  支의 申金이 와서 寅申沖을 하므로 이 寅申沖이 어떤 변화를 일으키

는가를 살펴보면, 申金은 흉신인데다가 육친적으로는 아버지에 해당하고, 寅木은 모친에 해당하기 때문에 엄마와 아버지가 갈등을 일으켜 별거에 들어갔고, 자신에게는 月支를 沖을 하므로 변동 변화수가 생기게 되므로 부모와 떨어져서 혼자 살게 되었으며, 寅木은 印綬로 공부인데, 沖을 하므로 금년에 더 좋은 학교를 가기위해서 준비 중이라고 했다.

## 30. 여자 사주에 官星과 食傷이 合을 하거나 同柱하면 셋이서 결혼하고, 남자 사주에 財星과 官星이 同柱하면 셋이서 결혼한다

부인 사주

| 65 | 55 | 45 | 35 | 25 | 15 | 5 | | 時柱 | 日柱 | 月柱 | 年柱 | |
|---|---|---|---|---|---|---|---|---|---|---|---|---|
| 甲 | 癸 | 壬 | 辛 | 庚 | 己 | 戊 | 大 | 庚 | 癸 | 丁 | 丁 | 坤 |
| 寅 | 丑 | 子 | 亥 | 戌 | 酉 | 申 | 運 | 申 | 酉 | 未 | 卯 | 命 |

- 사주의 구조는, 토끼띠 해의 늦여름에 자신을 나타내는 글자를 여름비에 비유해 해석하는 癸水로 태어나 火가 많고, 도와주는 세력이 약하므로 신약한 사주다.

- 늦여름에는 기본적으로 덥고 건조하기 때문에 충분한 양의 癸水가 필요하나 火가 많아 신약하므로 金이 용신이고, 火가 病神이므로 水가 藥 길신이며, 木과 열토는 흉신이고, 운에서 오는 濕土가 길신이다.

- 대게 日干을 용신이나 길신으로 쓰는 사람들은 성실하고 착하나, 이 命主는 日干인 癸水가 丁火와 丁癸沖을 하므로 매우 예민하고 아이큐가 매우 높다.

- 사주에 현침살과 철쇄개금살이 많아 치과의사이며,

– 자식이면서 食傷인 卯木과 남편이면서 官星이 未土가 亥未合을 하므
로 임신을 한 체 丙申年에 딸을 낳았다.

남편의 사주

| 65 | 55 | 45 | 35 | 25 | 15 | 5 | | 時柱 | 日柱 | 月柱 | 年柱 | |
|----|----|----|----|----|----|---|---|----|----|----|----|---|
| 甲 | 癸 | 壬 | 辛 | 庚 | 己 | 戊 | 大 | 庚 | 癸 | 丁 | 丁 | 坤 |
| 寅 | 丑 | 子 | 亥 | 戌 | 酉 | 申 | 運 | 申 | 酉 | 未 | 卯 | 命 |

– 사주의 구조는, 소띠 해의 한여름에 자신을 나타내는 글자를 큰 산의
흙에 비유해서 해석하는 戊土로 태어나 土와 火가 많으므로 신강한
사주다.

– 한여름에는 기본적으로 덥고 건조하기 때문에 충분한 양의 水가 필
요하나 金도 없이 壬水 하나에 의지해야 하므로 水가 용신이고, 金이
길신이며, 土가 病神이고, 火가 흉신이며, 木이 한신이고, 濕土인 丑
土는 길신이다.

– 이 命主는 대기업에 종사하면서 의약품상을 겸업하고 있는데, 財星인
水가 필요하기 때문에 머지않아 전업 사업가로 나갈 것으로 예측한다.

– 이 사주에는 偏財인 壬水가 나타나 있고, 正財는 丑 중에 癸水인데,
年支에 암장해 있어서 나이가 많은 여자와 인연이거나 외국 여자와
인연인데, 이 命主의 말에 따르면, 실제로 나이 많은 여자와 몇 차례
인연을 맺었었다고 하며, 외국 여와도 1년여 사귄 적이 있다고 했다.

– 또한, 正財인 癸水가 丑土 속에 암장해 있으나, 官星인 乙木과 同柱
한 것과 마찬가지이므로 妻가 자식을 임신을 한 체로 결혼했다.

## 31. 日支 三合운이 오면 큰 변화가 생긴다

| 70 | 60 | 50 | 40 | 30 | 20 | 10 | | 時柱 | 日柱 | 月柱 | 年柱 | |
|---|---|---|---|---|---|---|---|---|---|---|---|---|
| 丙 | 丁 | 戊 | 己 | 庚 | 辛 | 壬 | 大 | 丁 | 壬 | 癸 | 丁 | 乾 |
| 午 | 未 | 申 | 酉 | 戌 | 亥 | 子 | 運 | 未 | 子 | 丑 | 酉 | 命 |

- 사주의 구조는, 닭띠 해의 늦겨울에 자신을 나타내는 글자를 강물에 비유해 해석하는 壬水로 태어나 金과 水가 많으므로 신강한 사주다.

- 늦겨울이지만 立春을 하루 앞두었기 때문에 그리 춥지는 않지만, 金과 水가 너무 많기 때문에 매우 기온이 낮으므로 火가 우선 필요하고, 木도 필요하나 없으며, 水가 病이므로 건토가 약신이지만 未土는 天干의 水를 제거하지 못하고 地支에 있는 子水만 극해주므로 제대로 된 藥神이 아니고 길신이라고 해야 하며, 丑土는 흉신이고, 金이 흉신이다.

- 이 命主는 천쇄개금살과 未土를 가지고 있어서 의사인데, 丙申年에 日支의 子水와 歲運에서 온 申金이 準 三合을 이루므로 이사나 이동수 같은 큰 변화가 오게 되는데, 병원 위치를 옮겨볼까? 아니면, 러브콜을 받은 주한 미군 군의관으로 가볼까? 해서 방문했다.

## 32. 官星과 財星이 허약한데 歲運에서 새로운 官星이 나타나 이혼했다

| 70 | 60 | 50 | 40 | 30 | 20 | 10 | | 時柱 | 日柱 | 月柱 | 年柱 | |
|---|---|---|---|---|---|---|---|---|---|---|---|---|
| 丁 | 戊 | 己 | 庚 | 辛 | 壬 | 癸 | 大 | 戊 | 戊 | 甲 | 壬 | 坤 |
| 酉 | 戌 | 亥 | 子 | 丑 | 寅 | 卯 | 運 | 午 | 午 | 辰 | 戌 | 命 |

- 乙未年 未月에 온 여성으로, 사주의 구조는, 개띠 해의 늦봄에 자신을 나타내는 글자를 큰 산의 흙에 비유해 해석하는 戊土로 태어나 도와주는 세력이많으므로 매우 신강한 사주다.

- 늦봄에 태어난 戊土가 火와 土가 많아서 신강하므로 상대적으로 財星
인 水와 官星인 木이 약하므로 木이 용신이고, 水가 길신이며, 운에
서 干上으로 오는 金은 용신인 甲木을 극하므로 흉신이고, 土가 病神
이고, 火가 흉신이며, 土가 病神이므로 官星인 木이 약신 기능을 해
야 마땅하지만, 이 사주의 구조로 봐서는 약신역할을 할 甲木이 沃土
인 辰土 위에 앉아 있긴 하지만 地支가 辰戌沖을 하므로 木도 불안하
고, 戌土 위에 앉아있는 壬水도 위태롭다.

- 30세 辛丑대운 乙未年에 대운에서 온 丑土가 壬水가 앉아있는 戌土
를 丑戌刑하고, 歲運에서 未土가 丑戌未三刑을 가중시키고, 歲運에
서 새로운 官星이 나타나므로 이혼했다.

  이런 경우, 甲午年이나 乙未年에 새로운 남자가 나타났을 것이라고
  추정 할 수도 있으나, 이 여성은 새로운 남자는 사귀지 않았다.


## 33. 孤鸞殺을 가진 美人이지만 남편 덕이 없는 팔자

| 65 | 55 | 45 | 35 | 25 | 15 | 5 | | | 時柱 | 日柱 | 月柱 | 年柱 | |
|----|----|----|----|----|----|----|---|---|------|------|------|------|---|
| 丁 | 丙 | 乙 | 甲 | 癸 | 壬 | 辛 | 大 | | 乙 | 乙 | 庚 | 丁 | 坤 |
| 巳 | 辰 | 卯 | 寅 | 丑 | 子 | 亥 | 運 | | 酉 | 巳 | 戌 | 卯 | 命 |

- 丙申年 申月에 온 여성으로, 사주의 구조는, 토끼띠 해의 늦가을에
자신을 나타내는 글자를 꽃나무에 비유해 해석하는 乙木으로 태어나
도와주는 세력이많지 않으므로 신약한 사주다.

- 늦가을에 태어난 乙木이 신약하므로 木이 용신이고, 水가 길신이며,
金이 病神이라 火가 약신이며, 土는 흉신이다.

- 늦가을에 태어난 乙木이므로 연약한 꽃나무인데, 時上에 丁火가 나
타나있고, 日支에 巳火가 있어 가을 국화꽃나무가 아름다운 꽃이 활

짝 피어있는 형상이라서 아름답고 향기가 있으며, 여자사주에 남성으로 해석하는 官星이 여러 개일 경우 대부분 인물이 좋은데, 이 여성도 사주학적으로 봐도 예쁘지만, 모친의 설명대로라면 미인임에 틀림이 없다.

- 이 사주는 乙巳일주로 밤에 외롭게 혼자 지낸다는 孤鸞殺 일주일뿐만 아니라 여자 사주에 남편으로 해석하는 官星이 病神이고, 더군다나 病神인 官星이 여러 개 일 경우 남편 덕이 없기 때문에 자기 마음에 든 이성을 만나기가 어려워 교제하기가 힘들고, 결혼을 한다 해도 쉽게 이혼할 수 있는 팔자라 이런 사주를 미인박명팔자라 한다.

- 丙申년에 남성과 교제를 시작하려고 궁합을 보려고 왔는데, 역시 자신의 사주에 남자 덕이 없기 때문에 부모의 마음에 전혀 들지 않는 남자라는 모친의 설명이다.

## 34. 군겁쟁재하고, 왕신충발하여 喪妻할 팔자

| 62 | 52 | 42 | 32 | 22 | 12 | 2 | | 時柱 | 日柱 | 月柱 | 年柱 | |
|----|----|----|----|----|----|----|---|----|----|----|----|---|
| 壬 | 辛 | 庚 | 己 | 戊 | 丁 | 丙 | 大 | 戊 | 甲 | 乙 | 戊 | 乾 |
| 戌 | 酉 | 申 | 未 | 午 | 巳 | 辰 | 運 | 辰 | 寅 | 卯 | 子 | 命 |

- 丙申年 申月에 온 남성으로, 사주의 구조는, 쥐띠 해의 중 봄에 자신을 나타내는 글자를 큰 나무에 비유해 해석하는 甲木으로 태어나 도와주는 세력이 많으므로 매우 신강한 사주다.

- 중 봄에 태어난 甲木이 木이 많아서 신강하므로 寅중의 丙火가 용신이고, 土가 길신이며, 木이 病神이고, 水가 흉신이며, 金이 약신이라 좋다고 해석하면 안 되는데, 이 사주의 구조로 봐서 봄에 왕성하게 자랄 木을 금이 와서 자르면 왕신충발하므로 큰 고통이 따른다.

- 이 사주에는 土가 부친이고, 妻이며, 돈인데, 태강한 木이 土를 극하

는 사주 구조를 가지고 있는 상태에서 年上의 戊土는 12운성으로 胎地인 子水 위에 앉아있어 허약하기 이를데없을 뿐만 아니라 子卯刑까지 하고 있어 위태롭고, 時上의 戊土는 濕土인 辰土 위에 앉아있어 강해보이나, 戊土의 뿌리인 辰土가 寅卯辰木局으로 변하므로 결국 時上의 戊土 역시 고립무원이라 재혼할 팔자다.

- 초년 辰 대운은 濕土 운이므로 약했고, 丁巳, 戊午, 己未대운이 火운과 土운이었으므로 좋았으며, 42세 庚申대운부터는 金木相爭을 하므로 나쁠 뿐만 아니라 歲運에서 申金이 오면 日支 妻宮에 있는 寅木과 寅申沖을  하는데, 45세 壬申年에 큰 일이 없었다는 고객의 진술인데, 필자로서는 이해가 안 되지만 어쩔 수 없는 일이다.

- 52 辛酉 대운에 月上의 乙卯 木을 天沖地沖하므로 흉액이 발생할 수 있는 운인데, 61세 戊子年에 子卯刑을 하므로 戊土운이 오면 年上의 戊土가 木剋土를 당하는데다가 地支 子水가 子卯刑을 하므로 결국 年上의 戊土가 없어지게 되기 때문에 喪妻를 했다고 한다.

- 62 壬戌대운에 두 번째 만날 수가 있으나, 歲運에서 戌土 운이 오면 辰戌沖을 하면 時上의 戊土가 또 없어질 수 있으므로 두 번 상처할 수 있는 운을 가진 사주다.

## 35. 성생활 할 때만 합방한단다

| 68 | 58 | 48 | 38 | 28 | 18 | 8 | | 時柱 | 日柱 | 月柱 | 年柱 | |
|----|----|----|----|----|----|----|----|----|----|----|----|----|
| 壬 | 癸 | 甲 | 乙 | 丙 | 丁 | 戊 | 大 | 辛 | 乙 | 己 | 壬 | 坤 |
| 寅 | 卯 | 辰 | 巳 | 午 | 未 | 申 | 運 | 巳 | 丑 | 酉 | 子 | 命 |

- 丙申年 申月에 온 여성으로, 사주의 구조는, 쥐띠 해의 한가을에 자신을  나타내는 글자를 꽃나무에 비유해 해석하는 乙木으로 태어나 도와주는 세력이 많지 않으므로 신약한 사주다.

- 한가을에 태어난 乙木이 신약한데, 신약하게 된 이유 중에서 가장 크게 약화시키는 인자가 土와 金으로, 火가 용신이고, 木이 길신이며, 金이 病神이고, 土가 흉신이며, 水도 기온을 차게 하므로 흉신이다.

- 金이 남편인데, 남편이 病神이면 부부관계가 아주 나쁘고, 日支 남편궁에라도 길신이 앉아있어야 좋은데, 丑土 흉신이 앉아있으므로 부부관계가 나쁠 정도를 지나 백년해로할 수 없을 것으로 보인다.

- 사주가 이렇게 생기면 고객의 얼굴에 근심이 생겨 그늘이 져야 맞는데, 이 고객의 얼굴에는 그늘이 전혀 없었다.
  그래서 필자가 고객의 남편 사주를 내 놓으라고 해서 봤더니 남편이 의사로 운이 좋아서 돈을 잘 벌고 있었다.

- 그러나, 남편이 아무리 돈을 잘 번다고 해도 부부관계가 원만치 않으므로 각방을 쓰면서 살 것으로 진단했는데, 이 고객의 설명은 각자 각방 생활을 하는 게 맞고, 단지 성생활 할 때만 합방을 한다고 대답했다.

남편 사주

| 62 | 52 | 42 | 32 | 22 | 12 | 2 |  |  | 時柱 | 日柱 | 月柱 | 年柱 |  |
|---|---|---|---|---|---|---|---|---|---|---|---|---|---|
| 癸 | 壬 | 辛 | 庚 | 己 | 戊 | 丁 | 大 |  | 丁 | 癸 | 丙 | 丙 | 乾 |
| 卯 | 寅 | 丑 | 子 | 亥 | 戌 | 酉 | 運 |  | 巳 | 亥 | 申 | 午 | 命 |

- 丙申年 申月에 부인이 가지고 온 남편 사주로, 사주의 구조는, 말띠 해의 초가을에 자신을 나타내는 글자를 가을 비에 비유해 해석하는 癸水로 태어나 火가 지나차게 많아서 도와주는 세력이 약하므로 재다신약 사주이므로 水가 용신이고, 金이 길신이며, 火가 病神이고, 운에서 木이 오면 흉신이다.

- 더군다나, 이 사주의 경우에는 日支 妻 궁에 있는 亥水와 財星인 巳

火가 巳亥沖까지 하고 있고, 財星인 火가 病神인데 어떻게 부부생활
을 영위할 수 있을 까하는 궁금증이 크다.
- 역시 사람들은 자기 사주의 인연에 따라서 끼리끼리 만난다는 것이
분명하다.


- 이 남편의 사주에서 52 寅 대운에 印星인 申金을 대운의 寅木과 寅申
沖을 하고, 歲運에서 申金이나 寅木이 와서 寅申沖, 寅巳申三刑을 이
루면서 寅午火局을 이루면 그 때는 부부이별 수가 생길 것이다.


## 36. 대운이 왕신충발하여 구속되었다

| 69 | 59 | 49 | 39 | 29 | 19 | 9 | | 時柱 | 日柱 | 月柱 | 年柱 | |
|----|----|----|----|----|----|----|----|----|----|----|----|----|
| 甲 | 癸 | 壬 | 辛 | 庚 | 己 | 戊 | 大 | 己 | 乙 | 丁 | 甲 | 乾 |
| 戌 | 酉 | 申 | 未 | 午 | 巳 | 辰 | 運 | 卯 | 丑 | 卯 | 午 | 命 |

- 丙申年 申月에 부인이 가지고 온 남편사주로, 사주의 구조는, 말띠
해의 중봄에 자신을 나타내는 글자를 꽃나무에 비유해 해석하는 乙
木으로 태어나 도와주는 세력이 많으므로 신강한 사주다.


- 늦봄에 태어난 乙木이 신강하고, 火가 있어서 설기가 잘되어 소통하
고 있으므로 火가 용신이고, 土가 길신이며, 木이 흉신이고, 운에서
오는 金은 왕신충발을 하므로 凶神이다.


- 꽃나무는 火를 꽃으로 해석하므로 火가 있어서 향기롭고 아름답고 火
와 土를 용신과 길신으로 사용하므로 능력이 있는 사람이고, 사주만
으로 해석하면 잘 생겼을 것 같은데 실제로는 못생겼다.


- 財星인 土를 길신으로 쓸 뿐만 아니라 木은 土에 뿌리를 내리려 하므
로 건축업을 하는 사람으로, 土가 두 개이고, 午火 속에 己土도 있으
며, 자신인 乙木이 桃花殺에서 탄생했고, 性으로 해석하는 食傷 桃花

殺인 午火 를 가지고 있으므로 여러 여자와 인연을 맺을 팔자인데, 실
제로 여러 번 결혼을 했고, 이 남자를 거쳐 간 여자가 여러 명이었다.

- 59 癸酉 대운 들어 대운의 干上에 있는 癸水가 용신인 丁火를 丁癸
冲하고 대운의 地支 酉金이 旺神인 卯木을 卯酉충하므로 왕신충발을
하여 丙申年 申月에 구속이 되었다.

이 사주의 구조로 볼 때 왕신충발이 가장 강하게 나타날 해는 2017
丁酉 年인데, 액운이 앞당겨 왔으므로 과연 丁酉年은 무사할지 지켜
볼 일이다.

## 37. 재성이 여러 개이므로 식당을 여러 개 운영한다

| 62 | 52 | 42 | 32 | 22 | 12 | 2 | | 時柱 | 日柱 | 月柱 | 年柱 | |
|---|---|---|---|---|---|---|---|---|---|---|---|---|
| 壬 | 癸 | 甲 | 乙 | 丙 | 丁 | 戊 | 大 | 己 | 辛 | 己 | 庚 | 坤 |
| 申 | 酉 | 戌 | 亥 | 子 | 丑 | 寅 | 運 | 亥 | 卯 | 卯 | 戌 | 命 |

- 丙申년 酉月에 온 여성으로, 사주의 구조는, 개띠 해의 중 봄에 자신
을 나타내는 글자를 보석 金에 비유해 해석하는 辛金으로 태어나 도
와주는 세력이많으므로 신강한 사주다.

- 중 봄에 태어난 辛金이 劫財가 1개있고 土가 3개 있어서 신강하므로
木이 용신이고 水가 길신이며, 土, 金은 흉신이고, 운에서 오는 火도
흉신이다.
- 여자 사주에 火가 남편인데, 남편은 戌土 속에 들어있는 丁火로, 이
사주에 火가 흉신데다가 支藏干 속에 들어있으므로 눈높이에 맞지
않는 남편을 두게 되는데, 올 해 이혼수속을 밝고 있다고 했다.

- 이 사주의 특징은, 財星인 卯木이 두 개가 있고, 時支의 亥水가 두 번
에 걸쳐서 亥卯木局을 하므로 결국 木이 여러 개이다.

따라서, 이럴 경우, 여러 가지 각도에서 진단을 해봐야 하는데, 財星
은 부친이므로 부친이 두 분이냐고 물었더니 아니라고 하고, 시어머
니가 두 분이냐고 물었더니 아직까지는 아니라고 대답했으나, 고객
으로부터 늦게 들은 얘기이지만 현재 이혼수속을 밟고 있다고 함으
로써 앞으로 이혼을 하고 재혼을 한다면 시어머니가 한 분 더 생기면
결국 두 분이 된다.

– 財星이 사업이므로 사업체가 여러 개인 것과 같은데, 이 命主는 길신
  인 亥水를 직업으로 써 먹는데, 水는 음식이므로 소고기 식당을 3개
  운영한다고 하길래 필자는 소고기를 취급할 것이 아니라 亥水인 돼
  지고기를 취급하면 좋을 것이라고 조언했다.

– 丙申年인 금년 운은 직업문제와 남편문제, 돈 문제로 신경이 많이 쓰
  일 것이라고 말해줬는데, 그 이유는 래정법으로 歲運의 干上으로 온
  丙火는 흉신으로 직업과 남편을 나타내고, 歲運의 地支로 오는 申金
  도 흉신이면서 比劫이므로 돈 손실을 주게 되며, 또 두 개의 卯木과
  雙으로 卯申鬼 門殺이 작용하므로 돈 문제로 신경을 쓰일 것이라고
  했더니 고객의 대답은 "모두가 맞습니다."라고 대답했다.

– 내년인 丁酉년 歲運에서 온 酉金과 사주 원국에 있는 두 개의 卯木과
  卯 酉沖, 卯酉沖을 하면 이별수가 오고, 사업체도 나누게 될 것이라
  고 진단했다.

## 38. 현침살을 가져 호텔에 근무한다

| 64 | 54 | 44 | 34 | 24 | 14 | 4 |  |  | 時柱 | 日柱 | 月柱 | 年柱 |  |
|----|----|----|----|----|----|----|----|----|----|----|----|----|----|
| 己 | 庚 | 辛 | 壬 | 癸 | 甲 | 乙 | 大 |  | 戊 | 癸 | 丙 | 壬 | 坤 |
| 亥 | 子 | 丑 | 寅 | 卯 | 辰 | 巳 | 運 |  | 午 | 亥 | 午 | 申 | 命 |

– 丙申년 酉月에 온 여자로, 사주의 구조는, 원숭이띠 해의 한여름에

자신을 나타내는 글자를 여름비에 비유해 해석하는 癸水로 태어나
도와주는세력이 약하므로 신약한 사주다.

– 한 여름에 태어난 癸水가 신약하다는 것은 날씨가 무덥고 건조해 갈
  증을 느끼고 있는 증거이므로 劫財인 水가 용신이고, 金이 길신이며,
  火와 土가 병신이고, 운에서 오는 濕土가 길신이며, 운에서 오는 木
  은 흉신이다.

– 여자 사주에 財星과 官星이 많고 흉신이면 잘 생긴 경우가 많은데,
  이 女命도 아주 잘생겼다.
  따라서 이렇게 잘 생긴 경우는 서비스업종에 종사하는 경우가 많은
  데, 이 女命은 현침살을 가져 호텔에 종사하고 있다.
  호텔과 현침살이 무슨 관계가 있느냐고 묻는 사람이 있을 수 있는데,
  懸 針殺은 사람의 생명을 살리는 기능이라서 대부분은 의료계에 종
  사를 하지만 드물게 호텔에 종사하는 사람이 있다.

– 이 女命은 丙申年이 좋은 운으로, 외국 항공사 승무원직에 합격했는
  데, 어느 직종이 자기한테 잘 맞겠는가가 궁금해서 온 사례로, 앞으
  로 결혼을 전제해야 하므로 승무원이 더 좋겠다고 조언했다.
  그러나, 항공업은 오행상 火라서 사주와는 맞지 않지만 申金이 역마
  살이므로 거기에서 인연을 찾았다.

## 39. 현침살을 가져 요가 강사다

| 61 | 51 | 41 | 31 | 21 | 11 | 1 | 大 | | 時柱 | 日柱 | 月柱 | 年柱 | |
|----|----|----|----|----|----|----|----|----|----|----|----|----|----|
| 戊 | 丁 | 丙 | 乙 | 甲 | 癸 | 壬 | 運 | | 庚 | 丁 | 辛 | 辛 | 坤 |
| 戌 | 酉 | 申 | 未 | 午 | 巳 | 辰 | | | 戌 | 巳 | 卯 | 亥 | 命 |

– 丙申년 酉月에 온 여자로, 사주의 구조는, 돼지띠 해의 한봄에 자신
  을 나타내는 글자를 인공 불에 비유해 해석하는 丁火로 태어나 도와

주는 세력이 약하므로 신약한 사주다.

– 한봄에 태어난 丁火가 신약하다는 것은 기온이 낮다는 의미이므로 劫
  財인 火가 용신이고, 습목인 卯木은 閑神이며, 건조한 土인 戌土는
  길신이고 水와 金이 흉신이다.

– 이 사주에 남편이면서 官星인 水가 흉신이고, 부친과 돈을 나타내
  는 財星인 金도 흉신이므로 돈복, 남편 복, 부모 복이 없는 팔자라
  서, 결혼을 하면서부터 남편과 성격이 맞지 않아서 크게 갈등을 빚
  어 오다 2012 壬辰年에 日干인 丁火를 歲運에서 온 壬水가 丁壬合
  으로 묶어 辰土에 入墓시키므로 이혼을 했고, 丙申에는 파산신청을
  했다고 한다.

– 모친인 卯木이 月支에 있고, 도화살이므로 모친이 잘생겼다고 하며,
  부친으로 해석하는 財星이 3개나 있기 때문에 모친의 입장에서 보면
  남편이 여러 명이므로 여러 남자들이 따랐었다는 이 命主(딸)의 진술
  이나 재혼을 하지는 않았다고 한다.

– 戌土가 자식의 무덤이고, 時支에 있어서 자식을 잃을 수 있는데, 이
  女命은 자식을 여러 명 유산시켰다고 한다.
– 사술귀문살을 갖고 있는데 다행히 길신에 해당하므로 우울증으로 나
  타나지 않고, 열정으로 나타났기 때문에 자기의 하는 일에 열중이라
  고 한다.

– 이 사주에는 현침살인 辛金이 두개 있고, 철쇄개금살인 卯木과 戌土
  가 있어 의료계와 인연인데, 이 命主는 사람들의 건강을 힐링시켜 주
  는 요가 강사로 활동하고 있다.

## 40. 空亡맞은 年支의 官星을 남편으로 둠으로써 이혼경력이 있는
외국인 남자와 결혼하겠다고 한다

| 70 | 60 | 50 | 40 | 30 | 20 | 10 | | 時柱 | 日柱 | 月柱 | 年柱 | |
|---|---|---|---|---|---|---|---|---|---|---|---|---|
| 乙 | 甲 | 癸 | 壬 | 辛 | 庚 | 己 | 大 | 癸 | 己 | 戊 | 丁 | 坤 |
| 卯 | 寅 | 丑 | 子 | 亥 | 戌 | 酉 | 運 | 酉 | 丑 | 申 | 卯 | 命 |

- 丙申년 酉戌에 온 30세 미혼 여성으로, 사주의 구조는, 토끼띠 해의 초 가을에 자신을 나타내는 글자를 야산이나 흙에 비유해 해석하는 己土로 태어나 도와주는 세력으로 戊土, 丑土, 己土가 있으나, 신약하고 습한 사주다.

- 초가을에 태어난 己土는 火가 충분해야 卯木 나무를 기를 수 있음에도 불구하고 한습 한 기운을 가진 申金과 丑土, 酉金, 癸水가 있는데다가 丑土는 酉金과 합을 해서 金局을 이루므로 土로서의 기능보다는 金으로서 기능을 하기 때문에 사주가 신약하고 습하므로 火가 용신이고, 土가 길신이며, 金, 水, 木이 흉신이다.

- 이 女命의 남자는 年支의 卯木인데, 여자의 경우 年柱에 官星이 있을 경우 외국인 남편이나 자신보다 나이가 훨씬 많은 남자와 인연이라서 이 女命과 사귀는 남자는 2015 乙未年에 만난 남자로, 미국인이며, 자신보다 6살이 많다고 하고, 또 이 卯木이 月支의 申金과 卯申鬼門殺을 이루고, 日支를 기준하여 卯木이 空亡이므로 한번 이혼한 경력을 가진 남자라고 하며, 내년인 丁酉年에 우선 결혼식만 올릴 예정이라고 한다.

- 日干인 土가 습하고 약하므로 위장이 약하다고 하며, 金이 흉신이므로 대장도 약하고, 水도 흉신이므로 신장도 약하고 한다.

- 여자사주에 食傷이 자식인데, 이 사주에는 자식을 나타내는 글자가

月支에 申金이 있고, 時支에 酉金이 있으며, 日支의 丑土와 時支의
酉金이 합을 해서 또 다른 식상을 만들어 내고 있고, 卯木인 官星이
남편으로서의 매우 불안하므로 재혼할 가능성이 높기 때문에 배다른
자식을 기능 가능성이 많은 사주다.

- 직업인연으로는 月支에 懸針殺인 申金이 있고, 鐵鎖開金殺인 年支에
  卯木과 時支에 酉金이 있어서 보건계통이나 의료계통인데, 보험과
  관련된 일을 하고 있다.

## 41. 장차 국가의 지도자가 될 인물이다

| 65 | 55 | 45 | 35 | 25 | 15 | 5 | | 時柱 | 日柱 | 月柱 | 年柱 | |
|---|---|---|---|---|---|---|---|---|---|---|---|---|
| 丙 | 乙 | 甲 | 癸 | 壬 | 辛 | 庚 | 大 | 丙 | 庚 | 己 | 庚 | 乾 |
| 申 | 未 | 午 | 巳 | 辰 | 卯 | 寅 | 運 | 戌 | 寅 | 丑 | 午 | 命 |

- 丙申년 戊月에 온 남자로, 사주의 구조는, 말띠 해의 늦겨울에 자신
  을 나타내는 글자를 무쇠 金에 비유해 해석하는 庚金으로 태어나 도
  와주는 세력이 약하므로 신강한 사주다.

- 늦겨울에 태어난 庚金이 신왕하고, 무쇠 金은 추우면 유연성이 떨어
  질 뿐만 아니라 용도가 불분명하기 하므로 용광로 불에 넣어서 재련
  을 해야하기 때문에 火가 용신이고 운에서 目이 길신이며, 濕土는 흉
  신이고, 건토는 길신이며, 운에서 오는 水가 흉신이다.

- 이 사주는 용신인 火가 건왕하고, 火를 살려줄 寅木도 있으며, 더군
  다나 地支에서 寅午戌火局을 이루고 있으므로 그야말로 금상첨화다.
  이 사주에서 火는 직업이고 벼슬이면서 명예이고, 훗날 자식에 해당
  하는데, 이 모든 것들이 좋은데, 특히 관성인 화가 튼튼하면서 용신
  이므로 장차 나라의 큰 인물로 성장할 사주인데, 최소한 장관급이상
  으로 보기 드문 좋은 사주다.

– 이 사주의 이력을 보면, 08년 서울과학고를 조기졸업했고, KIAST 재
학중 23살 때 재경직 행시에 합격하여 고용노동부에서 5급사무관으
로 근무를 하다가 16년 현재 공군중위로 복무중이다.


## 42. 자기 남편이 조루증이 있다고 불평하는 부인

| 64 | 54 | 44 | 34 | 24 | 14 | 4 | | 時柱 | 日柱 | 月柱 | 年柱 | |
|----|----|----|----|----|----|----|----|----|----|----|----|----|
| 辛 | 庚 | 己 | 戊 | 丁 | 丙 | 乙 | 大 | 甲 | 丙 | 甲 | 乙 | 坤 |
| 卯 | 寅 | 丑 | 子 | 亥 | 戌 | 酉 | 運 | 午 | 午 | 申 | 卯 | 命 |

– 丙申년 亥月에 온 여자로, 사주의 구조는, 토끼띠 해의 초가을에 자
신을 나타내는 글자를 태양 불에 비유해 해석하는 丙火로 태어나 도
와주는 세력이 매우 많으므로 신강한 사주다.


– 초가을에 태어난 丙火라서 아직 열기가 남아있는 상태인데, 比劫인
火와 印星인 目이 너무 많아서 지나치게 신강하나 申金이 하나 있어
서 從格사주가 아니기 때문에 시급히 균형을 맞춰줘야 하므로 金이
용신이고, 水가 길신이며, 火와 目이 病神이고, 운에서 오는 건토는
흉신이나, 습토는 길신이다.


– 여자 丙火일간이므로 水가 官星으로 남편인데, 남편은 나타나있지
않고, 申金 속에 들어있는 壬水가 남편이다.
이렇게 日干이 신강한데, 官星이 약하면 남편하고의 인연이 멀거나,
남편을 존경하고 사랑하지 않는 경우가 대부분으로, 자기 눈에는 남
편이 시원찮기 보이기 때문이다.


– 이 女命은 자기 남편이 바람을 피운다고 의심하고 있는데, 그 이유는
여러 개의 比劫이 하나의 임수를 놓고 군겁쟁관을 하고 있는 구조인
데다가 申金 속에 들어있는 壬水의 입장에서 보면, 日干에 丙火가 있
고, 日支에 두 개의 午火 속의 丁火와 丁壬合, 丁壬合을 하고 있으므

로 의부증을 갖게 된다.

- 日支의 午火 속에 있는 丁火가 申金 속에 들어있는 壬水와 丁壬合을
하고 있는데, 이는 日支가 財星인 申金과 合을 하고 있는 것과 같으
므로 시부모를 모시고 살고 있기 때문에 남편한테 불만이 많은 상태
이기 때문에 성생활도 원만치 못한데다가 자기 생각에는 남편이 조
루증이 있다고 생각하고 있어서 남편의 사주를 봤더니 지나치게 신
약하거나 조후가 깨지지 않았기 때문에 조루라고는 볼 수 없고 다만
부부관계 불화에서 원인을 찾아야 하므로 향후 부부관계가 좋아지면
자연히 해결될 것이라고 조언했다.

## 43. 처녀인 딸이 아이 두 명을 둔 유부남을 만나 임신 6개월째라고 해서 엄마는 놀랐단다

| 66 | 56 | 46 | 36 | 26 | 16 | 6 |  |  | 時柱 | 日柱 | 月柱 | 年柱 |  |
|----|----|----|----|----|----|---|---|---|------|------|------|------|---|
| 戊 | 己 | 庚 | 辛 | 壬 | 癸 | 甲 | 大 |  | 辛 | 丁 | 乙 | 壬 | 坤 |
| 戌 | 亥 | 子 | 丑 | 寅 | 卯 | 辰 | 運 |  | 亥 | 未 | 巳 | 戌 | 命 |

- 丙申년 戌月에 엄마가 가지고 온 딸의 사주로, 사주의 구조는, 개띠
해의 초여름에 자신을 나타내는 글자를 인공 불에 비유해 해석하는
丁火로 태어나 도와주는 세력이 약한 것 같으나 건토인 戌土와 未土
가 있어서 건조하므로 신강한 사주와 같다.

- 초여름에 태어난 丁火라서 그렇지 않아도 더운데다가 열토인 戌土와
未土가 있어서 건조하므로 열을 식혀주기 위해서 水가 가장 필요하
므로 水가 용신이고, 金이 길신이며, 木, 火, 土는 흉신이다.

- 官星인 水가 용신이긴 하지만, 年上의 壬水는 戌土를 깔고 앉아있어
서 힘이 없고, 時支의 亥水는 日支 未土와 합을 해오므로 좋긴하지만
그 힘이 약하다.

- 官星으로 남자인 年上의 壬水를 해석하면, 앞서도 설명한 바와 같이 壬水가 힘이 없는데다가 官星인 戊土를 깔고 앉아있으므로 자신이 딸린 남자이고, 또 여자 사주에서 官星이 年柱에 있을 경우는 외국인 남자이거나, 나이가 많은 남자일 가능성이 높다.

- 이 女命은 싱가폴 소재 전자회사 연구원으로 일하고 있으며, 올해 나이 35세인데, 같은 직장에서 일하고 있는 아이 둘을 가진 유부남과 눈이 맞아 현재 임신 6개월이라고 하므로 위에서 설명한 이론에 부합한 사주다.


- 이 命主의 모친이 어느 날 온 가족의 사주를 보러왔기에 필자가 이 딸의 운명에 대하여 설명한 바, 설마 내 딸이 그럴까? 하는 식으로 반신반의 하더니 그 다음날 다시 찾아와서 "선생임은 어쩌면 본 것처럼 우리 딸의 현실을 말할 수가 있어요? 깜짝 놀라서 또 왔습니다." 라고 말을 해서 알게 되었다.


- 올해인 丙申年에 月支 巳火와 巳申刑이 되는데, 巳申刑은 소송, 관재수, 사고수, 질병문제를 발생시키는 살이다.


44. 여자 사주에 官星이 年柱에 있으면 외국인 남자이거나  나이 많은
    남자와 인연이다

| 65 | 55 | 45 | 35 | 25 | 15 | 5 |   | 時柱 | 日柱 | 月柱 | 年柱 |   |
|---|---|---|---|---|---|---|---|---|---|---|---|---|
| 甲 | 癸 | 壬 | 辛 | 庚 | 己 | 戊 | 大 | 癸 | 庚 | 丁 | 己 | 坤 |
| 戌 | 酉 | 申 | 未 | 午 | 巳 | 辰 | 運 | 未 | 辰 | 卯 | 巳 | 命 |

- 丙申년 戊月에 온 여자의 사주로, 사주의 구조는, 뱀띠 해의 한 봄에 자신을 나타내는 글자를 무쇠 金에 비유해 해석하는 庚金으로 태어나 도와주는 세력이 다소 약하므로 신약한 사주다.

- 한 봄에 태어난 庚金이 다소 신약하고 기온이 낮으므로 土 용신, 火

길신, 金과 水가 흉신, 木은 閑神이다.

- 이 女命은 초년 대운이 좋고, 印星이 용신이므로 부모 덕이 있어서
어려움이 없이 살아왔으나, 고등학교 때의 歲運이 乙酉, 丙戌, 丁亥
年으로 운이 따라 주지 않아서 명문대학을 가지 못했다.
- 이 女命에게 필자는 고객님은 나이 차가 많이 나는 외국인 남자를 만
났을 것인데, "올해 헤어지겠소."라고 진단하고, 그 문제로 오셨지
요? 라고 했더니 "그렇습니다."라고 대답했다.

- 2014 甲午年에 일본에 있는 외국계 증권회사에 취업했고, 歲運 支의
午火가 桃花殺이라서 연애할 운이므로 나이 많은 외국인 남자를 만
나 연애를 하다가 丙申年에 헤어졌다고 한다.

- 그러면, 이 女命이 왜 나이 많은 외국인 남자를 만났으며, 왜, 丙申年
에 헤어졌을까?에 대하여 연구해보자.
- 이 女命의 사주에는 年支에 巳火 남자가 있고, 月上에 丁火 남자가
있으며, 時支 未土 속에 애인이 될 丁火가 들어있어서 총 3명이다.
대게, 여자 사주에 남자가 여러 명이 있으면 잘 생긴 경우가 대부분
인데, 이 女命도 잘생겼다.

- 年支 巳火는 역마살이라서 많이 움직이는 특성이 있고, 외국과 인연
이기도 하고, 또 여자 사주에 年柱에 官星이 있으면 외국 남자이거나
나이 차가 많은 남자일 가능성이 매우 높은데, 이 女命이 사귄 남자
가 이 이론에 부합한다.

- 丙申年에 헤어진 이유는, 庚金 일간의 官星이 새로운 남자가 歲運 干
에 오면서 歲運 支의 申金이 사주원국에 있는 巳火 官星을 巳申合刑
하므로 헤어진 것이다.

**45. 딸 때문에 "정말 고민입니다." 라고 하소연하는 엄마의 사연**

| 66 56 46 36 26 16 6 | | 時柱 日柱 月柱 年柱 |
|---|---|---|
| 乙 甲 癸 壬 辛 庚 己 大 | | 壬 庚 戊 丁 坤 |
| 卯 寅 丑 子 亥 戌 酉 運 | | 午 戌 申 巳 命 |

- 丙申년 戌月에 엄마가 가지고 온 딸의 사주로, 사주의 구조는, 뱀띠 해의 초가을에 자신을 나타내는 글자를 무쇠 金에 비유해 해석하는 庚金으로 태어나 도와주는 세력이 약하므로 신약한 사주다.

- 초가을에 태어난 庚金이 地支에 申金과 戌土가 있고, 干上에 戊土가 있으나 戊土는 午戌火局으로 변하여 土生金을 안 해주고, 庚金 일간이 믿었던 申金은 巳申合刑이 되어 손상을 입었으며, 戊土 만이 土生金을 하려 하지만 地支에 火가 강해서 戊土도 건조해져서 土生金을 제대로 하지 못해주어 신약하므로 金이 용신이고, 濕土가 길신이며, 火가 病神, 水가 藥神, 운에서 오는 木은 凶神이다.

- 이 사주를 내 놓자마자 필자는 "이 딸은 결혼을 못갔거나 갔어도 이혼했을 것인데, 이 문제로 오셨습니까?"라고 묻자 고객인 이 命主의 엄마의 대답이 구체적으로는 말을 하지 않고, "여러 가지로 궁금해서 왔는데 잘 봐주세요."라고 대답했다.

- 이 女命의 사주를 분석해 보자.
이 사주에는 남자나 남편으로 해석하는 火가 3개가 있어서 病神인데, 이 火는 病神의 정도를 넘어서서 鬼神이라고 할 만큼 큰 세력을 갖고 있어서 이 火로 인한 고민이 깊다.
어떤 사주라도 官星이 病神이나 鬼神이 되면 우선 정신적인 문제가 큰데, 구체적으로는 매우 예민해서 피해망상이고, 남자 기피증이며, 여기에다가 巳戌鬼門殺까지 있어 우울증이 심해서 성격이 괴팍하다.
또한 주변 사람들과 어울리지 못해서 대인기피증도 있게 되고, 그로 인하여 주변 사람들로부터 왕따를 당하므로 항상 외롭다.


– 이 女命에 대하여 엄마의 진술은 이러하다.
"우리 딸은 어려서 공부도 잘하고 순해서 모 여대를 졸업하고 일본에
가서 일본어를 공부를 하고 돌아와 몇 군데 취업을 했으나 자주 옮겼
고, 지금 회사에서도 같은 여직원들한테 왕따를 당해서 어울리지를
못하고 괴로워하고 있으며, 집에 돌아와서도 나이 40살이 되도록 손
하나 까닥하지 않고 80살이 다된 엄마의 보살핌을 받으면서도 하도
신경질을 많이 부려서 다툼이 잦고, 또 여태까지 남자와 한 번도 사
귄 것을 보지 못해서 심지어는 결혼상담소에 돈을 내고 등록을 해서
선을 몇 번 봤으나 싫다고 그래서 포기를 했는데, 선생님, 우리 딸을
어떻게 했으면 좋겠습니까?"라고 하소연을 하면서 간절히 조언을 부
탁했다.


– 이에 대해 필자는 이렇게 조언했다.
"이 딸은 앞에서 말씀드린 것처럼 정신적인 문제가 크기 때문에 결혼
하는 것이 문제가 아니고 치료가 우선입니다만 자신이 정신적인 문
제가 있다는 것을 인정하려 들지 않으려고 할 것입니다.
왜냐하면, 이 딸은 남자에 대한 매력을 전혀 느끼지 못하기 때문에
결혼을 하기도 힘들고 혹시 결혼을 한다고 해도 이혼할 것이기 때문
에 결혼문제 만큼은 재촉할 필요가 없습니다.
만약, 엄마 또는 가족들의 재촉으로 인하여 결혼을 하게 되면 나중에
반드시 원망을 듣게 되어 있기 때문입니다.
그러니, 이 딸을 불상하게 여기고 짜증을 받아주는 수 밖에 없습니다."

46. 결혼식은 올렸으나 혼인신고는 하지 않은체 4년을 살다가 이혼한다는
    여인

| 64 54 44 34 24 14 4 | | 時柱 日柱 月柱 年柱 | |
|---|---|---|---|
| 甲 癸 壬 辛 庚 己 戊 大 | | 甲 乙 丁 丁 | 坤 |
| 寅 丑 子 亥 戌 酉 申 運 | | 申 酉 未 巳 | 命 |

- 丙申년 戊月에 온 여자로, 사주의 구조는, 뱀띠 해의 늦여름에 자신
  을 나타내는 글자를 여름 꽃나무에 비유해 해석하는 乙木으로 태어
  나도와주는 세력이 甲木 하나 밖에 없으므로 매우 신약한 사주다.

- 늦 여름에 태어난 乙木인 꽃나무라서 水가 많이 필요한 계절인데, 사
  주에 火가 너무 많고 水가 전혀 없으므로 가뭄에 시달리고 있는 형국
  이라서 申중 壬水가 용신 겸 약신이고, 金이 길신이며, 火가 病神이
  고 未土는 흉신이며, 木이 閑神이다.

- 이 命主에게 필자는 "고객께서는 여름 꽃나무로 태어나 너무 가뭄이
  심해 한해에 시달리고 있는 형국이라서 몸이 약한데, 남편을 나타내
  는 申金이라는 글자 속에 水(물)가 들어있기 때문에 좋은 남자이려니
  하고 만났지만, 여태까지 만난 남자들은 도움이 안되는데다가 올해
  이별 수가 왔고, 직업 변동수도 있는데, 이 문제로 오셨지요?"라고
  했더니 고객의 대답이 "사실은 큰 문제인 부부문제를 상담하려고 왔
  고요, 직장운도 궁금합니다."라고 대답했다.

- 이 사주 속에 있는 자들을 들여다보자.
  年支에 있는 巳火 속에 庚金 남자가 있고, 日支에 正 남편인 酉金이
  있으며, 時支에 偏官인 申金이 있어서 총 3명이다.
  이 세 명에 남자 중에서 자신이 찾는 남자는 正官인 酉金과는 乙庚合
  을 하므로 좋은 남편일줄 알았는데, 자기가 찾는 물이 없어서 싫고,
  偏官인 時支의 申金 속에는 물(水)이 들어있으므로 이 남자를 만나야

살 수가 있기 때문에 이 남자를 만날 것이다.

- 따라서 필자가 "고객님의 사주에는 남자가 3명인데, 첫 번째 남자는
  年支에 있는 巳火 속의 庚金인데, 이 巳火가 年支에 있으므로 나이
  차가 많이 나는 남자일 수 있고, 이 庚金은 官星인 火 속에 들어있는
  데다가 干上에도 官星인 丁火를 머리에 이고 있으므로 자식이 딸린
  유부남이거나 그렇지 않으면 이 남자하고의 사이에 임신을 했을 것
  인데, 어떻했습니까?"라고 묻자 고객의 대답이 "사실은 그 남자하고
  연애할 때 임신까지 했었는데, 결국 헤어졌습니다."라고 대답했다.

- 이어서 필자가 "두 번째 남자인 酉金과 2013년에 巳酉合을 하므로
  결혼할 운이었고, 올해(2016년)는 巳申刑을 하므로 헤어질 운이 왔
  는데 어떠세요?"라고 물었더니, 고객의 대답이 "사실은 오늘 오게
  된 가장 중요한 문제가 부부문제 인데요, 저희는 2013년에 만나 결
  혼식을 올리고  혼인 신고는 하지 않은 체 살아오다가 올해 헤어지기
  로 했는데, 아직 아이는 없습니다."라고 대답했다.

- 이 대답에 필자는 "고객께서는 時支의 申金 남자를 만나야 합니다.
  그 이유는 이 남자를 나타내는 글자 속에 고객께서 찾고 있는 물(水)
  이 들어있기 때문입니다."라고 말해줬다.
  "그리고 결혼을 하더라도 고객님의 사주에 남편을 공격하는 글자인
  火가 많기 때문에 쉽게 갈등을 유발할 수 있으니 늘 인내해야 합니
  다."라고 조언했으며, 직장문제는 내년에 巳酉合으로 옮길 운이 있다
  고 답해 줬다.

최고수를 위한
# 통변술 실증 사례집

| **초판인쇄** | 2017년 2월 10일 |
|---|---|
| **초판발행** | 2017년 2월 15일 |

| **지은이** | 한길수 |
|---|---|
| **발행인** | 조현수 |
| **펴낸곳** | 도서출판 프로방스 |
| **마케팅** | 최관호 조재호 신성웅 |
| **표지&편집 디자인** | 오종국 Design CREO |
| **ADD** | 경기도 고양시 일산동구 백석2동 1301-2 |
| | 넥스빌오피스텔 704호 |

| **전화** | 031-925-5366~7 |
|---|---|
| **팩스** | 031-925-5368 |
| **이메일** | provence70@naver.com |
| **등록번호** | 제2016-0001126호 |
| **등록** | 2016년 06월 23일 |
| **ISBN** | 979-11-959424-6-6  13720 |

정가 48,000원

파본은 구입처나 본사에서 교환해드립니다.